suhrkamp taschenbuch 475

Samuel Beckett, geboren am 13. April 1906 in Dublin, lebt seit 1938 in Paris. 1961 erhielt er den Internationalen Verlegerpreis und 1969 den Nobelpreis für Literatur. Hauptwerke: Prosa: *Murphy, Molloy, Malone stirbt, Der Namenlose, Wie es ist, Erzählungen und Texte um Nichts, Watt, Erste Liebe, Der Verwaiser, Mercier und Camier;* Stücke: *Warten auf Godot, Endspiel, Das letzte Band, Glückliche Tage.* Sammlung seiner Stücke in *Dramatische Dichtungen in drei Sprachen,* 2 Bände.

Dieser zweite Band Materialien, eine Ergänzung zu st 104, sammelt höchst verschieden ansetzende Arbeiten über Becketts Drama. Theologische, existentialistische, marxistische, psychoanalytische Versuche stehen nebeneinander und geben durch ihren interpretatorischen Zugriff hindurch zugleich einen Überblick über die angewandten Methoden. Neben zwei Originalbeiträgen der Herausgeber über die Vieldeutigkeit von *Warten auf Godot* und das Verhältnis zu klassischen Formkategorien enthält der Band erstmals ins Deutsche übertragene englische und französische Beiträge wie: Melvin J. Friedman, Krritik(er)!, Lawrence E. Harvey, Kunst und das Existentielle in *En attendant Godot*, Gabor Mihályi, Becketts *Godot* und der Mythos der Entfremdung, C. Chadwick, *Waiting for Godot:* Eine logische Auffassung, Rosette Lamont, Becketts Metaphysik der Bewußtheit ohne Wahl, Colin Duckworth, Godot: Konstante oder Variable?, John R. Brown, Becketts Shakespeare, Hugh Kenner, Warten auf Godot, John Fletcher, Das Schweigen ausschöpfen. *Waiting for Godot* (1948 bis 49), Vivian Mercier, Eine pyrrhonische Ekloge, u. a.

Hartmut Engelhardt, geboren 1944 in Hameln, Studium der Philosophie und Germanistik in Göttingen und Hannover, Promotion 1971 mit *Der Versuch, wirklich zu sein. Zu Rilkes sachlichem Sagen*, Frankfurt 1973. Seit 1975 Universitätsdozent an der TU Hannover. Arbeitsgebiete: Sprachphilosophie und Ästhetik.

Dieter Mettler, geboren 1942, studierte Germanistik, Anglistik und Philosophie in Heidelberg, Göttingen und Hannover, promovierte 1973 mit einer Arbeit über den Formbegriff Georges und ist Fachreferent für Sprach- und Literaturwissenschaft an der Gesamthochschulbibliothek Wuppertal. Zusammen mit Hartmut Engelhardt Herausgeber der Materialien zu Samuel Becketts Romanen *Molloy, Malone stirbt, Der Namenlose*. Frankfurt/Main 1976 (st 315).

Materialien zu Samuel Becketts ›Warten auf Godot‹

Herausgegeben von Hartmut Engelhardt und Dieter Mettler

Zweiter Band

Suhrkamp

suhrkamp taschenbuch 475
Erste Auflage 1979
© dieser Zusammenstellung Suhrkamp Verlag Frankfurt am Main 1978
Drucknachweise für die einzelnen Beiträge am Schluß des Bandes
Suhrkamp Taschenbuch Verlag
Druck: Nomos Verlagsgesellschaft, Baden-Baden
Printed in Germany
Umschlag nach Entwürfen
von Willy Fleckhaus und Rolf Staudt

Inhalt

Und im Winter wickelte ich mich unter meinem Mantel in Streifen von Zeitungspapier ein, aus denen ich mich nicht vor dem Erwachen der Erde – dem wirklichen, im April – herausschälte. Die literarische Beilage der »Times« eignete sich großartig dafür; man konnte sich auf ihre Haltbarkeit und Undurchlässigkeit absolut verlassen. Blähungen zerrissen sie nicht. Was kann ich tun, bei dem geringsten Anlaß kommt das Gas aus meinem Kellergewölbe, also bin ich verpflichtet, von Zeit zu Zeit darauf hinzuweisen, auch wenn es mir Widerwillen einflößt. Einmal habe ich sie gezählt. Dreihundertfünfzehn Blähungen in neunzehn Stunden, das sind im Mittel mehr als sechzehn Blähungen während einer Stunde. Alles in allem ist das nicht übermäßig viel. Vier Blähungen pro Viertelstunde. Das ist gar nichts. Nicht einmal alle vier Minuten eine. Man sollte es nicht für möglich halten. Gut, gut, ich bin nur ein ganz kleiner Furzer, und es war unrecht von mir, überhaupt von dieser Sache zu sprechen. Erstaunlich, wie die Mathematik einem hilft, sich kennenzulernen.[1]

HAMM Wir sind doch nicht im Begriff, etwas zu . . . zu . . . bedeuten?

CLOV Bedeuten? Wir, etwas bedeuten? *Kurzes Lachen.*

Das ist aber gut![2]

Colin Duckworth: Welche wichtigen Fragen haben Sie in *Godot* gestellt?

Samuel Beckett: Ich wollte keine intellektuellen Probleme aufwerfen. Ich betrachte mich nicht als jemanden, der gesellschaftliche Stellungnahmen abgibt.[3]

1 Samuel Beckett, Werke, III, 1. Romane. Molloy, Frankfurt 1976, S. 40
2 Samuel Beckett, Werke, I, 1. Dramatische Werke. Theaterstücke, Frankfurt 1976, S. 121
3 Colin Duckworth, Angels of Darkness, London 1972, S. 18
 Alle Zitate aus *Warten auf Godot* wurden in zwei Ausgaben nachgewiesen:
 Samuel Beckett, Warten auf Godot/En attendant Godot/Waiting for Godot. Deutsche Übertragung von Elmar Tophoven. Vorwort von Joachim Kaiser, Frankfurt 1971 (suhrkamp taschenbuch 1). Abgekürzt als: WaG
 Samuel Beckett, Werke, I, 1. Dramatische Werke. Theaterstücke, Frankfurt 1976 (werkausgabe edition suhrkamp). Abgekürzt als: Werke I, 1

Jerome Ashmore
Philosophische Aspekte in *Godot*

> Nichts ist. Selbst wenn etwas ist, können wir es nicht
> erkennen. Selbst wenn wir es erkennen könnten,
> könnten wir es niemandem mitteilen.
>
> *Lehre des Gorgias*

Wenn man die vielen Perspektiven, unter denen die Unzulänglichkeit des Menschen sichtbar wird, katalogisieren
könnte, würde *Warten auf Godot*, dieses Drama, das das
Denken provoziert, sie vielleicht vollständig umfassen. Samuel Becketts Stück ist reich an Variationen über dieses
Thema: Der Mensch ist zwangsläufig mißlungen und Leben
ist eine Reihe zielloser Grotesken. Von Beckett her gesehen
hat der Mensch verloren, schon bevor er anfing; die Möglichkeiten seines Lebens sind vorüber, bevor es begann; und er hat
keine stichhaltige Entschuldigung dafür, daß er geboren
wurde.

Das Werk ist eine untersuchende Darstellung der Grenzen
des Menschen. Es überwältigt einen schon durch seine große
Reichweite; aber es hängt fest zusammen. Mit dichterischer
Genialität zieht Beckett viel in eine kurze dramatische Se-
quenz zusammen. Das Widerhallen der Bedeutung, das sich
daraus ergibt, erstreckt sich auf alle Stufen der Erfahrung des
Menschen und auf die meisten Aspekte seines Universums.
Die Tendenz des Stoffs ist weithin philosophisch. Das Drama
findet nicht zu irgendeiner bestimmten Zeit oder an einem
bestimmten Ort statt, und das bedeutet, daß es zu allen Zeiten
und Orten stattfindet. Ähnlich sind die Charaktere Symbole
von Menschen, die überall zu jeder Zeit leben.[1] Die philosophische Position ist ein Skeptizismus, der die Welt der menschlichen Prätentionen auf eine nihilistische Absurdität reduziert.

Becketts vernichtende Darstellung der Lage des Menschen
schließt die Gebiete der Politik, der Ökonomie, der Theologie,
der Gesellschaft, der Bildung, der Metaphysik, des Diskurses,
der Naturwissenschaft und der Geschichte ein. Gesehen im
Licht seiner Haltung gegenüber der von innen betrachteten

Existenz erweist sich jedes Gebiet als unzulänglich. Die Kunst entgeht Becketts negierendem Blick, aber nur, weil sie ausgelassen wurde. Weil auf sie nicht Bezug genommen wird, bleibt sie davon verschont, als eine weitere jener Anstrengungen bloßgestellt zu werden, die darin versagt haben, existentiell zum menschlichen Wohl beizutragen. Am Ende dieser Kritik des Menschen und seines Lebens sind alle jene Werte wie Gutsein und Wahrheit mit allen jenen Haltungen wie Hoffnung, jenen Prozessen wie Vernunft und jenen Fetischen wie Fortschritt verworfen, und an ihrer Stelle steht Selbsttäuschung, Leere und Unschlüssigkeit. Was man auf der Erde und unter Menschen findet, ist Unsicherheit, Vergeblichkeit und Unwissenheit. Die außergewöhnliche Kraft der Darstellung Becketts scheint sich zwei Eigenschaften zu verdanken: Erstens vermeidet er psychologisches und soziologisches Detail und konzentriert sich mit Einfachheit auf den primären Faktor, der einen Menschen bestimmt, nämlich auf den bloßen Existenz; und zweitens behandelt er sein Thema in einer Weise, die seinem Publikum das Denken sowohl erlaubt, wie es dazu ermutigt. Beckett liefert eine Bestandsaufnahme des Plunders, den die Menschheit angehäuft hat, und findet fast nichts, was wert wäre, gerettet zu werden. Das Stück ist ohne Konflikt, ohne eine Entwicklungslinie und ohne Charakterisierung. Es ist in eine Stimmung der Leere und der Konfusion getaucht. Auf unserer existentiellen Ebene ist da nur Zusammenhanglosigkeit in uns und außer uns ein unbegreifbares Universum, und wir leben blind in einer Wolke der Vieldeutigkeit.

Wie Beckett ihn sieht, was nützt der Diskurs? Das Äußern von Worten ist nicht gleichbedeutend mit sinnvoller Rede.[2] Menschliche Versuche, zu symbolisieren, sind voller Täuschung. Der Mensch ist dem Irrtum ausgesetzt, wo immer er versucht, etwas auszusagen oder zu verstehen. Er kann das Aufgehen der Sonne nicht vom Untergehen unterscheiden.[3] Da es seine Gewohnheit ist, auszusagen oder zu gebrauchen, was er nicht verstehen kann, trägt er unablässig zu seinem eigenen Unvermögen bei. Mit der Entwicklung des Stücks verstärkt Beckett den Eindruck, daß er glaubt, der Mensch sei für immer in Vieldeutigkeit versunken. Was erlaubt unter diesen Umständen dem Menschen, sich zu entfalten? Vielleicht ist es zum Teil sein Sich Verlassen auf den Diskurs, seine Tendenz, Ereignisse durch Worte zu ersetzen, wobei er vergißt, daß die Ereignisse sich ohne Rücksicht auf seine Worte abspielen. Die Konsequenz ist eine Divergenz zwischen geäußerten Worten und den Ereignissen, auf die sich die Worte beziehen sollen. Diese Divergenz, die der Mensch ständig antrifft, bringt ein Leben hervor, das in jenem Zustand der Vieldeutigkeit umhertappt, auf den Beckett hinweist. Die hervorstechendste Eigenschaft der Kommunikation ist die, daß sie verworren ist. Selbst wenn wir alle sprechen, sprechen wir nicht zu anderen. Sprechen bleibt bestenfalls ein Monolog.[4] Worte sind nicht nur in sich selbst unangemessen, sondern machen ihren Mangel schlimmer, indem sie das Denken zerstören.[5] In Becketts Sicht ist Leben schon schwer genug zu ertragen, ohne daß man darüber redet.[6] Der Diskurs ist so leer, daß er keinen Widerspruch produzieren kann.[7] Eine gebührende Zusammenfassung der Ergebnisse des Diskurses gibt Estragon: ». . . gestern abend haben wir dummes Zeug gequatscht. Das tun wir ja schon ein Leben lang.«[8]

Ein anderer Begriff, der von der Konvention aufgebaut wird, um den Menschen zu stützen, wird in Frage gestellt, wenn Beckett das behandelt, was man so Erfahrung nennt, die, wie er sie sieht, Gedächtnis, Sinneswahrnehmung, Geschichte und Wissen einschließt. Abgesehen davon, daß sie Konstituentien der Erfahrung sind, sind diese vier Elemente wesentliche Züge eines einzigen Wesens, das wir die Vergangenheit nennen. Aber wir können nicht sicher sein, daß irgendeine dieser Komponenten unseren Erwartungen gemäß funktionieren wird. Wir können uns auf das Gedächtnis nicht verlassen. Wladimir rät: ». . . let us persevere in what we have resolved before we forget.«[9] In einer Zeit von nicht mehr als vierundzwanzig Stunden kann Estragon sich nicht erinnern, wann oder warum er seine Stiefel wegwarf.[10] Sinneswahrnehmung ist wandelbar. Pozzo kann an einem Tag sehen und ist am nächsten blind. Geschichte hilft nicht. Indem er sie mit ihren Begleitern Journalismus, Memoiren und Chronik verwirft, fragt Wladimir: »Wenn ich morgen glaube, wach zu werden, was werde ich dann von diesem Tage sagen? Daß ich mit meinem Freund Estragon an dieser Stelle bis in die Nacht auf Godot gewartet habe? Daß Pozzo mit seinem Träger vorbeigekommen ist und daß er mit uns gesprochen hat? Wahrscheinlich. Aber was wird wahr sein von alledem?«[11] Insofern Wissen von Sinneswahrnehmung, Gedächtnis und Geschichte abhängt, muß es mit ihnen fallen. Der Intellekt trägt nichts bei. Estragon fordert Wladimir auf, seine Intelligenz zu benutzen. Wladimir befolgt das und berichtet: »Ich versteh es nicht.«[12]

Aber nicht nur die Vergangenheit ist unwirksam, sondern auch die Zukunft. Das Versagen der Zukunft kann auf das Versagen der Imagination zurückgeführt werden. Wenn im Geist des Stücks Wladimir vorschlägt, daß er Lucky und Estragon Pozzo imitieren soll, kann Estragon nichts tun.[13] Die Vergangenheit entzieht sich ihm und er hat keine Vorstellungskraft, um in der Gegenwart zu handeln oder für die Zukunft zu planen. Der Mangel an Vorstellungskraft erstickt Planen und Handeln. Um wünschenswerte Ziele zu erreichen, hilft die konventionelle Prozedur von Entscheidung und Handeln nach der Entscheidung nicht. Sie steigert die Konfusion und löst sich auf, ohne irgendetwas von Wert zu erreichen. Das wird nachdrücklich gezeigt in der Pantomime, die dem gemeinsamen Entschluß Wladimirs und Estragons, einen Hut aufzusetzen, folgt.[14]

Der zeitliche Hintergrund des Stücks deckt ein Heute ab, das morgen gestern wird, und Beckett impliziert, daß ein Zeitraum dieser Art und dieser Dauer das Leben des Menschen in sich enthalten kann. Jedes Heute repräsentiert alles, was der Mensch zeitlich hat. In einem solchen Kontext gibt es keine Kontraste. Das Besondere zählt nicht. Sinnesdaten zählen nicht. Widersprüche sind unmöglich. Was der Mensch sein Leben nennt, paßt in einen leeren Zwischenraum, der drei verschiedene Namen bekommt: heute, morgen oder gestern.

Organische Fähigkeiten versprechen nicht mehr als die übrige menschliche Ausstattung. Lucky kann an einem Tage sprechen, aber er ist durch diese Fähigkeit nicht weitergekommen, denn am nächsten Tag ist er stumm. Artefakte und die Technologie, die sie produziert, sind andere Vergeblichkeiten, die den Menschen quälen. Was aus Artefakten herauskommt, kann man an dem Beispiel sehen, wo Estragon mit seinen Stiefeln kämpft. Die Stiefel passen nicht und die Konsequenz aus der Tatsache, daß er sie besitzt, ist Schmerz. Eine Darstellung sowohl einer Maschine als auch dessen, was Maschinen dem Menschen angetan haben, kann man in der Figur Luckys finden. Im ersten Akt stellt er nicht nur den Menschen dar, der als eine Maschine gebraucht wird, sondern auch eine Maschine als eine Bedrohung für ihren Benutzer. In einem Moment mag sie traktabel sein, aber im nächsten schlägt sie vielleicht zurück und verletzt jeden, der sich mit ihr einläßt. In der Maschine wird mehr als ein Verbündeter gesehen; sie ist ebensogut eine Waffe, die zu allen Zeiten bereit ist, sich gegen den Menschen zu wenden: dieselbe Maschine, die in Zeiten des Friedens ein unschuldiger Diener scheint, zerstört Menschen in Zeiten des Krieges.

Wie steht es mit der Menschheit selbst als Quelle der Hoffnung? Wieder zwangsläufiges Versagen. Die Menschheit ist »die Sippschaft . . . in die das Mißgeschick uns hineingeworfen hat«.[15] Als er vor Gegnern flieht, die von zwei Seiten kommen, wird Estragon von allen Fluchtwegen abgeschnitten, nur von dem zum Publikum nicht. Aber er schreckt mit Grauen vor Wladimirs Vorschlag zurück, jenen Ausweg zu nehmen. Wladimir versteht.[16] Estragon sucht also eine natürliche Umgebung als Schutz. Aber auch das geht daneben. Der Baum schützt ihn vor seinen Verfolgern nicht.

Und die Institutionen des Menschen? Helfen sie? Nein, nur ein neues Versagen. Der Mensch hat versucht, sich durch seine Politik und seine Ökonomie zu bessern. Wohin haben sie geführt? Die von Pozzo und Lucky beherrschten Episoden geben die Antwort. Die beiden repräsentieren die Welt der Politik und Ökonomie, die im wesentlichen zu derselben Beziehung zwischen Menschen führt: in der Politik ist es eine von Regierenden und Regierten, die in der ökonomischen Dimension eine von Ausbeuter und Ausgebeutetem wird. Die Konsequenzen des Versuchs des Menschen, durch seine eigenen Institutionen Besserung zu schaffen, erweisen sich als Gelegenheit, Machtlust und Gier zu nähren. Die Instrumente des Verhandelns, Protokoll, soziale Zeremonie und Diplomatie schalten sich ebenfalls selber aus. Sie enden in Feindschaft und machen dadurch selbst den ersten Schritt zum Krieg.[17]

Eine der bohrendsten Fragen, die das Stück stellt, ist: Was oder wer ist Godot? Beim Versuch, diese Frage zu behandeln, könnte man sich helfen lassen, indem man sich aus der Mathematik den Begriff der Variablen ausleiht. Als Variable betrachtet, ist Godot ein unspezifiziertes, noch durch eine Konstante, die der Interpret wählen kann, zu definierendes Ding oder Zustand oder Prozeß. So ist er eine viel reichere und mächtigere Schöpfung, als wenn er ein buchstäbliches Besonderes wäre. Nicht nur die Figuren warten auf Godot; Godot wartet darauf, durch die Figuren definiert zu werden. Und die Figuren sind mehr als Wladimir und Estragon; Beckett sagt ausdrücklich, daß sie jedermann, überall seien.[18] Godot ist ein Ausdruck von etwas, sobald man bestimmt, welche Rolle man ihm zuweisen will. Die Zuweisung kann aus einer großen Vielfalt von Möglichkeiten erfolgen: Godot ist ein Chamäleon. Er kann ein Ausdruck sein von: der Illusion, die unser Versagen verkleidet, der Tasse, die nie die Lippen erreichte, der Hoffnung, die nie erfüllt wurde, des Friedens, der nie hergestellt wurde, des Ziels, das nie erreicht wurde, der Lösung, die immer vorenthalten wurde, des Horizonts, der immer winkt, der Melodie, die nie beendet werden konnte. Oder er kann eine rettende Selbsttäuschung sein oder eine Herausforderung zum Handeln oder etwas, was einen auf eine Ebene über einem selbst hebt. Er kann eine Ausrede dafür sein, daß man Anstrengung meidet oder sich nicht selbst hilft, das heißt, er kann mañana sein. Godot hat viele Seiten: die Illusion, die das Leben Wladimirs und Estragons unterminiert, ist zugleich eine Ausrede für sie, weiterzuleben. Becketts eigener Vorschlag, die Variable, die er darstellt, auszudrücken, ist vielleicht Gott. Er suggeriert diese Interpretation durch den Gebrauch von »god« als eine Silbe im Namen der Figur.[19] Um das Argument zu verstärken, hat Godot die gottgleiche Fähigkeit, zu retten oder zu strafen.[20] Aber ob er nun durch den einen Ausdruck oder einen andern bestimmt wird, Godot ist eine bemerkenswert faszinierende Schöpfung. Seine Unbestimmtheit läßt einen danach streben, das Rätsel, wie er spezifiziert werden könnte, zu lösen, und läßt einen doch auch ganz zufrieden, daß das Rätsel nicht gelöst werden wird, daß begrenzende Aussagen über Godot nicht ausreichen, allem Rechnung zu tragen, was Godot sein kann.

Die Figur, die unbestimmt »Ein Junge« benannt ist, verlangt einige Aufmerksamkeit. Im Einklang mit ihrer Funktion als Fata Morgana eines Weges zu Godot spiegelt diese Figur etwas von Godots undurchschaubaren Absichten. Wenn Godot sich nicht direkt enthüllt, dann ist vermutlich das nächste beste Mittel, mit ihm bekannt zu werden, eine dritte Person, mit der er verbunden ist. Im ersten Akt ist der Junge eine Quelle der Hoffnung, daß Godot kommen, eine Panazee gefeiert werden und Erfolg den unaufhörlichen Kreislauf des Versagens brechen wird. Er ist außerdem ein von innen betrachtetes Symbol der Hoffnung. Wie alle Kinder könnte er als die neue Ordnung gesehen werden, die kommende Form der Zukunft, die in darwinistisch inspirierten Evolutionslehren die Mängel der Gegenwart heilen und aufheben soll. Er legt nahe, was Keats die neue Vollkommenheit nennt, die in unsere Fußspuren tritt, »aus uns geboren und bestimmt, uns zu übertreffen«. Aber auch der Junge erweist sich als eine Enttäuschung. Er kann keine Garantie für Hoffnung, Neuheit oder einen Glauben sein, daß es durch Entwicklung Besserung geben werde. Im zweiten Akt wird er bloß zu einem weiteren Beispiel menschlicher Verwirrung und Unfähigkeit: Er kann sich nicht an Wladimir oder Estragon erinnern, nachdem er vierundzwanzig Stunden zuvor mit ihnen gesprochen hat.[21] Er ist sich der Farbe von Godots Bart nicht mehr sicher und könnte sich deshalb auch bei jedem anderen Attribut Godots irren. Der Junge fällt schnell in die hoffnungslose Lage der übrigen Menschheit zurück. Sein Versprechen von Neuheit wird durch Vertrautheit vernichtet. Nachdem er die Hoffnung erregt hat, daß er gute Nachricht bringen wird, zerschlägt er sie in Stücke, die das Schicksal aller Hoffnungen sind, und stützt den Glauben, daß der Mensch in einer Es-hätte-sein-können-aber-es-ist-nicht-so-Welt lebt.

Fast ebenso dominierend wie die Behandlung Godots ist Becketts Beschäftigung mit den beiden fundamentalen Fragen: Was ist das Wesen der Zeit? und: Was ist das Wesen der Bewegung? Sein Standpunkt bei beiden Fragen ist eleatisch. Er bejaht den Satz, daß sowohl Zeit als auch Bewegung Illusionen sind, die dem Weiterkommen der Menschheit schaden. In seinen Anstrengungen, die Zeit zu begreifen, täuscht sich der Mensch bloß. Wenn Pozzo die Zeit als verdammt[22] beschreibt, kann die Zeile als ein Verwerfen aller konventionellen Ansichten von der Zeit – ob als Vergehen in der Natur, als Dauer in der Psychologie des Menschen oder als mechanische Operation von Uhren – gelesen werden. Hier deutet Beckett vielleicht darauf hin, daß der Mensch keinen Verlust erleiden würde, wenn er ohne den Begriff der Zeit lebte. Die Implikationen dieser Position gehen weit: Veränderung ist unentrinnbar an Zeit gebunden, und wenn es keine Zeit gibt, gibt es auch keine Veränderung. Auch die Naturwissenschaft ist in Schwierigkeiten, denn ihre ganze Organisation ist Zeit und Bewegung – als etwas potentiell Wirklichem und etwas, das sich in Begriffen ausdrücken läßt, die die Naturwissenschaft erfindet, um die Menge von Aussagen und die damit verbundenen Experimente entwickeln zu können – verpflichtet.

Eine weitere dieser radikalen Abweichungen von einer konventionellen Sehweise ist Becketts Hinweis, daß das Leben und Denken des Menschen nicht veränderbar sind. Er sieht Veränderbarkeit in verschiedenen Formen der natürlichen Existenz, aber die Lage des Menschen ist nicht darunter. Der Mensch bleibt mit seinen Versuchen, seine Projekte auszutragen und seine Umgebung zu verstehen, in einem Eichhörnchenkäfig ausgesetzt, von seinen Illusionen über Zeit und Bewegung besiegt. »Gehen wir«, sagt Wladimir zu Estragon, aber sie bewegen sich nicht von der Stelle.[23] Ihr Denken an Bewegung reicht nicht aus, um die Existenz der Bewegung zu garantieren: Der Mensch ist statisch und gefangen im Schraubstock verschiedener Gegensatzpaare – wie stationär und sich bewegend, verdammt und gerettet, unwissend und wissend –, die er ersinnt, um sich zu führen.

Ist *Warten auf Godot* eine Aufforderung, ohne den Segen von Konzeptionen der Zeit und der Bewegung zu leben, da unsere Rücksicht auf sie nur dazu gedient hat, uns zu täuschen? Ist das Stück ein Stück kühner Spekulation, die eine Herausforderung enthält, unsere Formen, in denen wir unser Universum sehen, zu reformieren, mit der Implikation, daß wir dadurch unser Los verbessern können? Bietet das Drama mehr als kahle Negation? Verhüllt seine Negation eine Vorschrift für den ersten Schritt zu einem neuen Typ der Orientierung gegenüber der Umgebung? Wenn es in anderen Aspekten unseres Lebens neue Modelle gibt, zum Beispiel Pläne für Außenstellungen auf irgendeinem anderen Planeten, könnten wir nicht auch neue Modelle im Hinblick auf Anschauungen von der Zeit, der Veränderung, dem Diskurs, der Gesellschaft und den übrigen Punkten auf der Liste unserer Fehlschläge haben?

Beckett zerstört alle Formen und läßt so den Weg offen, neue zu bauen, aber ein bedrohlicher Vorbehalt lauert im Hintergrund: die neuen werden nicht hauptsächlich durch Willensausübung, auch nicht durch willkürliche Entscheidung oder andere vorherrschende Mittel des Menschen gebaut werden, sondern eher, wenn Godot kommt. Meist ist Beckett aufrichtig und emphatisch skeptisch. Die meisten Beispiele, die er bringt, weisen auf den Menschen als auf ein Geschöpf, das sowohl komisch als auch tragisch ist. Beckett nennt dieses Stück eine Tragikomödie, ein Ausdruck, der sich mit der allgemeinen Atmosphäre der Konfusion verbindet, die vom Dialog ausgeht. Der Mensch ist eine komische Figur, die auch tragisch ist, wobei seine tragische Seite darin besteht, daß er sich nicht davor schützen kann, komisch zu sein: seine Anstrengungen, diese Lage zu überwinden, binden ihn nur um so sicherer an sie. Er kann weder sich selbst noch seine Umgebung verwandeln. Er kann nur auf Godot warten. Kein Agent, der sich vom Göttlichen ableitet, und der durch Transsubstantiation oder ähnliche Praktiken zu seiner Erbauung vermitteln könnte, ist verfügbar. Die Situation läßt einen an Matthew Arnolds Beschreibung des Lebens denken:

> Wandernd zwischen zwei Welten, von denen die eine tot ist,
> Die andere keine Macht hat, geboren zu werden,
> Warte ich, ohne zu wissen, wo ich meinen Kopf ausruhen könnte,
> Wie diese verloren auf der Erde.

Beschuldigt Beckett den Menschen, er handele als Pfarrer für Godot, statt auf Godot zu warten? Nicht ausdrücklich. Er hat kein Evangelium der Handlung. Die meisten Versuche, zu handeln, laufen in diesem Stück auf ein Fiasko hinaus. Aber auf der anderen Seite bejaht Beckett nicht die Resignation. Der Mensch fährt fort zu handeln, aber fruchtlos zu handeln. Beckett ist mehr ein Seher als ein Moralist. Er sieht die fatale Lage des Menschen; er macht keine Vorschriften für ihre Veränderung. Er scheint bereit, sie als unkorrigierbar zu erkennen und ist mehr an ihrer genauen Darstellung als an einem Wunschprogramm für ihre Reform interessiert. Vielleicht zählt nur die Natur: die Natur brachte ein grünes Blatt hervor; bislang hat der Mensch mit all seinem eingebildeten Wissen noch nicht so viel hervorbringen können. Das, womit sich der Mensch am meisten brüstet, sind leere Selbsttäuschungen. Der Baum und sein Blatt kontrastiert mit der Asche unseres toten Lebens. Wladimir verkündet: »Nur der Baum lebt.«[24] Estragon empfiehlt, »man sollte sich entschlossen der Natur zuwenden«.[25] Wladimir gibt zu, daß das, obwohl schon versucht, nicht die schlechteste Alternative sei, womit er implizit sagt, daß es nicht so schlecht sei, wie sich uns selbst oder der Wissenschaft zuzuwenden. Die Natur enthüllt die Potentialität, während die Versuche des Menschen, die Materialien und Kräfte der Natur zu organisieren und zu kontrollieren, ein Fall höchster Ironie zu sein scheinen: sie setzen die Zerstörung fort und halten die Unwissenheit aufrecht, die sie zu beseitigen versprechen.

Ob man nun den Menschen analytisch, in seinen Fähigkeiten – seinem Willen, seinem Intellekt, seiner Einbildungskraft, seinem Gedächtnis, seiner Sinneswahrnehmung oder seinen organischen Mechanismen – oder als eine nicht analysierbare Einheit sieht, die diese Fähigkeiten einschließt, aber gleichzeitig übersteigt, man sieht in jedem Fall Scheitern. Der Mensch scheitert, wie man ihn auch sieht. Seine psychologischen Bestandteile versagen einzeln und zusammengenommen. Außerhalb des Menschen als ein in einem Organismus materialisiertes Selbst gibt es solche Vorstellungen wie seine Gottheit, seine Gesellschaft und seine Werte. Wenn die Gottheit Godot ist, dann ist die Gottheit etwas nur in der Umgebung eines unaufhörlichen Morgen Erreichbares. Wenn die Gottheit nicht Godot ist, dann ist die Gottheit im Hinblick auf den Menschen abwesend, so wie Godot. Die Gesellschaft ist entweder ohnmächtig oder feindlich: ohnmächtig, wenn sie als Instrument zur Verbesserung des Menschen gesehen wird, feindlich, wenn der Mensch mit ihr zu interagieren sucht. Die Gesellschaft hat den vier Menschen im Stück nichts zu bieten. Die Möglichkeit, sich ihr zuzuwenden, ist nur mit einer Erfahrung von Schmerz verbunden und läßt sich nur mit Ekel denken. Wenn Estragon Menschen begegnet, schlagen sie ihn, ohne provoziert worden zu sein. Wenn Menschen einander helfen, dann in Vorwegnahme von irgend etwas Greifbarem, was sie dafür bekommen. Außerdem scheinen die Werte des

Menschen Halluzinationen zu sein. Durch sich selbst kann er weder Schönheit noch Wahrheit noch das Gute erreichen. Das Versagen von Werten ist hauptsächlich ein Versagen von moralischen Werten und solchen, die dem Begriff Wahrheit nahestehen, weniger drastisch ein Versagen von ästhetischen Werten. Die Welt Pozzos und Luckys ist eine Bloßstellung des Versagens moralischer Werte. Wenn es Wahrheit gibt, ist sie etwas jenseits des Menschen, und im Kontrast zu ihr ist der Mensch in Irrtum eingesenkt. Gewißheit und Entschiedenheit, vermutlich Eigenschaften der Wahrheit, werden als unerreichbar dargestellt. Die Verwirrung des Menschen inmitten seines Kampfes um die Wahrheit produziert die Stimmung der Unbestimmtheit, die das Stück beherrscht. Schönheit läßt sich erreichen in der Provinz der Natur, nicht in der des Menschen. Ein Blatt erscheint am Baum und bedeutet vielleicht die Schöpfung eines ästhetischen Wertes durch die Natur, aber vom Menschen gemachte Hüte bringen eine Erscheinung hervor, die als »häßlich« beschrieben wird.

Indem er die Anhäufung von Begriffen verwirft, die traditionell auf die Gegenstände Gottheit, Gesellschaft und Werte angewendet worden sind, und indem er auf das feste Gewebe unserer Gründe zu glauben hinweist, läßt Beckett den Menschen in einem Zustand, der frei von Täuschung, aber gleichzeitig in einem Zustand, der unzusammenhängend und leer ist. An dieser Gelenkstelle in der Interpretation sind zwei theoretische Punkte deutlich. Der erste ist der, daß das Drama nicht durch das Medium moralischer Standards begriffen werden kann. Diese mögen ein Medium sein, durch das man es zensieren, aber sie sind kein Medium, durch das man es verstehen kann. Beckett findet moralische Standards unzureichend. Sie sind ein Mittel, das versagt hat. Der Ort von *Warten auf Godot* liegt auf einer existentiellen Ebene, und jeder Versuch, ihn auf eine moralische Ebene zu übertragen, erzeugt eine Verzerrung. Vom Standpunkt des Stücks aus ist die Existenz etwas, was der Moral vorausliegt, und die Moral ist nicht ein gegebenes oder inhärentes Moment der Existenz. Der Bericht über die Bemühungen des Menschen, die Moral auf seine Existenz aufzupropfen, enthüllt eine lange Reihe von Fehlern.

Der zweite Punkt ist, daß in der Welt Wladimirs und Estragons das Gesetz des Widerspruchs keine Anwendung findet.

In der reinen Existenz ist die meiste Logik so unzureichend wie viele andere menschliche Mittel. Ist das Stück also vollkommen ohne Logik? Nicht wirklich, denn es scheint zumindest die Hauptbestandteile einer solchen zu haben. Logik gründet sich typischerweise auf eine Gegensatzbeziehung. Ausschließen durch Widerspruch ist fundamental bei Aristoteles, Polarität bei Heraklit und dialektische Entwicklung bei Hegel. Becketts im Entstehen begriffene Logik hat einen Hegelschen Ton, da sie das Gesetz des Widerspruchs verwirft und auf Ontologie, nicht auf Linguistik gegründet ist. In ihr besteht eine Gegensatzbeziehung zwischen dem, was wirklich auf Existenz gegründet ist und dem, von dem blind behauptet wird, daß es zur Existenz gehöre. Wenn man beide Seiten wechselseitig als eine testende Person und einen zu testenden Patienten betrachtet, negiert die Existenz das, was sich nicht mit ihr verbindet, wobei die negierten Entitäten auf einen Status von Illusion verwiesen werden. Das Ergebnis der Operation einer solchen Logik ist die im Stück repräsentierte Welt, die Welt, die bleibt, wenn Traditionen, Aberglauben, Täuschungen, Theologien, Moralkodizes, die Syntax des Diskurses, die Konventionen der Gesellschaft, die Vortäuschungen von Werten und die Aussagen der Naturwissenschaft negiert sind, indem ihnen der Zugang in den Bereich der Existenz verwehrt wurde, gerade so, wie die linguistische Logik einigen Aussagen den Zugang in den Bereich verwehrt, den sie als Wahrheit bestimmt.

Beckett ist vielleicht wie Nietzsche ein Herold dessen, daß wir am Ende unserer Gebräuche, die sich als nutzlos erwiesen haben, angelangt sind. *Warten auf Godot* ist eine große Parodie der menschlichen Begriffe von Göttlichkeit, Fortschritt, Komfort und Intersubjektivität. Es ist eine Nachzeichnung des Triumphs der Leere und ein weites Panorama des Zusammenbruchs der menschlichen Ansprüche auf Werte und Wissen. Es stellt die Konventionen, Phrasen und fruchtlosen Annahmen bloß, die die Menschheit im Griff haben und in Becketts Augen aus dem Leben einen kolossalen Witz machen. Es zeigt den Menschen in einem Abgrund zielloser Wiederholungen. Mit Estragons Worten: »Schau dir doch den Dreck an. Ich bin hier nie herausgekommen.«[26] Es stellt Leben als eine Verabredung mit dem Elend dar. Mit Wladimirs

Worten: »Jedem sein Kreuzchen. (...) Bis man begraben ist ... (...) und vergessen.«[27]

Das Drama ist ein Eingeständnis dessen, daß die Geschichte, wenn man sie als natürlichen Fluß betrachtet, die Maximen der Menschen widerlegt und ihre Politik und ihre Ambitionen zerstört, daß die Fruchtbarkeit unseres Schicksals viel tiefer ist als unsere Rhetorik und unsere Begriffe, und daß sie die paradoxe Form der Qual erzeugt, uns am Leben zu erhalten, indem sie uns ständig besiegt.

Robert Champigny
Interpretation von *En attendant Godot*

Die drei Standpunkte, die nacheinander eingenommen werden sollen, lassen sich als Ableitungen der drei Worte aus dem Titel des Stücks auffassen. Die Untersuchung der Mythologie wird vom Wort »Godot« bestimmt. *»En« attendant Godot* sprechen die Personen; wir werden also den Zustand ihrer Sprache untersuchen. Die negativen Ergebnisse, die wir aus diesen beiden ersten Schritten erhalten, zeigen, was positiv bleibt im Sinn des Stücks: das Warten.

Die Figuren werden dargestellt als Kinder des Jahrhunderts, umfassender, der Periode, die man mythologisch als Abwesenheit oder als Tod des Heiligen charakterisiert hat. In Wirklichkeit hat man es seit dem Anfang der Romantik eher mit einer Vervielfältigung der Mythen zu tun. Auf der einen Seite bleiben die theologischen Mythen; auf der andern hat man evolutionistische Mythen als Substitute vorgeschlagen. Man hat ebenfalls versucht, die beiden Typen von Mythen zu verschmelzen: so neuerdings Ruyer und Teilhard. Im Stück läßt sich das Paar Pozzo–Lucky unter der Perspektive eines soziologischen, das Paar Wladimir–Estragon unter der Perspektive eines theologischen Mythos bestimmen.

Betrachten wir das Paar Pozzo–Lucky. Pozzo ist der Herr, der Führer. Er repräsentiert die herrschende Klasse, diejenige, der die Kontrolle über den soziologischen Mythos anvertraut ist. Es ist ein totalitärer Mythos. Pozzo macht sich darüber Gedanken, wer Godot ist. Estragon und Wladimir befinden sich auf seinem Grund und Boden, da sie menschliche Wesen sind. Der Mythos ist auf dem Begriff der Geschichte, nicht dem der Ewigkeit aufgebaut. Pozzo will nicht, daß die Zeit anhält. Er nimmt das allgemeine Schicksal auf sich; er antwortet auf die Namen von Kain und Abel. »Es ist die ganze Menschheit«[1], sagt Estragon. Pozzo führt Lucky in eine mythische Zukunft. Er ist mit ihm auf dem Weg zum Salvator-Markt (Saint-Sauveur). Um ihn zu verkaufen, natürlich. Es paßt, daß Pozzo in seiner Diktatorrolle für den Sklaven Verachtung zeigt. Die Figur Luckys idealisiert das Volk nicht. Er ist bösartig bei Fremden, sagt Pozzo; Lucky beweist es ihm, indem er Estragon, den früheren Dichter, beißt. Lucky hat nichts vom Demogorgon Shelleys. Pozzo ist Prometheus, der ein neuer Jupiter geworden ist. Die Dialektik von Herr und Knecht hat ihre Dynamik verloren. Lucky will nur die Rolle Luckys spielen und braucht Pozzo in der Rolle Pozzos. Beide versuchen, an ihrer Rolle festzuhalten: »Einen so (. . .) treuen Diener (. . .) Ein so guter Herr!«[2]

Es handelt sich um theatralische Rollen. Pozzo lebt nur für einen anderen Schauspieler (Lucky) oder Zuschauer (Wladimir, Estragon): »Hört alles zu? (. . .) Ich möchte nicht ins Leere sprechen.«[3] Seine Rolle ist eine Rolle der Stärke; es fällt ihm schwer, existentielle Schwäche und theatralische Stärke zu versöhnen. Schon bei der ersten Zusammenkunft zeigt er sich ermüdet von einer Rolle, die ihm nicht mehr auf der Haut sitzt. Er äußert relativistische Ansichten: »Sagen wir also nichts Schlechtes von unserer Epoche. Sie ist nicht unglücklicher als die vergangenen. (. . .) Sagen wir auch nichts Gutes von ihr. (. . .) Sprechen wir nicht davon.«[4] Auch das Volk ist ermüdet. Lucky kann nur noch »Den Netztanz« tanzen. »Er bildet sich ein, sich in einem Netz verfangen zu haben.«[5] Bei diesem Denken handelt es sich nicht mehr um revolutionäres Denken, sondern um einen theologisch-wissenschaftlichen Salat, den Lucky ohne Verständnis zitiert, als Grund. Beim zweiten Zusammentreffen ist das Zusammenbrechen an die Stelle des Fallens getreten. Pozzo ist blind, Lucky stumm. Die von dem Paar transportierte ideologische Last, diese von Generation zu Generation in erbaulichen Reden weitergereichte Flamme, hat sich desintegriert: »Was ist denn in dem Koffer?/Sand.«[6] Das Schema der Evolution und des Fortschritts macht einem zirkulären Schema und der Liebe zu Bewegung um der Bewegung willen Platz: ». . . eines Tages wurden wir geboren, eines Tages sterben wir, am selben Tag, im selben Augenblick, genügt Ihnen das nicht? *Bedächtiger*. Sie gebären rittlings über dem Grabe, der Tag erglänzt einen Augenblick und dann von neuem die Nacht. *Er zieht am Strick*. Los, voran!«[7]

Estragon und Wladimir versuchen, eine geistige Verbindung jenseits der Gesellschaft zu bilden. Der Mythos, dem das Paar sich zuwendet, ist theologisch. Sie kommen jeden Abend zusammen, um ihr geheiligtes Leben zu leben, einen Ritus zu zelebrieren, der darin besteht, beim Warten auf Godot zu sprechen. Die Gesellschaft ist ein anonymer Block: »Und man hat dich nicht geschlagen?/Doch... Nicht so schlimm. /Wieder dieselben?/Dieselben? Ich weiß nicht.«[8] Ebenso wie ihre gesellschaftliche Zugehörigkeit suchen die beiden Figuren den gesellschaftlichen Begriff der Zeit loszuwerden. Ihre Augenblicke des geheiligten Lebens müssen vom Übrigen abgelöst sein, um in demselben Warten auf Gott aufzugehen.

Diese »Intellektuellen« haben kein Vertrauen zum Denken mehr: ist es etwas anderes als der zerstörte Mechanismus, den Lucky vorführt? Sie haben einen Moment lang das Bedürfnis, sich zu engagieren: »Wir wollen unsere Zeit nicht bei unnützen Reden verlieren. (...) Uns braucht man nicht alle Tage.«[9] Die Überschwenglichkeit sackt schnell ab: »Es ist wahr, daß wir unserer Gattung mit verschränkten Armen beim Abwägen der Für und Wider auch alle Ehre machen. (...) Ja, in dieser ungeheuren Verwirrung ist eines klar: wir warten darauf, daß Godot kommt.«[10] Sie wenden sich dem religiösen Thema des Heils, des kommenden Gottes zu. Die Erinnerung an die Legende von den Dieben wird von Anfang an wachgehalten. Der im übrigen skeptische und ironische Estragon befiehlt dem Boten Godots, »die Wahrheit« zu sagen.

Sie warten auf Godot. Was sie stört, ist nicht ein Zweifel an seiner ›Existenz‹, ist vielleicht nicht einmal, daß Godot immer »morgen« kommen wird: das liegt in den Regeln des Spiels. Aber sie warten auf einen neuen Gott, und Godot ähnelt stark dem alten Gott, sagen wir Jupiter, oder auch Cäsar (Pozzo). Man kann hier eine Anspielung daran erkennen, daß die modernen Mythen sich vom theologischen Mythos herleiten, wie auch daran, daß zwar viele von einer neuen Religion sprechen, daß aber niemand in der Lage ist, eine zu erfinden, die nicht den alten ähnelte. Die Epoche ist mehr für die Slogans als für die Mythen.

Estragon und Wladimir sind – anders als etwa Blake – unfähig, sich einen poetischen Mythos zu erfinden; darum kann der eine nicht ohne den anderen sein, obwohl sie sich verachten: Jeder ist für den andern der Spiegel seiner Ohnmacht.

Estragon hält Pozzo für Godot. Godot wird als Geschäftsmann vorgestellt. Er behandelt seine Engel mit der Willkür eines menschlichen Herrn. Der Engel weiß nicht, ob er unglücklich ist oder nicht. Worin besteht das »Heil«? Der Engel erkennt Wladimir von einem Abend zum andern nicht mehr und nennt ihn »Monsieur Albert«. Ist das der »göttliche« Name Wladimirs? Oder ist die Botschaft für jemand andern bestimmt, der der »gute« Dieb wäre? Ist das die Interpretation Wladimirs, ohne daß er es sagt? Die folgende Interpretation scheint mir vorzuziehen zu sein: Estragon und Wladimir versuchen, für die Welt zu sterben, aber die Ewigkeit bietet keine Kompensation. Der Gnadenstoß, wenn ich so sagen darf, kommt mit der Eröffnung, daß der Bart Godots weiß ist.

Das Ergebnis der mythologischen Interpretation des Stücks ist negativ: Prometheus imitiert Jupiter und stürzt; der neue erwartete Gott ist nur der alte. Wir können jetzt von einem anderen Standpunkt auf das Stück zurückkommen (wir betrachten das Stück als literarisches Werk, das heißt als wiederzulesendes Werk). Untersuchen wir, wie die theatralische Sprache geregelt ist.

Die Figuren existieren durch das Sprechen: »Hör mal, Gogo, du mußt mir von Zeit zu Zeit den Ball zuspielen.«[11] Sie existieren durch das szenische Spiel: »Wir finden doch immer was, um uns einzureden, daß wir existieren, nicht wahr, Didi?«[12] Von diesem Standpunkt aus fügt sich das Stück in die antitheatralische Reihe ein, für die auf verschiedene Weise Pirandello, Anouilh, Sartre, Genet, Ionesco Beispiele gegeben haben. Was das Theater betrifft, könnte man das Bewußtwerden so formulieren: Das Theater stellt das Leben dar, insofern das Leben theatralisch ist; nun ist das, was im Leben theatralisch ist, unauthentisch; machen wir also anti-theatralische Stücke.

Das Thema der Kommunikation ist in Mode. Die gemeinsame Sprache zeigt Symptome der Dekomposition. Die Termini und technischen Schemata dringen in die Sprache ein; die alten Termini und Schemata sind noch nicht ausgeschieden. Die Vielfalt der Wahrheiten, der Fluß der Slogans bewirken, daß die Sprache sich von der Existenz ablöst. Für Wladimir, Estragon und selbst Pozzo ist die Sprache kein Idol, kein Werkzeug oder Spielzeug mehr. Es sind nur zerschlagene Stücke von Idolen, Werkzeugen und Spielzeugen übrig. Die Figuren bringen ein Thema in Gang, eine gewisse sprachliche Montage, dann geben sie es auf. Man könnte Becketts Technik einen zerbrochenen Symbolismus nennen. Der Autor suggeriert ein symbolisches Schema, dann zerstört er es. Man denkt an den Friedhof, auf dem Joyce die Symbole aufhäufte, man denkt vor allem an eine Analyse der Sprache wie die von Wittgenstein.

Unsere Rechte, »Wir haben sie verschleudert«[13], sagt Wladimir. Es gelingt ihm nicht mehr, sich an eine sozio-verbale Rolle zu halten. »Wir sind doch nicht gebunden?«[14] fragt Estragon, der frühere (surrealistische) Dichter. Die Sprache ist aus dem Leim gegangen: »Es ist eben schrecklich, gedacht zu haben. – Ist es uns überhaupt je passiert?«[15] Ich interpretiere so: Denken mit Worten führt zum Verlust der Unschuld; aber was will das Wort »Denken« sagen? Estragon und Wladimir geben »toten Stimmen« einen Anschein von Leben. Es genügt nicht, daß diese Stimmen gelebt haben. »Sie müssen darüber sprechen.«[16] Ich spreche, also bin ich (eine *persona*). Estragon und Wladimir sind auf der Suche nach Personen: »Wir könnten Pozzo und Lucky spielen.«[17] Die sprachlichen Masken geben die Sensibilität nicht mehr wieder: »Sag, ich bin zufrieden. – Ich bin zufrieden. (. . .) Was sollen wir jetzt machen, da wir zufrieden sind?«[18] Was eben gesagt wurde, gilt nicht für Lucky. Für ihn ist die Sprache ein Idol. Er allein kann »denken«, das heißt mit Ernst, einer Glaubenshaltung gemäß, sprechen. Aber er kann offensichtlich nur die Sprache wiedergeben, die man ihn gelehrt hat, das heißt das zeitgenössische Durcheinander. Es ist eine Antiquitätenhandlung, in der die theologischen und wissenschaftlichen Redewendungen vorherrschen, die der Glaubenshaltung günstig sind. So erscheint die Rezitation Luckys nicht Lucky, sondern anderen Personen, die zugleich neidisch und angewidert sind.

»(. . .) gestern abend haben wir dummes Zeug gequatscht. Das tun wir ja schon ein Leben lang.«[19] Die erste Hälfte des 20. Jahrhunderts ist – in der Literatur wie in der Philosophie – in der Tat durch eine allgemeine Krise der Sprache gekennzeichnet. Die Figuren sind alt. Sie sind noch an die ideologische Manier gebunden, sind aber unfähig, sich einem alten Mythos zu verpflichten oder einen neuen zu erfinden. Sie sind unfähig, eine Sprache ohne Mythos zu erfinden; sie sind gleichermaßen unfähig, sich der Sprache zu begeben. Sie sind in einer Theaterszene fixiert, die sie als solche erkennen: »Komm, laß uns gehen. – Wir können nicht. – Warum nicht? – Wir warten auf Godot.«[20] Wir werden auf den Titel zurückkommen.

Die Untersuchung des Zustandes der Sprache bestimmt wie die Untersuchung der Mythologie den negativen Sinn des Stücks. Wenn man sich mit diesen Standpunkten zufrieden gibt, wird man letztlich sagen müssen, daß das Stück pessimistisch oder nihilistisch ist. Aber das Werk, das ebensosehr Komödie wie Tragödie ist, fordert uns auf, uns von diesem Geist des Ernstes zu lösen. Das Theater stellt das Leben dar, insofern das Leben theatralisch ist. Der Nihilismus des Stücks trägt nur gegen eine Konzeption, die das Leben auf das Theater, die Existenz auf einen Mythos, den »Sinn des Lebens« auf eine Ideologie reduziert. Anders gesagt, er trägt gegen eine Konzeption, die das Leben in eine metaphysische Schachtel steckt. Wenn wir den Standpunkt umkehren, wird das Stück zu einer Kritik dieser essentialistischen Konzeption. Und in der Tat läßt sich das Stück, parallel zum Essay-Roman *Der Namenlose*, vielleicht als eine anti-cartesianische Meditation interpretieren. Es geht hier wohl noch einmal darum, tabula rasa zu machen, aber dieses Mal mit der Weigerung, die Maske des Ich und die Maske eines Gottes fest zu behaupten.

Beckett hat Sorge getragen, anzugeben, wo das Theater aufhört. Wladimir und Estragon sprechen von Selbstmord, aber sie hüten sich, sich am Baum aufzuhängen. Die Sprache hat sich vom Leben abgelöst, aber das Leben bleibt an den Körper gebunden. Was sagt uns das Stück über die theatralische Darstellung hinaus?

Zweierlei wird vorgeschlagen, was an die Stelle des Wartens auf Godot treten könnte. Das eine ist der Selbstmord, die höchste Handlung: »Morgen hängen wir uns auf. (...) Es sei denn, daß Godot käme.«[21] Im Unterschied zu ihrer sprachlichen Vorbereitung würde uns die Handlung aus dem Theater gehen lassen. Die zweite Möglichkeit besteht darin, auf die Nacht zu warten: »(...) wir warten darauf, daß Godot kommt. (...) Oder, daß die Nacht kommt.«[22] Diese Nacht wird der Tod sein. Man könnte sie auch als mystische Nacht interpretieren. Die Wörter und die Dinge würden verschwinden, um dem einfachen und dauernden »es gibt« Platz zu machen.

Darum scheinen sich Estragon und Wladimir zu bemühen:

»Nun wird es wirklich sinnlos. – Noch nicht genug.«[23] Sie zerstören die Sprache mit Worten. Aber sie bleiben so mit Worten, mit Fetzen von Sprache. Sie bleiben auf der Bühne, unzertrennliche Komödianten. Handlung und Kontemplation werden angedeutet, die Figuren im Bereich der Geste gehalten.

Aber auf der Bühne selbst gibt es den Baum: »Nur der Baum lebt.«[24] Der Baum des Lebens ist auf der Bühne und doch ist er nicht im Theaterstück. Und ebenso ist, wenn »Warten auf Godot« theatralisch ist, das Warten unter den Worten selbst es nicht. Die Auflösung von Mythen und der sprachlichen Masken enthüllt ein Existential: das Warten. Das Stück führt nach und nach diese existentielle Reduktion durch. Die folgenden Worte legen sie besonders nahe: »Wir (. . .) warten auf die Nacht, und warten auf Godot, und warten, und warten.«[25] »Godot« und »Nacht« löschen einander aus durch Kurzschließen, könnte man sagen; es bleibt das Warten.

Von diesem Standpunkt aus, der über die theatralische Fiktion hinausgeht, ist der Sinn des Stücks dem von Werken wie *Der Ekel* oder *Der Fremde* vergleichbar. Es geht darum, die Existenz zu enthüllen, oder wenigstens ein Existential, mit Hilfe von Worten, gegen die Worte, jenseits der Worte. Hier ist das Warten das gewählte Existential: nicht das Warten auf dies oder jenes, sondern das Warten; nicht das gelebte, das heißt das nicht-zeitliche Warten; nicht die Hoffnung, das Verlangen oder die Furcht, sondern undifferenziertes Warten. Das Warten ist die fundamentale Form, den Lebensaspekt, den Gerundium-Aspekt der Existenz zu leben. Von diesem Standpunkt aus kann es keinen Optimismus und keinen Pessimismus geben: das Leben ist zu leben, und das ist alles. Wenn das Leben keinen Sinn hat, dann, weil es der Sinn ist.

Unter dem Druck der Technologie scheint unsere Epoche entschlossen, nicht nur diesen und jenen Mythos abzuschaffen, sondern den Geist der Ideologie selber. Unter diesem Gesichtspunkt haben Werke wie *En attendant Godot* einen gültigen Sinn. Sie vergolden nicht eine Ideologie; sie entwerfen keine neue, sie fordern keine neue. Sie versuchen, jenseits oder diesseits ihres theatralischen Aspekts auf das hinzuweisen, was existentiell authentisch ist an dem Tier, das Sprache hat.

Lawrence E. Harvey
Kunst und das Existentielle in *En attendant Godot*

In einem neueren Artikel bemerkt Claude Mauriac treffend:
»Man hat *En attendant Godot* durch ein unüberzeugendes
Wortspiel erklären wollen: Heißt nicht ›Gott‹ auf englisch
›God‹? Ein Mittel, dieses Stück, das genauso wenig Sicherheit
verspricht wie die anderen Werke Becketts, weniger beunru-
higend zu machen.«[1] Obwohl Mauriac damit ein letztlich wohl
doch nicht ganz so unwahrscheinliches Wortspiel vielleicht zu
schnell beiseite schiebt, legt er in diesen Sätzen den Finger
genau auf eine Unzulänglichkeit einiger sonst erhellender Diskussionen des kontroversen Stücks von Beckett. Die Kritiker,
und zwar professionelle wie Amateure, haben sich in der Tat
oft zu sehr um die »Botschaft« des Stücks gekümmert, indem
sie es, unbewußt vielleicht, als eine Art Thesenstück behandel-
ten und so implizit, könnte man argumentieren, seinen Rang
als Kunstwerk verfehlten. Ein Rezensent der Londoner *Times*
schreibt zum Beispiel: ». . . die Botschaft Becketts als Romanautor ist vielleicht eine Botschaft reiner Verzweiflung. Die
Botschaft von *Warten auf Godot* kommt einer Botschaft religiösen Trostes vielleicht näher . . . So ist *Warten auf Godot*,
wie man diese Bemerkungen zusammenfassen könnte, ein
modernes Moralitätenspiel über bleibende christliche Themen.«[2]
Es überrascht kaum – wenn man zugibt, daß das Stück mehr
als eine dramatische Predigt ist –, daß eine solche Ansicht
ihren Gegensatz hervorruft. Ein Korrespondent der *Times*
schreibt: ». . . daß das Stück, obwohl christlich in seinen Bildern, keineswegs in seinem Thema christlich war. Es war eher
ein atheistisch-existentialistisches Stück, das auf der Unmöglichkeit insistierte, daß das Individuum seine Bürden auf irgendein anderes Paar Schultern abladen kann als auf sein
eigenes: seine Moral war: Wenn das es ist, wohin das Warten
auf Godot uns führt, warum warten auf Godot?«[3]
Angesichts zweier so radikal entgegengesetzter Auffassungen gibt es immer die zynische Lösung, das Stück sei »ein
Schabernack für Intellektuelle«. Auf der andern Seite ist es

vielleicht eher ein Zeichen von Subtilität als Naivität, wenn jemand zugesteht, die »Flüchtigkeit des Kerns« der Bedeutung könnte die Kritiker dazu führen, »zu behaupten, daß da kein Kern ist; daß die ganze aufregende Wirkung, die das Stück auf der Bühne hatte, von der hervorragenden Inszenierung und vom Können der Schauspieler sowie von Becketts eigener Beherrschung der Mechanismen der Bühne abhing«.[4] Selbst eine solche Ansicht, so fühlt man, wenn man *Godot* liest, bleibt letztlich unbefriedigend. Die Wirkung des Stücks ist zu groß und der dunkle Sinn der zugrundeliegenden Bedeutung zu unabweisbar. Diese Studie will eine Interpretation von *Godot* vorschlagen, die in einem gewissen Maß jene beiden oben skizzierten Extrempositionen versöhnen kann. Eine solche Interpretation ist aus einem Blickwinkel geschrieben, aus dem heraus das Stück als Kunstwerk und nicht so sehr als »Botschaft« betrachtet wird. Und unter Kunst – der Hauptteil dieses Aufsatzes wird diesen Begriff entwickeln – wird hier ein Zerstören und Wiederherstellen verstanden, ein Neuordnen der Wirklichkeit oder ein Zerbrechen der Oberflächen, das zu einer Nachahmung dessen führt, was auf tieferen Ebenen der Existenz aufgefunden wurde.

Bevor ich zu zeigen versuche, daß diese Auffassung von Kunst Becketts Stück zugrundeliegt, möchte ich für Becketts außerordentlich bewußte Artistik ein Beispiel aus *Godot* geben. Ich tue das, weil eine solche Annahme, die, wie ich meine, mehr als zureichend gerechtfertigt ist, die Arbeitshypothese dieser Studie darstellt. Auf S. 53 fragt Estragon Wladimir, ob sie gebunden sind (und man wird an den Strick erinnert, der Pozzo und Lucky verbindet). Auf S. 57 wird dieses Motiv in folgendem Dialog aufgegriffen:

ESTRAGON *mit vollem Mund, zerstreut:* Wir sind doch nicht gebunden?

WLADIMIR Ich verstehe nichts.

ESTRAGON *kaut und schluckt:* Ich frage, ob wir gebunden sind.

WLADIMIR Gebunden?

ESTRAGON Ge-bun-den.

WLADIMIR Wie gebunden?

ESTRAGON An Händen und Füßen.

WLADIMIR Aber an wen? Durch was?

ESTRAGON An deinen guten Mann.

WLADIMIR An Godot? Gebunden an Godot? Wie kommst du darauf? Nie im Leben! *Pause.* Noch – nicht. *Er betont »noch«.*[5]

Die Regieanweisungen zu dieser Stelle schreiben vor, daß keine Verbindung zwischen »pas« und »encore« hergestellt werden soll. Dies ist ein Fall, in dem im Französischen die Verbindung frei ist, aber man hätte erwarten können, daß sie hier durch Wladimir, dessen Sprache gewöhnlich ziemlich elegant ist, doch hergestellt würde. Nahegelegt wird, daß die Figuren sehr wohl an Godot gebunden sein könnten, oder wenigstens, daß sich erweisen könnte, daß das, was sprachlich zusammenhängend ist, es bald auch existentiell sein wird. Während in diesem Beispiel der Gebrauch der Sprache zur Nachahmung von Ideen der Aufmerksamkeit des Zuschauers entgehen könnte, sollte der aufmerksame Leser ihn nicht übersehen, und Stücke werden heute ebensosehr für das sehr große Lesepublikum geschrieben wie für die relativ wenigen, die die Aufführung sehen. Besonders wichtig an diesem individuellen Beispiel ist jedoch, daß es ein beträchtliches Maß sprachlicher Bewußtheit und Intellektualität beim Dramatiker voraussetzt und auf einen noch bedeutsameren Gebrauch der imitativen Möglichkeiten der Sprache an anderen Stellen verweist.

1. Die gegebene Welt: Abteile, Muster und Oberflächen

Der Ausgangspunkt von *Godot*, die gegebene Welt, die transformiert werden soll, läßt sich hier weniger leicht beschreiben als in naturalistischen Werken, weil sie – so wie wir es sehen – sich schon sehr weit aufgelöst hat. Ihre Existenz ist jedoch in fast jeder Zeile des Stücks vorausgesetzt, und es ist nicht allzu schwer, aus den zerstreuten Resten das Original zu rekonstruieren, nämlich unsre eigene, überraschend vertraute, moderne Welt. Das ist eine Welt, in der die Uhrzeit eine außerordentlich wichtige Rolle spielt und die Uhr nie anhält. Geschäftig organisieren wir unsere Tätigkeiten und unsere Verabredungen nach der Uhr und sehen wie Pozzo oft auf unseren Uhren nach, um sicher zu gehen, daß wir im richtigen zeitlichen Abteil sind. Lokalisierung im Raum ist fast ebenso wichtig. Wir sind Italiener, Engländer, Russen, Franzosen usw. Wenn wir zufällig Franzosen sind, ist die Realität in Abteile (Départements genannt) wie Seine, Seine-et-Oise, Seine-et-Marne usw. geteilt, und wir machen Ausflüge in die Vaucluse.[6] Welche Nationalität wir auch immer haben, wir sind ständig in Eile, bewegen uns von einem Ort zum andern und leben vermutlich in großen, übervölkerten Städten.

Wer bewohnt diese zeitlichen und räumlichen Abteile? Spezialisten: erfolgreiche Geschäftsleute, Aristokraten, Anthropologen, Mediziner, Nahrungsexperten, Techniker des Gesundheitswesens, ein paar Dichter und ungeheure Massen von Sportbegeisterten. Eine Menge Zeit wird mit Unterhaltung und Sprechen verbracht. Wir sind sehr höflich und entschuldigen uns ausgiebig, wenn unsere Diskussionen, wie es gelegentlich geschieht, zu hitzig geworden sind. Wir glauben an den Fortschritt, hängen den Lehren der christlichen Religion an und sind im allgemeinen hoffnungsvoll und optimistisch. Wir arbeiten, haben Freude am Sex, sind oft Feinschmecker und sehr interessiert an der Mode. Wir glauben an Freiheit, Gleichheit und Brüderlichkeit, achten andere, sogar die, die unter uns stehen, betreiben einen wahrhaften Kult der Sympathie, sind wohltätig und selbstlos. Wir sind glückliche, geschäftige Leute, die für Einsamkeit keine Zeit haben, und glauben nicht wirklich an Leiden, Alter oder Tod.

2. Die erosive Kraft der Kunst

Das negative Handeln des künstlerischen Prozesses betätigt sich an dieser oder einer ihr sehr ähnlichen Welt und reduziert sie auf eine unwirkliche Oberfläche, eine täuschende Fassade. Die häufigen Gedächtnisausfälle der verschiedenen Figuren zerbrechen die Kontinuität der linearen Zeit, an die die moderne westliche Gesellschaft so gewöhnt ist. Der Eindruck entsteht, daß es keine kausale Beziehung, nicht einmal bestimmte Unterschiede zwischen Vergangenheit und Gegenwart gibt, die deshalb ineinander übergehen. »Aber an welchem Samstag? Ist heute denn Samstag? Kann nicht auch Sonntag sein? Oder Montag? Oder Freitag?«[7] fragt Estragon. Ausdrücke wie »Die Zeit ist stehengeblieben«[8] und »außerhalb von Zeit und Raum«[9] kehren mehrmals wieder. Pozzo verliert seine Uhr und behauptet später: Die Blinden haben keinen Zeitsinn. Aber das vielleicht schlagendste Beispiel für den Umschlag von Vergangenheit und Zukunft in eine ewige Gegenwart findet sich auf Seite 221:

> POZZO *plötzlich wütend:* Hören Sie endlich auf mich mit Ihrer verdammten Zeit verrückt zu machen? Es ist unerhört! Wann! Wann! Eines Tages, genügt Ihnen das nicht? Irgendeines Tages ist er stumm geworden, eines Tages bin ich blind geworden, eines Tages werden wir taub, eines Tages wurden wir geboren, eines Tages sterben wir, am selben Tag, im selben Augenblick, genügt Ihnen das nicht? *Bedächtiger.* Sie gebären rittlings über dem Grabe, der Tag erglänzt einen Augenblick und dann von neuem die Nacht.«[10]

Ein anderes Mittel, unser Gefühl für die lineare und fortschreitende Zeit zu zerstören, ist der Kreislauf. Metaphorisch kann jede Rückkehr auf einen gegebenen Ausgangspunkt die Idee des Kreislaufs hervorrufen; und das leisten die zahllosen Wiederholungen und Rückwendungen auf frühere Sätze, Motive und Situationen sehr wirkungsvoll. Expliziter ist die wiederholte Regieanweisung »*Er blickt in die Runde*«[11]. In Luckys Rede wird mehrmals die Schallplatte, die einen Sprung hat, nachgeahmt, besonders in den Wendungen »festgestellt gestellt gestellt«[12] und »was folgt was folgt was nämlich folgt«[13]; und einmal, als sie sich umzingelt glauben, suchen Wladimir und Estragon in vier verschiedenen Richtungen zu entkommen, nur um zu erkennen, daß es keinen Ausgang gibt. Am Anfang des zweiten Akts singt Wladimir ein Lied:

> Ein Hund kam in die Küche
> und stahl dem Koch ein Ei.
> Da nahm der Koch den Löffel
> und schlug den Hund zu Brei.
> Da kamen die anderen Hunde
> und gruben ihm ein Grab . . .
> (. . .)
> Und setzten ihm ein'n Grabstein,
> worauf geschrieben stand:
> Ein Hund kam in die Küche.[14]

Später im Stück beschreiben die Regieanweisungen eine

außergewöhnliche, als Kreislauf angelegte Pantomime, in der Hüte weitergereicht werden, mit den Figuren Wladimir und Estragon, ihren Hüten und dem Hut Luckys.

Man braucht nicht eigens zu sagen, daß diese Anweisungen auch einen neuen Raumsinn herstellen und die Vielfalt zerstören sollen, die mit der Festlegung von Orten gegeben ist. Der früher erwähnte Satz »Seine Seine-et-Oise Seine-et-Marne Marne-et-Oise« gibt das Zentrum, die Seine mit Paris, dann den geographischen Umkreis mit Seine-et-Oise und Seine-et-Marne an. Marne-et-Oise, das die möglichen Kombinationen vervollständigt, suggeriert einen rein sprachlichen Kreislauf, leistet aber mehr. Da es ein imaginäres *département* ist, betont es – was schon vom Kreislauf nahegelegt wurde –, daß Raum eine bedeutungslose Kategorie ist. Estragon drückt die wirksame Annihilierung räumlicher Unterschiede in der wunderbar angemessenen und poetischen Zeile aus: »Ich bin mein Leben lang in der Sandwüste herumgezogen«[15] – der zufällig die Regieanweisung »*Er blickt in die Runde*« folgt. Im Licht dieser Bemerkung wird die Ironie des Koffers, in dem Pozzo Sand von einem »Abteil« ins andere trägt, klar. Beckett, der, wie man erwarten kann, von der klassischen Angst der französischen Literatur, die Gattungen zu vermischen, völlig frei ist, benutzt auch komische Vulgarität, um räumliche Vielfalt auf Gleichförmigkeit zu reduzieren, wie zum Beispiel da, wo er die Vaucluse in die Merdecluse verwandelt.[16] Das moderne Eilen und Umherjagen erstarrt in Quasi-Bewegungslosigkeit, und unsere großen Städte (wenn man diese Rekonstruktion halten kann) verschwinden wie Brigadoon in der Einsamkeit der verlassenen Landgegend.

Wenn Lucky zu »denken« anfängt, läßt er nicht nur die Luft aus unseren intellektuellen Kategorien, sondern läßt durch Satire auch unsere vielen spezialisierten professionellen und nebenberuflichen Kategorien verschwinden. Die würdige Anthropologie wird zur komischen Anthropometrie und wird dann noch durch die klappernde Wiederholung der Mittelsilbe – Anthropopopometrie – lächerlich gemacht. Allgemeiner wird die moderne Institution der Akademie, die für hervorragende Leistungen auf den verschiedenen Gebieten Preise vergibt, zu der Akakakakademie, die, wie impliziert ist, kaka (Scheiße in der Kindersprache) als unabgeschlossene Forschung verteilt. Zu einer Reihe von Sportbezeichnungen – »la natation, l'équitation, l'aviation«[17] – kommt ein Neologismus, »la conation«[18], und kurz »la camogie«[19], die beide auf die Sportarten des Schlafzimmers verweisen.[20] Das Eindringen der modernen Welt in fremdartigen neuen Formen der Athletik, Arten für alle Jahreszeiten und alle Terrains, läßt sich schließlich nicht mehr kontrollieren, und wir haben nicht nur Eishockey und »Hockey zu Lande«[21], sondern auch »zu Wasser in der Luft«.[22]

Die Vermehrung der Wörter in der modernen Welt führt für Beckett nicht notwendig zur Kommunikation zwischen Menschen. Oft degeneriert der sogenannte Dialog zwischen Wladimir und Estragon auf zwei Monologe. Die französische Manie für die *conférence*, die auch wir haben, wird in den öffentlichen Reden Pozzos, der einen Zerstäuber trägt, großartig karikiert. Unserer Oberflächen-Etikette und unseren Beteuerungen, daß wir andere achten, wird in *Godot* die sprachliche und physische Brutalität entgegengestellt, mit der Pozzo Lucky behandelt. Estragon kommentiert die Tiefe unserer religiösen Glaubensüberzeugungen, wenn er, als Wladimir das Thema der Erlösung und Verdammung aufbringt, nur sagt: »Ich gehe.«[23] In Luckys Rede, in der wir erfahren, daß der Mensch trotz Vitaminen, sanitären Anlagen, Penizillin und körperlicher Erziehung immer kleiner wird, stürzt der Mythos des Fortschritts. Es ist bezeichnend, daß dieses Kleinerwerden zur Zeit Voltaires anfängt, der hier einsteht für das Jahrhundert, das zu naiv an den Traum des menschlichen Fortschritts glaubte, und für eine Zeit der Oberflächen, die Beckett zerstören will. Er reduziert unsere Feinschmecker-Köstlichkeiten auf Möhren, schwarze Radieschen und jenes Haupterzeugnis der Hungerzeit unter der deutschen Besatzung, die niedere weiße Rübe. Unser Geschlechtsleben führt zu Geschlechtskrankheiten; unser Lachen verstummt im Schmerz; unsere modischen Kleider werden zu Fetzen, unsere bewegliche Jugend verwandelt sich in stolperndes Alter und unser geschäftiges Leben in ein einsames Warten auf den Tod. Wir sind nicht frei, sondern aneinander und an Godot gebunden; wir sind nicht gleich, sondern existieren in einer Reihe von Abteilen in der gesellschaftlichen Hierarchie; selbst unsere Gefühle von Mitleid und Brüderlichkeit sind verzagt, von Vorbehalten erfüllt und hauptsächlich von unseren eigenen selbstsüchtigen Bedürfnissen bestimmt. Was unseren Kult der Sympathie betrifft, eine Eigenschaft, die wenig dazu hilft, das menschliche Leiden zu heilen, so ist Luckys verärgerter Fußtritt der beste Kommentar.

Von allen Mustern dieser gegebenen Welt, die sich im Säurebad der Kunst Becketts auflösen, ist keines so alles durchdringend und beherrschend wie die Sprache. Hier möchte ich die wohlbekannte Anekdote eines Tirolerdeutschen wiederholen, der mit einem italienischen Tiroler die Verdienste ihrer jeweiligen Sprachen diskutiert . . . Der Deutsche beendet die Diskussion mit der Bemerkung: »Sie nennen ›Pferd‹ ein ›cavallo‹, aber es *ist* ein Pferd!«[24] Jeder, der eine Fremdsprache unterrichtet, kennt diese verbreitete Verwechslung von Sprache und Wirklichkeit sehr genau. Vielleicht ist die Rede Luckys das deutlichste Beispiel für Becketts Angriff auf die konventionelle Sprache. Hier gibt die Struktur von Satz und Abschnitt der thematischen Organisation nach. Mehrere Themen entwickeln sich auf eine mehr oder weniger kausale Weise, aber ihr Fortschreiten wird durch die periodische Wiederkehr einer Anzahl Leitmotive, durch Überlappen und die Rückkehr zu früheren Stadien der Entwicklung aufgehalten. Man kann in dieser Rede durchaus eine degenerierte Form unseres logischen Diskurses entdecken – und darin spiegelt sich der Verfall der Intelligenz Luckys –, aber diese dynamische Form wird einem statischen Muster thematischer Wiederholung untergeordnet, die Becketts existentielle Hauptthemen spiegelt.

Ein allgemeines Mittel, die Sicherheit der Welt, so wie wir sie kennen, zu unterminieren, ist formale oder semantische Mehrdeutigkeit. Estragon weist darauf hin, daß die Engländer câââm sagen statt calme und legt nahe, sie müßten câââme Leute sein, wobei er naiv impliziert, daß es einen Unterschied zwischen câââmen Leuten und »des gens calmes« geben könnte. An einer anderen Stelle gebraucht er einen englischen Akzent: »Oh, sehr gut, sehr, sehr gut!« Das ist weder Interesse an Lokalkolorit noch ein bequemer Weg, das Publikum zum Lachen zu bringen. Es ist eher ein Mittel, die Realität der Sprache in Frage zu stellen. *Ein* Symbol kann mit dem Ding selbst verwechselt werden. *Zwei* löschen in gewisser Weise einander aus und ermöglichen es, daß die Realität sich von der

Sprache löst. Wir können sicher sein, daß die Person mehr ist als der Name, wenn wir hören, daß Luckys Herr Pozzo, Bozzo und Gozzo genannt wird. War es eine Verabredung mit Godot, Godet oder Godin?[25] Raucht Pozzo eine »Pfeife«, eine »Bruyère«, einen »Rotzkocher« oder eine »Abdullah«?[26] Was trägt er mit sich herum, einen »vaporisateur« oder einen »pulvérisateur«?[27] Estragon ist auch »Catull«[28], aber sind seine Schuhe schwarz, gelb, grau oder grünlich? Ist der Baum ein »arbrisseau« oder ein »arbuste«?[29] Herrscht die Gottheit von der Höhe ihrer »Apathie« oder »Athambie« oder »Aphasie«?[30] Diese Ungewißheit geht durch das ganze Stück. Wir sollen uns fragen, ob einer der zwei gekreuzigten Schächer erlöst oder beide verdammt wurden.[31] Wir fragen uns, ob Godot kommen wird oder nicht, ob sein Bote derselbe oder ein anderer Junge ist, ob wir an ihn gebunden sind, ob er freundlich oder grausam ist, was passieren wird, wenn und falls er kommt. Ein solcher Zustand allgemeiner Ungewißheit wäre unmöglich ohne die vorherige Zerstörung der vielen konventionellen und oft willkürlichen Muster, in deren bequemen Grenzen wir leben und die uns daran hindern, mit der harten Realität fertig zu werden, die die Lage des Menschen ist. Und das führt uns auf die nächste Stufe im künstlerischen Prozeß.

3. Unter den Oberflächen

»Die Gewohnheit«, sagt Wladimir, »ist eine mächtige Sordine.«[32] Was hören wir nach der Vernichtung der großen Sordine? Zuerst ist da nur Schweigen, Leere, Unbeweglichkeit, Langeweile und Warten. Bald jedoch werden Töne hörbar. Horchend, über seine eigene Uhrentasche gebeugt, nach seinem verlorenen Zeitmesser schauend, hört Pozzo nichts. Wladimir und Estragon kommen dazu. »Ich höre was«[33], sagt Estragon. Es ist jedoch nicht das Ticktack der Uhr, sondern der Klang des menschlichen Herzens. Die chronometrische Zeit ist durch existentielle Zeit ersetzt worden.[34] Diese Bewegung von der Oberfläche zur darunterliegenden Realität bringt uns auch in Beziehung auf den Raum zu derselben obsessiven Vision: »Hör mir auf mit deinen Landschaften. Sag mir lieber, wie es drunter aussieht!«[35] In einer der eindringlichsten und bedeutsamsten Szenen des Stücks spielt Pozzo ein zentrales Bild aus, das des Tagesverlaufs, der, wie so oft, den Lauf des menschlichen Lebens bedeutet. Beckett verdeutlicht die Wichtigkeit der Passage durch Stilisierung von Gesten und Sprache. Zudem unterbricht er den lyrischen Ton durch ein beiläufiges Wort, das in einer besonders prosaischen Weise gesprochen werden muß.

> »Vor einer Stunde *er schaut auf seine Uhr, prosaisch* ungefähr *wieder lyrisch* nachdem er uns seit *er stockt, spricht prosaisch weiter* sagen wir: 10 Uhr morgens *wieder lyrisch* unermüdlich mit Fluten roten und weißen Lichts überströmt hat, beginnt er seinen Glanz zu verlieren, blasser zu werden, *er läßt die Hände stufenweise sinken* blasser zu werden, immer etwas blasser und noch etwas blasser, bis es *dramatische Pause, weiträumige waage- rechte Ausbreitung der Arme* stop, aus, nicht mehr geht! *Pause.* Aber *er hebt mahnend eine Hand* – aber, hinter diesem Schleier süßen Friedens *er hebt die Augen zum Himmel, die anderen auch, außer Lucky* galoppiert die Nacht *die Stimme vibriert noch mehr* und überfällt uns *er schnalzt mit den Fingern* fft! ganz einfach *die Phantasie verläßt ihn* in dem Augenblick, wo wir am wenigsten darauf gefaßt sind. *Schweigen. Düstere Stimme.* So geht es eben auf dieser verfluchten Erde. *Lange Pause.*«[36]

Hier wird der Schleier für einen Augenblick wieder aufgeho- ben, und die Erscheinung weicht der Realität. »Die Zeit ist stehengeblieben«[37], hatte Wladimir gesagt, und in der Tat hatte Beckett die anscheinend lineare chronometrische Zeit in die statische Form des Kreises zurückgebogen. »Glauben Sie das nicht, mein Herr, glauben Sie das nicht. *Er steckt die Uhr wieder in die Tasche.* Alles, was Sie wollen, nur das nicht«[38], hatte Pozzo Wladimir geantwortet. Aber Pozzo hatte von der existentiellen Zeit gesprochen, die den Menschen auf seiner schnellen, abwärtsgeneigten Bahn unbarmherzig weiterträgt. Der Monotonie des Kreises wird die furchtbare absteigende, im Grab endende Linie entgegengesetzt. Vielleicht wird diese Verbindung von Statik und Dynamik an keiner Stelle des Stücks eindringlicher verdeutlicht als in Wladimirs Lied. Der Kreis wird, momentan zuerst, unterbrochen, wenn der Sänger an die Zeilen kommt: »Da kamen die anderen Hunde / und gruben ihm ein Grab.«[39] Er wiederholt die beiden Zeilen und singt weiter, um den Kreis zu schließen. Beim zweiten Mal hält er jedoch wieder inne. Diesmal wiederholt er die zwei Zeilen, dann die zweite Zeile noch einmal, *»etwas leiser«*, und das Lied endet in Schweigen und einer Unbeweglichkeit – *»Er schweigt, bleibt einen Augenblick stehen . . .«*[40] –, die beinahe die von den Worten ausgedrückte Bedeutung nachahmt. Die an der Oberfläche liegende Kreisbewegung wurde wieder aufgebrochen, um die schreckliche lineare Richtung des menschlichen Schicksals bloßzulegen.

Diese Linie drückt sich im Stück in vielem aus. In Luckys Rede wird der Mensch dünner, kürzer und ganz allgemein kleiner. Lucky selbst hat in seiner Fähigkeit zu tanzen und zu denken abgenommen. Im Verlauf des Stücks fällt allen Figuren das Aufstehen immer schwerer. Pozzo verliert von seinen Habseligkeiten, die er auf seiner Reise mit sich herumträgt, ein Stück nach dem anderen. Seine Peitsche verliert ihr Knallen und er viel von seiner zuversichtlichen Superiorität. Aus einem Herrn und Sklavenhändler wird er zu einem hilflosen Blinden, der von einem stummen Führer geführt wird. Wladimir und Estragon hätten einmal unter den ersten sein können, die vom Eiffelturm sprangen. Jetzt würde man sie nicht einmal mehr hinauflassen. Die abgelutschten Hühnerknochen werden später mit Fischgräten verglichen; je mehr man von der Möhre ißt, desto schlechter schmeckt sie. Die Möhre, die wenigstens am zarten Ende schmeckt, wird später durch ein Radieschen ersetzt, aber nicht ein Radieschen der früheren roten Sorte, sondern ein schwarzes. Die zweite Pfeife schmeckt immer schlechter als die erste. Indem er seine lyrische Szene ausspielt, sagt Pozzo: »Ich fiel etwas ab gegen Ende.«[41] Selbst in Details wie den Tonfällen, die in den Regieanweisungen angegeben werden, ist diese Bewegung deutlich. Einmal wiederholt Wladimir denselben Gedanken mit Variationen, erst *»froh* da bist du wieder«, dann *»gleichgültig* da sind wir wieder«, schließlich *»traurig* da bin ich wieder«[42].

Eine Reihe von anderen Aspekten des Existentiellen wird sichtbar, wenn die Oberflächen zerbrechen: Angst, Leiden (»Die Luft ist voll von unseren Schreien«[43], sagt Wladimir), Nichtwissen (in Luckys Rede ist »man weiß nicht warum« ein ständiger Refrain), die Unvereinbarkeit des Menschen mit seiner Umgebung (»die Luft und die Erde gut für die Steine«[44], wütet Lucky), Unglück, Müdigkeit, Einsamkeit, Bedürfnis und Träume, die im Alptraum des Fallens vielleicht die Wirklichkeit nachahmen (die aber auf der andern Seite vielleicht eine Flucht in die Illusion des Glücks sind, welche uns für das Leiden der andern blind macht). Die physischen Grundbedürfnisse, die rudimentären physischen Tatsachen der Existenz werden ebenfalls immer wichtiger. (Und ich meine, es wäre ein Fehler, zu glauben, daß der Dramatiker diese elementaren Aspekte des Lebens aus einer pornografischen Absicht heraus einführt, oder auch nur zu glauben, daß sie bloß als komische Mittel dienen.) Verbunden mit all dem – und darum in gewisser Weise das Erschreckendste von allem – tritt in die von der Zerstörung der Muster gelassene Leere das Denken, das von der Idee des menschlichen Schicksals wie von einem Magneten angezogen wird. Die toten Gedanken der Vergangenheit verwandeln sich in Kalauer und Knochen auf einem großen Friedhof, der das Auge anzieht, als wäre er selbst magnetisiert. »Man braucht nur nicht hinzuschauen«[45], sagt Estragon. »Es zieht den Blick an«[46], antwortet Wladimir einfach. Auch einige wie immer gemischte Gefühle von Mitleid und Brüderlichkeit und die geringe Hoffnung, die, manchmal von Angst unterstützt, die Menschen entweder auf Godot warten oder sich dem Salvator-Markt entgegenquälen läßt, füllen die Leere aus. Es ist kaum Dantes »gegenwärtige Gewißheit künftigen Glücks«, aber es ist dennoch eine Art Hoffnung.

Es ist richtig, daß die Leere sich nicht ohne beträchtliche Hilfe vom Autor mit Zeichen des Existentiellen füllt (bis zum Überfließen, wie manche vielleicht spüren). Und die Kunst Becketts hat viele Mittel – wahrhaftig zu viele, als daß hier mehr als einige wenige angeführt werden könnten. Da ist natürlich die Verwendung von ihrer Natur nach existentiellen Sujets. In dieser Hinsicht ist es interessant, die ambivalente Haltung des Dramatikers gegenüber dem Christentum zu betrachten. Wenn er auch auf der einen Seite einige christliche Lehren herabsetzt, so erlaubt er ihnen doch, in *Godot* eine große Rolle zu spielen. Darauf könnte man vielleicht antworten, daß das Christentum, soweit es Gewohnheit, ein konventionelles Muster geworden ist, ein legitimes Ziel für Becketts künstlerische Angriffe darstellt. Soweit es aber die Realitäten der Lage des Menschen und dessen Schicksal berührt, ist es nützlich und hat Becketts Sympathie. Eine bestimmte extreme Interpretation des Stücks, nämlich die liberale, humanistische, meint, Herumstehen und Warten auf Godot sei eine wertlose Weise, seine Zeit zu verbringen; das Stück verherrliche statt dessen mitleidvolle Brüderlichkeit; Estragons Reaktionen auf Wladimirs Diskussion des Christentums am Anfang des Stücks (»Ich gehe«, »Ich hör gar nicht zu«, »Und dann?«[47], »Die Leute sind blöd!«[48]) lieferten einen Schlüssel zur Meinung des Autors; Luckys Rede entledige sich mit Erfolg des apathischen »persönlichen Gottes ... mit weißem Bart«[49]; Estragons Vision, wie er in den schönen blauen Wassern des *Toten Meeres* schwimmt, sei ironisch, weil das Meer nicht nur mit dem Glück, sondern auch mit dem Tod verknüpft wird, und utopisch, weil sie ein jugendlicher Traum gewesen sei, der sich auf die künstliche Darstellung einer bunten Landkarte stütze (eine weitere in der Reihe der Oberflächen) und nie verwirklicht wurde; usw. Die Verfechter der anderen extremen Position, der nämlich, die *En attendant Godot* als ein christliches Moralitätenstück sieht, werden darauf hinweisen, daß mitleidvolle Brüderlichkeit von brutaler Menschenfeindlichkeit aufgewogen wird. Sie werden auf den alles durchdringenden christlichen Symbolismus verweisen; auf die Verbindung von Kreuz und Kreuzigung, die Unterhaltung über den Selbstmord, bei dem man sich an dem zu kleinen Baum aufhängt, und die körperliche Übung, die durch den Ausdruck »den Baum machen«[50] bezeichnet wird; auf Estragons Bemerkung, daß er sich immer mit Jesus verglichen habe; auf seinen Aufschrei: »Gott hab Erbarmen mit mir!«[51]; auf die Analogie zwischen Estragon und Wladimir, den beiden neben Christus gekreuzigten Dieben, der Erlösung und Verdammung und den beiden Boten Godots an die Menschen, die jeweils die Ziegen und die Schafe hüten, usw.[52] Keine dieser Positionen kann die Satire sehen, die Beckett gegen sie selbst richtet, während sie seinen Angriff auf ihren Gegner als Argument zu ihren Gunsten benutzt.[53]

Jede befriedigende Interpretation von *En attendant Godot* muß, scheint es, einen derartigen Zusammenstoß von These und Antithese irgendwie erklären. In der obigen Diskussion erscheint die christliche These vielleicht als die stärkere der beiden Positionen. Aber die extreme Form, in der sie formuliert wurde, und die Verwechslung christlicher Bilder mit christlicher »Botschaft« haben ihre Argumente in gewissem Maße geschwächt und die Gegenposition mit zwingenden Einwänden versorgt. Becketts doppeldeutige Behandlung christlicher Sujets zeigt diese als brauchbare Mittel, um die existentiellen Themen der Hoffnung, der Verzweiflung, des Todes, des Leidens, der Unfruchtbarkeit, des Opfers, der Barmherzigkeit, der Erlösung usw. zur Sprache zu bringen. Die Frage: »Ist Godot Gott?« ist ein geeignetes Beispiel. Mauriac spricht von einem »unüberzeugenden Wortspiel«. Der Kritiker in der *Times* schreibt: »Daß Godot selbst für ein anthropomorphes Bild Gottes steht, ist unverkennbar.«[54] Ich glaube, es ist mehr als wahrscheinlich, daß Godot und Gott aufeinander bezogen sind. Nicht nur ist ein Wort im andern enthalten, sondern die bedeutsame Variation »Godet . . . Godot . . . Godin . . .«, die als »Godin . . . Godet . . . Godot . . .« wiederholt wird, unterminiert die Suffixe. Diese neutralisieren sich gleichsam gegenseitig und lassen die Wurzel, »Gott«, übrig.[55] Es ist jedoch zweifellos noch mehr daran. Die Komik der diminutiven Endungen tendiert in diesem Zusammenhang dazu, den Ernst der Wurzel zu unterhöhlen. Außerdem ruft der Ausdruck »Gott« eine Anzahl konventioneller Antworten herauf, die vielleicht eine Maske vor die Wirklichkeit schieben: das Bild eines alten Mannes mit einem Bart zum Beispiel. Von diesem Standpunkt aus ist sogar »Godot« zu präzis, und »Godet« und »Godin« sind nötig, um das gewünschte Maß Ungewißheit zu erreichen. Kaum festgelegt, ist die neue Konvention schon in Gefahr, ein Stereotyp zu werden, und braucht ein wenig Erschütterung. Diese beiden divergierenden Interpretationen der Variation über »Godot« widersprechen einander eigentlich oder schließen sich gegenseitig aus, denn Beckett macht zweierlei gleichzeitig: er reißt konventionelle Denkweisen, die sich zwischen den Menschen und die Realität schieben, nieder, und er ruft jene Realität herauf, die hinter der Konvention verborgen liegt. Er greift die Muster der Existenz an und benutzt sie gleichzeitig. Godot ist deshalb nicht das Stereotyp »Gott«, aber er ist zum mindesten die unvollkommen bekannte Realität, die Mauriac »... eine geheimnisvolle und herrschende höhere Instanz, die in gewisser Weise jenen, die sie in Schrecken versetzt, selber Sicherheit gibt«[56] nennt. Und nebenbei gesagt, Godot *kann* einen langen weißen Bart haben, wie wir am Ende des Stücks erfahren. Sogar das ursprüngliche Stereotyp kann die Kraft wiedererlangen, das Existentielle heraufzurufen, nachdem es einmal durch die künstlerische Mühle gegangen ist.

Ein anderes Mittel, das Beckett so offen verwendet, daß man es kaum zu erwähnen braucht, ist die symbolische Szenerie und sind die Requisiten: das Plateau, die Landstraße und die Trauerweide, die Peitsche, das Gepäck und andere Utensilien von Pozzo und Lucky, die Schuhe Estragons mit dem nicht vorhandenen Stein und Wladimirs Hut mit der nicht vorhandenen Fliege, die unzulänglichen Boten von Godot an den Menschen – wenn sie in diese Rubrik einbezogen werden können –, die Möhren, Radieschen und weißen Rüben, das Seil natürlich, das Pozzo und Lucky verbindet und das im zweiten Akt kürzer wird, und sogar die Zuschauer, die den schrecklichen Sumpf jenseits der Rampe bewohnen.

In einem vor kurzem gedrehten Film *Der Oberst und ich* sagt Danny Kaye zum Oberst: »Zusammen gäben wir einen Helden ab.« In Godot gibt es eigentlich nur eine Figur, den Menschen, aber auch hier ist er in zwei Hälften geteilt, den Idealisten oder Intellektuellen und den Materialisten, den Mann mit dem Hut und den Mann mit den Schuhen. Wladimir wird im Spiegel Luckys gespiegelt, während Pozzo in der gesellschaftlichen Ordnung Estragons der Gegenspieler ist. Das mag ein wenig vereinfachend sein (und ich möchte in der Verwischung individueller Unterschiede nicht weiter gehen als Beckett selbst), aber im allgemeinen, glaube ich, ist der Satz richtig. Eine solche paarweise Anordnung von Paaren enthält viele interessante Implikationen: Wer ist der wirkliche Herr? Wer führt und braucht wen? Macht die Gesellschaft Materialisten aus Dichtern? Und allgemein, welches sind die Beziehungen zwischen Körper und Geist?[57]

In seinem neuesten Artikel über die Sprache der Dichtung schreibt Leo Spitzer über das darstellende Potential der Zahl »zwei«. In Ausdrücken wie »es regnet und regnet« zum Beispiel »hat die Sprache nur zwei Glieder in der Kette gewählt, und diese sollen die unendliche Ausdehnung (es regnet und regnet und regnet usw.) repräsentieren«[58]. Dieser Gedanke erklärt, wie mir scheint, die übergreifende Struktur von *En attendant Godot* mit seinen zwei Akten, die aus einer langen Reihe von Tagen zwei darstellen, sehr schön. Ein Akt wäre zu wenig, drei zu viel. Eine Wiederholung genügt, um die monotone Wiederkehr anzudeuten, die mit der Lage des Menschen gegeben ist.[59] Wir haben die destruktiven Kräfte gesehen, die sich entwickeln, wenn einer einem gegenübersteht. Solche Gegenüberstellungen haben auch ihre positive Seite, da zwei Individuen genügen, um eine Ausdehnung auf das Allgemeine und Existentielle zu ermöglichen: Kain + Abel = Pozzo, oder, wie Estragon sagt, »die ganze Menschheit«[60], der Mensch als Leidender und als Ursache des Leidens. In einer Erweiterung desselben Prozesses reduzieren sich die vielen nationalen Spielarten von Forschenden auf den nach Wissen über sein Schicksal suchenden Menschen; die vielfältigen Tänze auf drei: den »Tod des armen Schluckers«, das »Krebsgeschwür der Greise« und »den Netztanz«[61]. Der Autor braucht nicht noch anzudeuten, daß diese Tänze sich wiederum auf einen einzigen, den »danse macabre«, reduzieren. Die reiche Verwendung von Wiederholung, Echo und Parallelismus bringt – in der endgültigen Analyse – eben dieses Prinzip ins Spiel. Nachdem die Grundmethode einmal festgelegt ist, kann Beckett Teile, sogar die wesentlichen Teile eines wiederkehrenden Satzes auslassen und so die Zuschauer dazu zwingen, in der Ausdehnung auf das Existentielle eine aktive Rolle einzunehmen. »Das ist alles . . .«[62] bleibt unbeendet, und der Leser muß in seinem eigenen Gedächtnis das wichtige fehlende Wort suchen, »gelogen«[63]. Von diesem Mittel ist es nur ein kurzer Schritt zum rätselhaften oder anspielenden Satz. Estragon sagt: »Es ist eigenartig, je weiter man kommt, um so schlechter schmeckt's.«[64] Wladimir antwortet: »Bei mir ist das Gegenteil der Fall . . . Ich gewöhne mich nach und nach an den Dreck.«[65] Es gibt eine lange Pause. Dann fragt Estragon: »Ist es das Gegenteil?«[66] Seine Frage wird nie beantwortet, und der Leser muß sich noch einmal selber bemühen.

Oft setzt Beckett eine Art hartnäckiger Wiederholung ein, und gewöhnlich ist das ein Signal, das ein besonders signifikantes Thema ankündigt. »Warum setzt er sein Gepäck nicht ab?«[67] und: »Wollen sie ihn loswerden?«[68] (insgesamt sieben Mal) haben sicher außerliterarische Implikationen. Leiden spielt mit hinein, vielleicht die Frage des Selbstmords und zweifellos die Beziehung zwischen Godot und den Menschen, analog zu der Herr-Knecht-Beziehung, die Pozzo und Lucky verbindet. Ein anderes Mittel, die Aufmerksamkeit auf das Existentielle zu richten, ist das, was man die Technik des »Duetts« nennen könnte. Mehr als zehn ausgeführte Beispiele dieses höchst stilisierten Gebrauchs der Sprache finden sich über das Stück verstreut. Das folgende ist nur eines:

> Was ist das für einer?
> Ich weiß nicht . . . Eine Trauerweide.
> Wo sind die Blätter?
> Sie wird abgestorben sein.
> Ausgetrauert.
> Es sei denn, daß es an der Jahreszeit liegt.
> Ist das nicht vielmehr ein Bäumchen?
> Ein Strauch.
> Ein Bäumchen.[69]

Das Organisieren umgangssprachlicher Unregelmäßigkeit zu einem rhythmischeren Muster, die kurze Rückkehr zur umgangssprachlichen Rede und das Einschmelzen der Vielfalt in die Einheit an dem so gut auf die unverkennbare Tendenz, verschiedene besondere Fälle auf ein Allgemeines zu reduzieren, bezogenen Ende sind charakteristisch für diesen – meiner Meinung nach einzigartig gelungenen – Versuch, die Ordnung der Alltagsrealität in eine neue Ordnung künstlerischer Realität zu transformieren. Schließlich verwendet Beckett für seine Zwecke eine Sprache, die auf zwei oder mehr Ebenen verstanden werden kann. Im Klima von *En attendant Godot* wird alles sehr schnell von dem Oszillieren zwischen Oberflächenmustern und den universalen Themen der menschlichen Existenz ergriffen. Ein repräsentatives Beispiel für das, was immer wieder geschieht, ist Pozzos Bemerkung über das Rauchen: »Davon . . . bekomme ich Herzklopfen . . . Das kommt vom Nikotin, man nimmt es trotz aller Vorsichtsmaßnahmen in sich auf.«[70]

4. Das Vakuum, das Existentielle und die Kunst

Auf dieser Stufe könnte man die Aufgabe des Künstlers für erfüllt halten. In einem gewissen Sinne fängt sie jedoch erst an. Einmal ist die Situation, die er geschaffen hat, unstabil. Die meisten Menschen können nicht lange auf das Haupt der Medusa blicken. Estragon und Wladimir sind sich einig, daß das Denken schmerzhaft ist, und wir erhalten eine klare Vorstellung von den Wirkungen, die Luckys »Denken« auf Pozzo hat. Es ist wahr, daß manche Menschen wie Perseus magische Schilde besitzen, aber von langem Schauen werden die Augen trübe, und mit dem Schwinden dessen, was zuerst lebhaft war, kehrt die Langeweile oder das Vakuum zurück. Das Existentielle kann also die Leere nicht füllen, und die Leere ist unerträglich, vielleicht weil sie dem Tod ähnelt. Estragon sagt: »Es geschieht nichts. Keiner kommt, keiner geht, es ist schrecklich.«[71] Wladimir und er versuchen, etwas zu tun, irgend etwas, um sich »einzureden, daß wir existieren«[72]. Der Ausdruck »Zeitvertreib« nimmt die ganze Kraft seiner buchstäblichen Bedeutung an und gewinnt philosophisches Gewicht. »Sicher ist, daß die Zeit unter diesen Umständen lange dauert und uns dazu treibt, sie mit Tätigkeiten auszufüllen . . .«[73], sagt Wladimir. Welche bessere Fundgrube für Materialien, aus denen man Möbel für das leere Haus der Zeit bauen kann, könnte es geben als das Haus, in dem die Gesellschaft Muster, Konventionen, Gewohnheiten aufbewahrt? Pozzo holt ein paar Reden heraus. Nach einer solchen Rede fragt er: »Wie fanden Sie mich? . . . Gut? Mittelmäßig? Leidlich? Nicht besonders? Gerade heraus: schlecht?«[74] Er entschuldigt sich für seinen schwachen Schluß mit seinem schlechten Gedächtnis, und man wird an die sehr wichtige Rolle des Gedächtnisses in diesem Prozeß erinnert. Estragon und Wladimir ziehen verschiedene Formen der Etikette hervor: sich zanken und sich zurechtmachen, den scheidenden Gast drängen, noch ein bißchen länger zu bleiben, das Alphonse-und-Gaston-Spiel. Sie sind oft die »Zauberer« der alten Varieté-Bühne, die Witze wie die »Geschichte von dem Engländer im Puff« erzählen oder Gags wie den folgenden ausgraben: »ESTRAGON *mit todschwacher Stimme:* Meine linke Lunge ist sehr schwach. *Er hüstelt. Mit Donnerstimme.* Aber meine rechte Lunge ist kerngesund!«[75] Der Einfluß Chaplins und der Tradition des Clowns ist im Stück ebenfalls evident.[76]

Einmal haben sie es wirklich eilig in ihrem Versuch, die Leere zu füllen und der Gymnastik nachzugeben, aber Estragon wird schnell müde. Offenbar muß es bessere Wege geben, auf denen sie ihre Zwecke erreichen können. Wenn Pozzo und Lucky Hilfe brauchen, wird auch das Helfen ein Mittel, die Zeit zu verbringen. Es scheint, daß der Wert der Barmherzigkeit selber in Frage gestellt wird. Beim zweiten Hinsehen erkennen wir jedoch, daß da, wo philosophische Diskussion zu keinem praktischen Handeln führte und natürliche Sympathie ebenfalls versagte, wenigstens das Spielen des Spiels, das die Leere füllen sollte, Ergebnisse gebracht hat. Die Skepsis scheint nicht total zu sein. Wenn es im Lagerhaus auch wenige Handlungen gibt, mangelt es nicht an Worten. Die Gymnastik mag von geringem Nutzen sein, aber das Duett, das ihr vorausgeht, ist sehr wirkungsvoll:

Sollen wir unsere Übungen machen?
Unsere Leibesübungen.
Geschmeidigkeitsübungen.
Lockerungsübungen.
Gelenkigkeitsübungen.
Lockerungsübungen.
Um warm zu werden.
Um ruhig zu werden.
Also, los.[77]

Wenn man genügend Synonyme hat, ist fast jeder Vorwand gut, wie geringfügig er auch sei, denn sprachliche Vollkommenheit, Klang, der das Schweigen ausfüllen könnte, ist das Ziel. Es ist interessant zu bemerken, daß Estragon die Synonyme gewöhnlich zuerst ausgehen, während Wladimir gegebenenfalls ein Wort erfinden könnte. Einmal gibt es eine fünfseitige Durchführung dieser Art, nach der Estragon mit berechtigtem Stolz kommentiert: »War gar nicht so schlecht als kleiner Galopp.«[78] Später, nachdem Pozzo geäußert hat, was in manchen Kreisen als Konversationsverderber bekannt ist, wird Estragon gereizt und sagt: »Weiter! Weiter!«[79] Sogar die brutalsten Realitäten der Lage des Menschen können als Material für Wort-Spiel verwendet werden – siehe das außerordentlich stilisierte Duett über den Tod, das sich von Seite 155 bis Seite 161 erstreckt. So groß ist die Entfernung des geschaffenen Musters von der Realität, die es repräsentiert, so nahe ist es der leblosen, fixierten Form, der die Gewohnheit ihre evokative Kraft genommen hat, daß auch es als Unterhaltung dienen kann. Der Geist wendet sich von Dingen ab, Wörtern und Klängen zu: »Sie flüstern vielmehr. Sie murmeln. Sie rauschen. Sie murmeln«[80], und Ausdrücken ist zum Exorzismus geworden.

Mit dieser Darstellung von Nachahmung und sprachlicher Vollkommenheit, in der Gedächtnis und Einbildungskraft zusammenwirken, sind wir offensichtlich zu Betrachtungen über die Kunst, ihr Wesen und ihre Rolle gelangt. Es ist deutlich, daß alle Figuren in *En attendant Godot* selber embryonale Dramatiker sind und daß es in Becketts weiterem Werk viele fragmentarische Stücke gibt. Nirgendwo ist das evidenter als in der folgenden Szene:

ESTRAGON   Ist ja toll! Er hat seinen Rotzkocher verloren! *Er lacht schallend.*

WLADIMIR   Ich komm gleich wieder! *Er geht auf die Kulisse zu.*

ESTRAGON   Am Ende des Ganges links.

WLADIMIR   Halt mir den Platz frei. *Ab.*

POZZO   Ich hab meine Abdullah verloren!

ESTRAGON   *krümmt sich vor Lachen:* Man lacht sich krumm.[81]

Hier sind Estragon und Wladimir das Theaterpublikum, während Pozzo eine Vorstellung gibt. Dann ruft Estragon Pozzo zu sich herüber, als Wladimir nicht da ist, und sie betrachten gemeinsam eine Szene außerhalb der Bühne. Der Schauspieler ist Teil des Publikums geworden. Die Kategorien sind zerbrochen und haben sich neu wiederhergestellt. Vor diesem Sketch steht ein Duett, in dem sich das, was geschieht, ankündigt:

Reizender Abend.
Unvergeßlich.
Und noch nicht vorbei.
Es sieht so aus.
Es fängt erst an.
Es ist schrecklich.

Wie im Theater.
Im Zirkus.
Im Varieté.
Im Zirkus.[82]

Das ist eines von vielen Beispielen für die Bewußtheit der Kunst Becketts, denn zweifellos sprechen hier die Figuren für die wirklichen Zuschauer und kommentieren das Stück des wirklichen Autors; ein Mittel, nebenbei, das jeder Kritik, die sich im Geist der Zuschauer bilden könnte, wirksam zuvorkommt.

Der Wechsel der Rollen von Autor, Figur und Zuschauer, das Durchbrechen der dramatischen Illusion sowie die verschiedenen Mittel, durch die das Publikum in den Prozeß der Ausdehnung auf das Existentielle einbezogen wird, all das scheint auf den Gedanken zu weisen, daß jeder Mensch ein Künstler ist und Leben und Kunst eines sind. Es gibt menschliche Existenz im Spiel und Spiel in der menschlichen Existenz. Die eine gibt Tiefe und Ernst, das andere Vergnügen und Unterhaltung. Hier zum Beispiel sehen wir das andere Gesicht der Komik, denn diese dient nicht nur dazu, Muster zu zerstören, sondern auch dazu, die Leere zu füllen mit dem Gelächter reinen Vergnügens, das die Qual leichter macht und die Spannung löst. Konvention und Gewohnheit jedoch sind in ihrer verdummenden Starre weder gute Existenz noch gute Kunst. Sie bilden Oberflächen, die die Realität verschleiern, ohne »eine Ablenkung. Eine Entspannung. Eine Zerstreuung«[83] zu geben. Ebenso wie die tote Kunst müssen sie ständig erschüttert und neugeformt werden. Die letzte Szene des Stücks spiegelt diesen Prozeß wider. Die ihm nicht wirklich passenden Hosen fallen Estragon herunter, als er Wladimir mit dem Seil des Todes versieht, aber er zieht sie wieder herauf, als die beiden sich entschließen, weiterzuleben. Ähnlich verursacht der eine Vorstellung gebende Lucky Schmerz, denn er ist ein Lehrer, der die harten Tatsachen der Lage des Menschen enthüllt. Aber Estragon und Wladimir wollen, daß er noch einmal eine Vorstellung gibt. Schließlich denkt er nicht nur; er tanzt auch. Und wie wir gesehen haben, kann der Tanz bedeutungsvoll und das Denken unterhaltsam sein. Das *dulce* und *utile* des Horaz gilt immer noch.

Die philosophische Annäherung an Literatur hat viele Vorteile. Die eindringlichen Studien des Kritikers der *Times* und Edith Kerns sind, soweit sie in diese Richtung tendieren, ein Beweis, daß eine solche Orientierung stichhaltig und fruchtbar sein kann. Die einander entgegengesetzten Ansichten über *Godot*, die aus den beiden Analysen – christliches Moralitätenspiel versus Verherrlichung der menschlichen Zärtlichkeit – entstehen, legen jedoch nahe, daß man vielleicht eine noch umfassendere Position braucht, um der Komplexität von Becketts Werk gerecht zu werden. Claude Mauriac, der seine Aufmerksamkeit auf die Romane konzentrierte, deutet eine solche Position an, wenn er schreibt: »Jeder Affirmation, in die sie einzustimmen wagen, folgt sofort eine aufhebende Negation.«[84] Die vorliegende Studie hat versucht, die Implikationen dieser Aussage für *Godot* zu entwickeln; sie hat entgegen den Ansichten einiger Kritiker, die in Becketts Werk eine Art Anti-Kunst sehen, einen universalen künstlerischen Prozeß zu finden versucht, der dazu dienen könnte, das Nebeneinanderbestehen von offensichtlich einander ausschließenden Elementen in demselben Stück zu erklären.

En attendant Godot in Begriffen der Kunst zu betrachten, heißt keineswegs, es vom Leben abzutrennen. Der dynamische Mechanismus, der das Stück bestimmt, entspricht entscheidenden Bewegungen in der menschlichen Existenz, und jede Bühne stellt eine Antwort auf die Lage des Menschen dar. Der selbstgefällige *bourgeois*, in Frankreich aus Tradition schon immer vom Künstler angegriffen, bleibt innerhalb des Gewebes der gegebenen Welt und nimmt diese als Realität. Jene, die so weit kommen, die Willkür der konventionellen Muster zu erkennen, ziehen sich vielleicht in eine Falle des Zynismus zurück, während manche bei der Berührung mit der Leere und ihren Gespenstern in Verzweiflung versinken werden. Auf dem schwierigen Weg, der zur Reife führt, werden andere jedoch zu dem prekären und schmerzhaften Gleichgewicht kommen, das der wahre Künstler erreicht, der den Nutzen der Konvention und die Notwendigkeit der Realität begreift. Bis zu der vielleicht nie erreichten Stufe, auf der »Zerstreuung« unnötig wird, wenn Godot entweder kommt oder bessere Boten schickt, ist, wie Beckett nahezulegen scheint, die ehrlichste und würdigste Haltung vielleicht dieses klare Wechseln zwischen Illusion und Wirklichkeit, dieses qualvolle Oszillieren, das »Warten«.

David H. Hesla
Zeit, Grund und das Ende: das Drama

Wir reisen in einer riesigen Kugel, treibend in Ungewißheit, getrieben von einem Ende zum andern.
Wenn wir uns an irgendeinem Punkt festhalten wollen, schwankt er und schwindet; und wenn wir ihm
folgen, entzieht er sich unserem Zugriff, entgleitet und
verschwindet für immer. Nichts bleibt für uns. Dieser
Zustand ist unsere Natur, und doch unserer Neigung
höchst entgegengesetzt; wir brennen vor Verlangen,
festen Grund und ein absolut sicheres Fundament zu
finden, auf dem wir einen Turm bauen könnten, der
ins Unendliche reicht. Aber unser ganzes Fundament
bricht ein und die Erde öffnet sich Abgründen.

Pascal, Pensées, II, 72

Zu einem Möglichen in seiner Möglichkeit verhält
sich das Dasein jedoch im *Erwarten*. (. . .) Alles Erwarten versteht und »hat« sein Mögliches daraufhin,
ob und wann und wie es wohl wirklich vorhanden sein
wird. Das Erwarten ist nicht nur gelegentlich ein Weggehen vom Möglichen auf seine mögliche Verwirkli-
chung, sondern wesenhaft ein *Warten auf diese.* (. . .)
Das Ergreifen dieser Seinsmöglichkeiten hat das Man
dem Dasein immer schon abgenommen. (. . .) Dieses
wahllose Mitgenommenwerden von Niemand, wodurch sich das Dasein in die Uneigentlichkeit ver-
strickt, kann nur dergestalt rückgängig gemacht werden, daß sich das Dasein eigens aus der Verlorenheit
in das Man zurückholt zu ihm selbst (. . .) Das Sich-
zurückholen muß sich als *Nachholen einer Wahl* vollziehen. (. . .) Weil [das Dasein] aber in das Man *verloren* ist, muß es sich zuvor *finden.* Um *sich* überhaupt
zu finden, muß es ihm selbst in seiner möglichen
Eigentlichkeit »gezeigt« werden. Das Dasein bedarf
der Bezeugung eines Selbstseinkönnens, das es der
Möglichkeit nach je schon *ist.*

Heidegger, Sein und Zeit, §§ 53, 54

Jeder Wirkung ist immer eine gleichwertige Gegen-
wirkung entgegengesetzt; oder die wechselseitigen
Wirkungen zweier Körper aufeinander sind immer
gleichwertig und gehen in entgegengesetzte Richtungen.

*Newton, Die mathematischen Prinzipien
der Naturphilosophie I, 20*

Wärme kann nicht von sich aus von einem kälteren
auf einen wärmeren Körper übergehen.

Clausius, Die mechanische Theorie der Wärme

Dann wird das Himmelreich gleich sein zehn Jung-
frauen, die ihre Lampen nahmen und gingen aus, dem
Bräutigam entgegen.

Aber fünf unter ihnen waren töricht, und fünf waren
klug. *Matthäus 25, 1-2*

Es geht um die Zeit.

Im Roman ist die Zeit manipulierbar: drei voneinander getrennte Zeiträume katapultieren den Leser über Stunden,
Tage, Jahre hinweg, um ihn ebenso bequem in der Zukunft wie
in der Vergangenheit abzusetzen. Es ist das Privileg des Romanciers, den gegenwärtigen Augenblick mitten im Fluge
ergreifen zu können, ihn einfrieren, behalten, anschauen und
so lange ausbeuten zu können, bis er zur Zufriedenheit mit
ihm fertig ist. Dann, ganz gemächlich, kann er ihn seinen Flug
wieder aufnehmen lassen. Einmal wieder fort ist der Augenblick doch nicht unwiederbringlich. Der Romancier kann ihn
zurückrufen, ihn noch einmal zur Gegenwart machen, noch
einmal betrachten, noch einmal benutzen und ihn dann noch
einmal an seine Stelle in der Vergangenheit zurückschicken. In
der Hand des Romanciers ist die Zeit plastisch.

Der Dramatiker dagegen hat keine solche Befehlsgewalt über
die Zeit. Zwischen Szenen und Akten kann er die Zeit ein
wenig springen lassen: Eine Unterbrechung von zehn Minuten
kann einen Tag, ein Jahr oder mehr repräsentieren. Aber

Lears Worte: »Was? Fünfzig meiner Leut' auf einen Schlag? –
In vierzehn Tagen? –«[1] sind dem Drama nicht angemessen,
denn hier wird die Zeit in unzulässiger Weise in eine einzige
Szene zusammengeschoben.

Außerdem neigt die »Richtung« der Zeit im Theater zur
Einlinigkeit und Unumkehrbarkeit. Für den Dramatiker ist es
sehr schwierig, die Zeit »anzuhalten« und auf der Bühne ein
Ereignis darzustellen, das sowohl chronologisch wie kausal
vor der »Bühnengegenwart« liegt. Es scheint tatsächlich fast
ein Axiom zu sein, daß im Theater der Ort »hier«, die Zeit
»jetzt« ist. Und dieses Jetzt ist nicht die dem Romancier
zugängliche dehnbare Gegenwart. Was ein Augenblick in einem Roman von James beinhaltet, kann ungeheuer oder geringfügig sein, seine Beschreibung kann Seiten erfordern oder
eine oder zwei Zeilen. Aber was ein Augenblick auf der Bühne
beinhaltet, ist jedem anderen gegebenen Augenblick ungefähr
gleichwertig. Auf der Bühne ist die Zeit gleichmäßig, starr.
Für jede vollständige Szene ist ihre Geschwindigkeit sechzig
Sekunden pro Minute.

Die Augenblicke der Bühnenzeit sind also wie gleich große
Abteile, und diese Abteile müssen mit Vorgängen »gefüllt«
werden, die so lebendig, so interessant und so zerstreuend
sind, daß das Publikum gar nicht merkt, daß Zeit vergeht. Der
sorgfältige Dramatiker wird alles tun, um die »Bühnenzeit« so
bedeutsam zu machen, daß die Zuschauer ihre eigene, »natürliche« Zeit vergessen. Gelungen ist ein Stück, wenn es ihm
gelingt, das Publikum sich selbst vergessen, sich im Stück,
seine Zeit in der »Bühnenzeit« verlieren zu lassen.

Bemerkungen über Zeit und Bühne wie die eben gemachten
setzen voraus, daß die Zeit selbst für das Theater kein geeignetes Thema ist. Die Zeit ist eher Umgebung oder Rahmen
eines Stücks; sie ist ein strukturelles Element, kein themati-
sches. Das Theater kann von Ereignissen handeln, die in der
Zeit geschehen, aber das Theater ist kein Mittel, um unmittelbar von der Zeit zu handeln. Wenigstens war es das nicht bis
vor kurzem.

»Hören Sie endlich auf, mich mit Ihrer verdammten Zeit
verrückt zu machen«[2], sagt Pozzo, aber jede der andern drei
Figuren in Becketts *Warten auf Godot* hätte es genausogut
sagen können. Zeit ist der gemeinsame Feind. Pozzo bringt sie

nur Entbehrung und Verfall: er verliert in ihrem Verlauf seine Pfeife, seinen Zerstäuber, seine Uhr, sein Augenlicht, seine Würde und seinen Stolz. Lucky bringt sie keine Befreiung von seiner Knechtschaft, nur scheint er im zweiten Akt seine Fähigkeit zu sprechen verloren zu haben. Didi und Gogo bringt sie nur Frustration und gelegentlich ein kurzes Zwischenspiel in ihrem sonst langweiligen Warten auf den Verheißenen. »So ist die Zeit vergangen«[3], sagt Didi nach dem Abgang Pozzos und Luckys im ersten Akt. Charakteristischerweise versucht Gogo Didi von seinem bescheidenen Bemühen, das Leben als mehr als nur eine ungelinderte Last zu sehen, zurückzuhalten: »Sie wäre sowieso vergangen.«[4] Die Zeit zu verbringen, ist die Hauptbeschäftigung der beiden Wartenden. Darum bietet die Ankunft Pozzos und Luckys eine willkommene Abwechslung. Aber wenn Herr und Knecht wieder abgehen, kehren Didi und Gogo zu ihrer traurigen Lage zurück.

ESTRAGON   Was sollen wir jetzt machen?
WLADIMIR   Ich weiß nicht.
ESTRAGON   Komm, wir gehen.
WLADIMIR   Wir können nicht.
ESTRAGON   Warum nicht?
WLADIMIR   Wir warten auf Godot.
ESTRAGON   Ach ja.[5]

Die beiden schlagen verschiedene Strategien vor, mit denen sie die Zeit verbringen können. Sie versuchen, sich ruhig zu unterhalten, aber die Unterhaltung versinkt in unerträgliches Schweigen – unerträglich, weil es jeden mit seinen Gedanken allein läßt, und Denken ist »misery«[6]. Aber sogar hier ist die Zeit gegen sie, denn, wie Wladimir bemerkt, »es ist schrecklich, gedacht zu haben«[7]. Die Gegenwart ist mit den Leichen toter Ideen besät; sie ist ein »Beinhaus«[8], wo die fleischlosen Knochen vergangener Gedanken eingeschlossen sind. Und, um die Sache noch schlimmer zu machen, »es zieht den Blick an«[9].

Oder sie spielen Pozzo und Lucky; oder sie »beschimpfen sich«; oder sie machen ihre »Übungen«:

ESTRAGON   Unsere Leibesübungen.
WLADIMIR   Geschmeidigkeitsübungen.
ESTRAGON   Lockerungsübungen.

WLADIMIR	Gelenkigkeitsübungen.
ESTRAGON	Lockerungsübungen.
WLADIMIR	Um warm zu werden.
ESTRAGON	Um ruhig zu werden.
WLADIMIR	Also, los.[10]

Sie springen von einem Fuß auf den andern, hören aber schnell auf. »Hör auf«, sagt Gogo. »Ich bin müde.«[11] Nicht bloß müde sind sie, sondern gelangweilt von einem Leben, das so sinnlos ist wie ein bloßes Springen von einem Fuß auf den andern. »Ich will nicht mehr atmen.«[12]

Das Geschäft des Lebens besteht für Didi und Gogo darin, die gähnenden Löcher in der Zeit auszufüllen. Es ist gleich, womit man die Zeit ausfüllt oder verbringt, solange sie nur ausgefüllt wird, solange man sie los wird, solange sie in die Vergangenheit abgeschoben wird, wo sie unbeachtet gelassen und vergessen werden kann.

ESTRAGON	Ich sag dir, daß wir gestern abend nicht hier waren (. . .)
WLADIMIR	Und wo sollen wir gestern abend gewesen sein?
ESTRAGON	Ich weiß nicht. Woanders. In einem anderen Abteil. Es fehlt ja nicht an leerem Raum.[13]

Zeit und Raum sind leer, und jede besondere Zeit oder jeder besondere Raum (»hier«) ist bloß eines von vielen Abteilen in der Leere. Das Jetzt ist leer, obwohl es genau die Leere des Jetzt ist, mit der die beiden Männer sich nicht abfinden können und die sie darum auszufüllen bemüht sind mit allem, was ihnen nur immer in die Hände kommt.

Wenn man sich die Zeit erfolgreich vertrieben hat, darf man also ein wenig prahlen. »War gar nicht so schlecht als kleiner Galopp«[14], sagt Estragon nach einem schnellen Wortwechsel mit Didi. Oder später: »Wir schlagen uns doch ganz gut durch, nicht wahr, Didi, wir zwei? Wir finden doch immer was, um uns einzureden, daß wir existieren, nicht wahr, Didi?«[15] Aber häufiger ist es umgekehrt. Mitten in einem kleinen Galopp erkennen Didi und Gogo plötzlich die Vergeblichkeit und Bedeutungslosigkeit von all dem. Gogo, der gerade seine letzte »Übung« macht, hört jäh auf, schwingt seine Faust und brüllt so laut er kann: »Gott, hab Erbarmen mit mir!«[16] Bemitleidenswerter, weil in ihren Implikationen erschreckender, ist Didis Feststellung: »Die Zeit ist stehengeblieben.«[17] Durch einen ganz inkonsequenten Wortwechsel zwischen Gogo und Pozzo wird Didi zu diesem Urteil geführt. Für sie mag die Zeit vergehen, aber für Didi, der außerhalb dieses Dialogs steht, der sozusagen ein Zeuge seiner Absurdität ist, hat die Zeit sich zu bewegen aufgehört. Die Gegenwart hat ihn in ihrer ganzen Nichtigkeit eingeschlossen. Kurz danach schlägt *er*, nicht der ruhelose Gogo, vor, sie sollten den Ort verlassen. Es scheint ein Versuch zu sein, der Zeit dadurch zu entgehen, daß man den Ort wechselt.

Es ist natürlich eine törichte und unmögliche Idee, und sowohl Didi wie Gogo scheint das zu merken; obwohl jeder dem anderen vorschlägt, sie sollten auseinandergehen, handeln sie nie nach dem Vorschlag. Sie scheinen zu erkennen, daß existieren in der Zeit existieren heißt. Und um in der Zeit zu existieren, muß man fähig sein, die Schuld der Vergangenheit, die Bedeutungslosigkeit der Gegenwart und den Tod, der in der Zukunft liegt, zu tolerieren.

Didi und Gogo wird die Last der Vergangenheit gnädig erspart, denn ihr Gedächtnis ist so mangelhaft, daß ihnen von früherer Zeit wenig bleibt. Da ist etwas mit Beerenpflücken und Gogos mißglücktem Selbstmord, woran sie sich beide erinnern, aber sehr vage. Auf der anderen Seite kann sich Gogo kaum erinnern, was am Vortag geschah. Da die Zeit leer ist, ist es schwierig, zwischen der einen Abwesenheit und einer anderen zu unterscheiden. Didi zeigt auf den Baum als greifbaren Beweis der Tatsache, daß das »Hier«, an dem sie sich heute befinden, mit dem »Hier« identisch ist, an dem sie sich gestern befanden. Aber Gogo, der sein »Leben lang in der Sandwüste herumgezogen«[18] ist, ist von dem Argument nicht beeindruckt. Es ist ebenso schwierig, den Dreck von hier und den Dreck von nicht-hier auseinanderzuhalten, wie verschiedene Arten der Leere zu unterscheiden.

Eher sind die Gegenwart und die Zukunft ernste Bedrohungen für das Paar. In der Tat bestimmt der Charakter der Zukunft den Charakter der Gegenwart und bewirkt, daß die Existenz im Jetzt so schwer zu ertragen ist. Denn die Zukunft ist vieldeutig, vage. Sie enthält sowohl Drohung wie Versprechen. Sie ist sozusagen das Zuhause Godots, auf den sie warten und von dessen Entscheidungen ihr Leben abhängt. Sie haben an Godot »eine Art Gesuch«, »eine vage Bitte«[19] gerichtet und warten jetzt auf seine Antwort. Bis sie kommt, können sie nichts spielen, nichts tun – nichts, das heißt, nur die Zeit ausfüllen und verbringen, improvisieren, ad libitum. Wie ihre Rede ist ihre Existenz extemporiert, außerhalb der Zeit, wobei Zeit als der Rahmen für absichtsvolle, zielbestimmte Handlung begriffen wird. Denn sie haben kein Ziel und können keins haben, bis Godot erscheint und ihnen seine Entscheidung mitteilt. Ihre Existenz ist absolut abhängig von dem Ereignis der »Ankunft« Godots. Bis jenes Ereignis stattfindet, können Didi und Gogo nur warten.

Aber darum dreht sich das Stück. *Warten auf Godot* gibt uns das Bild jener Existenz, deren Bedeutung von der zukünftigen Zeit, von dem, was sein wird, radikal, absolut abhängig ist: das heißt, es ist ein Stück über Existenz. Denn Existenz, menschliches Sein in der Zeit, erhält ihren Wert oder ihr Lohnendes nur durch Ereignisse bestätigt, die erst noch kommen sollen. Die Bedeutung der Gegenwart läßt sich nur begreifen, wenn gegenwärtige Ereignisse in die Vergangenheit übertragen werden. Nur dann kann man sagen, Oh ja, jetzt ist es klar, daß eine solche Entscheidung richtig war (oder falsch), denn jene späteren Ereignisse haben gezeigt, daß es so ist.

Wenn es also nötig ist, Godot in irgendeiner bestimmten Weise zu identifizieren, können wir damit beginnen, daß wir sagen, Godot sei einfach die zukünftige Zeit. Er kommt natürlich in jedem Zeitmoment an, aber sobald er die Barriere zwischen der zukünftigen Zeit und der gegenwärtigen Zeit überschreitet, ist er nicht mehr Godot, sondern jemand anderes: Pozzo und Lucky zum Beispiel, oder der Junge. Und der Junge sagt mit dem, was er von Godot berichtet, die Wahrheit:

> JUNGE *in einem Zuge:* Herr Godot hat mir gesagt, Ihnen zu sagen, daß er heute abend nicht kommt, aber sicher morgen.[20]

Godot wird heute abend nicht kommen, weil »heute abend« jetzt ist. Er wird »morgen« kommen und wird alle zukünftigen Morgen kommen, weil »morgen« die zukünftige Zeit ist. Spinozas Spruch *determinatio negatio est* [Bestimmung ist Negation] gilt für *Zeit* ebenso wie für *Sein*: Morgen sein heißt, nicht

Gegenwart sein. Da Godot die zukünftige Zeit ist, kann er nicht die gegenwärtige Zeit sein, und so kann er, während er immer unterwegs ist, nie ankommen.

Er ist jedoch mehr als die zukünftige Zeit. Er ist die Antwort, zu der das Sein des Menschen die Frage ist. Was er also *materialiter* ist, hängt von den Begriffen ab, in denen die Frage gefragt wird. Wenn sie in Begriffen der Spaltung des Menschen in Körper und Geist gefragt wird, ist er die prästabilierte Harmonie oder der Gott der Okkasionalisten – das heißt, das Prinzip der Einheit und des Zusammenwirkens. Wenn sie in Begriffen des Klassenkampfs – wie er dargestellt wird in der Beziehung zwischen Pozzo und Lucky – gefragt wird, ist er die klassenlose Gesellschaft. Wenn sie in Begriffen der klassischen christlichen Tradition gefragt wird, ist er die »Existenz eines persönlichen Gottes . . . außerhalb von Zeit und Raum der . . . uns lieb hat«[21] und vergibt dem Menschen seine Sünden. Wenn jedoch die Frage in ihrer alten gnostischen Form oder der modernen existentialistischen Form gefragt wird – der Form, die meint, daß die Sünde, die der Mensch bereuen muß, in Gogos Worten die ist, »daß wir geboren wurden«[22] – dann ist Godot einfach der Tod oder das Absolute.

Das alles heißt, daß Godot das Absolute ist – oder genauer, Didi denkt, er könne möglicherweise das Absolute sein. Er und Gogo warten, »was er uns sagen wird«[23], »was er uns vorschlagen wird«[24], und das ist alles. Die Pointe ist jedoch, daß die Initiative bei Godot liegt, nicht bei Didi und Gogo. Ihr Sein ist von seinem Sein abhängig; er ist mit Murphys Wort das frühere »System«.[25]

Godot läßt sich also in Ausdrücken wie »der Zukünftige Grund« oder »das Mögliche Absolute« zusammenfassen. Aber da er entweder die Zukunft oder das Mögliche ist, kann er nicht die Gegenwart und das Aktuelle sein; und wenn er nicht die Gegenwart und das Aktuelle sein kann, kann derjenige, der auf ihn wartet, jenes sicheren und gewissen Grundes, auf den er wartet und nach dem er als die Legitimierung seines Seins und die Gültigkeitserklärung seiner Zeit sich sehnt, niemals teilhaftig werden. Daher wird Godot und seine Entscheidung wie die Möhre vor dem Esel (Estragon: »Köstlich!«[26]) immer nur vor den beiden Männern baumeln und sie schließlich zu dem Ort führen, der die Grenze zwischen der gegenwärtigen und der zukünftigen Zeit ist, zwischen dem, was ist, und dem, was sein kann.

Weil sie sich als abhängig von Godot verstehen, verstehen sich die beiden Männer nicht als frei. Die ersten Worte, die in dem Stück gesprochen werden, sind Gogos: »Nichts zu machen.«[27] Und wenn sie sich auch unmittelbar auf die Aufgabe beziehen, seine Stiefel auszuziehen, ist die weitere Bedeutung, daß er und Didi nicht die Freiheit haben, für sich selbst zu entscheiden, wer und was sie sein und tun werden. Der Satz kehrt ein wenig später in seiner weiteren Bedeutung wieder:

WLADIMIR   Man kann nichts dafür.
ESTRAGON   Was man auch anstellen mag.
WLADIMIR   Man bleibt, wie man ist.
ESTRAGON   Wie man sich auch winden mag.
WLADIMIR   Im Grunde ändert sich nichts.
ESTRAGON   Nichts zu machen.[28]

So hingeworfen sind die Sätze bloße Klischees, Rationalisierungen der Resignierten. Wenn man sie ernst nimmt, drücken sie jedoch die essentialistische Doktrin des Menschen aus, wie sie zum Beispiel Hegel vorbringt. Geist und Natur vereinigen sich, sagt er, in etwas, das »menschliche Natur« heißt: »Wenn man von menschlicher Natur sprach, hat man vornehmlich etwas Bleibendes sich vorgestellt. Die Darstellung der menschlichen Natur soll auf alle Menschen passen, auf vormalige und jetzige Zeit. Diese allgemeine Vorstellung kann unendliche Modifikationen erleiden; aber tatsächlich ist das Allgemeine ein und dasselbe Wesen in den verschiedensten Modifikationen. (. . .) Der allgemeine Typus läßt sich auch in dem aufzeigen, was sich am stärksten von ihm zu entfernen scheint; in der verzerrtesten Gestalt kann man das Menschliche noch spüren.«[29] Die Charakteristika des Geistes im Menschen sind Selbstbewußtsein und Freiheit. Das sind auch die Charakteristika Gottes, und in dem Maße, wie der Mensch sie in sich selbst aktualisiert, ist er das Ebenbild Gottes. Didi und Gogo sind zweifellos »verzerrte Gestalten«, die von dem »allgemeinen Typus« abweichen, aber sie trügen Pozzo nicht. Er erkennt sie sofort: »Sie sind aber doch menschliche Wesen . . . Wie ich sehe . . . von derselben Gattung wie ich . . . Von derselben Gattung wie Pozzo! Göttlicher Abstammung!«[30]

Wesen geht also der Existenz vorher. Das Wesen der menschlichen Natur ist universell und muß allen Menschen zu allen Zeiten an allen Orten entsprechen. Die Aufgabe des besonderen Menschen, der individuellen Existenz, ist, in sich selbst jenes Wesen zu aktualisieren, das er mit allen anderen Menschen gemeinsam hat. Aber was, wenn jemand nicht weiß, was sein Wesen ist? Man könnte aktualisieren nach allem, was man wert ist, aber es wäre vergeblich, denn man würde das Wesen nicht kennen, selbst wenn man es zufällig aktualisierte. Ohne das Wissen vom Wesen, das man werden oder aktualisieren soll, ist alle Existenz eitel, ist die Geschichte ohne Orientierung oder Richtung und deshalb zwecklos, bedeutungslos, leer. Alles, was man in einer solchen Situation tun kann, ist, die Zeit herumzubringen, bis jemand vorbeikommt, der weiß, was das Wesen ist, und es erklärt. Dann wird man wissen, wo er steht, und wird in der Lage sein, die Erklärung und alles, was sie beinhaltet, zu akzeptieren oder zu verwerfen. In *Warten auf Godot* finden wir Eschatologie ohne Inkarnation, die teleologische Aufhebung des Ethischen, die nicht durch den Glauben (wie Kierkegaard Abrahams Bereitschaft, Isaak zu opfern, erklärte) bewirkt oder erklärt wird, sondern durch die vollkommene Abwesenheit jedes gegenwärtigen, aktualen Ereignisses, das einen Grund dafür liefern könnte, daß man ethisch zu handeln beginnt. Benötigt wird das Angebot Godots, aber das wird ständig auf morgen verschoben, so daß es niemals in die Gegenwart gelangen kann; und selbst wenn es in die Gegenwart gelänge, wäre es nur von der Art des Möglichen (für die Landstreicher wäre es gleichgültig) und nicht des Notwendigen. Was die beiden Männer brauchen und wünschen, ist ein Absolutes, auf das sie ihre eigene kontingente Existenz gründen können.

Zweifellos repräsentiert das Duo noch einmal den cartesianischen Menschen, wobei Didi zum Geist, Gogo zum Körper neigt. Didi stinkt aus dem Mund, Gogo an den Füßen. Am Beginn des Stücks sieht man, wie Gogo versucht, sich einen Stiefel auszuziehen. Es gelingt ihm schließlich, und die Regieanweisungen besagen, daß er in den Stiefel hineinschaut, er (...) *»steckt seine Hand hinein, dreht den Schuh um, schüttelt ihn aus, sucht, ob nicht etwas auf die Erde gefallen ist ...«*[31] Didi hat so ziemlich dieselbe Operation mit seinem Hut durchgemacht: *»Er nimmt seinen Hut noch mal ab, schaut hinein, steckt seine Hand hinein, schüttelt ihn aus, schlägt darauf, bläst hinein und setzt ihn wieder auf.«*[32] Gogos vergeblichen Versuch, sich von dem Schmerz in seinem Fuß dadurch zu befreien, daß er seinen Stiefel repariert, kommentiert Didi spöttisch: »So ist der Mensch nun mal: er schimpft auf seinen Schuh, und dabei hat sein Fuß schuld.«[33] Aber was Didi selbst mit seinem Hut macht, zeigt, daß er die Mängel seines Kopfes auf seinen Hut schiebt.

Was Didis Kopf in diesem Augenblick quält, ist eine historische und theologische Frage. Einer der Diebe, die mit unserem Erlöser gekreuzigt wurden, wurde erlöst. Aber von den vier im Evangelium gegebenen Berichten über die Kreuzigung enthält nur einer dieses Detail, obwohl alle vier Evangelisten dabei waren, »jedenfalls nicht weit weg«[34]:

ESTRAGON Nun ja? Sie sind sich nicht einig, das ist alles.

WLADIMIR Sie waren alle vier dabei. Und nur einer spricht von einem erlösten Schächer. Warum soll man ihm mehr glauben als den anderen?

ESTRAGON Wer glaubt ihm?

WLADIMIR Mensch, alle! Man kennt nur diese Darstellung.

ESTRAGON Die Leute sind blöd![35]

Estragons verächtliche Antwort zeigt deutlich, daß er sich – und vielleicht auch Didi – aus der Klasse der »Leute« auszuschließen gedenkt. Ein wenig später jedoch, unmittelbar nach Didis Versicherung, daß sie ihre »Rechte« eingebüßt haben, nehmen die beiden eine Haltung an *(»bewegungslos, mit schlaff herunterhängenden Armen und eingeknickten Knien«*[36]*)*, die bemerkenswert affenhaft ist. »Die Leute« mögen »blöd« sein, aber die Tatsache bleibt, daß sie glauben. Die Leute verpflichten sich für Sachen und Prinzipien, die Entscheidungen und Handlungen beinhalten. Didis Frage: »Warum soll man ihm mehr glauben als den anderen?«[37] fragt in Wirklichkeit nach den Bedingungen, unter denen ein vernünftiger Mensch, der keinen Zugang zu fraglosen Beweisen hat, eine Entscheidung treffen, sich verbindlich auf einen Handlungsverlauf festlegen kann. Wie viele und welche Art von Beweisen braucht ein Mensch, um einer Aussage zustimmen oder sich für eine Handlung entscheiden zu können? Didi fragt tatsächlich: Was tun wir hier? Warum sollen wir Godot glauben?

Daß sie da sind, wo sie sind, ist Beweis genug, daß sie an Godots Versprechen, er werde kommen, glauben. Aber warum sollen sie daran glauben? Warum, heißt das, soll der Mensch auf die Zukunft warten? Warum soll er sein Leben so führen, daß er auf die Dinge gerichtet ist, die erst noch kommen sollen? Und noch lächerlicher, warum soll er erwarten, er werde im noch Kommenden Gründe finden, die für die Einrichtung seines Lebens noch relevanter und dringlicher sind als jene, die er in dem findet, was jetzt ist?

Auf diese Frage scheint es keine bessere Antwort zu geben als die Gogos: »Die Leute sind blöd.« Der Mensch glaubt, weil es seine Natur ist, zu glauben. Der Mensch wartet, weil es seine Natur ist, zu warten. Weil er glaubt, weil er in dauernder Erwartung lebt, kann er sich nicht dazu bringen, die Wartezeit abzukürzen, und Didi und Gogo hängen sich nicht auf. Und da es in der Natur des Menschen liegt, zu warten, liegt es in der Natur der Existenz, daß sein Warten zwecklos ist. Der Mensch wartet darauf, daß sich seine Existenz auf etwas anderes gründen solle als das, was er selbst ist und tut, aber es gibt nichts anderes als den Menschen hier, den Menschen jetzt.

Die einzige Nahrung, mit der sie sich versehen, besteht aus gewissen Gemüsen – Möhren, weißen Rüben, Radieschen. Radieschen: von *radix*, Wurzel; zum Beispiel die Quadratwurzel aus zwei, eine irrationale Zahl, das heißt *alogos*, absurd. Sie kauen das Absurde; sie leben *vom* wie *im* Irrationalen. Je mehr Gogo ißt, desto schlechter schmeckt es, aber Wladimir gewöhnt sich an den Dreck, während er weitermacht. Und gewöhnlich ist Gogo derjenige, der sagt: »Gehen wir«, während Wladimir sagt, daß sie es nicht können, weil sie auf Godot warten. Trotz der Absurdität ihrer Situation neigt Didi dazu, die Hoffnung, daß das Absolute erscheint, aufrechtzuerhalten, während Gogo pessimistischer ist.

Insoweit sie auf Godot warten und so von ihm abhängig sind, können sie als an ihn »gebunden« angesehen werden, aber wenn Gogo fragt, ob sie an ihn gebunden seien, verwirft Didi die Vorstellung. »Gebunden an Godot? Wie kommst du darauf? Nie im Leben! *Pause*. Noch – nicht.«[38]

Tatsächlich kann man die Haltung, die schon als affenhaft

charakterisiert worden ist, als die Haltung von Puppen ansehen, deren Schnüre gelockert oder durchgeschnitten worden sind. Als was immer Godot gedacht wird – als Gott oder als das Absolute oder sogar als ein Kantischer kategorischer Imperativ – seine »Bedeutung« ist die eines für Sein und Handeln normativen Prinzips. Paradoxerweise sind die beiden Männer im Hinblick auf Godot nicht frei, denn ihre Zukunft ist abhängig von seinem »Angebot«, und doch sind sie frei, denn sie sind nicht an ihn »gebunden«. Aber ihre Freiheit ist die Freiheit, die Marionetten haben ohne den, der die Fäden hält: es ist die Freiheit der »Bewegungslosigkeit«.

Was es heißt, an das Absolute gebunden zu sein – oder an eine Art des Absoluten – wird den beiden Männern nun vorgeführt: *»Pozzo und Lucky treten auf. Pozzo führt Lucky am Strick vor sich her.«*[39]

Pozzo übt ziemlich die gleiche Art von Macht über Lucky aus, die der interventionistische Gott der Okkasionalisten über den Menschen ausübte. Er manipuliert Luckys Körper so, wie er eine Marionette manipulieren würde: »Halt! *Lucky bleibt stehen.* Kehrt! *Lucky dreht sich um* . . . Näher ran! *Lucky geht ein paar Schritte.* Halt! *Lucky bleibt stehen.«*[40]

Er kann ihm auch befehlen: »Denke! Schwein!«[41] Aber er kann ihm nicht sagen, was er denken soll, denn in seinem Geulincxschen Geist steht es Lucky frei, zu denken, was er denken will, und der einzige Weg, ihn vom Denken abzuhalten, ist, ihn körperlich anzugreifen und ihm seinen Hut wegzunehmen. Luckys »Denken« ist eine pseudo-theologisch-wissenschaftliche Untersuchung über die Ursache der Dinge, und von alters her hat man gemeint, daß *felix qui potuit rerum cognoscere causas* [glücklich, wer die Ursachen der Dinge erkennen könnte].

Das ist das Dilemma. Der an das Absolute gebundene Mensch ist eine Marionette für den, der die Fäden hält, ein Knecht für seinen Herrn, ein Zirkustier für seinen Bändiger und vielleicht eine Figur für ihren Autor, aber in seiner Abhängigkeit und seinem Leiden hat er wenigstens den geringen Trost, daß er weiß, wer er ist und was er tun und sein soll, und die bloße Tatsache seines Leidens verleiht ihm eine minimale Würde, die ihm nicht genommen werden kann, wie es der sentimentale Gogo versucht, als er anfängt, Luckys Tränen wegzuwischen. Der nicht an das Absolute gebundene Mensch ist jedoch »bewegungslos«, gelähmt von der Abwesenheit jedes Grundes oder Wertes oder Gutes, denen er sich verpflichten kann, und die seiner Existenz Gültigkeit verleihen werden in einer Welt, die – da ihr das Absolute fehlt – eine bedeutungslose Leere ist. Der nicht an das Absolute gebundene Mensch ist frei, wie es der Knecht nicht ist, aber wofür ist er frei? Was ist er frei zu tun? Was ist er frei zu sein? Ist er frei, nur um auf das Erscheinen – oder Wiedererscheinen – des Absoluten zu warten?

Didi und Gogo sind nicht an Pozzo gebunden, und sie sind auch nicht aneinander gebunden, außer durch solche ungreifbaren Fesseln wie eine vage erinnerte, aber noch gemeinsame Geschichte, durch gemeinsame Bedürfnisse der Ernährung und der Ruhe, durch gemeinsame Leiden (obwohl Didi, der Intellektuelle, an einem Versagen des Harntrakts und der körperhafte Gogo an schlechten Träumen leidet). Weil sie die gemeinsame Bedingung des Menschseins teilen, haben sie ein unbeständiges, aber immer noch echtes Mitleid für einander entwickelt. Ihre Beziehung kann kaum mit dem Wort »Liebe« gewürdigt werden, aber sie ist eine der gelegentlichen Rücksicht, eines Gefühls der Kameradschaft und des Mitleids. »Tat dir was weh?«[42] ist eine Frage, die Pozzo Lucky nie fragt, nicht einmal in spöttischer Sympathie.

Das bedeutet nicht, daß Didi und Gogo Muster christlicher Barmherzigkeit seien. Sie sind beide egoistisch, Gogo vielleicht mehr als Didi, und gehen häufig grausam miteinander und mit Pozzo und Lucky um. Tatsächlich kommt einer der bittersten Momente des Stücks im zweiten Akt vor, wo Didi in einem Ausbruch von Beredtsamkeit auf den pathetischen Hilfeschrei des gefallenen Pozzo antwortet:

> WLADIMIR Wir wollen unsere Zeit nicht mit unnützen Reden verlieren. *Pause. Ungestüm.* Wir wollen etwas tun, solange die Gelegenheit sich bietet! Uns braucht man nicht alle Tage.[43]

Dieser ernste Entschluß wird jedoch sofort durch vorsichtiges Argumentieren abgeschwächt. »Es ist offen gesagt nicht so, als brauche man gerade uns. Andere würden die Sache ebensogut, wenn nicht besser, machen . . .«[44] Dann wieder

eine Erklärung der Absicht zu helfen, die in weiterem Abwägen der Für und Wider untergeht; was dann nicht in einer
Hilfeleistung endet, sondern in einem selbstgerechten Anspruch auf Integrität:

WLADIMIR (. . .) Was tun wir hier, das muß man sich
fragen. Wir haben das Glück, es zu wissen. Ja, in dieser
ungeheuren Verwirrung ist eines klar: wir warten darauf,
daß Godot kommt.
ESTRAGON Ach ja.
WLADIMIR Oder, daß die Nacht kommt. *Pause.* Wir sind
da, wie verabredet, da gibt es nichts. Wir sind keine
Heiligen, aber wir sind da, wie verabredet. Wieviel Leute
können das von sich behaupten?
ESTRAGON Eine ganze Masse.[45]

In Vergeblichkeit und Leere wartet Didi darauf, daß jemand,
der nicht kommt, etwas bringt, das zu geben vielleicht nicht in
seiner Macht steht; während zu seinen Füßen, unmittelbar
gegenwärtig, die Gelegenheit liegt, aus seinem Leben etwas
mehr zu machen als eine Reihe von Übungen im Verbringen
oder Totschlagen der Zeit. Geblendet von dem strahlenden
Bild der zukünftigen Möglichkeit, eine bedeutungsvolle Existenz zu führen, betäubt von dem Lärm des Versprechens, das
der ferne Godot gegeben hat, können die beiden Männer
weder sehen noch hören, daß da zwei andere Menschen sind,
die Hilfe brauchen.
Ich möchte diese Situation noch etwas weiter untersuchen,
und indem ich das tue, werde ich wieder Martin Heideggers
Sprache und Begriffe verwenden. Aber zuvor muß ich noch
einmal darauf bestehen, daß ich nicht Beckett ein Wissen von
Heidegger aufpresse (obwohl ich es auch nicht abstreiten
würde) und nicht annehme, Becketts Werke seien Rätsel oder
Allegorien, die nur durch die Beziehung auf *Sein und Zeit*
aufzulösen wären. Ich versuche eher, an die »Bedeutung« der
Szene heranzukommen und verwende Heidegger als nur einen
von mehreren möglichen Wegen dahin.
Wie im Fall der Trilogie ist das zu diskutierende Problem die
Existenz des Daseins. Wie der Namenlose sind Didi und Gogo
»schuldig« der unauthentischen Existenz, des Lebens im
»Man-selbst«[46] und darum des Seins in einem Zustand der

»Verlorenheit«. Dasein – wieder Didi und Gogo, oder vielleicht Didi/Gogo – ist verloren im »Man« und im Gerede des »Man« – Godots Versprechungen, die Stimmen der toten Gedanken und ihr eigenes müßiges Geplauder und Zeit-Verbringen. »Sich verlierend in die Öffentlichkeit des Man und sein Gerede *überhört* [das Dasein] im Hören auf das Man-selbst das eigene Selbst. Wenn das Dasein aus dieser Verlorenheit des Sichüberhörens soll zurückgebracht werden können – und zwar durch es selbst –, dann muß es sich erst finden können, sich selbst, das sich überhört hat und überhört im *Hinhören* auf das Man. Dieses Hinhören muß gebrochen . . . werden . . .«[47]

Es ist die Stimme des Gewissens, die das Hinhören auf die Stimme des »Man« brechen kann; denn das Gewissen appelliert an das Zentrum des Daseins, an jenes Selbst, das in Heideggers Terminologie »In-der-Welt-Sein« ist. »Der Gewissensruf hat den Charakter des *Anrufs* des Daseins auf sein eigenstes Selbsteinkönnen und das in der Weise des *Aufrufs* zum eigensten Schuldigsein.«[48] So ruft das Gewissen das Dasein aus seiner Verlorenheit im »Man«, ruft es zurück in seine eigenen Möglichkeiten.

So weit, so gut. Aber jetzt fährt Heidegger fort, den Rufer zu identifizieren und den Inhalt des Rufs zu beschreiben: »*Das Dasein ruft im Gewissen sich selbst*. (. . .) Der Ruf kommt *aus* mir und doch *über* mich. (. . .) Der Rufer ist in seinem Wer »weltlich« durch *nichts* bestimmbar. Er ist das Dasein in seiner Unheimlichkeit, das ursprüngliche geworfene In-der-Welt-Sein als Un-zuhause, das nackte ›Daß‹ im Nichts der Welt. Der Rufer ist dem anfänglichen Man-selbst unvertraut – so etwas wie eine *fremde* Stimme.«[49] Und doch, scheint es, ist die Stimme, die dem »Man-selbst« am fremdesten ist, genau das Selbst, das Dasein. Daher ruft im Gewissen Dasein sich selbst.

Und was wird gesagt in der Rede des Gewissens? »*Was* ruft das Gewissen dem Angerufenen zu? Streng genommen – nichts. Der Ruf sagt nichts aus, gibt keine Auskunft über Weltereignisse, hat nichts zu erzählen. (. . .) Dem angerufenen Selbst wird ›nichts‹ *zu*-gerufen, sondern es ist *aufgerufen* zu ihm selbst, das heißt zu seinem eigensten Seinkönnen. (. . .) Der Ruf entbehrt jeglicher Verlautbarung. Er bringt sich gar nicht erst zu Worten – und bleibt gleichwohl nichts weniger als dunkel und unbestimmt. *Das Gewissen redet einzig und ständig im Modus des Schweigens.*«[50]

Nun hat sogar ein Dramatiker, der nicht ganz so ingeniös war wie Beckett, eine dramatische Technik ersinnen können, um einen Diskurs zu repräsentieren, dessen Inhalt nichts ist und der aus nichts entspringt. Wenn das Drama etwas ist, dann »weltlich«, öffentlich. Es ist, wenn man so sagen darf, die Kunstform, die eben gerade mit dem »Man-selbst« umgeht; und Heidegger kommt Diskussionen über den Roman des inwendigen Lebens mehr entgegen als solchen über die Beziehungen zwischen Personen auf einer Bühne. Folglich muß die Stimme des Gewissens, wenn sie dramatisiert werden soll, »veräußerlicht« werden und muß einen hörbaren, wenn auch minimalen Inhalt bekommen. Man gestatte, wenn auch nur momentan und bedingt, die Spekulation, daß die Heideggersche Stimme des Gewissens von Pozzo artikuliert wird, und daß der Inhalt des Rufs das eine Wort »Hilfe!« ist.

(In Klammern mag auf eine interessante Entsprechung zwischen Becketts Stück und dem philosophischen Argument hingewiesen werden. Wenn im zweiten Akt alle vier Charaktere am Boden liegen und Pozzo ein kleines Stück von den andern weggekrochen ist, rufen Didi und Gogo ihn mit Namen, aber da er nicht antwortet, entschließen sie sich, ihn mit anderen Namen zu rufen. Es wäre amüsant, sagt Gogo, »es mit anderen Namen zu versuchen, einen nach dem anderen. Das vertreibt die Zeit. Wir würden schließlich schon auf den richtigen kommen.«[51]

Er ruft: »Abel! Abel!« Pozzo antwortet: »Hilfe!« und Gogo triumphiert: »Siehst du!«[52] »(. . .) auch der Rufer hält sich in einer auffallenden Unbestimmtheit. Auf die Fragen nach Namen, Stand, Herkunft und Ansehen versagt er nicht nur die Antwort, sondern gibt auch, obzwar er sich im Ruf keineswegs verstellt, nicht die geringste Möglichkeit, ihn für ein »weltlich« orientiertes Daseinsverständnis vertraut zu machen. Der Rufer des Rufes – das gehört zu seinem phänomenalen Charakter – hält jedes Bekanntwerden schlechthin von sich fern. Es geht wider die Art seines Seins, sich in ein Betrachten und Bereden ziehen zu lassen. Die eigentümliche Unbestimmtheit und Unbestimmbarkeit des Rufers ist nicht nichts, sondern eine *positive* Auszeichnung. Sie bekundet, daß der Rufer einzig aufgeht im Aufrufen zu . . ., daß er *nur als solcher gehört* und ferner nicht beschwatzt sein will.«[53]

Wenn also Gogo Lucky mit dem Namen Kain ruft, antwortet Pozzo auf diesen Namen ebenfalls mit demselben Wort »Hilfe!«. Worauf Gogo schließt: »Das ist die ganze Menschheit.«[54])

Ich will kein Plädoyer zur Verteidigung von Becketts Abhängigkeit von Heidegger konstruieren, sondern nur die Aufmerksamkeit auf eine Ähnlichkeit von »Form« und »Funktion« zwischen Pozzos Hilferuf und Heideggers »Ruf des Gewissens« richten. Es gibt tatsächlich auch wichtige Verschiedenheiten zwischen dem Stück und der philosophischen Argumentation, so wie Ähnlichkeiten. Bei Heidegger ist der Ruf des Gewissens der Ruf der *Sorge*; und als solcher führt er nicht zur Reue in irgendeinem theologischen Sinn und auch nicht notwendig zu »ethischem« Verhalten. Sorge ist gänzlich selbstbezogen, insofern sie Interesse an der eigenen Möglichkeit zu sein ist, zu der das Gewissen das Selbst ruft. Die Beziehungen zwischen Personen sind nicht von primärem Interesse in *Sein und Zeit*.

Aber im Stück ist Pozzos Hilferuf der Ruf eines Daseins zu einem anderen Dasein. Nachdem sie es sehr lange aufgeschoben haben, handeln Gogo und Didi schließlich im Einklang mit dem Inhalt des Rufs.

> POZZO   Hilfe!
> (. . .)
> WLADIMIR   Er will, daß wir ihm beim Aufstehen helfen.
> ESTRAGON   Na also, helfen wir ihm. Worauf warten wir noch? *Sie helfen Pozzo beim Aufstehen und lassen ihn dann allein stehen. Pozzo fällt wieder hin.*
> WLADIMIR   Man muß ihn stützen. *Das gleiche Spiel. Pozzo hält sich an ihren Hälsen hängend aufrecht.*[55]

Das Auge, das danach sucht, kann in diesem Tableau die Komposition einer Pietà oder einer Kreuzabnahme sehen. Aber es bedarf keiner besonderen Einsicht, zu erkennen, daß die Beziehung, die die drei Männer eingehen, etwas ganz anderes ist als, sagen wir, die Beziehung zwischen Pozzo und Lucky. Der Hilferuf resultiert in der Entwicklung einer Gemeinschaft von gegenseitiger Abhängigkeit unter Menschen.

In diesem Augenblick, wo Handlung zumindest die Form von Barmherzigkeit annimmt, haben wir ein »jetzt«, dessen Inhalt der Stoff des menschlichen Wesens selbst ist; es ist endlich ein »jetzt«, das nicht bloß ein weiteres Abteil im Leeren ist. Aber Didi und Gogo erkennen das nicht. Sie helfen Pozzo auf die Füße und setzen ihre Unterhaltung in einer gewöhnlichen Weise fort, als wäre nichts geschehen.

Warum helfen die beiden Landstreicher Pozzo? Sie sind nicht mehr an ihn gebunden als an Godot. Er hat sicher nichts getan, was ihre Hilfe verdiente. In der Art, wie er sie behandelte, war er herablassend, einschüchternd, spöttisch, überheblich. Er verspricht ihnen eine Belohnung von zweihundert Francs; aber als sie ihm schließlich helfen, scheinen sie das Versprechen vergessen zu haben und machen nichts daraus. Ist es Gehorsam gegenüber dem religiösen oder ethischen Prinzip? Im ersten Akt schimpft Wladimir Pozzo aus, weil er Lucky so schlecht behandelt: »Einen Menschen *er zeigt auf Lucky* so zu behandeln . . . das finde ich . . . ein menschliches Wesen . . . nein . . . das ist eine Schande!«[56] Didi scheint eine vage Kantische Vorstellung vom Menschen als einem Zweck in sich selbst zu haben. Wenn er jedoch Pozzo sich mit Tränen in den Augen über Luckys Verhalten beklagen hört, greift er den Knecht mit dem gleichen Ingrimm an: »Wie kommen Sie dazu? Eine Schande! Ein so guter Herr! Ihn so leiden zu lassen! Nach so vielen Jahren! Wahrhaftig!«[57] Das ist die Rhetorik eines sentimentalen, scheinheiligen Humanismus, der mit falschem Pathos und selbstgerechtem Ärger auf die nächsten Übel reagiert, die ihm zur Hand und die mit der größten Emotion bekanntgegeben worden sind. Es ist keine Überzeugung oder wirkliche Hingabe an das menschliche Gute darin. Darum ist es unvermeidlich, daß Didi auf Pozzos Hilferuf mit bloßer Beredsamkeit antwortet.

Und doch kommen in diesem Fall er und Gogo Pozzo zu Hilfe – nicht, weil Pozzo es verdient, nicht, weil sie eine Belohnung erhalten werden, und nicht wirklich aus irgendeiner moralischen Überzeugung heraus. Als er wieder steht, fragt Pozzo, ob die beiden seine Freunde sind, worauf Wladimir antwortet, daß sie es doch bewiesen hätten, als sie ihm halfen. Gogo stimmt zu: »Richtig. Hätten wir ihm geholfen, wenn wir nicht seine Freunde gewesen wären?«[58] Didi antwortet: »Möglicherweise«, womit er auch diesen Grund unterhöhlt.

Mit anderen Worten, daß sie Pozzo aufstehen helfen, ist eine ebenso willkürliche Handlung wie die, daß sie selber aufstehen, nachdem sie hingefallen sind:

> *Sie stehen auf.*
> ESTRAGON   Nichts leichter als das!
> WLADIMIR   Wollen, das ist alles![59]

Es gibt keinen Hinweis auf einen moralischen oder irgendeinen anderen Wert in der Hilfe für Pozzo. Sie ist nicht etwas, das man aus diesem oder jenem zwingenden Grund tun muß. Es ist etwas, das man tun kann, es ist etwas, was man tut, um die Zeit zu verbringen, bis Godot kommt. Daß sie es tun, ändert nichts. Die beiden Männer haben nicht das Gefühl, gut gehandelt, einem kategorischen Imperativ gehorcht, den guten Samariter gespielt zu haben. Sie sind dadurch, daß sie getan haben, was sie taten, nicht anders. Auch Pozzo ist derselbe wie vorher. Bereit zu gehen, fordert er die beiden Männer auf, Lucky auf die Füße zu stellen, indem sie so fest sie wollten, ohne ihn zu erwürgen, am Strick zögen; und wenn das ihn nicht bewegte, ihn die Stiefel spüren zu lassen, »in den Unterleib und ins Gesicht, soviel wie möglich«[60].

Wie steht es dann mit dem Ruf des Gewissens, der das Dasein in seine eigenste Möglichkeit, es selbst zu sein, ruft? Sehen wir in Didi und Gogo jene authentische Existenz, die damit beginnt, daß das Dasein seine Schuld anerkennt? Keineswegs. Sie sind nicht anders, als sie waren: »Im Grunde ändert sich nichts.«[61] Und Didi und Gogo sind *wesentlich* Pseudo-Personen, Menschenimitationen, bloße Figuren in einem Stück, die am folgenden Abend wie Automaten das Ganze noch einmal durchmachen. Das Problem ist nicht, ob sie sich ändern werden. Das Problem ist, ob das einzige Dasein, das real ist, das einzige Dasein, das wichtig ist, sich ändern wird; und das ist das Dasein, das in »diesem Sumpf«[62] sitzt, das Publikum.

Der wirkliche Ruf des Gewissens ist also nicht Pozzos Hilferuf. Der wirkliche Ruf ist das klanglose Bild zweier Männer, die einem dritten helfen, so daß die drei eingeschlossen sind in die Umarmung des menschlichen Mitleids, »an ihren Hälsen hängend«[63]. Das Bild wird in dem Treiben, das vorhergeht und das folgt, keineswegs verloren. Es ist da, und dann weg. Aber es ist der Moment, auf den das ganze Stück hinführt und der in seiner Einfachheit und Reinheit über das bedeutungslose Warten, die tyrannische Mißhandlung des Mitmenschen und das Wüten eines wahnsinnig gewordenen Intellekts, die im Stück als »Unterhaltung« gelten, das Urteil spricht. Und er spricht das Urteil über jene selben Handlungen und Ereignisse in der »wirklichen« Welt, in denen das »wirkliche« Dasein wohnt, und die in jener Welt als »Leben« gelten. Es ist das unendlich subtilere Gegenstück zu Hamms herausgeschrieenem Befehl an das ihn beobachtende Dasein: »Macht euch weg und liebt und leckt einander!«[64]

Wie sollen wir unter der Voraussetzung dieses und ein oder zwei anderer Momente von positivem Wert das Stück als Ganzes beurteilen? Werden der Pessimismus und die Verzweiflung der beiden Landstreicher von jenen Beispielen der Barmherzigkeit und des Mitleids, die auch dargestellt werden, überwunden? Gleicht Didi, wenn er die Schulter des schlafenden Gogo mit seinem eigenen Mantel bedeckt, in der Ökonomie des Ganzen nicht irgendwie die Mißhandlung Luckys durch Pozzo aus?

Ich meine das in der Tat. Das »Gewicht« der Verzweiflung wird genau aufgewogen vom »Gewicht« des Optimismus, die Bedeutung des Mitleids gleicht die Bedeutungslosigkeit von Isolation und Langeweile aus. Indem er das Gefühl, das Neary in dem Bild von »zwei Eimern«[65] ausdrückt, nachklingen läßt, erklärt Pozzo: »Die Tränen der Welt sind unvergänglich. Für jeden, der anfängt zu weinen, hört irgendwo ein anderer auf. Genauso ist es mit dem Lachen.«[66]

Das ist Newton angewandt auf Leidenschaft. Das dritte seiner Bewegungsgesetze besagt, daß es für jede Handlung eine entgegengesetzte äquivalente Reaktion gibt. Der Verlust und der Verfall, den Pozzo und Lucky erleiden, legen eine tragische Ansicht der Geschichte nahe, aber das Erscheinen einiger Blätter am Baum deutet auf Leben und Wiedergeburt und eine »komische« Ansicht. Beide Ansichten werden jedoch aufgehoben von der »zyklischen« Theorie der Geschichte, die von der Ähnlichkeit der beiden Akte und dem Lied, das Didi singt, nahegelegt wird. Das Stück heißt »Tragicomedy in Two Acts« im Untertitel[67], und Komödie und Tragödie, Hoffnung und Verzweiflung, Optimismus und Pessimismus stehen in einer dialektischen Affirmation und Negation, deren Ausgang in der Schwebe gelassen wird. Jeder der beiden Akte endet, wenn die Gegensätze in einem Stillstand ausgewogen werden: *»Sie gehen nicht von der Stelle.«*[68]

Edith Kern
Drama ohne Handlung: Becketts *Godot*

Samuel Becketts *Warten auf Godot* wurde 1953 von Roger Blin mit außergewöhnlicher Einbildungskraft und Sensibilität am Théâtre de Babylone uraufgeführt. Die Kritiker begrüßten es sofort als das Meisterwerk der Saison, als das größte Theaterereignis seit der ersten französischen Aufführung eines Stücks von Pirandello. Jean Anouilh nannte es einen »Varieté-Sketch der *Pensées* von Pascal, gespielt von den Fratinellis«, und Dussane sprach im *Samedi-Soir* von »einer fast Shakespeareschen Clownerie, aus der einem plötzlich eine quietschende Poesie wie ein Teufel aus dem Kasten ins Gesicht springt«. In Stuttgart, Düsseldorf, Frankfurt und anderen deutschen Städten, wo die ursprüngliche Besetzung auf Tournee war, waren die Reaktionen ebenso begeistert und positiv. Als Vergleich wurden die Bilder von Hieronymus Bosch herangezogen, und Beckett wurde zu dem Autor erklärt, der den Existentialismus davor bewahrt habe, zum Geschwätz zu werden. Kein Wunder, daß *En attendant Godot* seither ins Englische, Deutsche, Spanische, Flämische, Norwegische, Schwedische, Finnische, Dänische und Holländische übersetzt worden ist (mit Beckett selbst als Autor der englischen Fassung).[1]

Jemand, der weniger bereit zu künstlerischen Wagnissen, in seiner Einbildungskraft beschränkter und von seiner theatralischen Sendung weniger überzeugt gewesen wäre als Roger Blin hätte vielleicht nie versucht, das Stück zum Leben zu bringen. Denn allen traditionellen Maßstäben nach ist *Waiting for Godot* kein Stück. Es hat keine Handlung und damit nicht das, was Aristoteles als das wesentlichste Element eines gelungenen Stücks betrachtete. Seine beiden Akte lassen sich durch die Klage einer der Figuren: »Es geschieht nichts. Keiner kommt, keiner geht, es ist schrecklich«[2] vollkommen zusammenfassen. Innerhalb des Stücks gibt es keine Charakterentwicklung: »Man bleibt, wie man ist.«[3] Es gibt auch keine Handlung oder irgendeine Art von Spannung. Während der zwei Akte des Stücks unterhalten sich zwei erbärmliche Landstreicher, die auf jemanden warten, der Godot heißen könnte und der vielleicht kommt oder nicht, obwohl die letztere Annahme wahrscheinlicher scheint. Tatsächlich kommt Godot nicht. Könnte es eine Situation geben, die weniger dramatisch, ärmer an Bewegung und ungeeigneter wäre, das Interesse eines Publikums zu erregen?

Doch Autor und Regisseur gelingt es, dem Zuschauer eine Empfindung von großem Drama zu vermitteln, einer tragischen Fatalität, die dem Gelächter verbunden ist und sich hinter dem Überschwang des Slapstick verbirgt. Das Publikum wird gezwungen, schwerem Leid zuzusehen, das aber nicht mit Rhetorik verziert und in hohe Ideale sublimiert wurde, sondern eher von dem unaufhörlichen Bohren physischer Unpäßlichkeiten, des Unwohlseins, der Kälte und des Hungers verursacht wird, dessen Sprache roh und niedrig ist und das nur durch die Atmosphäre menschlicher Zärtlichkeit, in der es sich äußern darf, gemildert werden kann. Hörbar und sichtbar auf der Bühne ist auch die Qual, die den Menschen ergreift, wenn ihm sein Alleinsein inmitten der leeren Räume und des »ungeheuren Durcheinanders«, die ihn umgeben, bewußt wird. Indem sie sich fragen, wo sie sind, entscheiden die beiden Landstreicher, daß sie »auf einem Plateau . . . Sozusagen auf dem Präsentierteller«[4] seien, und die einfache Klage, die sie anstimmen, scheint in ihrer geisterhaften Lyrik alle Tränen der Menschheit zu enthalten:

ESTRAGON All die toten Stimmen.
WLADIMIR Die rauschen wie Flügel.
ESTRAGON Wie Blätter.
WLADIMIR Wie Sand.
ESTRAGON Wie Blätter.
Schweigen.[5]

Der Zuschauer kann sich mit Estragon und Wladimir, die ratlos sind und verlassen in einem Universum, das keinen Sinn gibt und wo man, *faute de mieux*, auf einen Erlöser *warten* muß, nur identifizieren.

Was ihr Bleiben so quälend macht, ist die alles überschattende Ungewißheit. Von Anfang an wird Wladimir von Erinnerungen an die Bibel heimgesucht. Von den vier Evangelisten berichtet nur einer, daß Christus einen der beiden Sünder, die mit ihm gekreuzigt wurden, erlöste. Aber wenn diese Version richtig ist, warum unterscheidet sie sich von den drei andern? Wladimirs bohrende Skepsis hinsichtlich ihrer Wahrheit scheint auch seinen Glauben zu unterminieren, daß Godot, von dem nichts gewiß ist, nicht einmal sein Name, kommen wird. Hatte er ihnen wirklich versprochen zu kommen? Unsicher erinnern sie sich, daß sie ihn darum gebeten hatten. Es war »eine Art Gesuch«, »eine vage Bitte«[6], und seine Antwort war gewesen, »er würde mal sehen«[7], da er höchstwahrscheinlich vorher sein Bankkonto, seine Freunde oder seine Korrespondenz zu Rate ziehen muß. Doch irgendwie ist irgendwo eine unbestimmte Abmachung getroffen worden. Er sollte an einem Samstag kommen. Aber wie sollen sie wissen, an welchem Samstag, oder auch nur, wann es Samstag ist? Das Universum hat keine Antwort auf dieses Geheimnis, für das nur die Gesellschaft den Schlüssel besitzt. Godot sollte sie vor dem Baum treffen. Aber war es wirklich dieser und nicht ein anderer Baum? Wie sollen sie es wissen, die so wenig über Godot wissen, außer daß er einen weißen Bart hat? – eine Information, die ihnen sein Bote widerstrebend gab, nachdem Wladimir und Estragon ihn ausgefragt hatten, und die vielleicht nicht einmal richtig ist, da der Junge es so eilig hatte, von den Fragern wegzukommen, daß er vielleicht zu allem ja gesagt hätte. Aber es gibt die große Hoffnung, daß alles wunderbar werden wird – wenn Godot kommt. Er wird sie in sein warmes Haus nehmen, und mit vollem Bauch werden sie sich auf dem trockenen Stroh ausstrecken. Es lohnt sich, darauf zu warten, wenn man hungrig ist und friert, und dessen sind Estragon und Wladimir sicher: Sie werden auf Godot warten.

Offensichtlich war es nicht Becketts Absicht, Estragon und Wladimir als eindeutig gezeichnete Individuen darzustellen. Die beiden unterscheiden sich tatsächlich kaum, obwohl Wladimir mehr ein Intellektueller und Estragon mehr eine erdverbundene Natur zu sein scheint, und obwohl einmal in ihrer Unterhaltung deutlich gemacht wird, daß Estragon findet, daß die Möhre, die er ißt, immer schlechter schmeckt, während Wladimir sie immer besser findet, je mehr er davon ißt. Trotzdem sind Wladimir und Estragon auch nicht als bloße Typen gedacht. Denn sie sind kaum typische Landstreicher. Man hat den Eindruck, daß Beckett sie dachte wie A und B, die von der Hauptfigur seines Romans *Molloy* beschrieben werden: »Es gehen auch Menschen vorüber, von denen man sich selbst nicht genau unterscheiden kann. (. . .) So war es, als ich A und B beobachtete, wie sie langsam aufeinander zugingen, ohne sich Rechenschaft darüber zu geben, was sie taten. Es geschah auf einer Straße, die erschreckend kahl war (. . .). Die harte weiße Straße schnitt durch die sanften Weidegründe, stieg an und senkte sich je nach dem Verlauf der Hügel. (. . .) Es waren zwei Männer, darüber gab es keinen Zweifel (. . .). Sie glichen einander, aber nicht mehr als andere Leute auch. Anfangs waren sie durch einen großen Zwischenraum getrennt. Sie hätten sich nicht erblicken können, selbst wenn sie die Köpfe erhoben und nacheinander Ausschau gehalten hätten, weil dieser große Zwischenraum da war, und auch, weil die Straße infolge des hügeligen Terrains Einschnitte hatte (. . .). Aber der Moment kam, wo sie beide in das gleiche Wellental hinabstiegen, und dort, in diesem Wellental, trafen sie sich endlich. Daß sie einander erkannt hätten, nein, nichts berechtigt dazu, das zu versichern. Aber weil sie vielleicht ihre Tritte hörten (. . .), hoben sie die Köpfe und beobachteten einander (. . .).«[8]

Estragon und Wladimir scheinen genauso anonym zu sein wie A und B in *Molloy*. Tatsächlich kennt nur der Leser ihre Namen. Auf der Bühne werden sie nie benutzt, sondern in der Unterhaltung durch die ganz unpersönlichen, wenn auch liebevollen Spitznamen »Gogo« und »Didi« ersetzt. Um die Anonymität noch weiter zu treiben, antwortet Estragon einmal, als er nach seinem Namen gefragt wird, er heiße Catull. Wie A und B in *Molloy* lassen sich Estragon und Wladimir nicht leicht voneinander unterscheiden, und auch der Zuschauer kann sich nicht leicht von ihnen unterscheiden. Denn letztlich repräsentieren sie die ganze Menschheit.

Wie A und B – und auch wie die Gips- und Bronzestatuen von Giacometti – scheinen sie wie aus einem Abstand gesehen zu sein, einem Abstand, der jedes psychologische und soziologische Detail auslöscht und das menschliche Verhalten auf eines wesentlicher Beziehungen reduziert: ein Gehen aufeinander zu oder voneinander weg. Aus einer solchen Entfernung und in solcher Perspektive schrumpft alle menschliche Aktivität wahrhaftig in Nichtigkeit zusammen. Deutlich zeigt sich, daß sie letztlich irrelevant wird, sich wiederholt und gewohnt wird, und das beraubt sie jeden Anspruchs auf individuelle Wichtigkeit, so daß sie fast mit Inaktivität gleichbedeutend wird. Denn, wie Wladimir feststellt, »die Gewohnheit ist eine mächtige Sordine«[9]. Aus der Perspektive der Distanz ähnelt sogar das aktivste Leben einem langen, unerfüllten Warten. Alle Bewegung ist nur ein Stillstehen, denn der Unterschied zwischen »hier« und »dort« besteht nicht mehr oder wird wenigstens minimal. Daher die Regieanweisungen im ganzen Stück: *»Sie gehen nicht von der Stelle«*[10], immer wenn Estragon und Wladimir entschieden haben, »Gehen wir« (»Allons-y«)[11], eine Aussage, in der das »y« so geheimnisvoll und unbestimmt ist wie das »y« in dem Ausdruck »il y a«. Daher Pozzos Abwehr der Frage, wann er blind wurde: ». . . Wann! Wann! Eines Tages, genügt Ihnen das nicht? Irgendeines Tages ist er stumm geworden, eines Tages bin ich blind geworden, eines Tages werden wir taub, eines Tages wurden wir geboren, eines Tages sterben wir, am selben Tag, im selben Augenblick, genügt Ihnen das nicht?«[12] Denn aus der Perspektive der Distanz gesehen ist ein ganzes Leben nur ein Bruchteil eines Augenblicks. Der Mensch ist nur ein Fremder, auf ewig ein Landstreicher, auf ewig unterwegs, ohne irgendwo anzukommen, und die Gesellschaft berührt all die auf dem Plateau wartenden A's und B's nur äußerlich. In diesem Stück scheint wie in allen Romanen Becketts diese Berührung nur durch kratzende Hüte und drückende Schuhe symbolisch repräsentiert zu werden.

Die menschlichen Beziehungen, die in *Warten auf Godot* dramatisiert werden, sind die zwischen Herrn und Knecht und zwischen Freund und Freund (das Band der Liebe wird zu Recht ausgelassen, da es Elemente von beiden enthält). In jedem Akt haben Pozzo, der Herr, und Lucky, der Knecht, ihren kurzen Auftritt auf der Bühne. Sie sind unzertrennlich, denn der eingebildete, wohlgenährte, selbstsüchtige Pozzo hat seinen Knecht wie ein Lasttier angeschirrt und peitscht ihn in den Gehorsam. Diese Herr-Knecht-Beziehung wird im Stück so gezeigt, daß die beteiligten Personen immer mehr verkommen. Lucky, der seinen Herrn hätte amüsieren sollen, wird zunehmend häßlicher und tierähnlicher. Der Tanz, den er auf Befehl ausführt, wird eine schreckliche Vorstellung, und das »Denken«, das er produziert, nachdem Pozzo ihn gestoßen, geschlagen und mit dem erforderlichen Denkhut (einer Melone) ausgestattet hat, ist automatenhaft und eine Parodie des formalen philosophischen Argumentierens, die wie eine Schallplatte, die einen Sprung hat, in einer vollkommen sinnlosen Wiederholung von Worten endet. Im zweiten Akt ist er gänzlich stumm, während Pozzo, sein Herr, blind ist. Ob sie nun so gesehen wird, daß das stumme Tier den Blinden oder der blinde Mann sein Lasttier führt, ihre Beziehung ist jedenfalls vollkommen bedeutungslos geworden, und obwohl beide durch einen Strick eng aneinander gebunden sind, können sie sich nicht das Gefühl geben, daß sie Gefährten sind. Aber Pozzo sehnt sich so sehr nach Gefährten, daß er die armseligen Krümel der Freundschaft, die er von Estragon und Wladimir bekommt, noch begieriger annimmt als Estragon die abgenagten Hühnerknochen, die von Pozzos Picknick übriggeblieben sind. Estragon und Wladimir auf der andern Seite sind – obwohl jeder frei ist, seinen eigenen Weg zu gehen – durch ein stärkeres, wenn auch unsichtbares Band: das Band der Freundschaft aneinander gebunden. Während ihre Unterhaltung letztlich ein Monolog ist, ist sie ein Monolog, der nicht gesprochen werden kann ohne die Gegenwart des anderen, obwohl dieser vielleicht nicht einmal zuhört. Jeder braucht den andern als Gefährten, ein tönendes Brett, ein Echo seiner Klagen, seiner Träume, seiner Gedanken und seiner Ängste. Und während jeder die Gegenwart des andern gelegentlich unerträglich findet und nicht mag, wenn dieser sich einmischt oder auch nur physisch nah ist, kann keiner längere Zeit ohne die Zärtlichkeit des andern auskommen, die allein die Kluft der Einsamkeit, die den Menschen vom Menschen trennt, momentan überbrücken kann.

Becketts Größe besteht darin, daß er das einfache Wort, die absurd-komische Situation gefunden hat, die seine Gedanken über den Ort des Menschen im Universum ausdrückt. In der Szenerie des Stücks selbst, besonders der des zweiten Akts, haben Tränen und Gelächter sich magisch gemischt: der einsame, mit ein paar Blättern geschmückte Baum, die Landstraße, die nirgendwohin zu führen scheint, das Paar verschlissener Schuhe mit den Absätzen nebeneinander und den in die Ferne zeigenden Schuhspitzen auseinander im Vordergrund, schließlich die Melonen, all das erinnert an die tragikomische

Figur eines Charlie Chaplin. Die Wirkung dieser Szenerie steigert sich durch den Kontrast mit dem ersten Akt, in dem der kleine Baum vollkommen kahl war, so daß der Zuschauer sozusagen Zeuge wird, wie eine Bühnenattrappe sich in bemitleidenswerter Weise anstrengt, an dem mächtigen Rhythmus von Tod und Auferstehung in der Natur teilzuhaben. Auf eine andere, sogar noch absurd-komischere Weise bringt Wladimir, der den zweiten Akt eröffnet, indem er schauerlich falsch eine traurige kleine Ballade deutschen Ursprungs singt, das Element der Wiederholung ins Spiel. Es ist die Geschichte von einem Hund, der in die Küche kam und eine Brotkrume stahl, aber vom Koch mit dem Löffel erschlagen wurde, worauf die anderen Hunde ihn begruben und auf sein Grab ein weißes Kreuz setzten mit der Aufschrift: »Ein Hund kam in die Küche . . .« Die Endlosigkeit des Liedes macht es sowohl komisch wie gespenstisch, indem es sowohl an Unausweichlichkeit wie an Unaufhörlichkeit denken läßt. Augenblicke der Clownerie werden zu einer dramatisierten Philosophie. So stellen sich Estragon und Wladimir, als Pozzo, jetzt blind, über seinen stummen Diener Lucky stolpert, und, da er nicht selbst wieder auf die Beine kommen kann, um Hilfe ruft, die Frage, die sich die Philosophie jahrhundertelang wiederholt hat: Warum sind wir hier? – und kommen zu der Entscheidung, daß in der Tiefe ihrer Verwirrung das einzige, was ihnen klar ist, sei, daß sie auf Godot warten. Sie entscheiden, daß Pozzos Ruf sich an die ganze Menschheit richtet und empfinden genau, daß er an sie gerichtet ist, weil in diesem Augenblick sie die Menschheit repräsentieren, ob sie es wollen oder nicht. Aber in ihrem Bemühen, Pozzo und seinem Knecht zu helfen, verlieren auch sie das Gleichgewicht und fallen auf den Boden. Auf Pozzos erschrockene Frage, als er die Last ihres Gewichts fühlt: »Wer sind Sie?« können sie nur antworten: »Wir sind Menschen.«[13] Das ist also die Menschheit, die wieder auf die Füße zu kommen sucht, vom Schmutz der Landstraße bedeckt. Das ist Pozzo, der Herr, blind, fett und gequält, der einst stolz erklärt hatte, daß er der Gattung Mensch angehöre: »Pozzo! Göttlicher Abstammung!«[14] Sogar Estragons und Wladimirs fantastische Slapstickszene, als Wladimir Luckys vergessenen Hut auf der Bühne findet, und, indem er ihn ausprobiert, seinen eigenen Estragon gibt, der ihn aufsetzt, indem er seinen Wladimir gibt, der ihn aufsetzt, indem er Luckys Estragon gibt, der ihn aufsetzt, indem er Wladimirs Wladimir gibt und so weiter und so weiter, immer schneller und schneller, mit immer größerem Durcheinander und gelegentlicher Falschzuordnung von Hut und Kopf, – sogar sie nimmt philosophische Bedeutung an in einem Stück, in dem Schuhe, Hüte und Namen niemals passen und so austauschbar sind, in dem Pozzo mit Godot verwechselt werden und Godots Name genausogut Godet oder Godin lauten kann.

Der Name Godot selbst zeugt für Samuel Becketts geniale Fähigkeit, die großen Probleme unserer Zeit zu beschwören, ohne pompös oder gewichtig zu werden. Für einen französisch schreibenden Iren kann die erste Silbe des Namens nur die Gottheit bezeichnen, hinter die das Suffix das Fragezeichen des Unglaubens setzt, die durch die besondere Qualität des französischen Suffixes »-ot« komisch wird. Denn jeder Leser von Becketts *Molloy* erinnert sich an die Passage, wo Molloy über seine Mutter diskutiert: »Ich wiederum nannte sie Mag, wenn ich ihr einen Namen zu geben hatte. Und wenn ich sie Mag nannte, so schwebte mir dabei vor, ich hätte nicht sagen können warum, daß der Buchstabe G die Silbe MA wieder aufhob und sozusagen darauf spuckte, kräftiger als irgendein anderer Buchstabe es getan haben würde. Gleichzeitig befriedigte ich ein tiefes und sicher nicht eingestandenes Bedürfnis, das Bedürfnis, eine MA, das heißt eine Mama, zu haben, und es laut herauszuschreien. Denn bevor man MAG sagt, sagt man MA, dazu ist man gezwungen. Und DA bedeutet in meiner Heimat Papa.«[15]

Wird in diesem Werk Becketts der Existentialismus davor bewahrt, zum Geschwätz zu werden, wie der deutsche Kritiker Korn meint? Wenn ja, dann gehörte Becketts Existentialismus mehr zur Heideggerschen als zur Sartreschen Spielart, unterschiede sich aber letztlich von beiden. Denn Beckett beschäftigt sich nicht mit phänomenologischen Fragen. Es geht bei ihm nicht um die Erscheinung der Dinge und die Frage, ob sie sich in ihrer Wahrheit zeigen oder in Verzerrung, wenn der menschliche Intellekt sein Licht auf sie wirft. Nicht die Beziehung des Menschen zur Welt zählt für Beckett. Tatsächlich zweifeln seine Figuren unablässig an der Wirklichkeit ihrer Erfahrungen und an der Verläßlichkeit ihrer Erinnerung. Was es erlaubt, das Stück zur existentialistischen Literatur zu zählen, ist die deutliche Vorstellung von der Nichtexistenz eines persönlichen Himmlischen Vaters und die Überzeugung von der Absurdität und Verwirrung des Universums, die es vermittelt. Das Stück als solches ist eine lebendige Dramatisierung der paradoxen Lage des Menschen, dem sein Intellekt den Mangel an Vernunft im Universum bewußt macht und ihn sich nach einem Zustand sehnen läßt, in dem diesem Universum Vernunft zugemessen würde: ein Paradies der Schönheit und Ordnung, geschaffen von einem Erlöser. Aber anders als bei Sartre sind die Figuren bei Beckett nie in der Situation [en situation]. Sie sind von den unmittelbaren Problemen der Gesellschaft eher ganz entfernt, und da sie nicht in einer gesellschaftlichen Welt leben, spielen jene weder in gutem Glauben noch in schlechtem eine Rolle. Denn wie wir gesehen haben, ist alles, was ein Kostüm oder eine Rolle, Schuhe, Hüte und Namen suggeriert, in Becketts Welt austauschbar, und Pozzo sagt ausdrücklich, daß für die blinde Hand des Schicksals Lucky der Herr und Pozzo der Knecht sein könnte. Die Figuren in *Warten auf Godot* sind sicher nie engagiert, nie einer Aufgabe verpflichtet, nie die gottähnlichen Schöpfer ihres menschlichen Wesens. Becketts Figuren verherrlichen in diesem Stück eher die alles überschreitende Macht der menschlichen Zärtlichkeit, die allein das lange und letztlich vergebliche Warten des Menschen auf einen Erlöser erträglich macht und sich in Wahrheit als der Erlöser des Menschen in seiner Verlorenheit erweist.

Vivian Mercier
Eine pyrrhonische Ekloge. *Waiting for Godot,* von Samuel Beckett

Einem Iren kann, wie Swift wenigstens zweimal bewiesen hat
– in *Ein bescheidener Vorschlag* und im vierten Teil von *Gulli-
vers Reisen* – die eigene Verzweiflung wie ein Höllenspaß
vorkommen. Je ernster das Thema, desto eher haben die Iren
schon immer darüber gelacht. Jahrhundertelang wurde ihre
Fähigkeit zu glauben nur von ihrem Hang zur Blasphemie
erreicht, wie er in bestimmten Gaelischen Werken exemplifiziert wird, zum Beispiel in *The Vision of Mac Conglinne* aus
dem zwölften Jahrhundert, *The Midnight Court* aus dem achtzehnten und den dazwischenliegenden Balladen-Fassungen
des legendären Disputs zwischen dem Helden Oisin (Usheen,
Ossian) und St. Patrick:

> Wenn mein Sohn Osgar und Gott
> Es auskämpfen würden auf dem Hügel
> Und ich Osgar niedersinken sähe,
> Würde ich sagen, euer Gott kämpfte gut.[1]

Waiting for Godot Blasphemie vorzuhalten, hieße jedoch,
Samuel Beckett, dem jüngsten zum Liebling von Paris gewordenen Iren, eine zu positive Position zuzuschreiben. Wenn
fromme Wendungen oder Kindheitserinnerungen an die Heilige Schrift seinen Hauptfiguren – einem Paar Landstreichern
namens Wladimir und Estragon – in den Sinn kommen, behandeln sie diese Nachklänge gewöhnlich mit amüsierter Re-
verenz. Wenn der eine unbewußte Blasphemie von sich gibt,
wird er vom andern zumindest getadelt:

WLADIMIR Du kannst aber nicht barfuß laufen.
ESTRAGON Jesus hat es getan.
WLADIMIR Jesus! Was soll denn das heißen? Du willst
dich doch wohl nicht mit ihm vergleichen!
ESTRAGON Mein ganzes Leben lang hab ich mich mit
ihm verglichen.
WLADIMIR Aber da unten war's warm! Es war schön!

ESTRAGON   Ja. Und man kreuzigte schnell.
Pause.[2]

Wie wir sehen, wird der Tadel zum Anlaß für eine noch größere Blasphemie, obwohl ich glaube, der Autor will seinen Figuren nicht bewußt werden lassen, daß sie blasphemisch reden.

Das Stück als Ganzes strahlt denselben geduldigen, spöttischen Pyrrhonismus aus wie *Finnegans Wake* oder bestimmte Passagen von Kafka, wie die Parabel »Vor dem Gesetz« in *Der Prozeß*. Eine so destruktive Atmosphäre vermag die Fibern eines jeden Materials zu schmelzen, das ihr ausgesetzt wird, so zäh es auch sein mag. Der Existentialismus – oder was auf der Pariser Bühne als solcher läuft – widersteht diesem universalen Lösungsmittel nicht besser als orthodoxere Philosophien. Man vergleiche die Zeile vor dem Vorhang – »Also gut, machen wir weiter« – von Sartres *Geschlossener Gesellschaft* mit den Zeilen, die die beiden Akte von Becketts »Tragikomödie« mit den gleichen Worten abschließen:

ESTRAGON   Also? Wir gehen?
WLADIMIR   Gehen wir!
Sie gehen nicht von der Stelle.
Vorhang.[3]

Mir scheint, daß Sartres »Also gut, machen wir weiter« verglichen mit Becketts Schluß wenigstens ein Gran Optimismus enthält, auch wenn das, womit weitergemacht werden soll, für die Qualen der Hölle steht.

Wenn Sartre die Hölle in eine Schlafzimmer-Farce – oder besser, da *Geschlossene Gesellschaft* alles andere als ein Spaß ist, eine Schlafzimmer-Farce in die Hölle – verwandelte, dann kann man von Beckett sagen, daß er die Suche des Menschen nach Gott oder dem Ideal in eine Varieté-Szene verwandelt hat. Das Wesen der komischen Begabung der Iren besteht nicht, wie man immer gemeint hat, im Witz oder im Humor, sondern nur im Lächerlichmachen. Parodie, *reductio ad absurdum*, jede Art höhnischer Mimikry, jede satirische Methode, die durch übertreibende Imitation vernichtet – all das blüht in der irischen Literatur wie in der irischen Folklore. »Ironie« beinhaltet zuviel Selbstkontrolle, zuviel gesunden Menschenverstand, als daß das Wort – selbst für Swifts Methode –

angemessen wäre. In der Gaelischen Literatur gibt es kein Ideal, das so heilig wäre, daß es der gelegentlichen Burleske entginge. Götter, Helden, Druiden, Dichter, Geistliche, Grundbesitzer, Ladenbesitzer, die gewöhnlichen Leute, sie alle werden früher oder später lächerlich gemacht.[4]

Ungefähr der einzige Aspekt des Lebens, für den Beckett uneingeschränkt Respekt zeigt, ist die Konvention des Varieté – oder besser der music-hall, die seine britische und irische Entsprechung ist. Alle seine vier Hauptfiguren tragen Melonen; Wladimir geht mit kurzen, steifen Schritten mit gespreizten Beinen; Estragon trägt zu enge Stiefel. Stricke reißen; Hosen rutschen herunter; Hüte werden ausgetauscht, anprobiert, zertreten. Praktisch jedes Stück der Bühnenvorgänge ist aus dem Varieté geliehen, glücklicherweise aber kein Stück des Dialogs; doch selbst er hat noch die Form der Wechsel-Rede – so sehr, daß Marshall Lee die New Yorker Ausgabe in einem ungewöhnlich schmalen Format entworfen hat, das zu den zahllosen kurzen Äußerungen passen sollte. Wladimir ist ungefähr der aufrechte Mann der Szene, spielt einen Groucho ohne Grouchos Heiterkeit im Verhältnis zu dem redenden Harpo Estragons; Wladimir hat die Ängstlichkeit Hardys ohne dessen Körperfülle, Estragon die Verträumtheit Laurels ohne dessen Sanftheit.

Man möchte Wladimir mit Pécuchet und Estragon mit Bouvard vergleichen. Aber das wäre verkehrt, denn Becketts Paar hat nie an die Kultur, die Wissenschaft oder an irgend etwas anderes geglaubt – außer natürlich an Godot, der zu seiner Verabredung nie erscheint. Einmal, als er glaubt, Godot komme, ruft Wladimir: »Wir sind gerettet!«[5], aber er macht einem nie klar, auf welche Weise oder wodurch er gerettet zu werden erwartet.

Tatsächlich hängt, was Godot angeht, alles in der Luft.

WLADIMIR   Er sagte: am Samstag. *Pause*. Meine ich jedenfalls.

ESTRAGON   Nach Feierabend.

WLADIMIR   Ich muß es aufgeschrieben haben. *Er wühlt in seinen Taschen, die mit den verschiedensten Dingen vollgestopft sind.*

ESTRAGON   Aber an welchem Samstag? Ist heute denn

Samstag? Kann nicht auch Sonntag sein? Oder Montag? Oder Freitag?

WLADIMIR *blickt aufgeregt um sich, als wenn das Datum irgendwo in der Landschaft zu lesen wäre:* Es ist nicht möglich.

ESTRAGON Oder Donnerstag?

WLADIMIR Was soll man machen?

ESTRAGON Wenn er sich gestern abend vergebens hierher bemüht hat, dann kannst du dir wohl denken, daß er heute nicht kommt.

WLADIMIR Du sagst doch, wir wären gestern abend hier gewesen.

ESTRAGON Ich kann mich irren. *Pause.* Schweigen wir ein wenig, ja?[6]

Es sind noch drei andere Figuren im Stück: ein Grundbesitzer namens Pozzo, sein Knecht Lucky und ein Junge, der eine sehr untergeordnete Rolle spielt. Die Szenerie des ersten Aktes ist: »*Landstraße. Ein Baum. Abend.*« Der zweite Akt, der am nächsten Abend zur selben Zeit und am selben Ort spielt, rekapituliert variierend den ersten. In jedem Akt tritt Pozzo auf, der Lucky an einem ihm um den Hals geschlungenen Strick führt. Lucky, der nur einmal, dann aber sehr lange spricht, ist mit einem schweren Koffer, einem Picknickkorb, einem Klappstuhl und einem Mantel beladen. Pozzo, der eine Peitsche trägt, hat eine Menge zu sagen, wovon manches tief aber dunkel, der Rest äußerst banal scheint. Im zweiten Akt ist Pozzo blind und Lucky stumm geworden; der Baum hat ein paar Blätter, Lucky einen anderen Hut, Estragon vielleicht ein neues Paar Stiefel; aber die Beziehungen zwischen Pozzo und Lucky und zwischen Wladimir und Estragon bleiben im wesentlichen unverändert. Am Ende des ersten Akts, nachdem Pozzo weggegangen ist, kommt der Junge, um zu sagen: »Herr Godot hat mir gesagt, Ihnen zu sagen, daß er heute abend nicht kommt, aber sicher morgen.«[7] Im zweiten Akt sagt Wladimir inhaltlich dasselbe zu dem Jungen, der bestätigt, daß jener die Botschaft korrekt wiedergegeben habe. Als Antwort auf Wladimirs Frage fügt er hinzu, daß Mr. Godot nichts tut und einen Bart hat – einen weißen, glaubt er.

Nach Pozzos Abgang im zweiten Akt fragt der intuitivere Estragon:

Bist du sicher, daß er es nicht war?

WLADIMIR Wer?

ESTRAGON Godot?

WLADIMIR Wer denn?

ESTRAGON Pozzo.

WLADIMIR Ach was! Ach was! *Pause*. Ach was![8]

Zweifellos spielt es keine Rolle, daß Pozzo keinen Bart hat und sich nicht Godot nennt. Nachdem Pozzo am Abend vorher gegangen war, hatte der Junge von Godot gesagt, ». . . daß er heute abend nicht kommt, aber sicher morgen«. Nun, Pozzo hat genau das getan, was, wie der Junge sagte, Godot tun würde. Tatsächlich erhalten wir einen Hinweis, daß die beiden Landstreicher, wenn sie sich nur richtig erinnern könnten, bemerken würden, daß sie Pozzo jeden Abend treffen. (Ich hoffe, daß der Leser immer noch mitgeht.)

Ist Godot Gott, wie die meisten Leser und Zuschauer gedacht haben? Ich glaube ja, obwohl das Stück auch noch Sinn gibt, wenn wir Godot als Symbol irgendeines sich entziehenden Ideals, wie beispielsweise der klassenlosen Gesellschaft, ansehen – oder wenn wir es überhaupt vermeiden, eine Eins-zu-Eins-Zuordnung vorzunehmen. Wenn jedoch Pozzo Godot ist und Godot Gott, kommen wir in einen Viconischen Kreislauf, in dem sich die Geschichte jeden Abend wiederholt. Die Inkarnation (oder das Zweite Kommen) wird immer wieder, immer mit dem gleichen Ergebnis, in Szene gesetzt. Godot wird nicht abgewiesen; er bleibt nur unerkannt, weil seine Attribute so vollkommen außerhalb des Rahmens bleiben, in dem sich das Streben derjenigen abspielt, die auf ihn warten. Erich Hellers Interpretation einer Episode in *Das Schloß* entspricht – wie in der Tat Kafkas Werk als Ganzes – sehr genau dieser Auffassung von *Waiting for Godot*:

»Und während K. immer müder wird, verkündet Bürgel in einem verzückten Crescendo die Botschaft des Wunders: Wenn jemand einen Sekretär des Schlosses überrascht, wenn eine Partei mitten in der Nacht und ohne zu ahnen, was sie tut, wie ein Körnchen durch ein vollkommenes Sieb durch das Netz von Hindernissen schlüpft, das um alle Zugänge zum Mittelpunkt der Autorität gebreitet ist, dann muß das Schloß durch diesen einen Sekretär sich dem Eindringling ergeben, ja muß dem Ahnungslosen die Bewilligung seines Gesuchs geradezu aufdrängen: ›Sie glauben, es kann gar nicht vorkommen? Sie haben recht, es kann gar nicht vorkommen. Aber eines Nachts – wer kann für alles bürgen? – kommt es doch vor.‹ Freilich ist es ein so äußerst seltenes Ereignis, daß es nur gerüchteweise zu geschehen scheint, und selbst wenn es geschieht, kann man die Sache ›förmlich dadurch unschädlich machen, daß man ihr, was sehr leicht ist, beweist, für sie sei kein Platz auf dieser Welt‹. Und Bürgel, seine Rhapsodie fortsetzend, beschreibt das herzzerreißende Entzücken, mit dem der so zum Mittelsmann des Wunders gewordene Sekretär seine Lage empfindet. Und da er endet, merkt er, daß K. fest eingeschlafen ist, der Möglichkeit des Wunders so entrückt wie er es war, als er's in wacher Qual erstrebte.«[9]

Viele werden empfinden, daß Becketts Stück ein besseres Paradigma der menschlichen Existenz darstellt, wenn wir ihm seine Vieldeutigkeit belassen und (a) die Identität Pozzos, (b) die Identität Godots vollkommen offen bleibt. Die bequeme Gleichung Pozzo *gleich* Godot *gleich* Gott führt zu einigen ziemlich flotten vulgärästhetischen Deduktionen. Denn Pozzo ist deutlich ungerecht, und da er blind wird, weder allmächtig noch unveränderlich. Doch Lucky, der leicht entkommen könnte, als Pozzo blind geworden ist, bleibt ein elender Knecht, und zwar so weit, daß er das Ende seines Stricks in Pozzos Hand legt, als der letztere es fallen läßt. Er trägt auch den Koffer – der, wie wir erfahren, voller Sand ist – und die anderen Habseligkeiten weiter. Immer wenn Pozzo stolpert und hinfällt, wird Lucky durch den Strick niedergerissen. Es scheint fast zu leicht, Lucky als den Typ des wahrhaft Gläubigen zu interpretieren.[10]

Unter der Voraussetzung, daß *Waiting for Godot* richtig aufgeführt wird, müßte das Stück auf der Bühne außerordentlich anrührend und lustig sein. Momente wie der, wo Wladimir zu lachen versucht, es wegen der Schmerzen an seinem Leistenbruch (Prostata? Harndrang?) aber nicht kann, erfordern das mimische Spiel eines Chaplin oder Barrault, um sich über die bloße Grobheit zu erheben. Es schaudert einen, wenn man an den Kuddelmuddel denkt, den ein ernster off-Broadway-(oder on-Broadway-)Regisseur aus dem größten Teil des Stücks machen könnte, besonders wenn ein paar

Schauspieler ihm helfen würde, die das Varieté verachten. Aber Lesen im Zimmer wird niemanden zufriedenstellen, der sich an die alten Filme erinnert, die alten »turns«, die Beckett so offensichtlich nie vergessen hat. Nirgendwo außerhalb des Theaters kann er hoffen, uns überzeugen zu können, daß das »Absurde« der Existentialisten, bei Godot!, auch der Spaß ist. Und damit das klar ist: Wenn ich »der Spaß« schreibe, meine ich *nicht* »die Komik«. Ein großer Teil dessen, was heute über die Komik geschrieben wird, ist wie Wladimirs Leistenbruch: hält einen vom Lachen ab.[11]

C. Chadwick
Warten auf Godot: Eine logische Auffassung

Wenn Samuel Becketts sehr erfolgreiches, aber sehr kontroverses Stück *En attendant Godot* (um ihm seinen ursprünglichen, französischen Titel zu geben) etwas mehr sein soll als die Geschichte von zwei Tagen aus dem Leben eines Landstreicherpaars, das vergeblich darauf wartet, daß ein anderer kommt; wenn es tatsächlich eine Allegorie sein soll, deren Figuren und Ereignisse eine verborgene Bedeutung haben, dann würde man im Stück eine Reihe von Schlüsseln erwarten, denen man logisch folgen muß, um diese tiefere Bedeutung aufzudecken.

Der erste Schritt in einem solchen Prozeß muß dann doch wohl der sein, die im Titel erwähnte Person zu identifizieren, den »Godot«, auf den Wladimir und Estragon warten. Obwohl der Londoner Theaterkritiker Harold Hobson in der *Sunday Times* vom 26. Mai 1957 sich für das Gegenteil einsetzt, scheint es höchst unwahrscheinlich, daß Beckett, der von Geburt Dubliner und Pariser aus Wahl ist, die Anspielungen an Gott im Namen »Godot« nicht bewußt gewesen sein sollten, und daß er nicht gewollt haben sollte, daß sie dem durchschnittlichen französischen Theaterbesucher, dem man doch wohl zubilligen darf, daß er gerade genug Englisch kann, um zu wissen, daß »God« »Dieu« bedeutet –, auffallen. Außerdem geht aus den Bemerkungen, die die beiden Landstreicher im Laufe des Stücks machen, hervor, daß Godot ein allmächtiges Wesen ist, das allein sie aus ihrem Leben von tiefem Elend erlösen kann: »Heute abend schlafen wir vielleicht bei ihm, im Warmen, im Trocknen, mit vollem Bauch, auf Stroh«[1], erklärt Wladimir früh im ersten Akt in einem – in der englischen Übersetzung unerklärlicherweise fehlenden – Wortwechsel mit Estragon von einigen halben Zeilen. »Es ist Godot! Wir sind gerettet!«[2] ruft er, als er Pozzo bei dessen zweitem Auftritt momentan für Godot hält; und fast am Ende des Stücks wiederholt er, daß sie gerettet sein werden, wenn Godot kommt.

Es besteht also kein Zweifel, daß Godot für die beiden

Landstreicher ein Gott ist; ob er aber nicht nur ein Gott ist, sondern Gott im höheren Sinn, hängt davon ab, ob Wladimir und Estragon etwas mehr als bloß ein paar Landstreicher sind. Ein wichtiger Schlüssel für die Lösung dieses Problems scheint mir in einer eigenartig düsteren Passage gegeben zu werden, die am Anfang des ersten Akts steht, wo Wladimir über die merkwürdige Tatsache nachdenkt, daß von den vier Evangelisten nur einer davon spricht, daß einer der mit Christus gekreuzigten Diebe gerettet wurde. Warum, fragt Wladimir, glaubt man eher dieser Version als den andern? Es ist wahr, daß zwischen den beiden Dieben und den beiden Landstreichern keine explizite Analogie hergestellt wird, aber implizit ist sie sicher in der Einleitung zu dieser Episode enthalten, die, da sie so weit am Anfang steht, in der Tat darauf verweist, daß das ganze Stück eine symbolische Bedeutung hat, und daß das Problem, mit dem es sich beschäftigt, das des endgültigen Schicksals der Menschen ist.

Dieses fundamentale Thema kommt ein wenig später wieder an die Oberfläche, als Wladimir seinem Gefährten klar macht, daß sie, obwohl sie darauf warten, daß Godot kommt und sie rettet, doch nicht automatisch ein Recht auf diese Erlösung haben: »Wir haben [unsere Rechte] verschleudert«[3], erklärt er, gerade so wie – man erinnert sich – Adam und Eva ihr und der Menschheit Recht verschleudert haben, im Paradies zu leben. Die Rolle der beiden Landstreicher in Beziehung auf Godot ist die des Bittstellers[4] [celui du supplicant], um eine Wendung aus der französischen Version aufzunehmen, die in der vertrauten Sprache des Englischen, wo auf Estragons Frage: »Where do we come in?« Wladimir antwortet: »On our hands and knees«[5], vielleicht etwas von ihrer Bedeutung verliert.

Damit, daß der Mensch sein Recht auf ewige Seligkeit verloren hat, hängt zusammen, daß er einen freien Willen besitzt, das Recht, Erlösung zu wählen oder zu verwerfen, und das klingt in der Unterhaltung zwischen den beiden Landstreichern nach, wenn Wladimir von Godot sagt: »Ich bin neugierig darauf, was er uns vorschlagen wird. Es verpflichtet uns zu nichts«[6]; und wenig später ein emphatisches »Nein«[7] als Antwort auf Estragons Frage gibt, ob sie an Godot gebunden seien oder nicht.

Wenn Godot Gott ist und wenn Wladimir und Estragon, die in der albernen Hoffnung, daß er ihnen die Chance, daß sie erlöst werden, bieten wird, auf ihn warten, die Menschheit symbolisieren, ist das nächste Problem, Pozzo zu identifizieren. Die Vokalähnlichkeit zwischen seinem Namen und dem Godots ist der erste kleine Hinweis darauf, daß sie ein und dieselbe Person sind, und das wird noch verstärkt, wenn Pozzo nicht nur einmal, sondern zweimal erscheint, als man Godot erwartet hatte. Es gibt außerdem klare Anzeichen im Stück, daß Pozzo schon zu früheren Gelegenheiten aufgetreten ist, als die beiden Landstreicher Godot erwartet hatten, denn am Ende des ersten Akts, unmittelbar nach dem Abgang Pozzos und Luckys, erklärt Wladimir: »Sie haben sich sehr verändert«[8], und gegenüber Estragon protestiert: »Wir kennen sie, sag ich dir«[9], während deutlich impliziert ist, daß die Hoffnungen der Landstreicher, Godot zu sehen, sich nicht zum ersten Mal zerschlagen, wenn der Junge am Ende des ersten Akts auftritt. Wenn Pozzo nur einmal anstelle von Godot erscheinen würde, könnte das bloßer Zufall sein; wenn er zweimal erscheinen würde, ließe das den Zufall unwahrscheinlich werden; daß er aber mehrere Male erscheint, macht es so gut wie sicher, daß er in der Tat Godot ist. Das ist wirklich beide Male, wo Pozzo auftritt, Estragons erster Eindruck, wobei es vielleicht nicht ohne Bedeutung ist, daß er beim zweiten Mal unmittelbar im Anschluß an – man könnte fast sagen als Antwort auf – Estragons verzweifelten Schrei auftritt: »Gott hab Erbarmen mit mir!«[10] Außerdem gebraucht Pozzo, als er mit den beiden Landstreichern spricht, einen Satz, der zu implizieren scheint, daß er Godot ist: »Sie sind . . . Von derselben Gattung wie ich . . . Von derselben Gattung wie Pozzo! Göttlicher Abstammung!«[11] (»Made in God's image!«[12]) Es ist wahr, daß Ronald Gray in einer Radiosendung im 3. Programm der B.B.C., die in der Ausgabe von *The Listener* vom 24. Januar 1957 veröffentlicht worden ist, angenommen hat, daß nicht etwa die beiden letzten Sätze parallel seien und sich deshalb beide auf die Landstreicher bezögen, sondern daß im Gegenteil der Schlußsatz sich auf Pozzo beziehe, der, wenn er nach dem Bilde Gottes gemacht ist, natürlich nicht Gott sein kann. Aber sicher legt der Punkt nahe, daß die beiden Sätze denselben Gedanken wiederholen, daß das »Made in

God's image!« tatsächlich nur ein anderer Weg ist zu sagen: »Von derselben Gattung wie Pozzo!« und daß Pozzo deshalb Gott ist.

Das ist auch noch nicht alles, denn wenn Pozzo zum ersten Mal auftritt, zeigt er, daß er weiß, wer und was Godot ist, da er ihn als die Person definiert, »Von der Ihre Zukunft abhängt«.[13] Wladimir ist darüber im ersten Augenblick überrascht, denn er fragt: »Woher wissen Sie das?«,[14] und obwohl er dieses beunruhigende Problem zumindest bewußt nicht weiter verfolgt, ist es sicher ein ziemlich offensichtlicher Hinweis, daß Pozzo und Godot ein und dieselbe Person sind. In der Tat ist die Saat dieses Verdachts in Wladimirs und auch in Estragons Geist gesät, denn gegen Ende des Stücks, nachdem Pozzo zum zweitenmal weggegangen ist, findet zwischen den beiden Landstreichern die folgende Unterhaltung statt: »Bist du sicher, daß er es nicht war? – Wer? – Godot? – Wer denn? – Pozzo. – Ach was! Ach was!«[15] (Die bezeichnende Pause zwischen den letzten beiden über-emphatischen Verneinungen wird in den Regieanweisungen spezifiziert.)

Ein paar Augenblicke später bestätigt sich dieser schreckliche Verdacht, denn Wladimir fragt den Jungen: »Trägt er einen Bart, der Herr Godot? – Ja. – Blond oder . . . schwarz? – Ich glaube, daß er weiß ist. – Barmherzigkeit!«[16] Dieser Schrei der Verzweiflung läßt sich nur dadurch erklären, daß die Tatsache, daß Godot einen weißen Bart trägt, für Wladimir eine schreckliche Bedeutung hat: nämlich daß Pozzo, dessen Name dem Godots so ähnlich ist, der mehrere Male erschienen ist, als gerade Godot erwartet wurde, der weiß, was Godot für die beiden Landstreicher bedeutet, und der in der französischen Aufführung einen weißen Bart hatte, in der Tat Godot ist.

Es ist wahr, daß in der Londoner Aufführung (die, wie ich höre, von Beckett nicht überprüft wurde) Pozzo bartlos war, aber das kann nur ein außerordentlicher Fehler des englischen Regisseurs gewesen sein, da Wladimirs Ausruf so eindeutig aller Bedeutung beraubt wird. Man sollte in diesem Zusammenhang auch festhalten, daß Wladimir, der am Ende des ersten Akts noch hofft und bereit ist, noch einen Tag zu warten (»Morgen geht's wieder besser«, sagt er zu Estragon, »[der Junge] hat gesagt, daß Godot morgen bestimmt kommt«[17]), am Ende des zweiten Akts im Gegenteil der Verzweiflung nachgibt, denn nach der Mitteilung, daß Godot einen weißen Bart hat, lauten die Regieanweisungen: »*Wladimir bleibt stehen, ohne sich zu bewegen [Wladimir stands motionless and bowed]*.«[18] Obgleich er, wie immer, dennoch weiterhin darauf besteht, daß sie auf Godot warten müssen, ist jetzt eher ein Ton der Resignation als der Hoffnung in seiner Stimme, und als Estragon vorschlägt, daß sie Godot fallenlassen sollten, ist Wladimirs Antwort bloß: »Würde er uns bestrafen!«[19] Außerdem, während er es am Ende des ersten Akts abgelehnt hatte, Estragons Vorschlag, sie sollten sich aufhängen (»Schade, daß wir gar keinen Strick haben. – Komm. Es wird kalt. – Hilf mit daran denken, daß ich morgen einen Strick mitbringe. – Ja. Komm.«[20]), auch nur zu bedenken, erwägt er am Ende des zweiten Akts durchaus diese Möglichkeit. »Zur Not könnte es gehen«[21], sagt er, indem er auf das Stück abgenutzter Schnur blickt, das Estragon hervorholt, und in der Tat verhindert nur die Tatsache, daß die Schnur nicht stark genug ist, daß sie sich aufhängen. Sogar dann stimmt Wladimir dieses Mal nicht nur Estragons Vorschlag, sie sollten am folgenden Tag ein gutes Stück Strick mitbringen, zu, sondern jetzt erklärt *er*: »Morgen hängen wir uns auf.«[22] Hoffnung lebt jedoch ewig in der Brust des Menschen; und indem er seine schreckliche Furcht vor Pozzos wahrer Identität und daher Godots wahrer Natur abschüttelt, fügt er hinzu: »Es sei denn, daß Godot käme«[23], so daß der Kreislauf von neuem beginnt.

Trotz dieser deutlichen Hinweise, daß Pozzo Godot und darum Gott ist, behauptet Gray, das sei unmöglich, denn Pozzo sei ein Tyrann und Sklavenhändler. Mir scheint jedoch, daß Gray dadurch, daß er a priori die Annahme macht, Gott könne nur als freundliches und gnädiges Wesen betrachtet werden, *Warten auf Godot* völlig mißverstanden hat. Gewiß muß ein logisches Argument ohne irgendwelche Annahmen a priori wie folgt lauten: Godot ist Gott, Pozzo ist Godot, Pozzo ist also Gott, und da Pozzo nichts als ein Tyrann und Sklavenhändler ist, ist auch Gott einer. An dieser Stelle ist es wichtig, sich daran zu erinnern, daß der Name »Godot« auch noch andere Konnotationen als die Gottes hat, denn er läßt auch, wie Gray selbst ausführt, an eine Gruppe französischer Wörter von ungefähr ähnlichem Klang und ähnlicher Schreibung denken, die alle etwas Unerfreuliches bedeuten, wie »godailler« (unmäßig trinken und fressen), »godenot« (ein mißgestalteter kleiner Mann), »godichon« (ein Tölpel) und »godillot« (ein mit Nägeln beschlagener Schuh), während die zweite Silbe natürlich die Verkleinerungssilbe ist, die familiär in »Jeannot«, »Charlot«, »Jacquot«, »Pierrot« und so weiter gebraucht wird. Das bedeutet also, daß der Titel *Waiting for Godot*, wie es ein Titel wirklich sollte, die Handlung des Stücks zusammenfaßt: nämlich daß Wladimir und Estragon auf einen Godot warten, der Furcht und Respekt nicht verdient und der in der Tat etwas von einem Säufer und Fresser an sich hat (»*Pozzo beißt gierig in das Hühnerbein und wirft die Knochen weg, nachdem er sie abgelutscht hat*«[24], sagen die Regieanweisungen), etwas von einem Tölpel (dieselben Regieanweisungen genügen, um das zu beweisen) und etwas vom nagelbeschlagenen Stiefel – siehe seine unglaubliche Grausamkeit gegenüber seinem Knecht Lucky.

Der Ausdruck »grausam« ist vielleicht nicht das treffende Wort, um Pozzo und darum Gott, wie Beckett ihn sieht, zu beschreiben. Denn es handelt sich nicht so sehr um eine positive Grausamkeit als um einen vollkommenen Egoismus und eine äußerste Nichtachtung der Gefühle anderer. Hier sollte man auch, meine ich, an Becketts irische Herkunft denken, denn wenn auch Engländer die Tatsache nur widerstrebend anerkennen mögen, so ist doch Fühllosigkeit der Charakterzug, der von Ausländern, besonders Iren aus Becketts Generation, am häufigsten mit Engländern verbunden wird. Darum, meine ich, ist Pozzo so unübersehbar englisch in seiner Kleidung und nicht – sagen wir – amerikanisch, was vielleicht bloß Macht suggeriert hätte, während Beckett Gottes absolute Gleichgültigkeit gegenüber dem Leiden des Menschen ausdrücken möchte: »Was Fliegen sind den munt'ren Knaben, das sind wir den Göttern; sie töten uns zum Spaß.«[25] Godot scheint in der Tat mit den Landstreichern, um Shakespeares Metapher abzuwandeln, wie eine Katze mit der Maus zu spielen, indem er von Zeit zu Zeit in der Verkleidung Pozzos erscheint und ihnen nie genug Information gibt, um sie endgültig zu überzeugen, daß das so ist, und ihre Hoffnung weckt, indem er ihnen wiederholt die Botschaft sendet, er werde am folgenden Tag kommen, durch einen Jungen, der immer verneint, daß er vorher dagewesen sei, und der doch immer derselbe Junge ist, wie es in Wladimirs Ausfragen am Ende des ersten Akts impliziert ist und in den Regieanweisungen der französischen Fassung am Ende des zweiten Akts ausdrücklich gesagt wird: »*Rechts tritt der Junge vom Vorabend auf.*«[26]

Tatsächlich scheint Pozzos ganzes Verhalten einem gefühllosen Sinn für Spaß zu entspringen, denn beide Male, wo er erscheint, gibt es eine eigenartig suggestive Verbindung mit dem, was unmittelbar vorher geschehen ist, fast als hätte er in den Kulissen auf eine Gelegenheit gewartet, einen passenden Auftritt zu inszenieren. Beim ersten Mal hat Estragon gerade geklagt, daß er hungrig sei, worauf beide, während sie die Möhre kauen, die alles ist, was Wladimir ihm bieten kann, darüber diskutieren, ob sie an Godot gebunden seien oder nicht. Das ist das Stichwort für den Auftritt Pozzos mit Lucky (der an einem Strick um den Hals an ihn gebunden ist) und einem Picknickkorb, dessen Inhalt er zu essen fortfährt, wobei die beiden Landstreicher ihn beobachten. Beim zweiten Mal rät Wladimir Estragon, der die Zeit totschlägt, indem er auf einem Bein zu stehen versucht, seine Augen zu schließen, um besser Balance halten zu können. Der letztere ruft pathetisch: »Gott hab Erbarmen mit mir!«[27] Dieser Ausruf, Estragons Frage, ob Gott ihn sehen kann, und Wladimirs Aufforderung, er solle seine Augen schließen, inspirieren Pozzo zu einer neuen Idee für einen grausamen Witz, denn als er diesesmal auftritt, ist er blind. Oder wenigstens scheint er blind zu sein, aber es gibt in der Tat deutliche Anzeichen dafür, daß er keineswegs blind ist; auf Wladimirs Frage: »Nun hör mal! Er ist doch blind«[28], antwortet Estragon: »Ach ja. (. . .) Wie er sagt«[29], und auch Wladimir teilt schließlich diesen Verdacht, denn nachdem Pozzo weggegangen ist, fragt er: »Ob er wirklich blind ist?«[30] und fügt hinzu: »Es scheint mir, daß er uns sah.«[31]

Auch die allgemeine Hilflosigkeit Pozzos in dieser Szene scheint nichts als ein monströser Spaß zu sein, wenn man an die unglaubliche Geschwindigkeit denkt, mit der er sich gegen Ende wieder erholt, und, indem er den Spaß müde wird, als er versehentlich zugegeben hat, daß er Pozzo ist, ihn schnell beendet. Er erlaubt sich jedoch zuletzt noch einmal, die armen verwaisten Landstreicher aufzuziehen, als er auf Wladimirs

Bitte, Lucky solle doch singen oder rezitieren oder laut denken wie am Tag davor, erklärt, sein Knecht sei stumm. Das ist eine offene Lüge, da Pozzos Klage ein paar Zeilen vórher, daß Lucky nicht geantwortet habe, als er rief, voraussetzt, daß Lucky nicht wirklich stumm ist.

Es bleibt die abschließende Frage der Identität Luckys, und hier ist es wichtig, sich daran zu erinnern, daß – anders als Wladimir und Estragon, die es nicht sind – Lucky an Godot gebunden ist, und zwar buchstäblich, durch den Strick um seinen Hals, dessen anderes Ende von Pozzo gehalten wird. Obgleich die beiden Landstreicher Pascals »Elend des Menschen ohne Gott« symbolisieren (ihre Versuche, die Zeit totzuschlagen, erinnern deutlich an Pascals Bild des Menschen, der verzweifelt versucht, seine Gedanken vom Elend seiner Lage abzulenken), wird die zweite Hälfte von Pascals Argument, »die Seligkeit des Menschen mit Gott«, verworfen; stattdessen gibt es die Enthüllung des sogar noch größeren Elends derer, die Gottes Knechte sind, in der Gestalt Luckys – wieder ein bezeichnendes englisches Wort, das im Hinblick auf Luckys schreckliches Leiden nur als bittere Ironie gemeint sein kann. Was Luckys sinnlosen Wortschwall im zweiten Akt betrifft, so scheint das für mich eine Parodie der christlichen Liturgie zu sein, die für viele Leute in der Tat ein bloßes Ritual geworden ist, dessen Worte bar jeder Bedeutung sind. In diesem Zusammenhang sollte man außerdem festhalten, daß Luckys Rede mit einer Reihe von Sätzen religiöser Natur beginnt – »eines persönlichen Gottes«, »aus der Höhe seiner göttlichen« »göttlichen Aphasie«, »uns gern hat«, »in der Folterkammer«, »in dem Feuer«, »in die Luft sprengen nämlich die Hölle an den Himmel«[32] – und erst später zu einem sinnlosen Durcheinander von Wörtern degeneriert.

Weit entfernt davon also, ein christliches Stück zu sein, wie Gray nahelegt, ist für mich *Warten auf Godot* ein zutiefst anti-christliches Stück, das allegorisch die Geschichte der Menschheit erzählt, die ewig darauf wartet, daß ein gnädiger Gott Erlösung bringt, die aber vergeblich wartet, da Gott ein boshafter und witzereißender Tyrann ist, der dem Schicksal seiner Geschöpfe fühllos gleichgültig gegenübersteht.

Bernard F. Dukore
Gogo, Didi und der abwesende Godot

Es ist fast ein Axiom, daß Dramatiker die Namen ihrer Charaktere oft mit dem Blick auf deren symbolische Funktion wählen. Manchmal ist der Name bloß ein Wortspiel; manchmal weist er auf einen wichtigen Aspekt der Persönlichkeit der Figur hin; manchmal bezieht er sich auf das Thema des Stücks; manchmal bezieht er sich auf verschiedene dramatische Elemente. Wenn wir – wie in *Warten auf Godot* – so ungewöhnliche Namen wie Estragon, Wladimir, Gogo, Didi, Pozzo und Lucky finden, ist nicht zu übersehen, daß ihre Namen nicht zufällig gewählt wurden. Daß jeder der beiden Hauptcharaktere in diesem Fünf-Figuren-Stück mit drei verschiedenen Namen benannt wird, ist ein weiterer Hinweis darauf, daß diese Namen aus anderen Gründen gewählt wurden als aus dem der einfachen Identifikation.

Verschiedene Kommentatoren des Stücks haben vollkommen verschiedene Bedeutungen darin gefunden. Während Eric Bentley schließt, daß *Warten auf Godot* »die Unverständlichkeit und deshalb die Bedeutungslosigkeit des Universums«[1] unterstreiche, meint Charles S. McCoy, das Stück habe eine wesentlich religiöse Botschaft, die unmittelbar aus dem Neuen Testament stamme.[2] In diesem Essay will ich die Namen der Figuren in *Warten auf Godot* untersuchen, um einen Schlüssel zu finden, der wenigstens einen Teil der Bedeutung des Stücks aufschließen wird.

Die Ironie des Namens von Lucky ist klar. Daß er noch lebt, darin besteht sein »Glück«. Sein Glück ist in Wirklichkeit die Hölle. Dieses Lasttier wird auch als Atlas bezeichnet, der ebenfalls Träger einer großen Last war. Obwohl die buchstäbliche Bedeutung von Pozzo »Brunnen« ist, was an Tiefe denken läßt, macht das Herr-Knecht-Verhältnis zwischen ihm und Lucky es wahrscheinlicher, daß Beckett Pozzo di Borgo im Sinn hatte, einen Edelmann, der ein Feind des einer geringeren Klasse angehörenden Napoleon war, oder Pozzuoli, einen Seehafen in der Nähe von Neapel, der als Zufluchtstätte des römischen Adels zu dienen pflegte. Wladimir könnte sich auf Wladimir den Großen beziehen, einen Großfürsten von Rußland, der die russischen Dominions erweiterte und das Christentum förderte. Tatsächlich bedeutet der Name Wladimir »Weltfürst« oder »Ruhm der Fürsten«. Und auch Albert, wie er an einer Stelle genannt wird, bedeutet Adel. Estragon andererseits ist ein deutsches Wort, das »tarragon« bedeutet, ein europäisches, dem Wermut verwandtes Kraut. Und Wermut ist synonym für alles, was bitter ist oder schmerzlich. Außerdem erinnert Adam, wie er auch genannt wird, an die Vertreibung aus dem Paradies, und ist für diese Figur, die die Nächte in einem Graben verbringt, vollkommen angemessen.

So weit geben die Namen, obwohl ihre Konnotationen sich auf den allgemeinen Ton des Stücks beziehen, nicht von sich aus eine Bedeutung her, sondern lassen sich benutzen, um eine Vielzahl von Interpretationen, von der Bentleys bis zu der McCoys, zu stützen. Ein Schlüssel, der mehr verspricht, ist im Titel zu finden. Charlot ist eine Verkleinerungsform von Charles und ist das französische Äquivalent des englischen Charlie. Da »ot« eine Verkleinerungsform ist, ist Godot ein verkleinerter Gott, ein schwächlicher Gott. Es ist wahrscheinlich kein Zufall, daß der Name, obwohl er im Englischen auf Gott verweist, im Französischen, der Sprache, in der Beckett das Stück ursprünglich schrieb, an *godenot* (Zwergochse) denken läßt. In Balzacs *Mercadet* gibt es eine abwesende Figur namens Godeau, über die durch das ganze Stück hindurch gesprochen wird und die am Ende – obwohl sie hinter den Kulissen bleibt – schließlich kommt. Beckett hätte den Namen schreiben können wie Balzac, schrieb ihn aber absichtlich anders. Außerdem werden Gott und Godot (jeweils von Lucky und dem Jungen) mit einem weißen Bart gekennzeichnet. Hinzu kommt, daß das Stück eine durchbrochene Linie religiöser Bilder enthält, die eine Interpretation stärkt, welche den Begriff Gottes einbezieht. Godot wies Wladimir und Estragon an, an einem Baum zu warten (ein traditionelles Symbol für das Kreuz). Sie reden über das Heilige Land und die Kreuzigung und denken darüber nach, daß einer der beiden Diebe, die man mit Christus gekreuzigt hatte, gerettet wurde. Wladimir fragt sich, warum nur ein Evangelist es erwähnt. Er erinnert seinen Gefährten, daß sie an Godot eine Bitte gerichtet hatten: »Eine Art Gesuch . . . Eine vage Bitte«.[3]

Estragon vergleicht sich mit Christus und ruft später Gott an, mit ihm Mitleid zu haben. Wladimir sagt am Ende des Stücks zu Estragon, daß sie gerettet sein würden, wenn Godot komme. Dennoch bedeutet die Tatsache, daß Becketts beide Landstreicher auf einen Gott, sei er schwächlich oder mächtig, warten, oder besser, die Vermutung, daß sie vielleicht warten, an sich wenig. Aber da Charlot ein Spitzname ist – und Godot einer zu sein scheint –, wollen wir uns den Spitznamen der beiden Hauptfiguren zuwenden. Und im Dialog des Stücks reden sie sich fast immer mit diesen Spitznamen an, Didi und Gogo.

Didi ist der Spitzname von Wladimir und kommt vielleicht von der vorletzten Silbe seines Namens. Liest man sie, wie sie sind, bedeuten die Spitznamen nichts Bestimmtes; aber in veränderter Form gelesen sind sie sehr aufschlußreich. Rückwärts gelesen wird »Didi« »Id-Id«. Gogo kann man als »'go-'go« oder »Ego-Ego« lesen. Das Id ist jener Teil der Psyche, aus dem instinkthafte Impulse kommen, die zur Befriedigung primitiver Bedürfnisse führen. Das Id steht nicht in Verbindung mit der Welt, sondern mit dem Körper, und seine Beziehungen zum Körper werden vom Lustprinzip beherrscht. Das Ego andererseits ist jener Teil der Psyche, der bewußt ist und der am meisten Berührung mit der äußeren Realität hat. Nach Freud ist das Ego ein die Realität wahrnehmendes Prinzip. Außerdem meinen manche Psychoanalytiker, daß Id und Ego untrennbar seien. Nun hat Estragon (Gogo) ein unvollständiges Ego und Wladimir (Didi) ein unterentwickeltes Id. Darum wird Gogo, weil er ein unvollständiges Ego hat, vom Id oder vom Lustprinzip beherrscht; während Didi, weil er ein unterentwickeltes Id hat, ein überentwickeltes Ego oder rationales Prinzip hat.

Wenn man darauf achtet, bilden sonst unerklärliche Details des Stücks ein bedeutungsvolles Muster. Gogo und Didi müssen zusammensein. Verschiedene Male versuchen sie, einander zu verlassen, können es aber nicht: Sie sind unzertrennlich. Estragon mit seinem unvollständigen Ego kann nicht gegen den Druck der äußeren Welt an. Jede Nacht schlagen ihn Leute, während er in einem Graben schläft. Wladimir jedoch, dessen starkes Ich ihn befähigt, mit der äußeren Realität fertig zu werden, hätte das verhindern können. Estragon wird vollständig vom Lustprinzip beherrscht und ist immer an primitiven persönlichen Bedürfnissen interessiert. Er läßt Luft an seinen Fuß, nachdem er seinen Schuh untersucht hat; er wird sehr erregt bei dem Gedanken, daß Sich-Aufhängen ihm eine Erektion verschaffen würde und will es sofort tun; er ißt mit großem Genuß eine Möhre; er starrt gierig auf die Hühnerknochen, die Pozzo weggeworfen hat, bittet ihn darum, sie ihm zu geben, und rafft sie schließlich vom Boden auf. Durchweg hat Estragon große Schwierigkeiten, sich zu erinnern und zu argumentieren, denn sein rationaler Sinn ist unvollkommen. Wladimir mit seinem unterentwickelten Id und dominanten Ego kann sich jedoch erinnern. Es ist er, der sich daran erinnert, daß sie nicht gehen können, weil sie auf Godot warten müssen, und der ständig Estragon daran mahnt. Es ist er, der sich an die Namen der Leute erinnert, die sie am Vortag getroffen hatten (Lucky und Pozzo), und der ständig Estragon daran erinnert. Es ist er, der ständig nachdenkt, der versucht, einen Grund dafür zu finden, warum nur einer der vier Evangelisten erwähnt, daß ein Dieb gerettet wurde. Außerdem gibt es Anzeichen, daß Wladimir, bei dem das Lustprinzip nicht in Ordnung ist, eine Geschlechtskrankheit hat.[4]

Pozzo und Lucky sind wechselseitige Erweiterungen von Gogo und Didi. In ihnen zeigt Beckett uns die Persönlichkeitsmerkmale von Gogo und Didi in einer anderen Beziehung (einer Herr-Knecht-Beziehung), wobei er mehrmals andeutet, das eben halte die Zukunft für sie bereit. Gleichzeitig gibt er eine dramatische Darstellung davon, wie der Intellekt eines Menschen den physischen Aktivitäten des Menschen als Sklave dient, ein Zustand, den Lucky beschreibt, wenn er sagt, daß die Ergebnisse der Mühen des Menschen Fortschritte sind in »der Ernährung und der Abschaffung des Stuhlgangs ... Leibesübungen Tennis Fußball Rennen zu Fuß und mit dem Fahrrad Schwimmen«.[5] Wie Gogo wird Pozzo vom Lustprinzip beherrscht: Er raucht gern seine Pfeife; er ißt gierig sein Huhn, wobei er sogar noch an den Knochen saugt, bevor er sie wegwirft – dieselben Knochen, die Estragon haben will. Wie Gogo kann er sich nicht an die Ereignisse des Vortags erinnern. Und im zweiten Akt, kurz nachdem Gogo um Mitleid gerufen hat, tritt Pozzo auf – ebenfalls um Mitleid rufend! Lucky wird wie Didi vom rationalen Moment beherrscht. In der Tat besteht Luckys große Leistung im Denken. Auch ist er wie Didi körperlich krank: Er hat eine eiternde Wunde am Hals. Wenn Lucky Gogo vor das Schienbein tritt und der letztere fürchtet, er werde nie wieder laufen können, bietet Didi an, ihn zu tragen, und verspricht so, für Gogo das zu werden, was Lucky für Pozzo ist. Und im zweiten Akt wirft Didi seinen Hut weg und setzt Luckys Hut auf. Außerdem spielen Gogo und Didi, als wollten sie die Parallele hervorheben, ein Spiel, in dem sie Pozzo und Lucky imitieren; Gogo spielt (wird) Pozzo und Didi spielt (wird) Lucky.

Aber das Ego und das Id machen noch nicht den vollständigen Menschen, das ganze menschliche Wesen aus. Ein Element fehlt: das Superego oder die moralischen Standards. Wladimir und Estragon sind ohne moralische Werte. Sie können richtig und falsch nicht unterscheiden. Sie sind sogar unsicher, ob sie Lucky und Pozzo helfen sollen, obwohl Wladimir ein vages Gefühl hat, daß sie es tun sollten. Darum warten sie auf Godot. Sie sind unvollständig und richtungslos ohne das notwendige Element. Das ist das Warten auf ein System moralischer Werte – oder, wenn man will, auf Gott. Sie warten, aber sie suchen nicht. Sie warten auf eine äußere Macht, eine äußere Hilfe, statt in sich selbst zu suchen. Und natürlich kommt diese äußere Macht nie.

Das stimmt vollkommen überein mit dem Standpunkt des Sartreschen Existentialismus. Becketts Landstreicher treiben in einem Universum ohne moralische Werte. Sie warten darauf, daß Godot kommt und sie ihnen liefert. Aber Er kommt nicht, und Er wird nicht kommen. Zweimal im Verlauf des Stücks verspricht Godot, er werde kommen, und zweimal bricht Er sein Versprechen. Im Kontext des Stücks sind zwei gebrochene Versprechen dasselbe wie unendlich viele gebrochene Versprechen. Godot wird die Hoffnung aufrechterhalten, aber nicht erfüllen, denn, wie Wladimir sagt, »im Grunde ändert sich nichts«.[6] Sie werden darauf warten, daß Godot kommt und sie rettet, aber sie werden vergebens warten.[7] Wie der Denker Lucky in seiner langen Rede sagt, selbst wenn wir die Existenz Gottes annehmen (»Given the existence . . . of a personal God«[8]), kann dieser Gott die Rede des Menschen weder benutzen noch verstehen (»göttliche Aphasie«[9]), und die Menschen sind ihm gleichgültig (»göttliche Apathie«[10]).

Der Mensch kann sich nicht darauf verlassen, daß ein Gott noch etwas anderes gibt als Warten. Der Begriff Gottes ist für den Menschen unbrauchbar. Wie Wladimir vom Baum sagt (symbolisch dem Kreuz), hat er für uns nicht den geringsten Wert.

Das Thema des Stücks ist ein allgemeiner Ausdruck der Vergeblichkeit, die die menschliche Existenz annimmt, wenn der Mensch seine Hoffnung auf eine Kraft außerhalb seiner selbst richtet. Das ist der »Ekel« und die »Verzweiflung«, von denen Sartre spricht. Wladimir und Estragon stellen die ganze Menschheit dar: »Aber in dieser Gegend und in diesem Augenblick sind wir die Menschheit, ob es uns paßt oder nicht.«[11] Von der Vergeblichkeit der menschlichen Existenz wird gleich zu Beginn gesprochen: »Nichts zu machen« ist die erste Zeile des Stücks; und jeder Akt schließt damit, daß die beiden Landstreicher nichts tun können – sie können nicht einmal weggehen. Es ist gleich, ob man sich weigert, es zu versuchen, ob man den Kampf aufnimmt oder ob man mit so unbedeutenden Objekten wie einem Schuh kämpft. Vergeblichkeit ist das Ergebnis. Es gibt eine nostalgische Sehnsucht nach den alten Tagen, wie im neunzehnten Jahrhundert, als der Eiffelturm gebaut wurde, als der Mensch als etwas Wunderbares betrachtet wurde und in den Möglichkeiten des Menschen und der Existenz des Menschen ein unendliches Versprechen lag. Aber jetzt sind die hohen Ideale weg; das Versprechen ist unerfüllt geblieben; und die Existenz des Menschen ist zunehmend schlechter geworden in einer Welt, in der es auf den Menschen nicht anzukommen scheint. So verschlechtern sich im Verlauf von *Warten auf Godot* die Bedingungen immer mehr. Pozzo, der wie Estragon mit seinen Sinnen Beziehungen herstellt, kehrt im zweiten Akt zurück mit einem verringerten Vermögen dazu: er ist blind. Wenn wir Lucky zum ersten Mal treffen, erfahren wir, daß er nicht mehr so gut denken kann wie sonst; und im zweiten Akt kann er nicht mehr sprechen. Die Lage wird sogar für den Boten Godots (oder die Boten) schlimmer: im zweiten Akt ist der Bruder des Jungen krank. Ähnliche Veränderungen ergeben sich bei Wladimir und Estragon. Ihre Nahrungsversorgung verschlechtert sich (keine Möhre mehr). Und die Wunde, die Lucky Gogo im ersten Akt beibrachte, hat zu eitern begonnen. Didi wird vielleicht Gogo tragen müssen – wie er es zu tun verspricht –, wenn Gogo nicht gehen kann. Mit der Zeit werden Didi und Gogo Lucky und Pozzo werden. Die einzige Veränderung, die nicht eine zum Schlechteren ist, ist die, daß der Baum, der im ersten Akt kahl war, im zweiten vier oder fünf Blätter hat. Im Hinblick darauf, was mit Leuten geschieht, scheint die Absicht des blühenden Baums jedoch Ironie zu sein. Es mag Becketts Art sein zu sagen, daß die Religion auf dem menschlichen Leiden gedeiht.

Warten auf Godot handelt von der geistigen Isolierung in einem unbestimmten Universum. Der Ausgangspunkt ist Sartrescher Existentialismus. Auch Beckett empfindet diesen »Ekel«. Bei Beckett führt er jedoch nicht zu positiver Handlung wie bei Sartre, sondern zu Verzweiflung und Vergeblichkeit. Er beginnt mit denselben Voraussetzungen wie Sartre, zieht aber andere Folgerungen. Wie Sartres Philosophie die positive Handlung seiner Generation reflektiert (der Kämpfer des *maquis*), so reflektiert Beckett den Mangel an positiver Aktion bei der Generation, die auf diejenige Sartres folgt. Da der Mensch in einem leeren und bedeutungslosen Universum treibt, folgt, daß die Vergeblichkeit und der Tod das Schicksal des Menschen ist. Das ist in der Tat der Hauptpunkt der elliptischen Rede, die Lucky von sich gibt, als er den Befehl erhält, zu denken: trotz der großen Fortschritte des Menschen in Ernährung, Stuhlgang und Leibesübungen ist der Mensch »im Begriff . . . abzumagern, einzulaufen . . . Bemühungen aufgegebene unvollendete . . . unvollendete«[12]. Beckett reflektiert die Anschauungen der Angry Young Men in England, der Beatniks der Vereinigten Staaten und der jungen Leute in Frankreich, die – zu Recht oder zu Unrecht – sich Existentialisten nannten. Die Hoffnungen des Zweiten Weltkriegs brechen zusammen; der atomare Friedensstifter wird zum nuklearen Terror, der sogar noch schrecklicher ist als der Krieg, den er beendet. Also Vergeblichkeit und Verzweiflung, Verzweiflung und Vergeblichkeit. Selbst die Positivität Sartres ist illusionär. Nichts scheint sehr viel wert zu sein.

Das Lied, das Wladimir zu Beginn des zweiten Akts singt, drückt den Ton des Stücks aus: die Vergeblichkeit der menschlichen Existenz und die endlose Wiederholung nutzloser Gesten, die mit einer Gewißheit konfrontiert werden, dem Tod.

Ein Hund kam in die Küche
und stahl dem Koch ein Ei.
Da nahm der Koch den Löffel
und schlug den Hund zu Brei.
Da kamen die anderen Hunde
und gruben ihm ein Grab.
Und setzten ihm ein'n Grabstein,
worauf geschrieben stand:
Ein Hund kam in die Küche . . .

Und so weiter, wieder und wieder. Es gibt keine Hoffnung.
Und Godot? Was macht Godot? Der Junge sagt: »Er tut
nichts.«[13]

Kenneth Tynan
Waiting for Godot, von Samuel Beckett

Eine besondere Kraft liegt in Stücken, die das Drama daran erinnern, auf wie viel es verzichten und doch noch weiterexistieren kann. Nach allen bekannten Kriterien ist Samuel Becketts *Warten auf Godot* ein dramatisches Vakuum. Mitleid gebührt dem Kritiker, der einen Riß in seiner Rüstung sucht, denn es ist ein einziger Riß. Es hat keine Handlung, keine Klimax, kein *dénoument*; keinen Anfang, keine Mitte und kein Ende. Unvermeidlicherweise hat es eine Situation, und man könnte ihm vorhalten, daß es Spannung habe, da es von der Ungeduld zweier Landstreicher handelt, die unter einem Baum darauf warten, daß ein kryptischer Mr. Godot seine Verabredung mit ihnen einhält; aber die Situation wird nie entwickelt, und ein Blick auf das Programm zeigt, daß Mr. Godot nicht kommen wird. *Warten auf Godot* wirft ganz offen alles ab, woran wir das Theater erkennen. Es kommt an der Zollstation sozusagen ohne Gepäck, ohne Paß und ohne etwas zu verzollen an; und doch kommt es durch, wie vielleicht ein Pilger vom Mars. Es erreicht das, glaube ich, indem es an eine Definition des Dramas appelliert, die viel fundamentaler ist als irgendeine aus Büchern. Ein Stück, behauptet und beweist es, ist im wesentlichen ein Mittel, zwei Stunden im Dunkeln zu verbringen, ohne sich zu langweilen.

Sein Autor ist ein Ire, der in Frankreich lebt, eine Tatsache, die uns auf den besonderen, seltsam ernsten Scherz vorbereiten sollte, den er jetzt mit uns treibt. Darum, die Zeit im Dunkeln zu verbringen, deutet er an, dreht sich nicht nur das Drama, sondern auch das Leben. Die Existenz hängt von jenen metaphysischen Micawbers ab, die weiter warten werden, gegen alles rationale Argumentieren, auf etwas, das eines Tages vielleicht erscheinen wird, um den Sinn des Lebens zu erklären. Vor zwanzig Jahren hat Odets uns auf Lefty warten lassen, den sozialen Messias; weniger naiv bittet Beckett uns, auf Godot zu warten, den spirituellen Wegweiser. Seine beiden Landstreicher verbringen die Zeit des Tages so, wie wir, das Publikum, die Zeit des Abends verbringen. Wären wir nicht im

Theater, wir würden uns wie Clowns aufführen – und uns streiten, keifen und ziellos wieder Frieden schließen –, alles, wie einer sagt, »um uns einzureden, daß wir existieren«.[1]

Becketts Landstreicher sprechen nicht immer so. Meistens unterhalten sie sich in der Wechselrede des Varieté: einer hat das zerlumpte Auftreten von Buster Keaton, der andere ist Chaplin, wo er am leichtesten und zauberhaftesten ist. Ihre Wortwechsel sind wie jene Unterhaltungen am Nebentisch, die man fast, aber nicht ganz entziffern kann – die menschliche Rede, halb gehört und so wiedergegeben, daß all ihre *non-sequiturs* auf absurde Weise intakt bleiben. Von Zeit zu Zeit mischen sich andere Figuren ein. Der fette Pozzo, Humpty Dumpty mit einer Peitsche in der Faust, schnauft in Sicht, mit Lucky, seinem stummen Knecht. Es ist deutlich, daß sie in Eile wohin gehen: vielleicht wissen sie, wo Godot ist? Aber die Befragung läuft in Lewis-Carroll-ähnlicher Albernheit aus. Alles, was sich zeigt, ist, daß der Herr den Knecht ebenso braucht wie der Knecht den Herrn; es gibt beiden ein Gefühl des unechten Zwecks; und man denkt an Laurel und Hardy, die ideale Besetzung für diese Rollen. Auf den Befehl, zu denken, stammelt Lucky eine geisterhafte, haarsträubende, unaufhörliche Tirade heraus, die sich aus Klischees und Kauderwelsch zusammensetzt, deren allgemeiner Tenor ist, daß trotz materiellem Fortschritt und »Tennis« der Mensch geistig abnimmt. Der Stil dieser Passage erinnert uns sehr daran, daß Beckett einmal für James Joyce arbeitete. Im nächsten Akt kehren Pozzo und Lucky zurück, wobei sie sich diesmal, ebenso absichtsvoll, in die entgegengesetzte Richtung bewegen. Die Landstreicher beschließen zu bleiben, wo sie sind. Ein Kind kommt, überbringt Mr. Godots Grüße und Bedauern, daß er sie heute nicht treffen kann. Es ist dieselbe Botschaft wie gestern; trotzdem warten sie. Der Held von *Schuld und Sühne* denkt darüber nach, daß es, wenn ein verurteilter Mensch »sein ganzes Leben, tausend Jahre, in Ewigkeit auf einem Quadratmeter Raum stehen bleiben müßte, besser wäre, zu leben, als sofort zu sterben ... der Mensch ist eine gemeine Kreatur! Und gemein ist, wer ihn deshalb gemein nennt!« Davon ging mir etwas durch den Sinn, als der Vorhang fiel über Becketts zerlumpten Stoikern.

Das Stück sieht die Lage des Menschen in Begriffen von

bauschigen Hosen und roten Nasen. Hastig ihren unruhigen Ekel beim Namen nennend, fanden viele Zuschauer der Premiere es prätentiös. Aber was genau sind seine Prätentionen? Zu sagen, daß die Menschheit auf ein Zeichen wartet, das sich verspätet, ist eine Platitüde, in der nur ein Analphabet einen Anspruch auf Tiefe sehen würde. Was die Gegner des Stücks quälte, war, glaube ich, das Gegenteil: es war nicht prätentiös genug, um ihnen zu erlauben, es lächerlich zu finden. Ich gebe wenig auf seinen enormen Erfolg in den vergangenen drei Jahren, aber viel auf die Art, wie es mein eigenes Nervensystem stach und anregte. Es zitierte das Varieté und die Parabel, um eine Ansicht des Lebens vorzuführen, die die Sentimentalität des Varieté und die übertriebene Erhebung der Parabel verbannte. Es zwang mich, die Regeln noch einmal zu untersuchen, die bislang das Drama beherrscht haben; und, nachdem ich das getan hatte, sie als nicht anpassungsfähig genug zu bezeichnen. Es ist in gültiger Weise neu, und hier würde ich mich, wie die Spanier sagen würden, als *godotista* bezeichnen.

Peter Hall führt Regie bei dem Stück mit einem fantastischen Gehör für seine flüchtigen Rhythmen, und Peter Woodthorpe und Paul Daneman geben den Landstreichern eine mitleidvolle Verrücktheit, die nur professionelle Clowns übertreffen könnten. Körperlich ist Peter Bull Pozzo, wie er leibt und lebt; sprachlich geht er zu weit. Timothy Batesons's Lucky ist Angst, die komisch wurde, eine bemerkenswerte Leistung und vollkommen im Einklang mit dem Geist des Stücks.

Gabor Mihályi
Becketts *Godot* und der Mythos der Entfremdung

Das Theater des Absurden – und ganz gewiß Becketts *Warten auf Godot* – verwirft die unmittelbare Annäherung an die Wirklichkeit und zieht es vor, diese stattdessen aus dem Blickwinkel des Mythos anzugreifen. Dieses Theater will die Mythen bloßstellen, die jetzt ohne Geltung, unwahr, substanzlos sind. Statt durch Argumente, die sie widerlegten, sollen jene mit Heiligenschein versehenen und ergeben verehrten Glaubensüberzeugungen »von innen« zerstört werden, indem man die Sprengladungen der Travestie und des verzerrten Humors unter ihnen explodieren läßt.

Warten auf Godot übt seine Kanonen zuerst und vor allem am christlichen Mythos der Versöhnung. Es verwirft auch die Mythen der Aufklärung, des Fortschritts, der Natur und der Liebe – in der Tat alle jene Mythen, die der Menschheit Versöhnung, Erlösung in dieser Welt oder danach versprechen. Beckett erforscht die äußersten Grenzen der Negation, indem er den Helden durch den Anti-Helden, das Geschlecht des Prometheus durch sich am Straßenrand herumtreibende Landstreicher und die Götter, Ideale und Glaubensinhalte durch den sich entziehenden Godot-der-nie-kommt ersetzt. Die Eitelkeit von Macht und Reichtum, Wissenschaft und Dienst wird durch das Paar Pozzo–Lucky symbolisiert; in Becketts Welt werden Reden und Handeln bedeutungslos, reduziert auf ein Mittel, die Zeit totzuschlagen, auf ein Gegenmittel gegen Langeweile. Die Natur ist zur öden Wildnis geworden; auf der Bühne entfaltet sich die Vision einer entfremdeten Welt.

Dieses grauenvolle Bild dehumanisierter Existenz, aus dem Schönheit und Barmherzigkeit, in der Tat alle vom Menschen je geschaffenen Werte verbannt scheinen, erklärt die Haltung der Theaterbesucher und Kritiker, die Becketts Kunst als ein ultra-pessimistisches, anti-humanes Produkt des Existentialismus anschwärzen und seinen ästhetischen Wert in Frage stellen. Sie behaupten, daß die pure Negation aller Werte zu nichts Positivem und zu keinem wertvollen ästhetischen Beitrag führen könne.

Aber nur die negative Seite zu erkennen, den positiven Inhalt in Becketts sich durch Negation entfaltender Travestie des Mythos nicht sehen zu können, heißt, das Entscheidende in Becketts *Godot* zu verfehlen: daß seine Kunst eine Negation der Negation, einen neuen Glauben erreicht. Unter einem verkümmernden Baum – eine verzerrte Erinnerung an den Baum der Erkenntnis im Garten Eden und an die Kreuzigung – warten, an der nirgendwohin führenden Straße des Lebens sitzend, zwei erbärmliche Landstreicher auf die Ankunft Godots. Die Anti-Helden dieser Travestie von Mythen, dieses Anti-Mythos, Estragon und Wladimir, werden in dieser tragischen Komödie Symbole der Menschheit, die leidet und sich nach Erlösung sehnt. In *Warten auf Godot* macht Beckett in der Tat nichts anderes, als den Mythos der Erlösung mit einem anderen – dem Godot-der-nie-kommt – zu konfrontieren. In *Godot* – und darin liegt Becketts außergewöhnliche Qualität als Schriftsteller – erhebt sich der auf Anti-Helden aufgebaute Anti-Mythos von einer bloßen Travestie in den erhabenen Rang eines Mythos selbst; aus einem Kunstwerk wird er zu einem fast dissoziierten mythologischen Symbol eigenen Rechts.

Die dritte Stufe der Dialektik, die Negation der Negation, enthält notwendigerweise die neue Aussage, die auf einer höheren Ebene, in der Form einer universaleren Wahrheit, die frühere, jetzt veraltete Aussage einschließt. Beckett kann sich nicht in abschließender Negation beruhigen. Im zweiten Teil von *Warten auf Godot* bringt der verkümmernde Baum Blätter hervor, die Natur ergibt sich nicht, der menschliche Lebensinstinkt ist nicht zu brechen, Wladimir und Estragon werden immer auf Godot warten, und ihre Solidarität und Freundschaft läßt sich nicht unterdrücken, denn die beiden Freunde werden sich immer wieder treffen. Auch die Schönheit der Kunst läßt sich nicht verbannen: die ästhetische Erfahrung dieses Stücks, das das Erlöschen der Schönheit beklagt, verkündet gleichzeitig das unbesiegbare Wunder der menschlichen Schöpferkraft in der Kunst. Man kann die bewegende Poesie von *Godot* fühlen, wenn man das Stück liest; und diese Lyrik, die aus Sympathie, Erbarmen und Mitleid entspringt, beweist Becketts tiefes Engagement für die Menschheit. Seine Stücke bezeugen, daß Entfremdung für Beckett nicht die ewige, unveränderbare Form der Existenz der Realität ist, sondern die letzte Stufe eines Prozesses. Wie jedes Drama greift *Godot* auf eine frühere, menschlichere Welt zurück, in der Schönheit, Barmherzigkeit, Freundschaft und Liebe nicht fremd waren und in der der Mensch noch frei war, menschlich zu sein.

Es ist natürlich wahr, daß man, wenn man das Stück *liest*, von der furchtbaren und monströsen Vision der Welt Becketts und von seinem bitteren Galgenhumor getroffen wird. Der Leser ist sich seiner tiefen Barmherzigkeit, des sorgenerfüllten lyrischen Ausdrucks von Sympathie und Mitleid bewußt, aber das Stück als Ganzes zu lesen, führt zu einer Erfahrung, die so erschütternd wie düster und freudlos ist. Auf der Bühne jedoch erreicht die Negation der Negation eine verstärkte Wucht: Bühne und Schauspieler geben dem Zuschauer die Katharsis, die er im Buch vergebens sucht. Ich will nicht sagen, daß der Eindruck, der von der Aufführung hervorgerufen wird, als ausschließlich gültig, als Ausdruck der Intention des Autors akzeptiert werden muß, weil es als ein Stück geschrieben wurde. Beckett ist ein komplexerer, bewußterer Autor. Die Wahrheit, denke ich, ist, daß wir, je nachdem, ob wir es lesen oder sehen, jeweils mit anderen Aspekten desselben Stücks bekannt werden, das der Autor mit großer Aufmerksamkeit und komplexer Artistik konstruiert hat.

In seinen Stücken, vor allem in *Godot*, demonstriert Beckett Negation und die Negation der Negation mit vollendeter Konsistenz. In Begriffen der Form entspricht die Negation des Dramas der Negation des Mythos – das Anti-Drama dem Anti-Mythos. Auf der Oberfläche scheint dieser Neubeginn einen vollkommenen Bruch mit allen früheren literarischen und dramatischen Traditionen darzustellen.

Das Anti-Drama – wie Martin Esslin in *Das Theater des Absurden* schreibt – ist ohne Konflikt oder Handlung, hat keine scharf definierten Charaktere, und die Geschichte hat keinen Anfang und kein Ende. In diesem Typ des Stücks gibt es keinen wirklichen Dialog, können die Figuren keine Ideen mitteilen und haben auch keine Ideen, die sie mitteilen könnten. Meist wiederholen sie Platitüden, und da sie einander

110

nicht verstehen können, hält jeder im Leeren aus; so wird der Monolog die Hauptform der dramatischen Rede.

Eine genauere Analyse zeigt jedoch, daß sogar Becketts *Godot* die fundamentalen dramatischen Regeln des Aristoteles beachtet. *Godots* Konflikt ist die Konfrontation des Menschen mit dem Universum: der Bruch zwischen dem nach einer Bedeutung und einem Ziel suchenden Menschen und einem fühllosen Universum. Der Konflikt würde seine Bedeutung verlieren, wenn es keine Möglichkeit einer freien Wahl gäbe. Wladimir und Estragon können zwischen zwei alternativen Wegen wählen: sie können gehen und sich am ersten Baum aufhängen, oder sie können weiterleben, auf Godot wartend. Die abschließende Moral des Stücks ist, daß die Landstreicher, obwohl Godot nicht kommen wird – jetzt jedenfalls nicht –, doch weiter auf ihn warten, wenn auch mit ständig schwindender Hoffnung. Sie optieren für das Warten – das heißt, für das Leben. Hier ist die in scheinbarer Freiheit getroffene Entscheidung wie in jedem wirklichen Drama vorherbestimmt. Es ist unvermeidlich, daß Godot nie kommen wird, und es ist nicht weniger unvermeidlich, daß die Landstreicher weiter auf ihn warten. Wie in den klassischen griechischen und französischen Tragödien (oder bei Shakespeare) wird hier die Unvermeidlichkeit der Entscheidung erst am Ende des Stücks manifest. So lange bleibt die andere Alternative offen, und diese Möglichkeit der Wahl selbst verleiht dem Stück seine Spannung, während gleichzeitig die eigenartige und verwirrende Handlung des Stücks hilft, das dramatische Interesse aufrechtzuerhalten.

Der Untertitel von *Warten auf Godot* kennzeichnet das Stück als Tragikomödie. Wie Marx es formuliert, gibt es zwei verschiedene Wege, auf denen die Menschheit sich von ihrer eigenen Vergangenheit verabschiedet; zwei verschiedene Wege, sich den Stufen in ihrer Entwicklung gegenüberzustellen, die jetzt vergangen sind; es sind Tragödie und Komödie. Tragikomödie ist die mittlere Stufe. Hier hat der Dramatiker schon die inneren Verbindungsglieder verloren, die den tragischen Schriftsteller an die nahe Vergangenheit bindet, die jetzt zurückweicht, aber er hat noch nicht die geistige Entspannung des komischen Schriftstellers erreicht, der von Verbindungen mit einer absoluten Vergangenheit absolut frei ist. Beckett sieht den Niedergang der westlichen Zivilisation als wohlverdient und unvermeidlich. Sein Lachen hat einen Beiklang von Bitterkeit. In seiner Sicht hat die westliche Zivilisation sich selbst überlebt, und ihre fortdauernde Existenz ist ohne Bedeutung, ohne Substanz; ihrem Gang zum Tod fehlt jegliche Größe, und ihr Fall ist grotesk, da er weder erhaben tragisch noch ungehemmt komisch ist.

Wie jeder bemerkenswertere Erneuerer und Experimentator hat Beckett *Godot* sorgfältig mit den großen universalen Traditionen der Literatur verbunden. Das Theater, das er geschaffen hat, ist das späteste Glied in dieser Kette des Dramas: Er hat alles, was seine Vorgänger erreicht haben, verarbeitet, assimiliert und in einer abstrakten Form reproduziert. Beckett treibt die Stilisierung zur äußersten Grenze; aller Stoff wird in Form aufgelöst; in diesem Stück manifestiert sich der spekulative Inhalt nur indirekt als eines aus einer Anzahl formaler Elemente, indem er sich in der Atmosphäre und im Kontext des Stücks, durch das Verhalten, die moralischen Haltungen und die Beziehungen der verschiedenen Figuren ausdrückt. Sogar die Rede wird ihrer Funktion als Kommunikationsmedium beraubt, indem sie wie Struktur oder Atmosphäre auf ein formales Element reduziert wird. Bei Beckett nimmt die Rede von der Stelle aus Bedeutung an, die ihr im Stück zugewiesen wird – und diese Bedeutung entspricht nicht der unmittelbaren verbalen Bedeutung der Wörter und Sätze. Ein Grund dafür, warum die verschiedenen Teile des gesprochenen Dialogs nicht in Isolierung betrachtet werden dürfen – wie es z. B. bei Hamlets Monologen zulässig ist –, ist die Tatsache, daß einzelne Sätze und Antworten fast gar keine Bedeutung haben, wenn sie aus ihrem Zusammenhang gerissen werden.

Wo Kafka auf Träume aus dem Unbewußten zurückgriff, um seine eigene Mythologie aufzubauen, hat Beckett den Zusatz der Farce zum mittelalterlichen Moralitätendrama hinzugefügt, um die dramatische Form von *Godot* zu konstruieren. Wie das Moralitätendrama ist Godot eine Parabel, aber eine Parabel mit umgekehrten Werten. Weit entfernt davon, der moralischen Besserung der Gläubigen zu dienen, verhöhnt es die Treue zu ergebenem frommem Glauben. Wo fromme Bürger, die Gott suchen und sich nach Erlösung sehnen, in der Moral Erlösung finden, sehen in *Godot* die Guten und die

Bösen, die Gläubigen und die Ungläubigen gleichermaßen, daß sie im Land der Verdammten wohnen. Wie im Moralitätenstück erinnert die Szene, unabhängig von Zeit und Raum, an die Welt der Bibel, und die Figuren stellen nicht individualisierte Charaktere dar, sondern abstrakte Charakteristika, Haltungen, gesellschaftliche Kategorien. Wladimir ist der brütende Idealist, der immer hofft und immer an irgendein Ideal oder so etwas glaubt. Estragon andererseits ist der erdnahe, skeptische Materialist, der nur für den vergehenden Augenblick lebt. Lucky und Pozzo sind gleichermaßen Symbole der Menschheit; aber während die Beziehung zwischen den beiden Landstreichern von Gleichheit oder Freundschaft bestimmt wird, demonstrieren Lucky und Pozzo die Beziehung der Herrschaft und Unterordnung, des Herrn und des Knechts. Das Paar Lucky–Pozzo symbolisiert auch die gegenseitige Abhängigkeit von Körper und Seele, von Macht und Künsten. In *Godot* haben wie im Moralitätenstück Handlung und Figuren eine Bedeutung nur im übertragenen Sinne, auf einer symbolischen Ebene.

Beckett spielt sein Moralitätenstück jedoch auf der Ebene der Farce und beraubt so das ganze Werk seines moralischen Inhalts. Das feierliche Moralitätendrama wird auf die Burleske reduziert. Durch diese *reductio ad absurdum* eines Moralitätenstücks, das die Obertöne des großen Mythos der Erlösung heraufruft, erreicht Beckett den Effekt, den er will – die Zerstörung alter Mythologien, die Negation des Mythos, die Darstellung einer dehumanisierten und sinnlosen Welt, wo edle Ideale ihre Bedeutung und ihren Wert verloren haben und wo Religion, Wissenschaft und Kunst nur Material für die Farce sind. In Begriffen der Farce dargestellt, scheint *Warten auf Godot* sich selber zu zerstören.

Nichts in *Godot* sollte jedoch wörtlich genommen werden; in seinem Kontext ist Farce nicht bloß Farce, sondern das Vehikel für eine Reihe von fest verpackten Illusionen und Reflexionen. Die bloße Tatsache, daß das komische Element der Farce mit der Lyrik von Hoffnung und Freundschaft, von Furcht und Einsamkeit bei der Erwartung des Todes imprägniert ist, ist für uns eine Mahnung, uns durch die Form der Farce, in der das Stück geschrieben ist, nicht irreführen zu lassen. Ein clownischer Spaß jagt auf der Bühne den andern, und das Publikum lacht. Wir können gar nicht anders, als uns durch das ganze Stück hindurch bewußt zu sein, daß die groben Mittel der Farce bloß oberflächlich sind, daß der Dramatiker den Handstand oder den Tritt in die Hosen benutzt hat, um eine Kunstform zu schaffen, in der er Dinge von großem Gewicht mitteilt.

In den Händen Becketts ist der Spaß des Clowns ein Mittel, Brechts Theorie der Entfremdung auszuführen. Um eine entfremdete Welt darzustellen, braucht man eine entfremdete Kunst. In der theatralischen Praxis gelang es Brecht nie ganz, den *Verfremdungseffekt* so konsistent durchzuführen, wie es Beckett in *Godot* getan hat. Durch die ganze Aufführung hindurch beobachtet der Zuschauer »von außen«: er findet keine Gelegenheit, sich mit den Figuren zu identifizieren oder ihre Tragödie zu durchleben, als wäre es seine eigene. Und diese Distanz selber produziert beim Publikum eine Katharsis. Da der Zuschauer nicht emotional beteiligt ist, kann er das Spielen mit der Objektivität des Außenseiters genießen, die literarische und ästhetische Artistik des Stücks bewundern, sich an den fein gedrechselten Sätzen freuen, glücklich über die bizarren Scherze lachen. Erst auf seinem Weg nach Hause nach der Vorstellung erkennt er, daß er schließlich doch betrogen wurde von den Slapstick-Späßen. Da saß er im Publikum, sicher und beruhigt in seiner gemütlichen kleinen Weltphilosophie, und kicherte über jene schäbigen Landstreicher, über jenen schwellköpfigen Narren Pozzo, ohne zu merken, daß das Stück auch den Luftballon seiner eigenen Sicherheit angestochen hat, daß er für Estragon und Wladimir so lächerlich war, wie der Nonsense der beiden Landstreicher für ihn lächerlich und amüsant gewesen war.

Das schließt den Kreis. Darin, daß es den Zuschauer in seinen Glaubensüberzeugungen, die sich auf Selbstzufriedenheit, Kompromißbereitschaft und einen Glauben an falsche Mythen gründen, erschüttert, erreicht das Stück seinen Zweck. Die Auflösung führt nicht zur erhabenen Katharsis der Tragödie, sondern zur grotesken Entspannung, die durch tragi-komisches Anti-Drama hervorgebracht wird, eine Entspannung, die die Zuschauer und die grotesken Helden der Bühne mit gleicher Lächerlichkeit zudeckt.

Aber aufgepaßt! Wenn man erst einmal stark genug ist, der

Tatsache ins Auge zu sehen, daß man lächerlich ist, ist man nicht mehr ganz so lächerlich. Auch hier besiegt die Negation sich selbst. Denn echte Kunst ist der letzten, absoluten Negation nicht fähig: je bitterer und verzweifelter sie ihr »Nein« verkündet, desto unmißverständlicher ihr Verlangen nach dem erlösenden, befreienden »Ja«.

Darko Suvin
Becketts Purgatorium des Individuums oder die drei Gesetze der Thermodynamik
(Bemerkungen zu einer Incamination für eine präsubliminare Exagmination von Becketts Faktifikation.)

Ein Kritiker der modernen Dramatik mit einem Hang zu Brecht und O'Casey, das TNP und das Berliner Ensemble, Morgan und Frazer, Marx und Bloch muß mit einer hervorstechenden Schwierigkeit ins Reine kommen, wenn er sich selbst und seinem Handwerk gegenüber ehrlich sein will: Samuel Beckett. Wenn das Hauptkriterium für einen großen Dramatiker eine gelungene Verbindung von Relevanz und Konsistenz der dramatischen Konzeption ist, dann sind in unserem Kulturkreis – das heißt Mittel- und Westeuropa, die auf der Kultur des Mittelmeers beruhen, mit den großen Flügeln Sowjetunion und Nordamerika – die beiden großen Dramatiker seit dem Zweiten Weltkrieg Brecht und Beckett. Und doch stellt selten ein Beckett ergebener Kritiker sich mit Ernst und Sachverstand Brecht. Ich kann mich nur an einen umfassenden derartigen Versuch erinnern – den von Martin Esslin –, und der ist meiner Ansicht nach letztlich unüberzeugend. Umgekehrt hat meines Wissens kein zu Brecht neigender Kritiker eine umfassende Studie über Beckett geschrieben. Dieser Essay kann natürlich nicht beanspruchen, so umfassend zu sein, aber er könnte darauf aufmerksam machen, daß eine solche Studie nötig wäre, und Wege für die weitere Untersuchung vorschlagen. Ich möchte aber behaupten, daß er wenigstens ein Verdienst hat – nämlich daß er nicht der vorherrschenden Tendenz folgt, wegen der geschlossenen existentiellen Horizonte seines Werks Beckett aus rein ideologischen Gründen zu akzeptieren oder zu verwerfen. Es gibt viele Beispiele für ein unkritisches Akzeptieren der Werke Becketts. Was die unkritische Verwerfung betrifft, so will ich nur ein neueres Beispiel aus der Feder von W. Hecht, einem prominenten Theaterkritiker und -theoretiker des Berliner Ensembles, zitieren, das in einem Artikel steht, dessen ironischer Titel lautet: »›Brecht und Beckett‹ – Ein absurder Vergleich«:

»Doch für Leute, die unsere Welt verändern wollen, so daß sie bewohnbar wird, ist Becketts Theater uninteressant, es fehlt ihm an Substanz und Witz, kurz: Sehr alter Wein in nicht einmal ganz neuen Flaschen.«[1] Der beste Weg, schon vorher feststehende Ablehnungen einerseits und modische Vergötterungen andererseits zu vermeiden, scheint in dem Versuch zu liegen, erst einmal Becketts dramatische Sicht der Welt und des Menschen in ihrem inneren Zusammenhang ausführlich zu betrachten. Dann erst sollte man sie in ihre genetische und anthropologische Perspektive stellen, um schließlich zu einigen Schlußfolgerungen über ihre externe Relevanz zu gelangen.

I

Zunächst einmal ist Becketts Welt[2] geschlossen, gehört zu der gleichen kosmologischen Familie wie eine ptolemäische Welt, von der sie sich jedoch durch das schmerzliche und morbide Bewußtsein (manche Krankheiten führen zu einer besonderen Fähigkeit, bestimmte Beziehungen wahrzunehmen) unterscheidet, daß eine transzendente vertikale Öffnung theoretisch möglich und vielleicht notwendig ist. In *Act Without Words I* wird eine solche Möglichkeit auf der Bühne vorgeführt, in *Waiting for Godot* ergibt sie einen der Pole für die Spannung. Das heißt nicht, daß eine solche Öffnung einen christlichen, buddhistischen oder sonst einen Gott implizierte – oder daß Godot mit ihr gleichgesetzt werden sollte. Nähe und Entfernung zwischen Gott und Godot sind durch ihre Namen genau bestimmt. Godot ist eine Art (kleiner, impotenter) Gott, da er für Didi und Gogo von dem Ort fern ist, an dem er für die Christen anwesend zu sein pflegte. Aber durch seine Flüchtigkeit, mit der er sich entzieht, ist Godot gleichzeitig ein Pseudo-Gott, ein Surrogat, dessen Existenz zweifelhaft ist; tatsächlich ist er, wie Biologen es formulieren würden, der Funktion nach Gott analog, so wie Kiemen den Lungen. Die Existenz der geschlossenen Welt steht jedoch außer Zweifel, und der immer wieder gezogene Vergleich dieser Welt mit einer Folie verschiedener Alternativen dient dazu, die eingekapselte Beckettsche Welt als unnatürlich klein, beklemmend klaustrophobisch erfahren zu lassen. »HAMLET: Dänemark ist

ein Gefängnis./ROSENCRANZ: So ist die Welt auch eins./
HAMLET: Ein stattliches, worin es viele Verschläge, Löcher
und Kerker gibt. Dänemark ist einer der schlimmsten.«[3] Verglichen mit der Reichweite der Welt Hamlets ist Becketts Welt
geschrumpft; sie ist nicht einmal mehr ein »stattliches« Gefängnis, bringt es aber fertig, doch noch ein paar »Verschläge,
Löcher und Kerker« einzuschließen, die in den berühmten
Mülleimern von *Endspiel* und *Spiel* oder den konservierten
Stimmen-Gefängnissen von *Das letzte Band* und *Cascando*
eindrucksvoll verdeutlicht werden.

Man muß hier einschieben, daß eine solche Welt die meisten
empirischen Wahrnehmungen und Werte ausschließt, daß sie
sich mit der empirischen Welt »nur in den verzweifeltsten
Fällen oder in bestimmten, fast unerträglichen Momenten«[4]
überschneidet. Dies ist und ist nicht eine lebende Welt wegen
der merkwürdigen Dialektik des Zwielichts bei Beckett. Es ist
eine Flora und Fauna des Lebens-im-Tod oder des Todes-im-
Leben, fast wie die Welt einer Lovecraft-Fantasie oder die
eines surrealistischen Abstellraums. Mit ihrem Mangel an
Bewegung und Aktivität – die zyklische Wiederholung werde
ich später diskutieren – ist sie sicher eine hoffnungslosere
Version des Purgatoriums von Dante (spezifischer, wie
Becketts Interesse an der Figur Belacquas zeigt, der niedrig-
sten Stufe des Vorpurgatoriums, wo die Säumigen auf das
Ende ihrer Strafe warten): ein umgekehrtes Purgatorium, in
dem das Leben vorüber, aber nicht zu Ende ist.

Terra Beckettiana ist offensichtlich ein zielloses Insel-Uni-
versum, ist nicht nur verödet, sondern reduziert sich auch
laufend. Die Dinge, Farben, Kräfte befinden sich im Zustand
des Abnehmens, der sich zeigt in der zunehmenden Müdigkeit
Gogos und Didis, dem physischen Verfall Pozzos und Luckys
(in diesem Zusammenhang, finde ich, ist der Blätter tragende
Baum nur eine ironisch-doppelsinnige Falle), dem Ausgehen
von Nahrung und Pillen in *Endspiel*, dem anwachsenden Hügel, der Winnie begräbt, ein allgemeiner »cascando«-
Rhythmus sowohl im Ganzen wie in den besonderen Momenten. Becketts Universum strebt asymptotisch einem absoluten
Nullpunkt der Energie zu, dem berühmten *Wärmetod* – einem
Ende des Universums in absolutem Fehlen von Licht, Bewegung und Wärme –, mit dem die *fin-de-siècle*-Physiker (Boltz-

mann etc.) ein ermüdetes *fin-de-siècle*-Europa in Schrecken zu versetzen pflegten.[5] Hugh Kenner hat witzig bemerkt, daß die Hauptmerkmale des Beckettschen Kosmos – ein geschlossenes System und das Abnehmen seiner Energie – in Wirklichkeit die beiden Gesetze der Thermodynamik sind. Unerwähnt bleibt jedoch das dritte Gesetz der Thermodynamik (Nernsts Theorem: der absolute Nullpunkt kann nur asymptotisch erreicht werden, d. h. man kann ihm nur immer näher kommen, ohne ihn je zu erreichen), das ebenso charakteristisch für Becketts Rhythmus und für seine Konzeption ist und darum in jedem Urteil über ihn als ebenso wichtig angesehen werden sollte.

In einer solchen Welt, in der Sinnlosigkeit alle klaren Ziele völlig verwischt hat, wird die Handlung mit Gesten und Worten absichtslos und formal. Sie bewegt sich in einem eigenartig repetitiven Hin und Her.

> ESTRAGON Es ist eigenartig, je weiter man kommt, um so schlechter schmeckt's.
> WLADIMIR Bei mir ist das Gegenteil der Fall.
> ESTRAGON Das heißt?
> WLADIMIR Ich gewöhne mich nach und nach an den Dreck.
> ESTRAGON *nachdem er lange überlegt hat.* Ist es das Gegenteil?[6]

Dieser Teufelskreis, der sich in aller Länge wiederholt, verkehrt jede aktive Anstrengung in Stocken, die menschliche Existenz in einen folgenlosen Alptraum, das Vergehen der Zeit in einen Anschein von Zeitlosigkeit. Am Ende jedes Zeitabschnitts, der ihm die Illusion gab, daß etwas erreicht wurde, wird der Leser desillusioniert. Daß diese Zeitabschnitte, dieses ganze Dahingehen, austauschbar sind, läßt die Zeit unbestimmt, sowohl zeitlich wie zeitlos werden, korrelativ zu der nicht eindeutig einzuordnenden, dem Purgatorium ähnlichen Qualität des Raums. Die Zeit, deren Maß Bewegung und Veränderung ist, steht fast still. Aber nicht ganz: Eine rudimentäre Aktivität und Folge gibt es noch: »Mein Leben . . . ist zu Ende und dauert zugleich an, aber durch welche Zeit des Verbums soll man das ausdrücken?«[7]

Eine Zeit, die durch angehaltene Entwicklung in einer unbestimmten Welt gekennzeichnet ist, ist eine Zeit mit infantilen Figuren[8], deren Unfähigkeit, über einen religiösen Rahmen hinauszugehen, aufgewogen wird von ihrem Bewußtsein der Absurdität einer solchen Situation. Dieses Gleiten zwischen zwei epistemologischen Ebenen macht den rettenden trockenen, schwarzen Humor Becketts aus, vielleicht das entscheidende ästhetische Moment seiner dramatischen Konzeption. Becketts wilder, manchmal Swiftscher Witz führt zum Spielen existentieller Spiele, die mit der empirischen Realität konkurrieren, sie parodieren und in dem fast vollkommenen Vakuum dieser Welt willkürlich eine Struktur festzulegen suchen. Jedes seiner Werke läßt sich als ein einziges ausgedehntes Spiel über eine Grenzsituation des menschlichen Bewußtseins betrachten – einen Grenzwert, übertragen in Zeit (der Punkt des Todes oder vielleicht einer rituellen Geburt) und in Raum (ein Abstellraum oder der Strand von *Aschenglut* und *Cascando*). Ein derartiges Einsteinsches Zeit-Raum-System wird beherrscht von dem »freudlose[n] Lachen . . . das verblüfft dem höchsten Witz huldigt«[9]: das Spiel wird gespielt als ein freudloses Lachen sowohl über die unsichtbaren Mächte, die eine solche Welt auf sardonische Weise vorbestimmt haben, wie über die Welt selbst.

Damit ein Spiel gespielt werden kann, sollten zwei oder mehr Spieler da sein: in diesem öden System ist ein Paar (sei es anwesend oder impliziert) die beliebteste Zahl. Zwei Personen werfen sich nicht nur Stichworte und Antworten zu, sie spielen auch eine gewisse Skala der Beziehungen, die zwischen den Dingen und ihnen selbst möglich sind, durch, ergehen sich in Varieté-Wechselreden (wie Gogo und Didi) oder führen eine Beziehung der Macht vor (wie Pozzo und Lucky). Bei Beckett ist die Natur – auch die menschliche Natur – »etwas aus Wahrnehmendem und Wahrgenommenem Zusammengesetztes«[10]. In seinem Figurenpaar nimmt jeder den andern wahr und wird von ihm wahrgenommen, ist jeder Sprecher und Zuhörer, die in einer geschlossenen Welt zur Kommunikation nötig sind. In jedem Stück wird ihr sardonisches Spiel mit einer »komischen Skala« befremdender, schamloser Mittel gespielt, mit Clownerie. Wie ein scharfer französischer Kritiker bemerkt hat, »haben seine Stücke, die sich zwischen offener Grobheit und eindringlicher Dichtung bewegen, den Reiz eines Zirkus, die Faszination des Denkens. Illustrierte Philosophie sind sie wie der Zirkus: Ein Bild des Menschen wird in die Manege gestellt«[11].

Der Clown ist ein Komödiant, der seine Bewußtheit und die des Publikums absichtlich auf sein Nichtkönnen lenkt, er ist eher eine epistemologische als eine psychologische Bühnenfigur. Dingen gegenüber ist er gewöhnlich leichtgläubig wie ein Kind, doch wenn er auch wenig Erfolg hat, erkennt er schließlich die Entropie der Ordnung und weigert sich, sich ihr zu unterwerfen. Becketts Clowns sind entmenschlicht, weil offenkundig der Geschichte beraubt: Doch hat die Geschichte die Voraussetzungen ihrer dem Purgatorium ähnlichen Umgebung geformt. Sie ist kein bloßer Hintergrund mehr (wie sie es vielleicht, sagen wir, bei Ibsen gewesen wäre), sondern hat die Figuren so vollständig durchdrungen, daß jene sich mit ihr nicht mehr wirklich auseinandersetzen können: nicht einmal mehr mit ihrer »inneren Umgebung«, wie es noch für Pirandellos Eva und Lina oder Brechts Shen Te und Shui Ta möglich war. Das scheinhafte Entkommen aus der Geschichte hat dieser die Figuren nur totaler und hilfloser ausgeliefert. Sogar ihre Sprache ist funktional durchsichtig geworden, sie liefert bloß die Elemente, aus denen szenische Situationen aufgebaut werden, die erschöpfend zeigen, daß es nichts zu zeigen gibt. Das ingrimmige und pedantische Kleben an Banalitäten wird aufgewogen allein von Obszönität und einer gewissen Melancholie, die sich über die hoffnungslose Suche nach Sinn zu legen scheint. Sie sind clowneske Opfer, die dank eines »hypothetischen Imperativs« existieren, oszillierend zwischen dem Bemühen um eine gesellschaftliche Superiorität, die lächerlich ist, und der Obszönität und Gewalttätigkeit des Lumpenproletariats, festgehalten zwischen Apathie und der Hoffnung auf das Nirwana. Hier ist das Nirwana eine Hoffnung, aufs Innigste zu wünschen, und in blasphemischer Weise ungeglaubt.

II

Warum ist Becketts schmerzhaft konsistente Welt so, wie sie ist? Wie Brecht es ausdrücken würde, welche hinter ihr liegenden Ereignisse sind der Schlüssel zu ihren Ereignissen? Diese Frage muß beantwortet sein, bevor seine *Weltanschauung* beurteilt werden kann. Ist der Autor, wie viele Apologeten behaupten, in seinen Alpträumen und Ängsten zufällig auf einige archetypische Ängste des Selbst gestoßen, die in einem vietnamesischen Bauern, einem jugoslawischen Arbeiter, einem französischen Intellektuellen und einem amerikanischen Geschäftsmann (oder wenigstens, wie die Vorsichtigeren zugeben, in den beiden letzteren) vermutlich identisch und für sie gleichermaßen relevant wären? Zweifellos ist jede künstlerische Konzeption ein Produkt der »inneren Umgebung« ihres Autors; eine entpersönlichte Sprache – Werbung, Slogans – kann nur Klischees, Fetzen einst gültiger Konzeptionen verwenden. Aber auf der Grundlage jenes tautologischen Gemeinplatzes, die innere Realität jedes wahren Schriftstellers liege jenseits der Geschichte, weil der Schriftsteller selbst (oder sein Kritiker) die Geschichte verwerfe, zu argumentieren (wie es im Falle Prousts auch Beckett zu tun scheint), hieße, nicht nur die große Maxime zu vergessen, die D. H. Lawrence so formulierte: »sich nie auf den Erzähler verlassen; sich auf das Erzählte verlassen«, sondern auch den größten Teil der menschlichen und kritischen Erfahrung. Das sardonische Schicksal der Figuren Becketts, die in der zähen Masse der angehaltenen Geschichte gefangen sind, weil sie sich weigern, in die Geschichte einzugreifen, sollte eine angemessene Warnung sein.

Viele, die sich mit Beckett beschäftigt haben, haben bemerkt, sein Werk sei eine radikal gekürzte Rekapitulation einer bestimmten Tradition des Denkens und der Kunst, fast die Essenz eines Segments der Geschichte des Denkens. Einige sind so weit gegangen, das Segment zu identifizieren, meist an seinem Ursprung: »... das ganze Werk Becketts insistiert paradox auf der cartesischen Definition des Menschen als eines ›Dinges, das denkt‹, und rebelliert dagegen, (...) die cartesische Spaltung in eine Welt *in re* und eine Welt *in intellectu*...«[12], aber manchmal auch an seinem Kristallisationspunkt: »Becketts Comédie ist Feydeau von jenseits des Grabes gesehen«[13], oder als eine umfassende *Götterdämmerung* (hier auf seine Prosa bezogen, aber auf sein ganzes Werk anwendbar): »... [hinter Becketts Werk liegen] Tonnen von moralisierender Belletristik, haufenweise Eigenlob in schönen Versen und Stöße von Romänchen, die vom Erwerb und Verlust beweglicher Eigentümer berichten, von *Robinson Crusoe* bis *The Spoils of Pointon.*«[14] Wenn Becketts Werk, wie Kenner weiter argumentiert, ein »kurzgefaßter Abriß« einer bestimmten Epoche »auf ihre allerallgemeinsten Wesenszüge reduziert«[15] ist, sollte jeder Kritiker, der glaubt, daß (wie die Biologen es formulieren würden) die »innere Umgebung« ebenfalls genetisch bestimmt ist – im Fall des Menschen sehr viel mehr durch gesellschaftliche als individuelle Vererbung – diesen »Wesenszügen« viel größere, vielleicht die größte Aufmerksamkeit zuwenden. Ich schlage vor, jene Epoche nach ihrer zentralen und stilistisch entscheidenden Kategorie *Individualismus* zu nennen; dieser stellt ein Sehen, ein Fühlen oder Erkennen der Welt und des Menschen vom Standpunkt des Individuums als des unreduzierbaren, unteilbaren Prüfsteins und Maßes aus dar. Der Individualismus ist eine Weltsicht, die in Italien[16] zur Zeit Petrarcas und Macchiavellis, ein Jahrhundert später in Frankreich und ein weiteres Jahrhundert später in England erreicht wurde. In England hat er schließlich in der archetypischen Figur Robinson Crusoes auf seiner Insel, die mit Recht für Becketts Robinson-Paare und ihre Insel-Welten der letzten Tage als so wichtig angesehen wurde[17], eine sehr treffende literarische Verkörperung gefunden.

Die Jahrhunderte des Individualismus zwischen Bacon oder Descartes und Proust oder Beckett sind natürlich die Zeit des endgültigen Sieges der Geldwirtschaft über die Naturalwirtschaft. Diese *Instauratio Magna* führte zu vielen und großen Triumphen des Menschen über die Natur; aber der dafür gezahlte Preis war erheblich, vielleicht zu hoch. Den Preis für den neuen unternehmerischen, »faustischen«[18] Geist kann man in den Begriffen der »Entsinnlichung« und der »Verdinglichung« [reification] zusammenfassen. Entsinnlichung der Beziehung des Menschen zur materiellen Realität ergibt sich unmittelbar daraus, daß alle nützlichen Dinge auf den beherrschenden gemeinsamen Nenner des Geldes reduziert wurden. Alle Phänomene erscheinen dann dem quantitativen Messen unterworfen; alle Werte, Gott inbegriffen, lassen sich als Eintragungen in ein individuelles Gewinn-und-Verlust-*conto corrente* behandeln. Der Verkauf *en gros* von Ablässen, der das Empfinden Martin Luthers, der einiges vertragen konnte, in Rage brachte, war nur das logische Ergebnis eines Systems, in dem posthume Legate für ihre eigenen wucherischen Quellen Sühne sein sollten. Das vorherrschende Empfinden der Mittelklasse behandelt Gott zunehmend als Eigentümer eines riesigen und vielseitigen Handelsgeschäfts, das zwar größer ist als die von Bardi und Peruzzi, den Medicis oder den Fuggern, aber sich prinzipiell von ihnen nicht unterscheidet. Da alle Angehörigen der Mittelklasse Gottes Kinder sind, ist er entsprechend der potentielle Senior-Partner eines jeden:

ESTRAGON	Worum haben wir ihn eigentlich gebeten?
(...)	
WLADIMIR	Na ja ... Eigentlich um nichts Bestimmtes.
ESTRAGON	Eine Art Gesuch.
WLADIMIR	Eben.
ESTRAGON	Eine vage Bitte.
WLADIMIR	Wenn du willst.
ESTRAGON	Und was hat er geantwortet?
WLADIMIR	Er würde mal sehen.
ESTRAGON	Er könne nichts versprechen.
WLADIMIR	Er müsse überlegen.
ESTRAGON	In aller Ruhe.
WLADIMIR	Seine Familie um Rat fragen.
ESTRAGON	Seine Freunde.
WLADIMIR	Seine Agenten.
ESTRAGON	Seine Korrespondenten.
WLADIMIR	Seine Register.
ESTRAGON	Sein Bankkonto.
WLADIMIR	Bevor er sich äußern könne.
ESTRAGON	Das ist klar.
WLADIMIR	Nicht wahr?
ESTRAGON	Es scheint mir so.
WLADIMIR	Mir auch.

Ruhe.[19]

Im Bilanzbogen des individuellen Lebens trennt die neue »doppelte« Buchführung (*ragionera*, systematisiert von Fra Pacioli im 15. Jahrhundert) das investierte Geld von seiner naturalwirtschaftlichen Funktion, Dinge zu erwerben, die man zum Leben braucht: In dem neuen System agiert das Geld, als hätte es einen Zweck in sich selbst, nämlich die reine quantitative Selbstvermehrung, die den kanonischen christlichen Autoren bis hin zu Ben Jonson eine Menge Schwierigkeiten machte.[20] Alle Qualitäten der Dinge werden gleichgültig für den Handel, der es so leicht hat, die Grenzen, die von der menschlichen Natur und den persönlichen Bedürfnissen erzwungen waren (essen, abnutzen usw. kann man nur eine bestimmte Anzahl von Dingen zu einer gegebenen Zeit), hinwegzufegen. Die Sinnesdaten von Kleidern oder Gewürznelken, Mehl oder Farbe geben ihre Vorherrschaft ab an die rationale Information über die Menge an investiertem Kapital und an gewonnenem Profit, der nur größer oder kleiner sein kann; Quantität ist die einzige Qualität des Geldes. Erfolg im individualistischen Leben zeigt sich an der Größe des Profits. Der ideale Unternehmer einer Geldökonomie mißt Werte an einer phantomhaften Skala von arithmetischen Symbolen, die selber keinen Wert haben, die über die irdische, sinnliche Realität den Vorrang erhalten und den Messenden von jener Realität isolieren: *quod non est in libris, non est in mundo* [Was nicht in den Büchern steht, gibt es in der Welt nicht]. Der ideale Kapitalist sollte so privat in der einen und gesellschaftlich in der andern Welt leben: er bewegt sich in das vertraute Gebiet einer zunehmenden Spaltung von Ehrgeiz und Vergnügen, Körper und Vernunft, Gefühl und Denken, dem Immanenten und dem Transzendenten. In der etwas obskuren Terminologie T. S. Eliots (der jedoch das Verdienst hat, als erster moderner anglo-amerikanischer Kritiker auf diese Sachverhalte aufmerksam gemacht zu haben): seine Sensibilität dissoziiert sich.[21]

Das Profit-Prinzip und die Ideologie des Rationalismus begegnen sich auf dem Boden des Glaubens an die allmächtige Quantität – an die Zahl. Schon die Bedeutung des Begriffs *ratio (ragione, raison)* verschiebt sich von der klassischen, ciceronischen Bedeutung, nämlich »Vernunft«, »Beziehung«, »Art und Weise«, »Kalkulation«, »Rechnung«, auf die Bedeutung »Eintragung *(conto)* in Geschäftsbücher« und schließlich »Geschäftsbetrieb« oder »Konzern«. »Rationalismus« heißt ganz wörtlich die Ideologie (»-ismus«) des Geschäfts (»ratio«). Es ist kein Zufall, daß der Individualismus eine rationalistische Philosophie angenommen hat, ein cartesianisches Bild der Bewegung und eine Newtonsche Kosmographie. Doppelte Buchführung hat in das tägliche Wirtschaftsleben Kontoeinträge eingeführt, die wie Dinge funktionieren; einmal in Bewegung gesetzt, bewegen sich solche finanziellen und numerischen Körper in berechenbaren, mechanisch determinierten Rillen. Kunstfiguren neigen dazu, entsprechende Fundamentalcharaktere anzunehmen; ihre Bewegung wird immer mehr (man vergleiche etwa Shakespeare und Ibsen) von einer Gewinn-und-Verlust-Rechnung bestimmt, während alle anderen hypothetischen Motivationen sie träge lassen. Becketts Figuren schließlich finden sich in einer permanenten Spannung zwischen einer idealen Norm der Ruhe (Nirwana, thermodynamischer Tod) und den Bewegungen, die von einem Flackern des »hypothetischen Imperativs« verursacht werden, wobei jede Bewegung detaillierte Beschreibung verdient und Befreiung eine Abweichung von der Norm ist. Rationalismus, analytische Mathematik und Mechanik sind sehr eng miteinander verwoben: in keiner gibt es einen Platz für *Qualitäten*, für fruchtbare Abweichungen von festliegenden positiven Gesetzen. Vom Einzigartigen und Besonderen geschieden, kleiden sich Fruchtbarkeit und Lebendigkeit in institutionalisierte Verallgemeinerungen; genauso wie die »Gesetzesperson« des Unternehmens sich unterscheidet und trennt von der sinnlichen Person des Unternehmers, den die doppelte Buchführung als eine dritte Partei sieht, die nur dem geliehenen Kapital dient. *A fortiori* sind andere Personen auch nur aus rationellen Gründen interessant, als Käufer oder Verkäufer von bestimmten Mengen von Handelsartikeln (ihre Arbeitskraft eingeschlossen), die in Geld und Zeit meßbar sind. Die Zeit, die sich in der feudalen Naturalwirtschaft langsam bewegte oder nicht vorkam, wird den Finanzen und ihren immer schnelleren Umwälzungen äquivalent. Im vierzehnten Jahrhundert werden Mengen von Zeit zum ersten Mal exakt gemessen; man beklagt ihr rasendes Fließen, was mit dem Handel von Italien nordwärts nach England zunimmt. St. Antonius vom Finanz-Zentrum von Siena gab damals zu, die umstürzende Neuheit der Zeit sei »pretiosissima res et irrecuperabilis«[22] [etwas sehr Kostbares und Unwiederbringliches]; ein direkter Vorläufer des Slogans »Zeit ist Geld«. Zusammen mit einem unbegrenzten mechanischen Raum, der um individuelle Kraftzentren herum organisiert ist, vervollständigt die arithmetische Zeit, die neutral ist, aber zunehmend problematisch wird, die cartesianischen Dimensionen einer analytischen individualistischen Kosmographie, in der der Mensch für den Menschen bloß ein Objekt der Anziehung oder Abstoßung in der Zeit wird.

Entsinnlichte Kalkulation überwuchert die fundamentalen menschlichen Beziehungen von Produzent und Produkt, Mann und Frau, Eltern und Kind. Das kurze Zwischenspiel einer harmonischen Renaissance mit autonomen Persönlichkeiten – sichtbar noch bei Boccaccio, Rabelais oder in einigen Komödien und Romanzen Shakespeares – hört jäh auf. Der Mensch kann nicht mehr versuchen, sich in einem flexiblen Ganzen, dessen »verschiedene, klar begrenzte Glieder in eine Harmonie gebunden waren, in der jeder Ton als solcher mit vollkommener Klarheit erklang«[23], zu verwirklichen, sondern nur noch als ein abgespaltenes Individuum, das herrscht »auf Kosten« der Natur und anderer ausgebeuteter Individuen – Frauen, Kinder, Arbeiter, ökonomisch schwächerer Bürger, ärmerer Leute. In einem solchen Zusammenhang werden enge Kontakte zwischen Individuen immer weniger geduldet. Das Drama zeigt das sehr deutlich: Shakespeares nicht gesellschaftlich motivierte, aber voll entwickelte Charaktere können noch sich berühren, aufeinanderprallen und harmonieren; Diderot und Lessing führen nur noch eine pragmatische gesellschaftliche Moral der Kooperation zwischen Individuen einer jungen und noch oppositionellen Klasse vor. Dieser abfallenden Wurfbahn folgend gelangt der Individualismus über die antigesellschaftliche romantische Revolte (der frühe Schiller, Hugo) zu gänzlich egoistischen Robinsonfiguren (das realistische Drama). Schließlich bleiben psychotische Konflikte als einzig mögliche Verbindung zwischen den verödeten Inseln individueller Psychen – eine Verbindung *sit venia verbis* mit Hilfe in die Tiefe gehender Geschosse über die Meere der Nichtkommunikation hinweg (von Naturalisten über Psychoanalytiker zu Psychopathologen, sagen wir Hauptmann – O'Neill – Williams).

Daraus wird verständlich, warum Beckett es vorgezogen hat, seine Figuren ohne alle Begrenzungen, über die sie sprechen könnten, zu lassen, mit Ausnahme derjenigen, die eine szenische Funktion haben. Wenn es eine Regel ist, daß »der Mensch dem Menschen ein Wolf« ist, dann wird eine rücksichtslose Verteidigung des Selbst und Abweisung der menschlichen Solidarität zu einer realistischen Alternative (Shaw nutzte das aus, von *Frau Warrens Beruf* bis *Major Barbara*). Indem sie das Kind des Von-Mensch-zu-Mensch ausschütten, werden Becketts Figuren vielleicht auch das schmutzige Bad der Wolfsähnlichkeit los.

Verdinglichung [reification], die Unterordnung des Menschen unter Gegenstände oder Dinge, ist der zweite Hauptaspekt des Preises, der für den Individualismus gezahlt werden muß. Wenn die Beziehungen entsinnlicht sind, herrschen *Dinge* in ihrer Quantität. Die arithmetischen Äquivalente der Dinge, *Körper*, und ihrer quantitativen Beziehungen, *Kräfte*, machen das Rückgrat des klaren und verarmten Weltbildes des Rationalismus aus. Hier ist das Ideal der Fülle kein Anreiz für sinnliches Vergnügen mehr, während es für Alberti, Leonardo oder Rabelais noch ein glanzvolles und schönes Mittel war. Von allgemeinverbindlichen menschlichen Werten nicht mehr kontrolliert, wird der quantitative Reichtum zum Selbstzweck und wuchert. Die vom Produzenten getrennte Produktion vergegenständlicht sich. Dieser Prozeß setzt sich fort bis zu dem idealtypischen Fall der bürgerlich-individualistischen Gesellschaft. »Das Kapital ist unabhängig und persönlich, während das tätige Individuum abhängig und unpersönlich ist«[24]. Der Mensch, der Produzent und Schöpfer, wird auf allen Seiten depersonalisiert: ökonomisch (das Kapital), physisch (ein Vorgang im bald mechanisierten Arbeitsprozeß), organisatorisch (die Fabrik und ihre Äquivalente), gesetzlich (die company, die in Hinsicht auf die Eigentumsverhältnisse und das Management zunehmend anonym wird), im Denken (Spezialisierung, später Institutionalisierung), politisch (der zunehmende Apparat der Staaten und Parteien) und so weiter. Die entmenschlichten Leviathane der Ökonomie, Gesellschaft und Staat, entsprechen einem verdinglichten Menschen. Die Laien-Gottheit der Dinge, Handelsgüter, Besitztümer herrscht in einer solchen Welt über eine entrechtete Person. Beckett sucht dieser Herrschaft zu entkommen, indem er die Dinge verwirft, während er die entrechteten Figuren behält und auf ihnen besteht: Ergebnisse ohne Ursachen machen die Beckettsche Welt aus.

Wenn Becketts Welt so am sinnvollsten als ein Bilanzbogen

verstanden werden kann, der »die drei Jahrhunderte aufnimmt und auf das Wesentliche reduziert, in denen jene ehrgeizigen Prozesse, für die Descartes das Symbol ist, die Dehumanisierung des Menschen vollendeten«[25], so nimmt die zu Beginn dieses Abschnitts gestellte Frage die Form an: welche Art von Reduktion stellt diese Welt dar? Um es kühn zu formulieren, gibt es eine zustimmende oder verdammende Tendenz in ihrem Urteil über die große individualistische Tradition? Das Zurückscheuen vor jeder einmaligen individuellen Erfahrung, ihre Ersetzung durch wiederholte, pseudo-allegorische Ereignisse, die, indem sie darübergelegt werden, eine zeitlose Erfahrung schaffen – überhaupt die ganze ungehemmte Entmachtung der Welt und des Menschen (ein Hauptthema von Becketts Werk), die als eine *reductio ad absurdum* der individualistischen Beziehungen auf ihre logischen und geschichtlichen Endresultate bestimmt werden kann – alle diese Anzeichen lassen wenig Zweifel an dem implizierten sardonischen Kommentar. Luckys Rede, aber auch beliebig viele kürzere Beispiele, ließen sich als Beweis zitieren.

POZZO   Früher tanzte er die Farandole, die Almée, den Branle, den Gigue, den Fandango und sogar den Hornpipe. Er sprang dabei. Jetzt macht er nur noch das. Wissen Sie, wie er es nennt?

ESTRAGON   Den Tod des armen Schluckers.

WLADIMIR   Das Krebsgeschwür der Greise.

POZZO   Den Netztanz. Er bildet sich ein, sich in einem Netz verfangen zu haben.

WLADIMIR   *er windet sich wie ein Ästhet.* Es ist etwas daran . . .[25]

Wenige würden, glaube ich, einem Kommentar wie diesem nicht zustimmen: »Das Theater Becketts ist ein Testament, in dem der Ruin der Zivilisation festgehalten ist.«[26]

Die Haltung eines sardonischen Urteils über die Geschichte des Individualismus, seine Bedeutung, sein Denken, seine Kunst und die öde Abstraktion seiner Beziehungen erklärt, warum Beckett in manchen Zügen auf prä-individualistische Formen zurückgreift. Obwohl die Beziehungen in diesem geschlossenen Universum die des Universums von Newton sind, weist es eine deutliche Ähnlichkeit mit der ptolemäischen Welt auf. Eine Art infantilen oder psychotischen Wunsches, reinen Tisch zu machen und zu weniger komplexen und komprommitierten Beziehungen zu gelangen, scheint in vielen Zügen des Beckettschen Universums zu liegen. Ihr untergeordneter und formaler Status zeigt, meine ich, daß der Autor sich der Unmöglichkeit der Zurückentwicklung bewußt ist. Becketts festgestelltes individualistisches – und individuelles – Purgatorium ist ohne Gott, weil es individualistisch ist, ist erstarrt, weil Beckett nicht mehr an den Individualismus glauben kann. Sein eigenes unglückliches rationalistisches Bewußtsein wird mit einem innerhalb des individualistischen Rahmens unlösbaren Paradox konfrontiert: »Dennoch spreche ich von einer Kunst, die sich in Abscheu von ihr (i. e. der Ebene des Machbaren) abwendet, ihrer schwächlichen Leistungen müde, müde vorzugeben, zu können, müde zu können, die gleiche alte Sache ein bißchen besser zu machen, auf einer öden Straße ein bißchen weiter zu gehen.«[27] Der Beckett der *Drei Dialoge* zieht dieser Kunst einen »Ausdruck« vor, in dem das Bewußtsein, »daß da nichts ist auszudrücken«, sich verbindet mit dem ebenso klaren Bewußtsein von »dem Zwang, auszudrücken«[28]. Das Selbst, das letzte Unteilbare der individualistischen Welt, ist aufgebrochen und hat eine Leere gelassen; doch die individualistische Tradition der Selbstbefragung setzt sich ungebrochen fort, indem sie in tragikomischer Weise die Leere einschließt.

III

Es ist jetzt vielleicht möglich, einige Schlußfolgerungen über die Relevanz von Becketts Sicht des Menschen in der gegenwärtigen Situation zu ziehen. Für die Urteile beruht die Relevanz auf zwei Gruppen von Argumenten. Die erste behauptet, Becketts Figuren seien repräsentativ für Millionen Arbeiter und andere Personen, denen die Herrschaft über das Ergebnis ihrer Handlungen genommen ist, oder die sich mit Sorge oder Angst der Sinnlosigkeit oder sogar selbstmörderischen Natur dieser Ergebnisse, für die zu handeln auf Pseudoaktivität hinausläuft, bewußt sind. Daß Becketts Figuren repräsentativ sind, zeigt sich außerdem darin, daß sie nicht nur nichts tun, sondern dabei gleichzeitig nicht aufhören, weitermachen zu wollen.

»Was Beckett darstellt, ist nicht Nihilismus, sondern die Unfähigkeit des Menschen, ein Nihilist zu sein, selbst in einer Situation äußerster Hoffnungslosigkeit.« Als Beweis gilt der sein Werk durchziehende Ton einer traurigen Farce, der die »Traurigkeit allen menschlichen Schicksals« reflektiert und eine menschliche Solidarität und ein Mitleid schafft, die »dieses Schicksal vielleicht ein wenig weniger unerträglich machen«[29]. Diese Behauptung besteht also aus zwei Annahmen: 1) daß die Lage des Menschen in der Gegenwart zutiefst düster sei; 2) daß Becketts Darstellung dieser Lage witzig intellektuell und tröstlich humanistisch sei. Die erste Annahme stützt Beckett emphatisch selbst; und zweifellos stellt sie den Brennpunkt seiner Weltsicht dar. In seinen wenigen Interviews hat er ausdrücklich jedem bewußt lebenden Menschen das Bewußtsein des Nichtwissens und der Ohnmacht in einer Welt, die »ein Chaos« ist, zugeschrieben.[30] Ich sehe keinen Grund, warum man die erste Annahme nicht akzeptieren sollte – die von vielen Aspekten des (bisher) Sechzigjährigen Krieges und anderen verdinglichenden Prozessen dieses Jahrhunderts gestützt wird, und die Marx' wuterfüllter Scham und Brechts kalter Entrüstung über die Welt und die Menschen ihrer Umgebung sehr verwandt ist – vorausgesetzt, daß man nicht intoleranterweise behauptet, diese Facette der menschlichen Probleme sei ein erschöpfendes und zeitloses Bild allen »menschlichen Schicksals« immer oder heute. Auch ist wahr, daß die Tatsache, daß die Figuren Becketts trotz der Leere, in der sie sich befinden und in der man sie finden kann, weitermachen, impliziert, daß ihre Situation doch wenigstens etwas Sinn enthält. »Ich mache weiter, also bin ich« könnte ihr Wahlspruch sein (auf der Bühne ist er buchstäblich wahr). In einem bestimmten Sinn sind sie offenkundig keine Nihilisten: idealtypische Nihilisten lassen sich in einer szenischen Vorführung, Happenings eingeschlossen, kaum darstellen. Jede Handlung mit Gesten oder Worten, wie wenig Sinn sie auch haben mag, impliziert eine rudimentäre Orientierung auf Werte hin. Aber Becketts wichtigstes formales Mittel ist ein *zögerndes Gleichgewicht* ohne eine eindeutige Neigung zu einer Seite. (Ich selbst würde die Hypothese wagen, daß dieses

Gleichgewicht ein sehr interessanter Ausdruck der gegenwärtig festgestellten Balance in der Geschichte Europas und der Welt ist – und ich meine nicht das pragmatische Gleichgewicht zwischen den Großmächten.) Wenn man sagt, daß Becketts Figuren die Unfähigkeit des Menschen zeigen, Nihilist zu sein, so heißt das, daß man die eine Waagschale deutlich sieht; aber die andere zeigt gleichzeitig die Unfähigkeit des Menschen, etwas anderes zu sein als ein Nihilist. Der intellektuelle und humanistische – obwohl nicht der witzige – Aspekt von Becketts Standpunkt muß daher noch bewiesen werden. Selbst ein oberflächlicher Blick beispielsweise auf *Warten auf Godot*, seine zweiaktige Struktur, seine zwei Figurenpaare, seine miteinander im Gleichgewicht stehenden Situationen usw. zeigt diesen Balanceakt. In einigen Dialogen wird der zentrale gleichgültige »Zeiger« des Gleichgewichts klar gesehen: »WLADIMIR *nachdem er mit sich zu Rate gegangen ist:* Jetzt . . . ja . . . *froh* da bist du wieder . . . *gleichgültig* da sind wir wieder . . . *traurig* da bin ich wieder.«[31]

Eine andere Position, die noch innerhalb der ersten Gruppe von Argumenten liegt, will den Humanismus Becketts durch die Integrität beweisen, mit der er sich der Leere der *condition humaine* stellt, ohne den Versuchungen einer leichten Tröstung nachzugeben.[32] Wieder muß man anerkennen, daß Beckett in seinen besten Werken eine Haltung einnimmt, die würdevoller und realistischer ist als irgendein seichter, von Hausierern irgendwelcher Organisationen des status quo vertriebener Optimismus. Der religiöse Öldruck, die Pseudoidylle einer florierenden Vereinigung von Kapital und Arbeit oder die plumpe Milchmädchen-lächelt-Traktorfahrer-an-Pastorale sind allesamt eine wertlose Flucht aus einer komplexen Realität. Aber auch diese Position kommt um die Hauptfrage nicht herum, nämlich die: läßt sich die Situation des Menschen völlig mit Angst ohne Hoffnung gleichsetzen? Wird diese Frage nicht bejaht, kann keine Haltung einer nur partiell begriffenen Situation gegenüber als intellektuell befriedigend oder gar als eine tragische Offenbarung akzeptiert werden. Dieses Argument umfaßt auch noch die – zum Teil zweifellos stichhaltige[33] – dritte Position dieser Gruppe, die betont, daß es für alle relevant sei, wenn jemand die innere Realität einiger oder irgendeines einzelnen Menschen genau beschreibt, und

am Zuschauen, das aus den Möglichkeiten des Erkennens – ja, und des Lernens – entsteht, die darin wie in jedem echten Kunstwerk latent sind.

Nach diesen vorläufigen Überlegungen könnte man beginnen, in einen wirklich auf die Werke bezogenen Dialog mit Becketts Drama einzutreten.

Rosette Lamont
Becketts Metaphysik der Bewußtheit ohne Wahl

Es ist eine graue Welt am Rand des Schweigens. In das schattige Zwielicht der Götter getaucht sind Menschen und Dinge merkwürdig vereinzelt. Da sie am vereinigenden Akt des Diskurses nicht teilhaben, sind diese Möchtegernschriftsteller und Schmierenschauspieler von der zeitlichen Folge, die mit Syntax und Logik gegeben ist, abgeschnitten. Becketts Organismen, die nicht einmal der rudimentärsten Definition des Geschlechts genügen, bewegen sich als Neutra dennoch in Paaren: gealterte Ehepaare, alte Freunde, die zeitweise ektoplasmisch verbunden zu sein scheinen, Herr und Knecht, die durch ausgeübte und ertragene Tyrannei aneinander gebunden sind. Diese dämmernden Lebewesen bewegen sich in einem Niemandsland vager Erinnerungen und unartikulierter Hoffnungen, in einer Welt, die entweder fast noch nicht erschaffen ist oder gerade aus irgendeiner Katastrophe hervorgeht. Sie zelebrieren das rituelle Drama des Alters, eines Prologs zur letzten Demütigung, dem Tod.

Obgleich diese Spiegelbilder auf die unwiderrufliche Dualität von Geist und Fleisch verweisen, befreit der fast totale Verlust ihrer Identität und Individualität sie von der Zufälligkeit. Sogar ihre Namen klingen wie das verzerrte Doppelecho eines einzigen in der Leere ausgesprochenen Namens. Zurückgeworfen könnte Godot, ein kindlicher Spitzname für »god« oder »dieu«, entweder »Gogo« oder »Didi« werden. Aber in einer Welt, die sich auf die Entropie zubewegt, verleiht, wie bedeutungslos und flüchtig auch immer, die Existenz dieser Wesen dem Universum auch Bedeutung. In seinem Bemühen um immer größere Abstraktion und Purifikation fängt Beckett mit liebevoller Ironie jenen präzisen Augenblick in der Zeit ein, wo das Leben den Körper fast verlassen hat, das Bewußtsein aber, das Nachglühen des Geistes, noch fortdauert. So in *Malone stirbt* und in letzter Zeit in einem kurzen, 1965 veröffentlichten Prosatext *Ausgeträumt träumen*.

In dem späteren Stück werden zwei weiße Körper beschrieben, die auf dem nackten Boden eines Rundbaus liegen, jeder in seinem Halbkreis. Der sie einschließende Raum ist weiß, und wenn Licht da ist, erfüllt eine brennende Hitze die Leere. Es ist ein freudloses Paradiso. Bald beginnt das Licht schwächer zu werden, und die Hitze nimmt proportional ab, bis die Atmosphäre zu der des Infernos in Baudelaires *De Profundis Clamavi* wird: pechschwarz und eiskalt. Ungefähr in der Mitte des Stücks wird dem Leser mitgeteilt, daß die Körper einer Frau und ihrem »Partner« gehören. Sie liegen »Kopf an Steiß, Rücken an Rücken«[1]. Daß in diesen so still liegenden Körpern noch Leben ist, kann man feststellen, indem man einen Spiegel an ihre Lippen hält: er beschlägt. Ein Film eisigen Schweißes bedeckt das bewegungslose Fleisch, und bei genauer Inspektion kann man wahrnehmen, daß sich ein Auge kurz öffnet, wenn auch »nie beide Blicke zusammen, nur ein einziges Mal, etwa zehn Sekunden, als der Anfang des einen auf das Ende des anderen vorgriff«.[2]

Anders als die bewegteren Mitgefangenen dieses Planeten – Molloys Ausdruck für menschliches und tierisches Leben – nehmen in ihrer Weisheit die zukünftigen Toten von »Ausgeträumt träumen« bereits ihre endgültige Lage ein. Durch ihre vollkommene Unbeweglichkeit bringen sie es fertig, das Fieber und die Aufregung des täglichen Lebens zu transzendieren. Für Beckett wie für den von ihm bevorzugten Maler Bram van Velde ist »Kunst nicht notwendigerweise Ausdruck«[3]. Beckett sucht jene »Melancholie der abstrakten Objektivität«[4] zu erreichen, die nach Jung die besondere Qualität von Joyces *Ulysses* ist. In seinem Essay »Sein ohne Zeit. Zu Becketts Stück *En attendant Godot*« erinnert Günther Anders daran, Becketts Antihelden seien »abs-tracti, das heißt: Abgezogene, Abgerissene«[5]. Das gilt sicher für die Lebewesen von *Ausgeträumt träumen*, die in einem Vakuum isoliert sind, Illustrationen der Philosophie von Gorgias von Lentini, der A. J. Leventhal zufolge meinte: »1. Nichts ist. 2. Wenn etwas ist, kann man es nicht erkennen. 3. Wenn etwas ist und man es nicht erkennen kann, kann man es nicht in der Rede ausdrücken.« In einer Haltung hieratischer Würde erstarrt sehen die lebenden Toten der finsteren Fabel Becketts wie groteske *ruhende Figuren* aus, gleichzeitig wie Statuen ihrer selbst und Mumien, die auf ihre Überführung von der Leichenhalle in das Mausoleum warten. Die nächste Phase wäre die, in der das

Bewußtsein aufgibt, aber hier schließt Beckett, denn »nein, das Leben endet, und nein, es gibt anderswo nichts«[6]. Sicher, der Mann und die Frau von *Ausgeträumt träumen* würden den Rat Hamlets annehmen und sich noch eine Weile von der Glückseligkeit fernhalten. Bewußtheit ist also das, worauf es für Beckett ankommt, wenn er vielleicht auch die existentialistische Illusion von der Notwendigkeit der ethischen Wahl in einer Reihe immer fester angezogener Aussagen und Fragen austreibt. Er scheint das buddhistische Ideal der Bewußtheit ohne Wahl vorzuziehen, das für einen Dramatiker, dem es um die Unwiderruflichkeit des menschlichen Leidens geht, geeigneter ist.

Es ist eines der Klischees der zeitgenössischen Kritik gewesen, die Elemente von Handlungslosigkeit in Becketts Roman und Drama zu betonen. In Wirklichkeit läßt sich beobachten, wie Beckett von einem Werk zum nächsten einer Kunst nahegekommen ist, »die nichts gegen ihre unüberwindbare Dürftigkeit hat und zu stolz ist für die Farce von Geben und Nehmen«[7]. Becketts Romane und Stücke sind in ihrer Struktur kreisförmig – sie gehen vom Nullpunkt in der Vorhölle aus und kehren zu diesem Punkt oder in seine Nähe zurück. Aber wenn man im Zusammenhang mit Becketts Welt auch nicht von Handlung sprechen kann, wird doch deutlich, wenn man sich in sein besonderes Universum hineinbegibt, daß sich Handlungen des Geistes abspielen. In *Warten auf Godot* gehen Wladimir und Estragon vielleicht nicht weit von dem Ort weg, an dem sie warten, aber sie erkennen schließlich, daß geduldiges Warten auf *etwas* oder auf *jemanden* in sich selbst Bedeutung hat, daß das wahrhaftig die fortdauernde Hoffnung der Menschheit darstellt. Wladimir sagt: »In dieser Gegend und in diesem Augenblick sind wir die Menschheit, ob es uns paßt oder nicht.«[8]

Was das Gefühl des Scheiterns betrifft, das zu dem Sumpf des Nichthandelns, wenn nicht gar der Handlungslosigkeit – mehr Weigerung, zu handeln, als Unfähigkeit, das Handeln aufzunehmen – gehört, so ist es unvermeidlich das Klima des Werks von jemandem, der glaubt, »daß Künstler sein in einem Maß scheitern ist, wie kein anderer zu scheitern wagt«[9]. Das ist ein trotziges Scheitern. Über Bram van Velde sprechend sagt Beckett, daß »seine Weigerung [zu scheitern] Desertion«[10] sei.

Mallarmé nicht unähnlich, dem er in seiner Suche nach dem Absoluten verwandt ist, möchte der Dramatiker ein »sublimer Scheiternder« werden. Der französische Symbolist definiert diese Lage als die Situation des Künstlers, dessen Ziele so hoch sind, daß er niemals hoffen kann, sie zu erreichen. So ist das, was auf den ersten Blick ein Ausdruck von Resignation zu sein scheint, vielleicht nur die an der Oberfläche als solche erscheinende Unbeweglichkeit dessen, der sich auf den Sprung vorbereitet, der ihn zu jenem Ort bringen soll, den Poe und nach ihm Baudelaire »überall außerhalb dieser Welt« nannten.

Eine von Beckett bevorzugte Figur ist Dantes Belacqua, eine der groteskeren und bemitleidenswerteren Gestalten der *Göttlichen Komödie*. Zugleich konnte das humoristische Moment in der Haltung von jemandem, der zu lethargisch ist, den steilen Aufstieg auf den Läuterungsberg zu beginnen, nicht der Aufmerksamkeit eines Autors entgehen, der von seinen Freunden mit dem Spitznamen Oblomov benannt wurde. Gontscharows Antiheld scheint in der Tat eine Wiedergeburt Belacquas im neunzehnten Jahrhundert zu sein. Besuchen ihn seine Freunde, die er zurückgelehnt auf seinem Bett – seine Lieblingshaltung – empfängt, so hört Oblomov ihren Plänen für den Tag oder den Erzählungen ihrer Tätigkeiten mit nichts als Mitleid im Herzen zu. Diese Beschäftigungen kommen ihm ermüdend und eitel vor. In *Samuel Beckett: The Language of Self* erklärt Frederick J. Hoffman: »Diese Tendenz, die horizontale als die beste Lage zur Betrachtung der Welt einzunehmen, ist natürlich Oblomovs Gewohnheitssünde.«[11] Man könnte gegen diesen Satz einwenden, der Hauptunterschied zwischen Belacqua und Oblomov liege vielleicht darin, daß die Sünde der Faulheit des ersten, der Schöpfung eines mittelalterlichen Dichters, beim zweiten eine Tugend wird. Belacqua ist dazu verdammt, im Zentrum der Nichtigkeit zu verweilen, einer Gegend bei den Antipoden von Jerusalem, bevor er zu dem Ort zugelassen wird, an dem er anfangen kann, für seine Erlösung zu arbeiten. In einer einem Fötus ähnlichen Lage im Schatten eines Felsens sitzend, weigert er sich, von neuem in jenes andere Leben geboren zu werden, das er nur durch Leiden und Erlösung erreichen kann. Gehüllt in ein östliches Gewand, das ihm das Aussehen eines gütigen Buddhas verleiht, beherrscht Oblomov dagegen seine ihn besuchenden

Freunde. Belacqua sieht seine Freunde an sich vorbeigehen, während er am Wegrand sitzt; Oblomov dagegen heißt seine Freunde in der ein wenig staubigen Oase seiner kleinen Wohnung willkommen. Die passive Haltung von Oblomovs effeminiertem Körper, seine ruhigen, strahlenden Züge, erinnern an einen Guru. Fern der materialistischen Welt transzendiert Oblomov die vulgären Sorgen derer, die ihre Zeit mit Verkaufen oder Kaufen verbringen. Seine quietistische Philosophie erlaubt spirituellen Zugang zu dem »ganzen Bogen von Hoffnung und Trost«[12]. Passiv nur in Beziehung auf die allgemeinen Zwecke der westlichen Gesellschaft, läßt dieser östliche *barine* dennoch eine aktive Liebe zum Menschen zu. Dieses Gefühl macht ihn würdig, zu den Heiligen von Nirwana gerechnet zu werden.[13]

Die frühe Erzählliteratur dieses »irischen Oblomov« – der Titel eines Artikels von U. S. Pritchett über Beckett – stellt einen gewissen Belacqua Shuah dar, den »pikaresken Helden« einer Reihe von Geschichten, die unter dem Titel *More Pricks than Kicks*[14] gesammelt sind. Dieser komische Dubliner ist ein passiver Don Juan, der eine Reihe von Damen, die nicht immer ladylike sind, hinter ihm her sein läßt, der sogar die Ehe plant und sie trotz seines Widerwillens bei dem Gedanken an einen von den aktiveren Weibchen aufs innigste gewünschten Vollzug mehr als einmal schließt. Nachdem er dieser Präfiguration des Todes dreimal entgangen ist, geht Belacqua im Lauf einer Operation an Kopf und Fuß grotesk zugrunde. Krank an Körper und Geist, überschreitet dieser »hohle Mensch«, der nur zu gut weiß, daß der Schatten zwischen »die Bewegung / Und den Akt . . . das Verlangen / Und den Krampf«[15] fällt, mit der Leichtigkeit dessen, der an das Leben in der Vorhölle gewöhnt ist, die dünne Grenze zwischen Sein und Nicht-Sein. Die grünen Wasser des Liffey, wenn nicht gar des Lethe, die in den Adern dieses spleenigen Lebewesens fließen, das gegenüber seiner Umgebung so gleichgültig ist wie der apathische »Fürst« von Baudelaires *Spleen LXXVII*, werden das sich nicht übereilende Herz nicht mehr nähren. Was den eiligen Doktor betrifft, der – oh Ironie! – von einer Hochzeit, auf der er war, zu der Operation herübergehastet ist, der Gute, so bemerkt er leider nicht, daß der »patient etherized upon a table«[16] den Geist aufgegeben hat. Der Titel der Geschichte, in der das Ableben Belacquas erzählt wird, ist »Gelb«, die Farbe der Galle. Ob der Titel nun auf Feigheit, auf die dunkle Galle der Spleen-Gedichte Baudelaires oder einfach auf den Nebel von Nordirland verweist – das Ende von Becketts Belacqua ist charakteristischerweise undramatisch. Was den Familiennamen dieses Belacqua betrifft, so verrät er, wie Ruby Cohn zeigt, seine Vorliebe für Einsamkeit: »Eine biblische Shuah war die Mutter Onans, und Onanie ist dem Solipsismus Belacquas vielleicht verwandt.«[17] Wenn man nicht fürchten müßte, eine physiologische Absurdität zu vertreten, könnte man sagen, Becketts Belacqua sei der Erbe von Joyces Leopold Bloom.

»Ich arbeite mit Nicht-Können und Nicht-Wissen«, sagte Beckett einmal zu einem Interviewer. Die Antihelden seiner Romane und Stücke, seien es Murphy, Malone, Watt, Gogo und Didi oder die namenlosen Lebewesen der jüngsten Werke, sind sämtlich Nicht-Handelnde. Ihre Haltung ist ein umgekehrter Heroismus. Statt auf eine dauernde Expansion in Raum und Zeit mit Hilfe von Eroberung und Wiedererkennen auszugehen, ziehen sie sich in einer unendlichen Suche nach ihrem inneren Wesen zusammen. Sie wenden sich vom Bereich menschlicher Existenz, der Geschichte nämlich, ab und wählen das Reich des Glauben-Machens, des Geschichtenerzählens. Gemeinsam haben sie mit dem Helden der Tradition jedoch ein Verlangen danach, um den Preis von Einsamkeit und Fremdheit das Selbst zu besitzen. Auf ihre Weise sind sie Extremisten, Feinde der Mittelmäßigkeit. In *Journey to Chaos* schreibt Raymond Federman: »Man könnte die Becketts Romanen zugrundeliegende Idee eine Bejahung des Negativen nennen. Dieses paradoxe künstlerische Unternehmen wird zu einer Untersuchung, einer Ausnutzung von Gegensätzen. Beckett ersetzt Wissen durch Nicht-Wissen, Produktivität durch Unvermögen, Arbeitskraft durch Lethargie, Verstehen durch Verwirrung, Rationalität durch Wahn, Gewißheit durch Zweifel, Realität durch Illusion.«[18] Becketts Welt ist in die Tätigen und die Untätigen geteilt. Die ersteren gehören sowohl zur Klasse der Herren wie zu der der Knechte. Da die Herren in Becketts Romanen oder Stücken ausnahmslos irgendwie verkrüppelt, d. h. blind, gelähmt oder beides sind, hängen sie von ihren »Knucks« ab, und diese Abhängigkeit macht sie zu den Knechten ihrer Knechte. Sie, die früher selbst handelten, müssen sich nach jenen richten oder können nur durch einen anderen handeln. So werden die Knechte gezwungen, zu Tätigen zu werden und etwas von den Pflichten und der Verantwortung ihrer unvermögenden Herren auf sich zu nehmen. Die Untätigen sind passive Zuschauer, für die Handeln ein Spiel ist, das sie gern betrachten oder nachmachen. Verglichen mit den Herren mögen diese Untätigen zwar unterernährt und schlecht gekleidet sein, sie besitzen aber Freiheit der Einbildungskraft, Objektivität und Humor. Wenn es zwischen zwei Antihelden ein Band gibt, ist es eines der Rücksicht und echten Freundschaft. Ihre Beschäftigungen haben mit Machtkampf nichts zu tun. Sie spielen Geschichtenerzählen und Geschichtenspielen, Sein und Nicht-Sein. Dieses Nachspielen der Situation des Menschen gewährt ihnen einen besonderen Zugang zum Kern der Bedeutung. Auf die unvermeidliche Katastrophe der endgültigen Auflösung des Geistes eingestellt sehen sie eine Welt, in der der Unterschied zwischen Leben und Gelebthaben, Normalität und Wahn in ein ständiges Oszillieren, eine gedämpfte Allgemeinheit verschwimmt. Mit Hilfe der Sprache können sie außerhalb ihrer selbst stehen, denn Sprache ist Realität ohne Zeit. Das hohe Spiel der Literatur und des Theaters spielend können Becketts Untätige den Bilderschatz zitieren, der im Gefäß unseres Vokabulars enthalten ist. Wie Roland Barthes in seiner Vorlesung »Flaubert und die Arbeit des Stils« – gehalten am 14. November 1967 in New York – sagte: »Der Schriftsteller weiß, daß die Welt ein Wörterbuch ist, das er reproduzieren muß in jenem anderen Wörterbuch, seinem Werk.« So existieren Becketts Untätige in jenem nicht-linearen Raum der Sprache, jenem *flumen orationis*, der die Vielfalt der Möglichkeiten trägt, die es in der Welt gibt. Da sie die Welt geworden sind, brauchen sie die Welt nicht und könnten, wie der Sprecher von Yves Bonnefoys »Der Dialog der Angst mit dem Verlangen«, sagen:

Wir brauchen keine
zerreißenden Bilder mehr, um zu lieben.
Jener Baum genügt uns, dort unten, der, durch Licht,
sich von selbst löst und nur noch
den fast gesagten Namen eines fast inkarnierten Gottes
kennt.

144

Wasser mit dem nackten Fuß an, er möge sich beherrschen. Aber ihre Augen glitzerten ebenfalls vor Vorfreude wie Diamanten.

Oben in der Einöde des Dairig Bhru-Passes kauerte der Inquisitor Kunrad von Marmelund hinter seinem Schutzwall aus Steinen und wartete. Er spürte es im tiefsten Inneren, daß er nicht mehr lange zu warten hatte. Etwas bereitete sich vor. Erfahren in der Gegenwart des Bösen, spürte er dessen leiseste Regungen, ein Zittern im Wind, das Unheil verhieß, einen kalten Hauch, der über den Paß dahinschwebte. Es dünkte ihn, daß er aus der Richtung des Echsenturmes einen schwachen Laut hörte, ein dumpfes Summen wie von einem Wespennest. Es mußten die Steine sein, aus denen dieses Brummen drang. Sie gerieten in heimliche Bewegung. Und als die Nacht herabsank, erkannte er, daß ein Glanz wie von grünem Mondlicht um den Turm hing, ein schwaches Gleißen, als wären die uralten Mauern mit Rauhreif bedeckt.

Er zog die Knie unters Kinn und glotzte unverwandt hinüber. Die Dinge waren ins Laufen gekommen, das Ende war nahe.

Der Schlaf floh ihn, und so bemerkte er gegen zwei Uhr nachts, wie eine menschliche Gestalt sich dem Turm näherte. Erst dachte er verblüfft, es sei ein Akrr'tzr, der da heranschlich, so krumm und plattfüßig, glotzäugig und kahlköpfig war das Wesen, aber dann erkannte er im hellen Mondlicht eine Aranierin. Zweifellos war sie schwachen Geistes, das verrieten die vorquellenden Augen und die hängende Unterlippe, aber sie bewegte sich erstaunlich leicht und flink, als würde sie von etwas Unsichtbarem geführt und getragen. Sie verschwand in der Eingangsöffnung des Turmes, und wenig später sah er ihre krumme Gestalt zu der obersten Plattform hinaufsteigen. Dann hob sie sich deutlich sichtbar von den mondbeschienen Steinen ab.

Im selben Augenblick stieß ein riesiger mißgebildeter Vogel aus dem Himmel herab. Schwingen schlugen, Krallen packten zu, ein unbarmherziger stählerner Schnabel hackte nach Fleisch und Bein. Die Gestalt stürzte, und ihre wilden, herzzerreißenden Todesschreie drangen an Kunrads Ohr.

Er tastete nach dem Sonnenzepter, das er in seinem Umhang verbarg.

Es war so weit. Blut war auf dem Echsenturm geflossen.

Am nächsten Morgen – der Schwarze Baron hatte nach einer sehr kurzen Nachtruhe kaum Zeit gehabt, sich zu waschen und sein Haar zu bürsten – meldete ihm Ruban, vor dem Schloß warte eine Gruppe aufgeregter Bauern auf ihn. Die Leute waren offensichtlich durch irgend etwas verschreckt und suchten Rat und Hilfe bei ihrem Herrn.

Ofrim trat ans Fenster und blickte hinaus. Er war mit Kopfschmerzen aufgewacht, und ein Blick ins Freie zeigte ihm, daß etwas Übles sich zusammenbraute. Die Luft war kühler geworden, als es dem Ingerimm anstand, geradezu kalt, der Himmel hatte ein merkwürdig gelbliches Aussehen, und eine ungesunde Stille herrschte, als wagte kein Geschöpf die Stimme zu erheben. Trotz der Kühle war es stickig wie in einem geschlossenen Raum; er fühlte, wie ihm der Schweiß auf die Stirn trat. Rasch wandte er sich dem in Ebenholz, Silber und Perlmutter eingelegten Schrank zu, in dem Morla ihre Arzneien und Gifte aufhob, bediente sich reichlich aus einem elfenbeinernen Döschen und spürte sofort, wie sein Kopfschmerz verschwand und der Schweiß versiegte. Allerdings fühlte er sich trotz der Arznei noch längst nicht gänzlich wohl. Er spürte, daß Böses geschehen würde, ehe der Tag zur Neige ging.

Nicht gerade in bester Laune schritt er in die Halle hinaus und befahl Ruban, die Sprecherinnen der Leute zu ihm zu bringen. Die alte Zulhamin, die Dorfälteste, erschien, eng in ihren gestrickten Umhang gewickelt, und mit ihr die Enkelin Aisha und eine zweite Frau. Alle drei knieten nieder, küßten ihm die Hand und erhoben sich dann wieder auf seinen Wink hin.

»Nun, was gibt es?« fragte Ofrim.

»Böse Vorzeichen, Herr«, ergriff Zulhamin mit ihrer krächzenden Stimme das Wort. »Heute nacht haben mehrere Leute bei uns im Dorf das Faulweiblein gesehen, das die Ernte verdirbt. Von Haus zu Haus ging sie mit einer Kerze in der Hand und schaute den Leuten zum Fenster hinein, daß sie wirr vor Angst wurden. Man erkannte sie deutlich, sie trug ihr schwarzes Gewand und die bauschige Haube, und an ihrer Stirne waren zwei Beulen wie Hörner.«

Ofrim sog zischend den Atem ein und rieb sich das Kinn. Das Faulweiblein war einer der üblen Geister, die in Roswylde ihr Unwesen trieben; jedes Jahr wandten er und Morla viel Kraft auf, es zur Zeit der Ernte zu bannen, damit es nicht den Wurm in die Äpfel und den roten Brand in die Trauben brachte. Hin und wieder entwand es sich ihren Bannsprüchen, dann tappte es durch die Dörfer, anzusehen wie eine garstige alte Frau mit pusteligem Gesicht, und verdarb alles, was es berührte.

Der unerfreuliche Gedanke kam ihm, daß das Böse oben im Yalaiad solch niedrigen Unwesen wie dem Faulweibleib die Kraft gab, aufzustehen und den Bann der Sprüche abzuschütteln, mit denen Ofrim und Morla sie belegt hatten. Wenn das stimmte, dann konnte er sich auf etwas gefaßt machen. Die Bäumchen behüteten zwar die Grenze, aber sie hatten keine Macht über all das Gelichter, das seit grauer Vorzeit unter den mächtigen Bäumen und in den tiefen Schluchten des Yalaiad hauste.

Er merkte, daß die Frauen ihn abwartend anstarrten. »Ja«, antwortete er langsam, »das ist wirklich ein böses Vorzeichen.«

»Was sollen wir tun, Herr?« Die drei blickten ratsuchend zu ihm auf.

Er schritt eine Weile auf und ab, die Arme vor der Brust verschränkt, und dachte nach. Schließlich befahl er: »Sendet Boten nach Llyndall und Olabith und sagt, man soll dort dasselbe tun, was ich euch auftrage: Bringt die Kinder und die hilflosen Alten in den Tempel der Rahja; die Geweihten dort sollen beten und opfern. Ihr anderen, wehrhafte Frauen und Männer, schneidet euch jeder eine Rose von den Stöcken, die um den Tempel gepflanzt sind, und tragt sie am Herzen. Sie wird euch schützen und bewahren. Dann geht heim und rüstet euch, als wäre es Krieg, und die verfluchten Maraskaner kämen, euch zu erobern. Wehrt euch, wie es euch euer Sinn und Verstand eingeben. Morla und ich werden tun, was in unserer Macht steht. Ich sage euch jetzt schon, es wird ein schlimmer Kampf werden.«

Damit entließ er die Bauern. Er wollte sich aufmachen, die beiden Boroni zu sprechen, da kamen sie bereits die Treppe herunter. Beide wirkten frisch und kraftvoll – das Rauschkraut mußte ihnen gutgetan haben – und hatten bereits bemerkt, daß das Unheil vor der Tür stand. Als nun auch Morla zu ihnen trat, setzten sie sich am Tisch in der Halle nieder und beratschlagten.

Der Baron berichtete von der Unterredung mit seinen Untergebenen. »Wie es aussieht«, bemerkte er düster,

HEYNE BÜCHER

Das Schwarze Auge

Die Romane zum gleichnamigen Fantasy-Rollenspiel – Aventurien noch unmittelbarer und plastischer erleben.

06/6022

Heyne - Taschenbücher

Das Schwarze Auge

Weitere Bände in Vorbereitung

Das Schwarze Auge

Sulvo = Die Freude, Botin Rahjas
taubra = Elfisch (schwarze) Magie
Töchter Satuarias = Bezeichnung für die Hexen, da die die
  Göttin Satuaria verehren
Tulamiden = Volk im Süden Aventuriens
Yalaiad = Halbinsel in Aranien, nördlich von Khunchom ge-
  legen

Ein Baum, so abstrakt und unbestimmt wie die Landstreicher-Clowns, die erörtern, ob sie sich an seinen dünnen Zwei-
gen aufhängen sollen, steht in der Mitte der Bühne in *Warten
auf Godot*. Im ersten Akt kahl, wird er im zweiten spärliches
Blattwerk bekommen und so das Vergehen der Zeit anzeigen.
Gogo und Didi entfernen sich nicht weit aus dem Schatten
jenes Baums, wenn man von einem Baum ohne Blätter sagen
kann, daß er Schatten gibt. Was für ein Baum ist es? Wladimir
meint, es könnte eine Weide sein, die, da sie kahl ist, tot sein
muß: »Ausgetrauert«[19] ist Estragons einziger Kommentar.
Könnte eine Trauerweide jener »Baum des Lebens« sein, der
in *Sprüche* 13, 12 erwähnt wird, oder ist das Becketts Ironie?
Didi zitiert aus *Sprüche*, aber sein Gedächtnisschwund spricht
für sich selbst: »Was lange währt, wird endlich gut, wer hat das
noch gesagt?«[20] Nicht nur hat er die Quelle seines Zitats
vergessen, sondern er läßt das Wort »Herz« aus. Auch läßt er
den Rest des Spruchs aus: »Wenn es aber kommt, das man
begehret, das ist ein Baum des Lebens.«[21] Die Hoffnung mag
zurückgestellt werden, das Warten auf Godot sich als endlos
erweisen, aber der scheinbar tote Baum des Lebens bekommt
irgendwann zwischen den beiden Akten des Stücks Blätter.

In *Der Prediger Salomon* lesen wir:

> So ist es je besser zwei denn eins; denn sie genießen doch
> ihrer Arbeit wohl.
> Fällt ihrer einer, so hilft ihm sein Gesell auf. Wehe dem,
> der allein ist: wenn er fällt, so ist kein anderer da, der ihm
> aufhelfe.
> Auch wenn zwei bei einander liegen, wärmen sie sich; wie
> kann ein einzelner warm werden?[22]

Die Struktur von *Warten auf Godot* beruht auf der Antino-
mie der beiden Klassen von Menschen. Zu Gogo und Didi,
dem brüderlichen Paar – die Spitznamen verweisen selbst für
den nur oberflächlich mit dem Chinesischen vertrauten Leser
oder Zuschauer auf »älterer Bruder« und »jüngerer Bruder« –,
steht das Paar Pozzo–Lucky in einem Kontrast. Gogo und
Didi bleiben freiwillig zusammen, Pozzo und Lucky sind deutlich aneinander gebunden.
Am Anfang des Stücks wird Lucky, der Knecht, von Pozzo
mit Hilfe eines Stricks gelenkt, der um seinen Hals geschlun-

gen ist. Mehr wie ein Hund als wie ein Mensch antwortet er auf
das Knallen der Peitsche, die er selber zwischen seinen Zähnen
trägt, bis der Herr sie braucht. Er muß auch das Gewicht der
Besitztümer Pozzos auf seinen Schultern tragen. (In italieni-
scher Aussprache bedeutet der Name des Herrn »Baum«, aber
der englische Klang verweist auf »Reichtum«.) Unter dem
Gewicht seiner Last gebeugt ähnelt der Knecht einem Maul-
tier oder vielleicht jenem demütigsten und nützlichsten aller
Lebewesen, dem biblischen Esel. Er ist auch eine Karikatur
von Atlas, ein Name, mit dem Pozzo ihn in einem Augenblick
der Angst und des Ärgers ruft. Was seinen Namen betrifft, so
ist er eine Ironie wie jener, den Flaubert seinem geduldigen,
selbstlosen Diener in *Ein einfaches Herz* gab: Félicité.

Einmal, in ferner Vergangenheit – erfahren wir von Pozzo,
der nicht das ist, was die Franzosen »un puits de science«
nennen – brachte sein Knecht »das Schöne, die Gnade, die
allerletzten Wahrheiten«[23] hervor. Pozzo gibt zu, daß er, da
»berufliche Sorgen« ihn eingenommen hatten, für feinere
Dinge wie Tanzen, Singen und Denken keine Zeit hatte. Außerdem schickt es sich nicht für einen Herrn, solche Interessen
zu haben. Selbst die großen Herrscher des antiken Rom über-
ließen viele den Staat betreffende Entscheidungen ihren für
den Posten eines Ministers oder Ratgebers erzogenen Sklaven.
Jetzt enthält Luckys intellektuelles Gepäck nur noch Sand,
aber früher »tanzte er die Farandole, die Almeé, den Branle,
die Gigue, den Fandango und sogar den Hornpipe. Er sprang
dabei«.[24] Gogo, der Luckys Tanz zusieht, fragt sich, ob man
diese eigenartige, zuckende Bewegung »Den Tod des armen
Schluckers«[25] nennen könnte. Didi kalauert beim Anblick
dieser Zuckungen: »Das Krebsgeschwür der Greise.«[26] Aber
der Herr verbessert sie: »Den Netztanz. Er bildet sich ein, sich
in einem Netz verfangen zu haben.«[27] So unterhaltend es
jedoch auch sein mag, das unglückliche Geschöpf im Gewebe
eines unsichtbaren Netzes kämpfen zu sehen, so sehr zieht es
Wladimir, die intellektuelle Figur des Paars, doch vor, Lucky
denken zu hören. Pozzo ist bereit, ihnen diese Unterhaltung zu
gewähren, macht seine neuen Bekannten jedoch darauf aufmerksam, daß sein Knecht es nicht ohne seinen Hut tun
könne. Mit Hut versehen, zischt und gurgelt die Puppe wie ein
Kochtopf mit Deckel. Und als Luckys Gedanken überzuko-

chen beginnen, erweisen sie sich als ein eigenartiges Gebräu.

Pozzos *Knuck* ist der senil oder wahnsinnig gewordene Philosophen-König. Thomismus, Cartesianismus, Hegelianismus sind in seinem armen Kopf merkwürdig durcheinandergemischt. Die Form von Luckys Monolog ist eine offene Frage, die mit dem Postulat der Existenz eines persönlichen Gottes beginnt und mit dem Bild eines leeren, zum Fossil gewordenen Schädels endet. Luckys clownhaftes Gefasel konkretisiert jene Krise der Intelligibilität, die schon das Thema der Sophisten und Rhetoriker des fünften Jahrhunderts war. Hier wird ein Verlust an Vertrauen in die Angemessenheit der Sprache von einem gleichen Mißtrauen in die axiomatischen Verfahren begleitet, die man benutzt, um eine Bedeutungskette herzustellen. Wenn die Stellung des Menschen im Universum eine Frage der Syntax ist, dann spiegelt der amorphe, unvollständige Satz, der aus Lucky herauströpfelt wie das Sägemehl-Blut einer ausgestopften Puppe, die Tatsache, daß es dem Menschen nicht gelungen ist, sich eine Stellung für sich zu schaffen. Von der intelligiblen Welt der Wesenheiten, von Gottes Wort geschieden, »magert« der Mensch »ab« und wird schließlich »kleiner«. Was Gott oder den kleinen, den schlafenden oder abwesenden Godot, betrifft, so ist er das Opfer der »Apathie ... Athambie ... Aphasie«[28]. Er überläßt den Menschen seinem Sport, »Fliegen ... Penizillin«[29]. Wissenschaftlicher »Fortschritt« wird den Menschen rückgängig machen.

Ticks, Krämpfe, pseudoepileptische Anfälle schütteln den Körper Luckys, während dieser seinen Anti-Monolog hält. Deutlich hat Descartes' vollkommener Mechanismus, der von Gottes Hand gemachte menschliche Körper, denselben Zerfall erlitten wie der menschliche Geist. Der cartesianische Kentaur – Hugh Kenners Ausdruck für den Menschen bei Beckett – hat sich in einen traurigen Rouaultschen Clown verwandelt, dessen Seiltanz-Übung an das prekäre Gleichgewicht des westlichen Denkens – selber ein wahnsinniger Tanz über jene unendliche Leere, die Pascal mit Schrecken erfüllte – erinnert. Das unsichtbare Seil dieses »gestraften Hanswursts« ist der Bewußtseinsprozeß, der den Geist von Essentialismus zu Existentialismus führt. Luckys lineares Fortschreiten an dieser imaginären Linie ist eine groteske Zeremonie. Indem wir ihr zuschauen, nehmen wir an der rituellen

Zergliederung des kultivierten Geistes teil. Er krächzt seine *quaquaquas* (quoi? quoi? quoi?) hervor, die aber unbeantwortet bleiben müssen. Der in den Anfangszeilen des Monologs heraufgerufene persönliche Gott mit dem weißen Bart wird nicht erscheinen, um den Kampf des Bewußtseins mit der Leere zu schlichten. Weder Puncher noch Wattman (Whatman?), Testew und Cunard (»Test«, »stew«, »cul« und »testiculs«), Fartov und Belcher – deren Namen die schwere Verdauung andeuten, die auf das Einverleiben philosophischen Stoffes folgt –, Steinweg und Peterman (»stone« und »stick«) noch irgendein Mitglied der »Akakakakademie der Anthropopopometrie« geben eine Antwort, da sie sich, wie ihr Kollege, Voltaires Doktor Pangloß, auf Forschung und Lehre in der »Meta-physico-theologo-cosmolonigologie« (die Wissenschaft der Narren, der »nigauds«) spezialisiert haben. Diese Philosophen und Gelehrten werden sich als unfähig erweisen, die regressive Bewegung aufzuhalten, mit der die menschliche Kreatur auf ihren Urzustand zurückgehen wird. Obwohl Pozzo und Lucky – anders als Gogo und Didi, die nie sicher sind, wieviel Zeit vergangen ist – in der Zeit zu leben scheinen, verrät Luckys Monolog, daß man »die verlorene Zeit« nie finden kann, daß der Mensch in Wahrheit zurückgebildet wird, bis er zu dem »leeren Schädel in Connemara« wird.

Die kürzeste Strecke zwischen zwei Punkten ist nicht die gerade Linie. Im Zeit-Raum-Kontinuum gibt es keine kurzen Strecken. Lineare Progression ist in Wirklichkeit Regression. Eine Geschichte der Philosophie mag vielleicht eine Linie oder eine Kurve verfolgen, die alle Punkte der Spekulation und der Beobachtung, vom Essentialismus der alten Griechen bis zu den phänomenologischen Philosophen unseres Jahrhunderts, verbindet, aber sie setzt die Rationalität der Analyse, die bevorzugte Täuschung des Menschen, voraus. Luckys schwindelerregende Klage gegen die Gattung, seine beredten Pausen, sein eigener Zustand fast vollkommener Idiotie bezeugen, daß die Bemühungen des Menschen eine Masse darstellen, die, in Sartres Sprache, *de trop* ist wie die Kreatur, die sie hervorbrachte. Denken wird von Beckett auf einen Varieté-Akt reduziert, der nur dadurch angehalten werden kann, daß man Didi nach Luckys Hut greifen läßt.

Um Becketts Sprache des Spektakels in dieser Szene zu verstehen, ist es vielleicht nützlich, sich zu erinnern, daß im Französischen der Ausdruck »faire du chapeau« eine milde Form des Wahnsinns, »être coiffé« dagegen »glücklich sein« bedeutet. So kann man annehmen, daß sich der Zustand von Pozzos Knecht, wenn er zu wüten beginnt, der Tatsache verdankt, daß er die Melone auf dem Kopf hat. Es ist, als sei der Mechanismus des unterdrückten Denkens plötzlich außer Kontrolle geraten. Der Wortschwall, der aus Luckys schäumendem Mund hervorkommt, erinnert an die unendlichen Eimer Wasser, die der Zauberlehrling trägt. Auch hier graut dem Zauberer, Pozzo, vor seiner eigenen Schöpfung. Dieses früher begabte Lebewesen, das ausgestattet ist mit jener den Menschen krönenden Glorie, der Eigenschaft nämlich, aus dem schwächsten Rohr ein denkendes Rohr zu machen, der Luzidität, ist durch die Jahrhunderte der Untertänigkeit in einen geistlosen Papagei verwandelt worden. So ist das Greifen nach dem Hut, ein Bühnenrequisit, das an die Späße der Varieté-Clowns erinnert, auch der einzig mögliche Ausdruck des offenkundigen Versagens der Sprache als Kommunikationsform im Rahmen der szenischen Sprache. Symbolisch verliert der denkende Mensch seine Krone. Nachdem er die Nutzlosigkeit seiner Leistungen demonstriert hat, kann Lucky den Hut nicht mehr tragen. Als er ihn Didi wegnimmt, wirft Pozzo ihn auf den Boden, trampelt auf ihm herum, als sei er eine Schlange, und ruft triumphierend: »So, jetzt denkt er nicht mehr!«[30] Die Tyrannei ist schließlich fest eingefahren, aber die Wiederherstellung von Frieden und Ordnung meint die Einsetzung des Idioten, ein Ereignis, das nur Tristan Tzara gefallen könnte. Wenn wir den Herrn und seinen jetzt stummen Knecht wiedersehen, trägt Lucky immer noch, aber Pozzo hat sein Augenlicht und seine Kraft verloren. Es ist ein Beispiel für den Stummen, der den Blinden führt. Das Seil, das die beiden verbindet, ist kürzer, symbolisiert die wachsende Abhängigkeit des Herrn von seinem Knecht. Sicher, Pozzo hat seine ursprüngliche Absicht, seinen Knuck zu verkaufen, nicht verwirklicht. Nicht unähnlich dem bloßgelegten autonomen Nervensystem verbindet das Seil Körper und Geist und übermittelt eher Impulse als Befehle. Es erinnert auch an eine noch nicht durchtrennte Nabelschnur, obgleich in diesem Fall nicht klar ist, welches der beiden armseligen Lebewesen das

Kind ist. Deutlich ist, daß zwei getrennte Wesen sich symbiotisch verbunden haben: Das Ergebnis ist eine monströse, unteilbare Masse von Menschheit.

Man hat oft gesagt, daß Pozzo und Lucky, wie Gogo und Didi, ein Mensch seien – daß sie die Dualität von Geist und Körper repräsentierten. Das mag so sein, aber mit dem Unterschied, daß die Verbindung der ersteren für beide entwürdigend ist und in der Tat als zutiefst tödlich gezeigt wird, während die Verbindung der letzteren, so symbiotisch sie auch sein mag, eine warme, lebenserhaltende Beziehung ist. Wenn wir an die oben zitierte Passage aus dem 4. Kapitel von *Ecclesiastes* denken, können wir sehen, daß Gogo und Didi jene beiden sind, die wissen, daß einer es nicht allein warm haben kann. Aber besonders hilfreich ist die Lektüre der Verse 9 und 10. Sie erhellt die Situation Pozzos und Luckys im zweiten Akt. Sowie sie auftreten, fallen sie hin. Keiner kann dem andern helfen. Wenn Didi versucht, Pozzo auf die Füße zu helfen, fällt er tatsächlich neben den Blinden, und wenn Gogo seinen Freund retten will, wird er seinerseits auf den Haufen am Boden heruntergezogen. So versuchen Gogo und Didi, ihren Mitmenschen hochzuheben, aber wenn sie es nicht können, dann, weil Pozzo für Menschen unerreichbar ist. Es gelingt ihm, sich aus dem Haufen herauszuziehen und wegzukriechen. Wie der Verwundete in Baudelaires »La cloche fêlée« liegen Gogo und Didi am Boden, wie vergessen »Au bord d'un lac de sang, sous un grand tas de morts«. Nach einer Weile gelingt es ihnen jedoch, aufzustehen. »Wollen, das ist alles!«[31] sagt Didi, ohne daran zu denken, daß er seines Willens nicht mächtig war, als Pozzo in der Nähe lag. Kontakt mit Pozzo scheint eine Schwächung zu sein. Man kann ihm nicht helfen, man kann sich selbst nicht mehr helfen. Nichts verdeutlicht so sehr die entleerende Wirkung der tyrannischen Herrschaft wie diese Szene.

Nachdem es Gogo und Didi gelungen ist, den lähmenden Einfluß des Tyrannen abzuschütteln, versuchen sie ihm zu helfen. Indem sie ihn seine Arme um ihren Nacken legen lassen, können sie ihn aufrecht halten, aber in dieser Lage ist er nichts als ein totes Gewicht, das sie über die Bühne schleppen müssen. »Wie lange müssen wir ihn noch herumschleppen?«[32] fragt sich Estragon. Diese Frage veranlaßt Gogo, weiter nachzudenken. Ihn, der früher einmal ein Dichter war, wie er seinen Freund am Anfang des Stücks erinnert, treibt eine Redewendung, ein Wort, ein Ausdruck auf den gewundenen Pfad freier Assoziation. Das Verbum »to cart« zieht eine Vision aus der klassischen Antike herauf: »Wir sind keine Karyatiden!«[33] Will Estragon damit sagen, er und Didi müßten das ganze Gewicht des Tempels allein tragen? An diesem sterilen Ort, der von einem Gott nicht besucht wird, scheint dieses Bild besonders ironisch. Auch ist nichts von den stolzen weiblichen Säulen des Erechtheions weiter entfernt als die beiden Landstreicher-Clowns, die sich unter dem fast leblosen Körper des Tyrannen bücken, den sie für Godot gehalten haben.

Doch ist Abwertung, die zu der Aussage des Humoristen wesentlich gehört, in dieser Passage nicht das einzige Merkmal der bitteren Ironie Becketts. Pozzo könnte eine blinde Gottheit wie der Hamm des *Endspiel* sein, ein grausamer Gott ohne Macht, Wissen und Gerechtigkeit. Wenn Camus über den Helden von *Der Fremde* sagen konnte, er sei »der einzige Christus, den wir verdienen«, dann sind auch Pozzo und Hamm die einzigen Götter unter uns. Warum dann darauf warten, daß Godot wiederkommt? Und in der Tat, welche Gerechtigkeit würde er bringen? Die Enthüllungen des Boten-Jungen deuten darauf hin, daß Godot seine Belohnungen und Strafen keineswegs umsonst austeilt. Er ist gut zu den Ziegenhirten, aber schlägt seinen Bruder, der wie Abel nach den Schafen sieht. Ist Godot also ein Anti-Jehovah, wie Pozzo ein Anti-Christ zu sein scheint? Die Ziege ist traditionellerweise ein Symbol der Lust, und wir erfahren aus Matthäus, daß, wenn die Schafe zu Gottes Rechten sitzen, die Ziegen zu seiner Linken sitzen sollen. Godots umgekehrte Gerechtigkeit erinnert uns an die absurden Urteile von Jarrys Ubu. Aber legt Beckett nicht nahe, daß die Entscheidungen Jehovahs genauso mysteriös sind? Warum erlaubt er Kain, Kain zu sein und den sanften Abel zu töten? Vielleicht ist Gott nur ein Mensch, eine verlorene, leidende Kreatur, denn in der Qual antwortet Pozzo auf die Namen Kain und Abel gleichermaßen. »Das ist die ganze Menschheit«[34], kommentiert Gogo.

»Wir sind doch nicht gebunden?« wagt Gogo kurz vor dem ersten Auftritt von Pozzo und Lucky zu äußern. Die beiden Freunde sind weder an Godot noch aneinander gebunden. Sie ziehen es einfach vor, zusammen zu warten. Didi gibt Gogo die Möhren und weißen Rüben, die er in der Innentasche seiner Jacke trägt. Er schützt seinen kindlichen Freund vor realen oder eingebildeten Angreifern. Um sich die Zeit zu vertreiben, spielen Gogo und Didi Spiele. Sie spielen sogar Pozzo und Lucky, sind in diesen Rollen aber nicht sehr überzeugend. Gelegentlich reden sie von Auseinandergehen, aber keiner nimmt diesen Vorschlag ernst. Am Ende des ersten Akts sagt Didi: »Wir können noch auseinandergehen, wenn du meinst, daß es besser wäre.«[35] »Jetzt lohnt es sich nicht mehr«[36], antwortet Gogo. Da nichts sicher ist, ziehen die Freunde die größere Sicherheit des Zusammenbleibens vor. Diese Entscheidung ist auch nicht so negativ, wie sie scheint. Keine Entscheidung treffen ist auch eine Entscheidung, nicht handeln ist Handlung. Wenn am Schluß des Akts Gogo und Didi sagen »Gehen wir« und dabei nicht von der Stelle gehen, dann nicht, weil sie sich nicht bewegen können, sondern weil sie dadurch, daß sie Gehen spielen, deutlicher erfahren, daß einer die Nähe des andern braucht. Nach einer kurzen Trennung – ist es ein Abend oder eine Jahreszeit? – sind sie zu Beginn des zweiten Akts sehr glücklich, sich wiederzusehen. Estragon ruft: »Rühr mich nicht an! Nichts fragen! Nichts sagen! Bleib bei mir!«[37] Wenn Wladimir fragt: »Hab ich dich jemals allein gelassen?«, antwortet Gogo: »Du hast mich gehen lassen.«[38] Die negative Handlung, jemandem zu erlauben, daß er geht, bedeutet offensichtlich so viel wie eine willentliche Trennung. Der kurze Wortwechsel zwischen den beiden Freunden könnte auch eine Liebesszene sein, eine Unterhaltung zwischen Mann und Frau nach einer Trennung. In Becketts Stück nimmt er eine abstrakte Qualität an, die deutlich macht, daß Handlungen sich im Geist und im Herzen abspielen. Gogo fühlt sich bei dem Gedanken, daß sein Freund ihm zu gehen erlaubt, noch verletzt. Seine Worte geben einen Schlüssel zu dem Gegensatz zwischen den Banden der Tyrannei und denen des Erkennens in Becketts Stück. Die Dialektik von Tyrannei und Bewußtheit ohne Wahl wird im zweiten Akt von *Warten auf Godot* zu Ende gespielt.

Unwissend, ängstlich, von seinem Knecht vollkommen abhängig, ist Pozzo dennoch der Mensch, der nicht an einem Ort bleiben kann. Der einmal der peitschenknallende Besitzer von

Menschen und weltlichen Besitztümern war, ist nun unfähig, den Mythos der Handlung selbst dann aufzugeben, wenn seine Kräfte versagen. Durch Blindheit ist er in die schattenhafte Welt eingetreten, in der Raum und Zeit unbestimmt sind, ein Universum, das »wie nichts« ist, die Umgebung, die Gogo und Didi als das Klima des Lebens anzusehen gelernt haben. Wie Proust, über den Beckett eine wunderbare Monografie geschrieben hat, weiß Didi: »Aber die Gewohnheit ist eine mächtige Sordine.«[39] Aber Pozzo ist ein tätiger Mensch, der nie die Langeweile »als das erträglichste, weil dauerhafteste menschliche Übel«[40] betrachten könnte. Seine Blindheit ist, wie er selber sagt, die des Schicksals, eine absurde Blindheit. Anders als Tiresias besitzt er kein drittes Auge, das ihm erlauben würde, in die Zukunft zu blicken. Ein grotesker Oedipus am Kreuzweg, geführt von der einzigen Antigone, die er haben kann, einem schwachsinnigen Sklaven, ist Pozzo wie abgeschnitten von jeder Zukunft wie von seiner Vergangenheit. Er erinnert sich nicht, Gogo und Didi schon einmal gesehen zu haben – vielleicht, weil sie für ihn nur als improvisiertes Publikum wichtig waren – und wird sich am nächsten Tag auch nicht an sie erinnern. Der heilige Gral, den er sucht, ist DIE PLANKE.[41]

Becketts Karikatur einer der großen Organisatoren der Welt ist vernichtend. Gott, absoluter Monarch, Präsident, Sachwalter, Vorsitzender, ist Pozzo das lebende Symbol des Establishments. Nichts darf ihn behindern. Wenn Didi ihn fragt: »Was machen Sie, wenn Sie ohne jede Hilfe hinfallen?«[42], antwortet er ohne Zögern, wobei er das majestätische »wir« gebraucht oder vielleicht seinen *Knuck* einschließt: »Wir warten, bis wir wieder aufstehen können. Dann gehen wir wieder weiter.«[43] Ist das heroische Tapferkeit oder das Verlangen nach dem, was Pascal »die Zerstreuung« nannte? Pascal drückte den Gedanken aus, all unser Unglück entstehe daraus, daß wir nicht ruhig in unserem Zimmer bleiben können. Würde er einen Augenblick aufhören, würde Pozzo das deutliche und unerträgliche Bild seiner allmählichen, von einem unvermeidlichen Ableben gefolgten Auflösung erblicken. Wir wissen das, weil Pozzo selbst in dem eindrucksvollsten Bild des ganzen Stücks: »Sie gebären rittlings über dem Grabe«[44], die Lage des Menschen definiert.

Obwohl er das weiß, gehört Pozzo zu jenen Menschen, die unfähig sind, durch Leiden zu lernen. Dieser egoistische, narzistische, in den Klang seiner Stimme und den glatten Fluß seiner Rhetorik verliebte Reisende ist überzeugt, daß er nicht nur das Land um die Straße herum besitzt, sondern auch die Straße selbst und alle Leute darauf. Sein Klappstuhl, den Lucky für ihn aufstellt, wo immer er sich auszuruhen wünscht, ist ein tragbarer Thron. Mit der großen Geste Heinrichs VIII. oder des Sonnenkönigs wirft Pozzo, nachdem er das Huhn gegessen hat, die Knochen in die Richtung seines Knechts, der, da er zu schwach ist zu essen, Gogo an ihnen nagen läßt. Am wichtigsten ist dem Herrn seine Würde. Nachdem er einmal von seinem Stuhl aufgestanden ist, will er sich nicht mehr hinsetzen, wenn er nicht darum gebeten wird. Als Gogo und Didi, die nicht wissen, was von ihnen erwartet wird, das Spiel nicht spielen können, umgeht Pozzo das Problem, indem er Lucky den Stuhl ein paar Zentimeter weiter rücken läßt, wie um zu demonstrieren, ein anderer Fleck in der Wüste sei unendlich viel wünschenswerter als der erste. Nach diesem Trick, das Gesicht zu wahren, der erklärt, weshalb er aufbrechen wollte, kann der Herr sich wieder hinsetzen und noch ein wenig länger plaudern. Wenn er Gogo und Didi anzureden geruht, dann nur, weil man »durch die unscheinbarste Kreatur (. . .) sich fortbilden, reicher werden, sein Glück besser genießen lernen«[45] kann. Aber als die beiden ihm Fragen zu stellen wagen, sieht er darin ein Anzeichen künftiger Auflehnung: »Gerade sagten Sie noch zitternd ›mein Herr‹ zu mir. Jetzt stellen Sie mir Fragen. Das wird übel enden!«[46] Pozzos absolute Herrschaft, seine göttlich autorisierten Kräfte müssen ohne Herausforderung bleiben.

Was seinen Knecht betrifft, so wäre er ihn gern los, oder er behauptet das im ersten Akt, aber: »Offen gestanden, solche Wesen fortjagen, das ist unmöglich. Das beste wäre, sie einfach zu töten.«[47] (Man erkennt hier den Ton eines Plantagenbesitzers oder eines russischen *barine* des 19. Jahrhunderts, der von seinen Leibeigenen spricht.) Prätentiös, aber nur halbgebildet, verflucht Pozzo Lucky, indem er ihn ruft: »Atlas, Jupiters Sohn!«[48] Wenn er auch nicht zu wissen scheint, daß Atlas nicht Jupiters Sohn war, müßte er sich doch erinnern, daß der Bruder des Prometheus ein Feind der Götter war und

154

daß sie ihn bestraften, weil er am Aufstand der Titanen teilgenommen hatte. Nicht daß das erbärmliche Lebewesen wie ein
Titan aussähe – das ist ein anderes Beispiel für Becketts Ironie
–, aber Pozzo fürchtet einen möglichen Aufstand der Knechte.
Im zweiten Akt ruft der auf einen bemitleidenswerten Zustand
reduzierte Herr seinen Knecht immer noch »Schwein!« und
fordert Gogo auf: »Soll er ihm Fußtritte geben, in den Unterleib und ins Gesicht, so viel wie möglich.«[49] Obwohl er selbst
um Mitleid bittet, hat er für jemand anderen keins übrig.

Paradoxerweise formuliert dieser groteske »Mann der Tat«,
der den Fehler gemacht hat, den Augenblick seiner größten
Macht zu überleben, die Tragödie des kurzen Durchgangs des
Menschen auf dieser Erde: »Eines Tages ist er stumm geworden, eines Tages bin ich blind geworden, eines Tages werden
wir geboren, eines Tages sterben wir, am selben Tag, im selben
Augenblick, genügt ihnen das nicht?«[50] Wie Ionescos König
Dérenger in *Der König stirbt* erkennt Pozzo, selbst ein Souverän, daß alles, was enden muß, schon am Ende ist. *Nascentes
morimur* [indem wir geboren werden, sterben wir], sagt der
Dichter. Pozzo teilt diese Furcht den beiden Freunden mit.
Nach Pozzos Abgang wiederholt Wladimir, als habe er es jetzt
zum ersten Mal verstanden: »Rittlings über dem Grabe und
eine schwere Geburt«, und fügt hinzu: »Aus der Tiefe der
Grube legt der Totengräber träumerisch die Zangen an.«[51]

Rührt Didis Ansicht über Leben und Tod von seinem Zusammentreffen mit dem besiegten Mann der Tat? Sicher wissen Gogo und Didi nach diesem Zusammentreffen, daß sie,
wenn sie »mit verschränkten Armen« die »Für und Wider«
abwägen, »unserer Gattung ... auch alle Ehre machen«[52].
Indem sie Zeit, Logik, Vernunft verwerfen, führen Gogo und
Didi kein reduziertes Leben. Sie wissen: ». . . die einzig mögliche geistige Entwicklung geht in die Tiefe.«[53] Innerhalb von
Becketts Quartett repräsentieren sie eine höhere Form der
Existenz. In ihrer Entdeckung des Makrokosmos der Welt
und des Mikrokosmos ihrer eigenen Körper behalten sie einen
empfänglichen, geordneten Geist. Sie haben keinen Ehrgeiz,
keine bestimmte Absicht, keinen Ort, wo sie hingehen können,
nur einen Ort zu warten. Statt sich entmutigt zu fühlen, behaupten sie, sie seien glücklich in ihrem Warten, das ihnen eine
Antwort auf die Frage gibt, was sie da sollen. Helden werden

durch die Zeit und den Prozeß der Geschichte besiegt, aber Antihelden leben weiter, denken weiter, halten ihre Zeit aus. Obwohl sie manchmal von Selbstmord sprechen, gibt es immer eine gute Entschuldigung, dieses Vorhaben aufzuschieben: die Zweige des Baums sind zu dünn, das Seil, das sie benutzen könnten, ist zu abgenutzt. Es ist besser auszuhalten, zu sein. »Was sollen wir also tun? – Gar nichts. Das ist sicherer«[54], schlägt Gogo am Anfang des Stücks vor. Geduld, passiver Widerstand, die schweigende Rebellion des Geistes scheinen größere Tugenden zu sein für die Generation, die Konzentrationslager, Arbeitslager, Alpträume, die von den Tätigen unserer Welt genährt wurden, kennengelernt hat. Wenn Gogo und Didi damit zufrieden scheinen, sich in der Vorhölle, in einem Niemandsland aufzuhalten, dann, weil sie als bescheidene Menschen nur sich selbst treu sein wollen. Ihre Schwierigkeiten sind die gewöhnlichen, menschlichen: schmerzende Füße, übelriechender Atem, die Schmerzen von Hunger und Angst. Schmerz zu empfinden heißt, lebendig zu sein, und solange sie leben, haben sie die Hoffnung, Godot zu treffen. Ist das eine Illusion, dann eine bessere als die der Macht. Ihre Weide ist vielleicht nicht der »Baum des Lebens«, aber vielleicht werden schließlich doch beide Diebe gerettet.

John Fletcher
Das Schweigen ausschöpfen. *Waiting for Godot*
(1948-1949)

Eines Abends warten auf einer einsamen Landstraße in der Nähe eines Baums zwei ältere Männer, halb Landstreicher, halb Clowns, auf jemanden namens Godot, der, wie sie glauben, ihnen zu verstehen gegeben hat, daß ihr geduldiges Warten auf das Rendezvous belohnt werden wird. Die beiden, Estragon (»Gogo«) und Wladimir (»Didi«), sind nicht sicher, welche Form Godots Dankbarkeit annehmen wird, so wie sie auch nicht sicher wissen, ob sie am verabredeten Tag zur richtigen Stelle gekommen sind. Sie verbringen die Zeit, so gut sie können, bis eine Abwechslung auftaucht in Gestalt von Pozzo, einem Grundbesitzer aus der Gegend, der auf dem Weg zum Jahrmarkt ist, wo er seinen Knecht Lucky verkaufen will. Pozzo verbringt eine Weile mit Estragon und Wladimir, ißt sein Lunch bei ihnen, gewährt ihnen sogar die Knochen, als sein Knecht sie ablehnt, und läßt schließlich aus Dankbarkeit für ihre Gesellschaft Lucky für sie tanzen und dann laut denken. Die drei regen sich bei Luckys Vorstellung so auf, daß sie sich alle auf ihn stürzen und ihn zum Schweigen bringen. Nicht lange danach tritt Pozzo ab, indem er Lucky vor sich hertreibt. Estragon und Wladimir sind nicht lange zusammen allein, als ein kleiner Junge mit der Nachricht erscheint, daß Mr. Godot »heute abend nicht kommt, aber sicher morgen«[1]. Der Junge tritt ab, die Nacht bricht plötzlich herein, und nachdem sie sich kurz überlegt haben, ob sie sich umbringen sollen, indem sie sich am Baum aufhängen, entschließen sich die beiden Männer, es gut sein zu lassen, bewegen sich, als der Vorhang fällt, trotz ihres Entschlusses zu gehen jedoch nicht.

Am nächsten Tag hebt sich der Vorhang über einer Szene, die, abgesehen von der Tatsache, daß der Baum ein paar Blätter hervorgebracht hat, genauso aussieht. Zu Wladimir kommt Estragon auf die Bühne, und ziemlich das gleiche passiert, außer daß sich Pozzo und Lucky, wenn sie (von der Seite, auf der sie im ersten Akt abgingen) auftreten, als blind und stumm erweisen. Als alle vier übereinanderfallen und es irgendwie fertigbringen, wieder aufzustehen, wird Pozzo wütend wegen Wladimirs Fragen nach der Zeit und bellt sie an, das Leben sei selbst nur ein kurzer Augenblick. Er geht, Lucky vor sich hertreibend, auf der Seite ab, auf der er im ersten Akt gekommen war. Nach einer weiteren kurzen Zwischenzeit kommt der Junge zum zweiten Mal und bringt dieselbe Botschaft wie vorher. Die Sonne geht unter, der Mond geht plötzlich auf, die beiden Männer überlegen sich noch einmal, ob sie sich umbringen sollen, aber ohne viel Entschlußkraft, und bewegen sich, als der Vorhang fällt, nicht von der Stelle, obwohl sie beide gehen wollen. So hört das Stück auf, in dem, wie es ein Kritiker witzig, aber ungenau ausgedrückt hat, zweimal nichts geschieht.

Vielleicht ist das Auffallendste an Becketts zweitem Werk für die Bühne seine Reife. Dieser Eindruck entsteht vor allem daraus, daß es ein überzeugendes dramatisches Bild bietet, daß der Dialog geschickt konstruiert und die Charakterisierung wirkungsvoll angelegt ist. Der Eindruck ist jedoch in einem gewissen Grad irreführend, da der jetzt zugängliche Text erst hergestellt wurde, nachdem eine Anzahl von Versionen ausprobiert worden war. Das ursprüngliche französische Manuskript ist noch unveröffentlicht, aber man weiß genug davon, um sagen zu können, daß die Arbeit eher zögernd vor sich ging: Beckett war sich zum Beispiel noch nicht sicher, welche Namen er den Figuren geben sollte, und noch nicht einmal, ob er Godot in der Handlung zu einer wirklich präsenten Figur machen sollte, indem er zum Beispiel andeutete, daß Estragon und Wladimir eine schriftliche Verabredung mit ihm getroffen haben, oder ob Pozzo selber Godot, der die beiden, die er treffen will, nicht erkennt, sein sollte oder nicht. Diese Fragen wurden in der ersten französischen Ausgabe, die ein paar Monate früher als Roger Blins Inszenierung lag, gelöst, aber selbst dieser Text unterscheidet sich in mancher Hinsicht von der zweiten Ausgabe nach der Aufführung. Während der Inszenierung riet Blin außerdem zu bestimmten Schnitten aus Gründen der technischen Wirksamkeit, und auf dieser Stufe seiner dramatischen Laufbahn war Beckett nur zu bereit, von einem professionellen Regisseur zu lernen. Als er die erste englische Übersetzung machte, ließ er deshalb die meisten Passagen, die Blin ausgelassen hatte, fallen und ergriff in der endgültigen Ausgabe von 1965 nicht nur die Gelegenheit, die vom Lord Chamberlain zensierten Passagen wieder einzufügen, sondern auch eine große Zahl kleinerer Verbesserungen am Dialog und den Regieanweisungen vorzunehmen, die die Theaterwirksamkeit des Stücks beträchtlich erhöhen. Damit hat der Text, den wir jetzt besitzen, sowohl auf der Bühne wie außerhalb der Bühne einen außerordentlichen Glättungsprozeß im Manuskript und in der Druckfassung durchgemacht. Wenn wir uns erinnern, daß diese Entwicklung über eine Periode von ungefähr fünfzehn Jahren stattgefunden hat, ist der Übergang von dem aufgegebenen Stück *Eleutheria* nicht so abrupt, wie er aufs erste erscheinen könnte. Obwohl die erste Niederschrift von *Godot* schnell, in etwas über drei Monaten, beendet wurde, ist der Weg für das Stück ebensosehr durch *Eleutheria* vorbereitet worden wie durch andere Werke Becketts. Wir haben bemerkt[2], daß das Vorbild für Wladimirs Wortwechsel mit Godots Botenjungen in den Unterhaltungen des Glasers im früheren Stück lag; detaillierte Analysen haben starke Ähnlichkeiten zwischen dem Roman *Mercier et Camier* und *Waiting for Godot* enthüllt; und wie wir in der Einleitung gesehen haben, hat Beckett selbst gesagt, daß man die Ursprünge des Stücks in *Murphy* sehen könnte.

Natürlich hat *Waiting for Godot* seine Vorläufer in dem breiteren Kontext der postnaturalistischen Tradition. Einige Beispiele, die man genannt hat, sind Strindbergs *Traumspiel* mit seinem Sinn für Wiederholung und »Unwirklichkeit«, Synges *The Well of the Saints*, Jarrys *Ubu*-Zyklus (Pozzo ist deutlich ubuesk), Vitracs *Victor or the children take over*, nicht zu erwähnen den klassischen Chaplin, der seine erstaunliche *persona* entwickelte, nachdem er den Gang eines betrunkenen Taxifahrers beobachtet hatte. Und Beckett steht natürlich einem anderen großen Dichter der Trägheit nahe: Chechov. Ihre Stücke haben ein Gefühl für Unschlüssigkeit gemeinsam: Abgesehen vom Verkauf des Gutes zum Beispiel passiert in *Der Kirschgarten* nicht viel. Die Heldin kehrt zu ihrem Geliebten in Paris zurück, mit dem sie nicht zufrieden ist, andere Figuren wenden sich wieder ihren müßigen Träumen zu, und der Heiratsantrag, den Varia von Lopalin erhofft hatte, kommt nicht zustande. Frustrationen und ein Gefühl der Ohnmacht bei vielen der Figuren provozieren Spannungen zwischen ihnen und führen zu dem gelegentlichen Ausbruch, der sich so plötzlich wieder legt wie ähnliche Explosionen des Ärgers zwischen Wladimir und Estragon. Eine gezwungene Fröhlichkeit bei den meisten Figuren Chechovs verbirgt ihr Bewußtsein der Verlassenheit und Hoffnungslosigkeit; nichtsdestoweniger hoffen sie, wie Becketts Charaktere, unrealistischerweise weiter auf eine bessere Welt gerade hinter dem nächsten Hügel. Beide Dramatiker zeigen in glänzender Weise sowohl das Leben ohne wirkliche Hoffnungen auf Besserung oder Veränderung wie die Ausflüchte, die wir ergreifen, um die schlimmsten Tatsachen unserer Lage vor uns selbst zu verbergen, in einem Dialog, der erstaunlich schnell vom Erhabenen zum Lächerlichen übergeht, wobei sich im Sprechen ohne Konsequenz die Handlung ohne Folge spiegelt. Trotz allem geben uns Chechov wie Beckett eine verhaltene Form der Komödie, um den tiefen Satz Nells in *Endgame* zu illustrieren: »Nichts ist komischer als das Unglück, zugegeben . . . Doch, doch, es gibt nichts Komischeres auf der Welt«[3], denn über unser Elend lachen ist der einzige Weg, den wir gefunden haben, um mit ihm fertig zu werden. *Waiting for Godot* weist auch einige Parallelen mit Yeats Stücken auf. In *The Cat and the Moon* von 1926 zum Beispiel haben zwei Bettler, von denen einer lahm und der andere blind ist, es jahrelang fertiggebracht, ihre wechselseitigen Leiden dadurch auszugleichen, daß der Blinde den Lahmen auf dem Rücken trägt. Aber diese und andere sind eher zufällige Übereinstimmungen, Tatsachen der Theatergeschichte, die man nur so weit beachten sollte, wie es ihnen gebührt, nämlich um zu zeigen, daß *Waiting for Godot* nicht isoliert dasteht.

In verschiedenen Hinsichten ist es tatsächlich ein recht traditionelles Stück. Als Zuschauer werden wir zum Beispiel unmittelbar in die Handlung geführt, *in medias res*, und die relativ wenigen Details, die wir brauchen, um den vergangenen Lebenslauf der Figuren zu verstehen, werden uns im Verlauf gegeben. Wladimirs »Du bist also wieder da!«[4] nimmt eine frühere Geschichte der Verbindung zwischen ihm und Estragon an, die der Zuschauer – was vollkommen normal ist – glaubt. Die Zeitskala ist ebenfalls deutlich die des Theaters, nicht die der Wirklichkeit. Wenn Wladimir nur ein paar Minuten – in der wirklichen Zeit – nach seinem Auftritt im

160

zweiten Akt von Luckys Hut sagt: »Ich bin schon seit einer Stunde hier, und ich hatte ihn noch nicht gesehen«[5], benutzt Beckett einen der ältesten dramaturgischen Tricks, um eine größere Zeitspanne zu suggerieren, als tatsächlich vergangen ist.

Man hat oft gesagt, daß die neuen Formen des Dramas, die in den fünfziger Jahren entstanden sind und für die *Waiting for Godot* so außerordentlich repräsentativ ist, aller Regeln der traditionellen Dramaturgie spotten. Bis zu einem gewissen Grad ist das wahr; aber es ist auch eine Tatsache, daß neuere Entwicklungen, besonders auf dem Gebiet des improvisatorischen Dramas und des Happening, die frühere Avantgarde hinter sich gelassen haben, wobei sie zeigen, wie sehr das Drama selbst in seiner Anti-Rhetorik noch Rhetorik bewahrt und wie eifersüchtig es die geheiligte Unterscheidung zwischen Bühne und Auditorium aufrechterhält. Ich werde später über die Rhetorik von *Godot* noch mehr zu sagen haben; aber das Gefühl, in einem Theater *qua* Theater zu sein, ist sicher etwas, worauf das Stück implizit beruht. Man stelle sich nur vor, was passieren würde, wenn ein Mitglied des Auditoriums es sich in den Kopf setzte, die Rampe zu überqueren und sich der zart orchestrierten Hänselei zwischen den Charakteren anzuschließen! Die Wirkung wäre dieselbe wie bei dem berühmten Vorfall, wo ein wütender Zuschauer sich gezwungen fühlte, Othello vor den Machinationen Jagos zu warnen. Die existentielle Trennung zwischen den beiden Welten von Zuschauern und Theaterbesuchern wird in diesem Stück sogar mit spröder Spaßhaftigkeit behandelt. Mit seiner Gebärde, mit der er in die Kulissen blickt – »*und schirmt dabei mit der Hand die Augen ab*«[6] –, ist Estragon in absurder Weise theatralisch, wie mit seinem unschmeichelhaft ironischen Kommentar über »Heitere Aussichten«[7], als er ein wenig später den Zuschauern genau in die Augen schaut. Wladimir situiert eines der räumlichen Kennzeichen, einen Sumpf, im Publikum und hat eine komische Sympathie dafür, daß Estragon im zweiten Akt zögert, Deckung zu nehmen, indem er in jene Richtung rennt, obwohl Wladimir sagt: »Da ist niemand.«[8] Besonders Pozzo zeigt in der Frage, wo er sich befindet, die Bewußtheit eines alten Professionellen: »Sind wir nicht auf der sogenannten ›Planke‹?«[9] fragt er im zweiten Akt. Das vollkommen Theatergerechte des Stücks läßt sich so zum Teil durch sein Bewußtsein davon erklären, daß es Theater ist.

Zuschreiben darf man es zum Teil auch Becketts feinem Ohr für einen außerordentlich spielbaren Dialog, wenn erst einmal das Problem der häufigen Wiederkehr fast identischer Stichworte bei der Probe überwunden ist. Das lebhafte Ehegekeife Wladimirs und Estragons ist ein Beispiel. Wladimir ist der ängstliche Typ, und Estragon zeigt wenig Skrupel, ihn dort zu stechen, wo er am verletzbarsten ist. »Was willst du damit sagen?«, fragt Wladimir mit einigem Schrecken, »daß wir uns im Platz geirrt hätten?«[10], als Estragon fortfährt, sein Vertrauen zu untergraben. Sein Gefährte macht unbarmherzig insistent mit seinen Fragen weiter: »Aber an welchem Samstag? Ist heute denn Samstag? Kann nicht auch Sonntag sein? Oder Montag? Oder Freitag?«[11] Er wird das jedoch schnell müde und läßt Wladimir mit seinem grausamen Dilemma, ob sie nun am richtigen Tag und am richtigen Ort zu ihrer Verabredung mit Godot erschienen sind oder nicht, allein. Er ist in einer unbestimmten Weise verärgert über Wladimirs Ruhelosigkeit, seine Gewohnheit, ihn aus seinen Nickerchen aufzuwecken, seine Langsamkeit, mit der er logische Argumente erfaßt (»Versuch doch, es zu verstehen«,[12] bellt er, als Wladimir nicht einsehen kann, warum der schwerere der beiden als erster versuchen soll, Selbstmord zu begehen, indem er sich an einem zweifelhaften Ast aufhängt). Auf einer brutaleren Ebene quält Pozzo Lucky mit einem berechnet sadistischen ungehörigen Benehmen und geheucheltem Mitleid. Was die Sprache betrifft, die Estragon und Wladimir benutzen, als sie Pozzo ansprechen, so variiert sie vom Furchtsam-Respektvollen im ersten Akt zum Vertraut-Herablassenden im zweiten. In jedem Fall weist die Sprache eine prägnante Genauigkeit und Lebhaftigkeit auf, mit einem Dubliner Klang (»get up till I embrace you«[13] ist ein typischer Irianismus), aber sonst ohne ablenkende Provinzialismen: eine allgemeine Form der englischen Rede, die bezeichnend ist für Becketts internationalen Hintergrund und die Tatsache, daß sein Stück in einem vollkommen flüssigen Französisch konzipiert war, bevor es in der Muttersprache des Autors neu geschrieben wurde.

Nichtsdestoweniger zeigt der Dialog gewisse Züge, die charakteristisch sind für Becketts Schreibweise, so wie wir sie in wachsender Vertrautheit mit dem Stil seiner Prosa kennengelernt haben; geschrieben sowohl für das Lesen im Sessel wie für die Aufführung auf der Bühne. Einer dieser sprachlichen Tricks ist das Mittel des Auslöschens oder der Bestimmung, die aus einem tiefsitzenden Mißtrauen gegenüber dem Medium der Sprache selbst herzurühren scheint. Molloy zum Beispiel sagt von einem Mann, den er beobachtet hat: »Ein kleiner Hund folgte ihm, ein Spitz, glaube ich, aber das glaube ich nicht«[14], ohne sich durch das *volte-face* im geringsten verwirrt zu zeigen. Ähnlich bei Wladimir, der sein Eingeständnis des Nichtwissens hinsichtlich der Natur des Baumes zweimal ausdrückt: »Ich weiß nicht«, versichert er, wobei er sofort hinzufügt: »Eine Weide.«[15] Ein analoges Zögern erklärt vielleicht, warum einige der vielen Fragen des Stücks, die nach Barry Smith vierundzwanzig Prozent aller Äußerungen ausmachen, in einem Punkt ausgehen statt in einem Fragezeichen, so daß es kaum überrascht, daß Antworten nur ungefähr zwölf Prozent aller Bemerkungen betragen. Aber schüchtern gestellte Fragen sind das eine; lang in der Schwebe gehaltene Fragen wie: »Wir sind doch nicht gebunden?«[16] oder solche, die nie beantwortet werden, wie: »Willst du sie aufessen?«[17] sind etwas ganz anderes. Estragon zum Beispiel wird ein Bericht über die Zeit, als Lucky sich widersetzte, versprochen, und zwar von Pozzo, der rätselhaft und drohend sagt: »He refused once«[18], aber die Hoffnung auf weitere Information darüber, wie über anderes, wird enttäuscht. Ein großer Teil des Dialogs ahmt in der Tat die inkonsequente Spontaneität der Alltagsrede nach, in der die verschiedenen Teilnehmer unabhängig voneinander eine Gedankenrichtung verfolgen – eine Technik, die besonders Harold Pinter zu hoher Kunst entwickelt hat. Beckett kontrapunktiert entstehende Mißverständnisse mit komischer Subtilität, wie in diesem Wortwechsel, der Luckys Rede vorhergeht:

POZZO Meine Herren, Sie waren . . . *er sucht* . . . anständig zu mir.

ESTRAGON Aber, nein!

WLADIMIR Ach, was!

POZZO Aber ja doch, Sie waren korrekt, so daß ich mich frage . . . Was kann ich meinerseits für diese guten Leute tun, die sich so langweilen?

ESTRAGON   Ein paar Mark kämen uns schon gut zustatten.

WLADIMIR   Wir sind keine Bettler.

POZZO   Was könnte ich tun, so frage ich mich, damit die Zeit ihnen nicht so lange wird? Ich habe ihnen Knochen gegeben, ich habe ihnen von diesem und jenem erzählt, ich habe ihnen die Dämmerung erklärt. Das steht fest. Und es ist nicht mal alles. Aber genügt es, das quält mich eben, genügt es?

ESTRAGON   Ein paar Groschen tun's auch.

WLADIMIR   Schweig!

ESTRAGON   Ich bin auf dem besten Wege dazu.

POZZO   Genügt es? Wahrscheinlich. Aber ich bin großzügig. Das ist meine Art. Heute. Wenn ich es auch bereuen werde.

Er zieht am Strick. Lucky schaut ihn an. Denn ich werde leiden, das ist sicher. *Ohne aufzustehen, bückt er sich und nimmt seine Peitsche auf.* Was wollen Sie lieber? Soll er tanzen, soll er singen, soll er rezitieren, soll er denken, soll er . . .

ESTRAGON   Wer?

POZZO   Wer?! Können Sie etwa denken, Sie?

WALDIMIR   Er denkt?

POZZO   In der Tat. Mit lauter Stimme.[19]

Solche komischen Mißverständnisse sind reines Varieté: »I must have thrown them away. – When? – I don't know. – Why? – I don't know why I don't know«[20] ist ein anderes typisches Beispiel. Aber sogar hier beruht die Sprache auf der gewöhnlichen Rede, in der man Zeit verliert, weil man der präzisen Bedeutung von Worten nicht gewiß ist. »Sind Sie denn Freunde?«[21], fragt der blinde Pozzo im zweiten Akt, womit er Estragon zu lärmendem Gelächter provoziert: »Er fragt, ob wir Freunde sind!« Wladimir vermittelt hier wie bei anderen Gelegenheiten, indem er darauf hinweist: »Nein, er meint: Freunde von ihm.«[22] Tatsächlich verdankt der Dialog viel der klassischen Stychomythie von Varieté-Mustern der Wechselrede, in der ein rechtschaffener Mann einem lustigen Mann gegenübergestellt wird, der das Publikum damit amüsiert, daß er in die Verwicklungen irgendeines Problems hineingezogen wird, das sein Partner mit schwindender Geduld zu seinem Wohle zu erhellen versucht. Wie wir gesehen haben, versucht in diesem Stück Estragon Wladimir zu erklären, daß er, da er der schwerere der beiden ist, logischerweise als erster versuchen muß, sich am Ast aufzuhängen: »Wenn er dir gewachsen ist, riskiere ich nichts«[23], schließt er mit einiger Erschöpfung. Die Komödie steigert sich, wenn die zuerst gemachte Voraussetzung selbst in Frage gestellt wird: »Bin ich überhaupt schwerer als du?«[24] fragt Wladimir, der im Kontrast mit Estragons stämmiger und aufgedunsener Gestalt gewöhnlich als dünner und nervöser Mann besetzt wird. Ein anderer bewährter Varieté-Gag ist die gespielte Wiederholung: Estragon und Wladimir schütteln sich zum Beispiel fast gleichzeitig die Hände und tasten in einem Lieblingsgegenstand herum, Wladimir in seinem Hut und Estragon in seinem Schuh, und beide rufen innerhalb einer Minute theatralisch über den andern aus: »Weh! Er fragt mich, ob mir was weh tat!«[25] Dieser letzte Scherz folgt dem Muster vieler rhetorischer, an das Publikum gerichteter Reden des folgenden Typs: »Dünn? Ich würde schon sagen, daß meine Frau dünn ist. Als sie eine saure Zwiebel verschluckte, fingen die Nachbarn an zu reden.« Estragon kennt sich in dieser charakteristischen Art der Wechselrede genauso aus:

ESTRAGON   *unruhig* Und wir?
WLADIMIR   Wie bitte?
ESTRAGON   Ich sagte, Und wir?
WLADIMIR   Ich verstehe nicht.
ESTRAGON   Was ist unsere Rolle dabei?
WLADIMIR   Unsere Rolle?
ESTRAGON   Laß dir Zeit.[26]

Eine andere Form aus der Varieté-Komödie war der Monolog, wie ihn Dan Leo und Arthur English zu ihrer Spezialität gemacht haben: In diesem Stück praktiziert Pozzo diese Kunst einmal in seiner Rede über das Zwielicht, die düster schließt: »So geht es eben auf dieser verfluchten Erde«[27], dann – natürlich noch düsterer – im zweiten Akt in seiner Tirade über das Leben, das nur einen Augenblick dauert, denn »sie gebären rittlings über dem Grabe«[28]. Aber auch Wladimir hat seine Nummern, zum Beispiel die komische Szene, die anfängt:

»Wir wollen unsere Zeit nicht bei unnützen Reden verlieren«[29], wo er dann fortfährt, genau das zu tun.

Der Zirkus ist eine weitere Quelle des einzigartigen Humors von *Godot*. Anouilh verglich das Stück mit den als Komödien-Sketch für Clowns gespielten *Pensées* von Pascal. Mit Sicherheit sind das Torkeln, das Geschwätz, die Stürze, das Herunterfallen der Hose Estragons, Wladimirs Watschelgang, Luckys Lähmung und das Knallen von Pozzos Zirkusdirektorspeitsche direkt aus dem Repertoire des Big top geholt. Es ist in der Tat außerordentlich, wie viele Gebärden es in diesem, seinem Ruf nach so handlungsarmen Stück gibt. Estragon und Wladimir unterhalten sich und ihr Publikum zum Beispiel einmal damit, daß sie Hüte wechseln, nach einem komplizierten Muster, das Wladimir bezeichnenderweise im Besitz von Luckys Hut, der Quelle der Eloquenz des Sklaven, läßt. Die Hüte selbst sind ein direkter Tribut an die Meister der Stummfilm-Komödie, Chaplin und Keaton, und ihre sprechenden Nachfolger, Laurel und Hardy. Das alles (Varieté-Muster, Zirkusclownerie und Filmkostüm) stammt bis zu dem Song von dem Hund, der in die Küche kam, und dem Wiegenlied, die beide Wladimir uns bietet, aus den populärsten und unprätentiösesten Formen der Unterhaltung, wo das, was an Subtilität und Finesse fehlt, durch gut gedrillte Glätte und Perfektion des timing ausgeglichen wird. Wie diese unliterarischen Kunstformen muß auch dieses Stück im Tempo sehr genau behandelt werden: Die Ausbrüche von Handlung oder das sprachliche Ping-Pong müssen wirklich bewegt sein und die angegebenen Pausen, die es punktieren, wirklich deutlich eingehalten werden. Wenn das geschieht, setzt sich der charakteristische Rhythmus des Stücks kraftvoll durch und bringt nicht nur den Witz heraus, sondern auch die reine Unterhaltung, die es in diesem zu Unrecht als düster und langweilig angesehenen Werk gibt. Wie kann ein Stück wie dieses langweilig sein, wenn Estragons unbezahlbarer Heuler (indem er eine Frage stellt, die schon Seiten vorher beantwortet worden war) so gegeben wird, wie er sollte, nämlich mit dem exakten Sinn für timing, wie ein alter troupier ihn hat? Oder wenn Pozzos hochtrabende Worte und prahlerische Handlungen so ausgenutzt werden, wie sie sollten, von einem Schauspieler mit der requisitenhaften Präsenz und Gestalt, nach der die Rolle schreit. Weit entfernt davon, das Werk zu schwächen oder zu trivialisieren, verstärkt ein Regisseur, der die komischen Elemente präzis herausarbeitet, die ernste Meditation des Stücks über die Eitelkeit menschlicher Wünsche.

Becketts eigene Berliner Inszenierung – die auch in London und New York zu sehen war – arbeitete die Straffheit des Stücks großartig heraus. Es ist vielleicht nicht traditionellen Bahnen folgend konstruiert, mit Exposition, Entwicklung, Peripetie und *dénoument*, aber es *hat* eine feste Struktur, wenn auch eine andere, eine Struktur, die sich auf Wiederholung, die Wiederkehr von Leitmotiven und das exakte Ausbalancieren variabler Elemente gründet, und diese Struktur muß bei der Aufführung herausgebracht werden. Die Art der Wiederholung, auf die zu antworten das Publikum lernen muß, läßt sich am folgenden Beispiel erkennen. Nachdem Pozzo seine Mahlzeit gegessen und seine Pfeife angezündet hat, sagt er mit deutlicher Befriedigung: »Ah! Jetzt geht's mir besser.«[30] Zwei Seiten später gibt Estragon genau den gleichen Kommentar, nachdem er gerade das übriggebliebene Fleisch von Pozzos weggeworfenen Hühnerknochen abgenagt hat. Aber die Umstände sind, obwohl ähnlich, nicht identisch: Pozzo hat sich satt gegessen, Estragon hat an den Resten eine magere Mahlzeit gehabt. Die Wiederholung der Worte bei verschiedenen Personen ist daher ein ironisches Mittel, einen Kontrast herzustellen, wie jenen zwischen Pozzos egoistischem Befehl an Lucky: »Mantel!« im ersten Akt und Wladimirs selbstlosem Ausbreiten *seines* Mantels um Estragons Schultern im zweiten Akt.

Die gesamte Bewegung des Stücks hängt also von der Balance ab. »Auf die Form kommt es an«[31], bemerkte Beckett einmal bei Gelegenheit des Augustinischen Spruchs, der einem Großteil des Symbolismus des Stücks zugrundeliegt: »Verzweifle nicht – einer der Diebe wurde gerettet; frohlocke nicht – einer der Diebe wurde verdammt.«[32] Hier kommt es sicher auf die Form an: Der Regisseur muß die »stilisierte Bewegung« herausbringen, die Beckett in einer Diskussion mit Charles Marowitz selber betonte, eine Bewegung, die entscheidend auf Asymmetrie oder Wiederholung-mit-einem-Unterschied beruht. In beiden Akten zum Beispiel wird Pozzos Auftritt auf merkwürdige Weise dadurch angekündigt,

daß einer der Männer sich einbildet, er höre Geräusche sich
nähernder Leute; und während die beiden im ersten Akt
Lucky stützen, dienen sie im zweiten als »Karyatiden« für
Pozzo. Aber das schlagendste Beispiel ist das Ende der beiden
Teile, wo die Worte identisch sind und die Punktierung, um
die Ausführung das zweite Mal zu verlangsamen, nur leicht
abgewandelt ist, die Rollen aber umgekehrt sind: Im ersten
Akt stellt Estragon die Frage, der zweite Akt jedoch läßt sie
Wladimir sprechen:

> WLADIMIR   Also? Wir gehen?
> ESTRAGON   Gehen wir![33]

Beim ersten Mal können diese Sätze mit mehr oder weniger
normalem Tempo ausgeführt werden, aber beim zweiten Mal
sollte man sie langsamer spielen, mit drei bis sechs Sekunden
Pause zwischen den bestimmenden Sätzen. Wenn man das
macht, hat die intensive Empfindung, die im Publikum entsteht, wenn der letzte Vorhang fällt, einen Beiklang von großer
Traurigkeit.
  Aber die asymmetrische Wiederaufnahme von fast allem in
zwei Akten unterschiedlicher Länge ist nicht das einzige struk-
turelle Merkmal des Stücks. Ein anderes ist die Art, wie das
Kontrapunktieren der Akt-Struktur sich in der kontrastierenden Charakterisierung spiegelt. Estragons Name setzt sich aus
derselben Zahl von Buchstaben zusammen wie der von Wladimir; dasselbe gilt für Pozzo und Lucky. So sehen sie sich
verbunden, haben sie viele Jahre lang in einer komplexen
sadomasochistischen Beziehung zusammen gelebt. Aber ihre
Naturen widersprechen einander offensichtlich: Wladimir ist
der neurotische intellektuelle Typ, Estragon der friedliche
Intuitive; Pozzo ist der tyrannische Extrovertierte, Lucky der
schüchterne Introvertierte. Wladimir sympathisiert instinktiv
mit Lucky, und für Pozzo empfindet Estragon ein wenig Ka-
meradschaftsgefühl. Wladimir und Pozzo stehen wie Lucky
und Estragon, die einander treten, an den Extremen der aus-
gewogenen Pole. Estragon fürchtet, »gebunden« zu sein,
Lucky ist in Wirklichkeit gebunden; Wladimir kriecht vor der
Autorität, Pozzo übt sie mit Gewalt aus. Wie die größeren und
kleineren Vorkommnisse werden in der Tat in diesem Stück
die Charaktere in unruhigem Gleichgewicht gehalten.

Ein weiterer seiner strukturellen Züge ist die Art, wie die Schreibweise ständig von einem zum anderen, entgegengesetzten Ton überwechselt. Pozzos Deklamation über die Nacht zum Beispiel wechselt fast gewaltsam vom falsch Erhabenen zum prosaisch Lächerlichen und fällt, nachdem sie auf »schwingende« Höhen gestiegen war, in »düstere« Tiefen und schließlich in unvermeidliches Schweigen. Nach einer langen Pause stimmen Estragon und Wladimir an und wechseln Varieté-Bemerkungen:

ESTRAGON   Sobald man Bescheid weiß.
WLADIMIR   Kann man sich gedulden.
ESTRAGON   Weiß man, woran man sich zu halten hat.
WLADIMIR   Kein Grund mehr zur Unruhe.
ESTRAGON   Man braucht nur zu warten.
WLADIMIR   Wir haben's bald raus.[34]

Der Übergang ist meisterhaft, fast musikalisch in seiner Subtilität, wie der Ton der Saiten, wenn das Blech verklingt. Eine ähnliche Modulation gibt es zwischen der lärmenden Ausgelassenheit des Wirbels um Lucky im ersten Akt und Wladimirs Bekümmertheit beim Kreuzverhör des Jungen im zweiten Akt, das in dem großen Schrei aus der Messe kulminiert: »Barmherzigkeit!«[35] Farce und Pathos werden überall eng verbunden, am deutlichsten aber vielleicht am Anfang des zweiten Akts in der liebenden Umarmung des Clowns, die passenderweise in einem grotesken Geschwätz endet.

Der ganze zweite Akt hat in der Tat einen von dem des ersten leicht verschiedenen Ton. Die Wechselrede ist intellektueller und weniger offen die des Varieté; der zuversichtliche Pozzo des ersten Akts verwandelt sich in den blinden Krüppel des zweiten; und die Worte des Jungen, im ersten Akt »in einem Zuge«[36] gegeben, müssen beim zweiten Mal von Wladimir aus ihm herausgepreßt werden. Das ganze zweite Tableau dieses Diptychons ist weniger naturalistisch und bekommt mit den beiden Heruntergekommenen und ihrer Art eine Vertrautheit, die eine kürzere Neuformulierung des Themas erlaubt. Pozzo tritt später auf und schneller ab. Luckys Monolog im ersten Akt wies trotz seines repetitiven und entstellten Jargons auf etwas Richtiges: daß der Mensch trotz der Existenz eines sorgenden Gottes und vieler Fortschritte abnimmt; selbst diese Aussage eines heruntergekommenen Vernunftmenschen kann im zweiten Akt nicht wiederkehren, denn, erfahren wir mit Schrecken, er ist stumm geworden.

Wie so vieles andere in dem Stück trägt Luckys Rede jedoch absichtlich, wenn wir von ihr erwarten, sie werde einen signifikanten Schlüssel zum Werk als Ganzem geben. Jene, die verwirrt sind hinsichtlich der »Bedeutung« des Stücks, können aus der Versicherung des Autors, es bedeute, was es sage, weder mehr noch weniger, wenigstens etwas Trost ziehen. Es ist jetzt vielleicht leichter, das zu akzeptieren, nachdem seine anderen Werke bekannter geworden sind; leichter in der Tat als vor zwanzig Jahren, als es nicht so evident war, daß Beckett kein didaktischer Autor ist, der daran interessiert wäre, eine »Botschaft« in dramatischer Form vorzubringen. Selbst die vielen christlichen Anklänge im Stück muß man jetzt so sehen, daß sie sich nicht zu irgendeiner religiösen Aussage zusammenfügen, sondern eher zu einer Meditation über eine Welt, die von keiner anderen Gottheit beherrscht wird als von einer Art bösartigem Schicksal; eine Welt, in der der Mensch wartet und hofft auf etwas, was seinem Leben Wert verleiht und ihn von der Absurdität seines Todes ablenkt. »Und wenn eine gewisse Frist abgelaufen ist«, schreibt Malone, »kann nichts mehr geschehen, niemand mehr kommen, nichts anderes mehr sein als bewußt vergebliches Warten.«[37] Ein unbestimmtes Wissen davon teilt sich dem Gezänk, den theatralischen Mätzchen und dem derben Unfug von *Waiting for Godot* mit, einer meditativen Rhapsodie über die Nichtigkeit menschlicher Errungenschaften, für die Aufführung geschrieben von einer ewig hoffenden Truppe von Zirkus-Clowns, die das Schweigen ausschöpfen aus dem sinkenden Schiff eines Stücks, das Becketts großartig rebellische Geste gegenüber einer Kunstform ist, die er dann zu zerbrechen und zu überschreiten fortfährt.

Ludovic Janvier
Warten auf Godot

Zweifellos ist eine der unwichtigsten Fragen in *Warten auf Godot*, wer Godot ist. Jemandem, der ihn fragte, was Godot darstelle, hat Beckett zu Recht geantwortet, wenn er es gewußt hätte, hätte er es gesagt. Obwohl Wladimir und Estragon da sind, um auf Godot zu warten, übersteigt jedes Wort, das sie sprechen, jede Bewegung, die sie machen, unendlich den nominalen Bezugspunkt, der die so aufbringt, die darüber hinaussehen und ihren Blick dahin richten möchten, wo nichts ist. Godot ist ein Name von nichts, er ist nichts, oder besser, wie es jenes Wort Estragons verrät, in dem sich das ganze Stück zusammenzieht: »Wir finden doch immer was, um uns einzureden, daß wir existieren, nicht wahr, Didi?«[1]

Godot heißt das Warten. Und das Warten wird, wie man weiß, in einem Raum vorgeführt, der immer gleich bleibt – wenn man die beiden zusätzlichen Blätter an dem Baum ausnimmt, der den kahlen Ort bestimmt, an dem die Figuren sich aufhalten –, einem Raum, der selber eine Metapher für eine sich repetierende Zeit ist. Die Zeit setzt sich durch als die einzige Dimension, in der es die Figuren gibt: Der einzige Hinweis auf die Welt, in der Wladimir und Estragon ihre schwierige Gegenwart leben, ist jenes Signal, das ihre leere Zeit markiert (und das sich nicht zufällig in der Form des Refrains ausdrückt): »Wir warten auf Godot«[2], womit das Fließen in immer wieder neu begonnene Warteperioden unterteilt wird, das heißt in ähnliche Teile von Unbeweglichkeit, die sich organisieren auf der Grundlage der Beziehung auf ein a priori: Godot, die Zeit, in der man lebt.

Schon der Begriff des Refrains oder der Wiederkehr ist für mehr als ein Detail entscheidend und macht vielleicht das Prinzip der Struktur aus. Man hat bemerkt, daß die »Dramaturgie« des Stücks charakteristischerweise zyklisch ist.

Zyklus der »Tage«: Was tut man in *Godot*, das man nicht wieder täte? Was sagt man, das man nicht wieder sagte? Es wäre leicht zu sagen, der zweite Zyklus des Stücks sei in Wirklichkeit der folgende Tag; dieser neue Tag ist kein neuer

Tag, denn, sagt Beckett, es ist dieselbe Stunde, derselbe Ort, und er wird im selben Licht ablaufen, er wird von denselben Momenten markiert werden wie vorher. Morgen, übermorgen, gestern haben an dieser Stelle keinen Sinn, denn der Frage, die Wladimir und Estragon sich stellen: »Was haben wir gestern getan?«[3] (erster Tag) und der Frage, die dem kleinen Jungen des »Vorabends« gestellt wird (zweiter Tag): »Du bist gestern auch gekommen?«[4] wird dieselbe Verneinung entgegengesetzt, die hier jede Spur verweigert, dort die totale Ungewißheit der Spuren ausdrückt.

Zyklus der Figuren: Wenn jenes irreführende Erscheinen eines Kindes genügt, die Zeit zu verwirren und das einzuführen, wovon wir glauben, es sei die Wiederholung in einem totalen Neubeginn, die die Vernunft bedroht, widerspricht dann nicht das Paar Pozzo–Lucky dieser zeitlichen *Richtungslosigkeit*? Sie kommen am zweiten Tag, der den ersten zudeckt, pünktlich wieder, aber verändert. Pozzo ist blind, der Gnade Luckys ausgeliefert. Er ist immer noch grausam, aber er fällt hin, er fängt an, sich aufzulösen, er trägt endlich die Spur jener Verstümmelung, jener wilden Reduktion, die alle Figuren der Romane jenem Zustand einer Larve zuführt, in dem wir den Sprechenden in *Der Namenlose* anfangen – enden – weitermachen sehen haben. Kurz, Pozzo verkörpert die Zeit. Unglücklicherweise läßt er gleichzeitig – und es ist kein Zufall, daß er diejenige Figur des ganzen Stücks ist, die über das zeitliche menschliche Fließen am gewandtesten reden kann – das Zeichen aufscheinen, das er offenbar repräsentiert. Nachdem wir schon geglaubt hatten, wir könnten die letzte Zeit, in der er noch sehen konnte, wie Wladimir und Estragon auf den Vorabend zurückverlegen, fügt Pozzo hinzu: »Eines schönen Tages wurde ich wach und war blind wie das Schicksal.«[5] Wladimir, der sich darüber wundert, da er noch an das Gestern glaubt, erhält zur Antwort: »Fragen Sie mich nicht aus! Die Blinden haben keinen Zeitsinn«[6], was er, als man ihn auffordert, zu erkennen, daß er, Pozzo, doch am Vortag dagewesen sei, noch weiter präzisiert: »Ich erinnere mich nicht daran, gestern irgend jemanden getroffen zu haben. Aber morgen werde ich mich auch nicht daran erinnern, heute irgend jemanden getroffen zu haben.«[7]

Welches Orakel spricht durch diesen Mund, der jetzt voller

Schatten ist, gemäß einer bewegungslosen Gegenwart, die sich niemals von sich trennt und seit je beginnt, aus der man nicht herauskommt? Der Sinn seiner letzten Worte vereint den alten Lucky und den blinden Pozzo, indem beide für dasselbe zeugen:

> »Hören Sie endlich auf, mich mit Ihrer verdammten Zeit verrückt zu machen? Es ist unerhört! Wann! Wann! Eines Tages, genügt Ihnen das nicht? Irgendeines Tages ist er stumm geworden, eines Tages bin ich blind geworden, eines Tages werden wir taub, eines Tages wurden wir geboren, eines Tages sterben wir, *am selben Tag, im selben Augenblick*, genügt Ihnen das nicht?«[8]

Von Pozzo und Lucky dürfen wir wohl erwarten, daß sie uns über den Zeitverlauf belehren können: Sie sagen uns: Achilles bleibt stehen, wenn auch mit großen Schritten! Wir sind zu *Mercier und Camier* zurückgekehrt, zur Gegenwart, dieser ewigen Zugrundegegangenen. Man begreift hier besser, wie sich die dramatische Erfahrung durch ihre Kraft und die Genauigkeit ihrer Urteile von der Romanerfahrung unterscheidet und an ihre Stelle tritt. Das abgespulte oder das von einer Stimme oder einem Autor verfaßte Sprechen konnte nicht an ein Ende kommen, die Gegenwart nicht berühren: unvermeidlich entzog sich diese unter den Worten und konnte in einem Diskurs, der im Werden, das heißt, der Vergangenheit ergeben war, nicht erscheinen. Im Drama dagegen wird die gelebte Handlung zur Gegenwart *gemacht*. Anstatt davon zu sprechen, spricht die Handlung sie. Anstatt sie ins Auge zu fassen, läßt die Handlung sie reden und zeigt sie so als eine erdrückende Dimension, bezeichnet sie als jene ungeheure Matrix, in der, ohne Rückkehr oder Sprünge, die menschliche Existenz sich abspielt. Indem das Drama die Intimität der Totalität opfert, wobei es fortan den Grund des Menschen weniger berühren als umkreisen will, bringt es uns jenem vielleicht näher, läßt ihn jedenfalls vollständiger sehen.

Zyklus der Handlungen, der Gesten, der Worte: Dasselbe fragende Pulsieren zerschneidet jene ähnlichen Tage in identische Momente: »Nichts zu machen«[9], »Willst du nicht spielen?«[10], »Was tun wir hier« (Antwort: »Wir warten«)[11], »Wir sollten lieber auseinandergehen«[12] und schließt die beiden

Tage durch zwei gleiche rituelle Figuren ab, die nicht nur das Unvermögen zu gehen bezeugen, sondern darüber hinaus auch die ewige Wiederkehr dieses Unvermögens. »Also, wir gehen?« fragt Estragon; darauf antwortet Wladimir: »Gehen wir!«[13] Wohlverstanden, sie gehen nicht von der Stelle. Beim zweiten Dialog, den diesmal Wladimir anfängt, antwortet Estragon.[14] Natürlich gehen sie wieder nicht von der Stelle. In dieser binären, sich umkehrenden Struktur, die so den Bereich ihrer Möglichkeiten durchläuft, sieht man, wie bescheiden auch immer, den Beweis für die vollkommene Zirkularität der Zeit. Nie endet etwas, alles beginnt von vorn.

Dasselbe kann man in der Struktur der Dialoge als solcher erkennen. Außer der Wiederholung am Ende, die alles in Ähnlichkeit umschlagen läßt, enthalten die Unterhaltungen zwischen Estragon und Wladimir als wesentliches Element *das Echo*. Sie machen Gebrauch von der Sprache wie Tennisspieler von einem Ball: indem sie sie sich zuspielen. Die Beispiele dafür sind so zahlreich, daß im ganzen Stück die sprachlichen Echos wiederkehren. Man höre oder lese nur diese Unterhaltung, die aus zwanzig zu zweit gesprochenen Augenblicken der Einsamkeit ausgewählt wurde:

WLADIMIR   Du hast recht. Wir sind unerschöpflich.
ESTRAGON   Um nicht denken zu müssen.
WLADIMIR   Wir haben Entschuldigungen dafür.
ESTRAGON   Um nicht hören zu müssen.
WLADIMIR   Wir haben unsere Gründe.
ESTRAGON   All die toten Stimmen.
WLADIMIR   Die rauschen wie Flügel.
ESTRAGON   Wie Blätter.
WLADIMIR   Wie Sand.
ESTRAGON   Wie Blätter.
Schweigen.
WLADIMIR   Sie sprechen alle durcheinander.
ESTRAGON   Jede für sich.
Schweigen.
WLADIMIR   Sie flüstern vielmehr.
ESTRAGON   Sie murmeln.
WLADIMIR   Sie rauschen.
ESTRAGON   Sie murmeln.
Schweigen.[15]

174

Weicher Austausch von Worten, Trägern der Zeit, miteinander verbunden durch die Notwendigkeit des Zurückwerfens, das das Überleben sichern wird, ist der Dialog, wird fortan jeder mögliche Dialog sein. So gehen Wladimir und Estragon illusorischerweise in der dichten Unbeweglichkeit weiter, die ihr Leben ist. Pozzo hilft mit seinem donnernden, von Aphorismen und jämmerlichen Aufschwüngen überfrachteten Wortschwall: die fortschreitende Banalität wird ihr schweres Netz des Geschwätzes auslegen. Man müßte eine Entscheidung treffen, das ist charakteristisch für das Sprechen Luckys, dessen Unordnung, wie man weiß, sich durch mechanische Wiederholung ausdrückt: Spur der Zeit, in der der Diskurs versackt.

So kommt aus der Zeit nichts heraus. Und die Personen sind am Kreuz, von wo sie die gelebte Stagnation und das »Nichts zu machen« aussprechen, das sie notwendig begleitet. Zeit und Raum waren immer so beschaffen, daß die Figur, hier und jetzt, sie mißt und sieht: beide zeigen gegenseitig an, daß sie ewig sind, und festgeleimt sehen wir hier die Menschen, die wir vielleicht sagen lassen möchten, sie gingen weiter, erinnerten sich oder entdeckten, erkennten. »Wiedererkennen!«[16] ruft Estragon wütend als Antwort Wladimir zu, der ihm ihre Umgebung bezeichnet und ihn auffordert, sich an gestern zu erinnern: »Was ist da wiederzuerkennen? Ich bin mein Leben lang in der Sandwüste herumgezogen! Und da verlangst du, daß ich Unterschiede sehe! *Er blickt in die Runde.* Schau dir doch den Dreck an. Ich bin hier nie herausgekommen.«[17] Nichts zu machen, um sich aus diesem ewigen Augenblick zu lösen, der jedesmal vom Körper und vom Denken festgehalten wird, wenn beide dem Bewußtsein davon nahekommen. Ich schreibe mich in die Zeit ein: Ich werde also nie etwas anderes tun können, als mit derselben Elle jenen immer neuen Moment, in dem ich die Zeit denke, zu messen und jedesmal dieselbe Feststellung des Überholtseins zu unterschreiben.

Wenn Estragon und Wladimir, wenn Lucky und Pozzo uns die Zeit sagen, die immer gewesen ist, könnte jene Feststellung die verzweifeltste sein, und doch ist sie die banalste: dieses Aufblitzen, in dem wir sie ihren ewig-momentanen Zustand anklagen sehen, stört kaum eine wahrhafte *Existenz-zu-zweit*, oder *zu viert*, wie die Zeit in Körpern sie uns mit Gewalt auferlegt; in untereinander und uns gegenüber brüderlichen Körpern, denn sie haben eine Qualität der Präsenz, oder, wie Alain Robbe-Grillet bemerkt hat, ein Gewicht, da zu sein, das die »Ideen«, die sie dennoch *verkörpern*, in den Hintergrund treten läßt.

Das Nichts-zu-machen wird zu zweit zugegeben, zu zweit wird die unbewegliche Raum-Zeit in dieser Ewigkeit, in der das Da-sein sich in komplizierten und gewohnten Gesten und Worten resümieren läßt, durchlaufen.[18] Nie ist so fühlbar gewesen wie vielleicht in *Warten auf Godot*, daß es für das, was man, wenn die Formel nicht schon überanstrengt wäre, die Schwierigkeit, zu sein, nennen könnte, keine andere Lösung gibt als »individuell-zu-zweit«. Diese Spiel-Existenz zu zweit hat übrigens einen doppelten Aspekt: den hellen: Wladimir–Estragon; den dunklen: Pozzo–Lucky, und es ist nicht uninteressant zu sehen, wie diese beiden Bereiche sich überschneiden, wie sogar in jede Beziehung Nuancen eingeführt werden, die auf die umgekehrte Beziehung verweisen.

Wladimir und Estragon lieben sich, aber es passiert auch, daß sie sich nicht ertragen können: Der unerträgliche Geruch des einen stört den andern, der eine findet den andern klebrig und bringt ihn dazu, zu sagen, daß er ohne ihn besser schläft und pißt; das Paar existiert so gut zusammen, daß es sich von Zeit zu Zeit in Frage stellt, sogar eine Trennung ausmalt (zwischen Akt I und Akt II), um kalt, mit einer gewissen Bitterkeit und doch uneingestandener Freude festzustellen, daß die Trennung gänzlich unmöglich ist. Grausame Augenblicke, dauerhafte Liebe.

Als Kontrapunkt repräsentieren Pozzo und Lucky den Henker und sein Opfer, den Herrn und den Knecht. Der eine abgestumpft durch die Grausamkeit des andern, aber an sie gewöhnt wie ein Tier und sicher trotz der Ausbeutung sie suchend, denn er empfängt sein Leben aus ihr. Der andere sadistisch eine den andern aufreibende Herrschaft ausübend, die ihn aber auch ermüdet und ihm das Gefühl einer »moralischen« Einsamkeit läßt, so daß er uns lobenswert erscheint, bevor wir ihn hassenswert finden; diese Einsamkeit wird uns übrigens eigenartig berühren, wenn wir Pozzo wiederkommen sehen und er Lucky an der Leine hält, aber blind geworden ist, immer noch bösartig ist, aber weint, immer noch ein guter

Redner, aber zerschmettert ist . . . und gleichwohl geschlagen, von Wladimir und Estragon seinerseits mit Füßen getreten.

Die Szene, in der die Rache der Schwachen und der Fremden, die Wladimir und Estragon geworden sind, sich ihrem barocken Lauf überläßt, ist bewundernswert . . . Pozzo ist eine eigenartige Figur, ein phrasendreschender Henker und Liebhaber des blauen Himmels, der trotz allem mit seinem Opfer Lucky ein Paar bildet, wie brüderlich auch er, der gleichzeitig die abscheuliche Bosheit und das Bedürfnis nach Zärtlichkeit verkörpert, so daß diese beiden Figuren, mechanisch und entfremdet, wie sie im Kontrast zu dem freien und wendigen Paar Estragon und Wladimir erscheinen, zusammen nicht weniger anziehend sind. Pozzo, der ein wenig Erzähler ist, hat in gewisser Weise ein Geschöpf, Lucky, erfunden, wie die Stimmen-Autoren der Trilogie die ihren erfanden, und er ähnelt ihnen ein wenig. Achten wir darauf, daß nicht, da die Form der Paar-Geschichten als Versuchung wirkt und als leichte Lösung des unüberwindlichen Problems der Einsamkeit längst verworfen ist, Pozzo und Lucky, als die Bösen Wladimir und Estragon als die Guten vielleicht glücklich Lügen strafen. Ein Paar verurteilt im Ganzen das andere und hindert uns daran, Mitleid zu haben: Das war nötig, um die Monade eines fest standhaltenden Pfadfindertums zu retten auf daß die Form der Brüderlichkeit selbst den Widerspruch einer grausamen und lächerlichen Brüderlichkeit finde.

Warten auf Godot ist eine »Handlung«, in der Zärtlichkeit und Grausamkeit, Licht und Schatten sich die Waage halten und kraftvoll jene unbewegliche und wieder von vorn begonnene Raum-Zeit bewohnen, die der menschliche Bereich ist. Es war das Zusammentreffen von vier in unaufhörlicher Bewegung befindlichen Stürzen an einem kahlen Ort.

Damit bliebe noch der Ton zu bestimmen, der aus diesem Nicht-Drama eine optimistische Tragödie macht. Wladimir und Estragon sind unglücklich, auch Pozzo und Lucky verkörpern das Unglück, da zu sein, diese vier Wesen drehen sich in diesem Gefängnis-Raum hin und her, sie kommen und gehen im Käfig der Zeit, sprechen, um zu vergessen, sprechen, um zu dauern, machen Gesten, um sich leben zu fühlen, und wissen und erfahren, daß das alles vergeblich ist. Nun sind sie aber nicht traurig. *Warten auf Godot* ist keine Hölle, es ist ein

Ort der Neutralität und sogar eines gewissen Glücks im tieferen Schwarz der Verlassenheit, das für diese Akteure und diese Aufmerksamen tatsächlich aber nur das aus der Lage des Menschen kommende Ganze ist, das aus der Lage des Menschen kommt. Im Romanzyklus hinderte uns die Nähe der Stimme daran, den zu erkennen, der sie wie ein Bruder trug: Er war ein Verurteilter. Hier rettet die Distanz den Schriftsteller vor dem Schweigen, dem Werk des Wahns, und erlaubt uns endlich, die zu sehen, die bis dahin zu uns sprachen: Es sind Menschen wie wir. Besser: Indem sie ruhig von ihrem Elend sprechen und das Gefühl haben, die menschliche Banalität zu repräsentieren, geben uns die Getrennten, die vor uns leben, nur ein konzentriertes, kaum retuschiertes Bild unseres eigenen Elends, unserer eigenen Banalität zurück. Zärtliche Clochards und verurteilte Pfadfinder, sadistischer Herr und zum Ding gemachter Knecht sprechen ruhig zu uns. Diese Ruhe, die sie vor der Passion rettet und die ihnen die Tragödie erspart, taucht sie in die Lösung der Ewigkeit ein. Sie bringen sich nicht um, sie weinen mit Maßen, sie unterhalten sich mit kleinen Scherzen, sie rühren sich noch ein bißchen: Sie sind Menschen, die bequem im Schlimmen aushalten. *Warten auf Godot,* oder der Mut.

John Russel Brown
Becketts Shakespeare

I

Shakespeares Stücke werden oft als umfassende Symbole, mehr oder weniger komplizierte Darstellungen von Figuren in bedeutungsbestimmten Mustern beschrieben. Zwei Schulen der Kritik sind dafür verantwortlich. Die erste war die »imagistische« Schule. Sie begann um 1930 und wendete die Textanalyse auf ein Stück an, als wäre es ein Gedicht. Wilson Knight kann für sie sprechen: »Solange wir die Stücke primär als Charakterstudien sehen, wobei wir die literarische Person aus dem engen Netz des poetischen Gewebes herauslösen, in das sie gewoben ist, werden wir . . . letztlich ein Chaos erzeugen . . . Wenn wir jedoch immer zuerst auf die poetische Farbe und Suggestion achten, wobei wir primär in Begriffen des Symbolismus, nicht der ›Charaktere‹ denken, wird uns jedes einzelne Stück durch die Zartheit seiner Textur immer mehr erstaunen, und dann, und nicht vorher, wird das Ganze von Shakespeares Werk seine reichere Bedeutung, seine Harmonie, seine Einheit enthüllen.«[1] Professor Knight hat eine Karte angelegt, die zeigt, wie die »wirklichen Kraftlinien bei Shakespeare« verlaufen und wie die »Grundsymbole des Sturms und der Musik in lebhafter Opposition Shakespeares Welt ihre Einheit geben«. Für ihn sind die Stücke Allegorien, werden ihre Ereignisse durch poetische »Bilder« bestimmt. In *Die lustigen Weiber von Windsor* beispielsweise ist Falstaff die »personifizierte körperliche Fülle«, der Streich, den man ihm spielt, eine Strafe (mit »gebührender Schande«) und der Mummenschanz am Schluß eine Verteidigung spiritueller Werte: »Exzessive Fleischlichkeit wird am Ende durch ›Geister‹ oder ›Elfen‹ bestraft, jenes spirituelle Element, das durch Wollust oder überhaupt jede körperliche Ausschweifung beleidigt wird.«[2]

Kritiker der zweiten, symbolisch interpretierenden Schule gehen einen Weg, dem man deutlicher ansieht, wie mühsam er ist; sie erforschen einen elisabethanischen »Hintergrund« zu den Stücken. So untersuchte E. M. W. Tillyard Tudor-Haltungen gegenüber der englischen Geschichte, bevor er entschied, daß Shakespeare eine eindeutige Doktrin vertrat: »In der ganzen Folge seiner Stücke, die den Stoff Halls (des Chronisten) verarbeiten, hat er mit Erfolg ein Schema der Geschichte dargestellt, das allgemein gegolten hat und noch verstehbar ist: ein im Grunde religiöses Schema, in dem die Ereignisse nach einem Gesetz der Gerechtigkeit unter Gottes Vorsehung ablaufen und dessen anerkannte Frucht das England Elisabeths war.«[3] In Tillyards Sicht waren die Historien nicht mehr Experimente für die späteren Tragödien, sondern Shakespeares neue Variante der Form des alten Moralitätenspiels, »dessen Königsfiguren nie das fundamentale Thema des Moralitätenspiels, die res publica, überschreiten« durften. Diese Stücke wurden »grundsätzlich« verstehbar, als seien sie Allegorien. Sechzehn Jahre später konnte ein anderer »historischer« Kritiker, Irving Ribner, Muster in der Shakespeareschen Tragödie[4] darlegen, wobei die Charaktere als Symbole gesehen werden. Er meinte: »Edgar wird ein *Symbol* der göttlichen Gerechtigkeit, die über das Böse triumphiert, um die Harmonie der natürlichen Ordnung Gottes zu bestätigen. Der Trompetenstoß bei seinem Auszug in den Kampf ist ein *symbolisches* Echo des Jüngsten Gerichts.« Oder: »Cordelia läßt sich nicht nach irgendeinem Maß psychologischer Wahrscheinlichkeit beurteilen . . . Sie ist nicht eine wirkliche Person . . . Sie dient wie früher Desdemona als *Symbol* der Liebe und des Selbstopfers, eine Spiegelung der Liebe Gottes.«[5] In einer Anmerkung erklärte der Professor, daß Cordelia »wahrhaftig ein Symbol Christi genannt worden sei, das sterben muß, um die Erlösung des Vaters möglich zu machen« und rief Marion Parker, S. L. Bethell und P. N. Seigel als Zeugen an. Indem sie Shakespeares Stücke »im Licht« von Glaubensüberzeugungen studierten, die »allgemein gegolten« haben sollen, haben die Kritiker *Hamlet* als eine Studie über Regeneration, *Othello* und *Macbeth* als Darstellungen der Verdammnis gesehen. Komödien und Tragödien hat man »symbolische Bedeutung« gegeben, indem man in ihnen Muster primitiver Rituale fand: C. L. Barber sagte, Shakespeares »Grundmethode« in seinen romantischen Komödien sei, »die lose Erzählung so zu formen, daß die Ereignisse die Figuren in die Position von Feiernden brachten«.[6]

Kurz, Kritiker beider Schulen haben im ganzen Shakespeare eine »Grundidee« gefunden und dann individuelle Stücke danach beurteilt, wie sie für jene Idee »Symbole« beibringen.

II

Mit diesem Maß gemessen, erscheint unsere gegenwärtige Dramatikergeneration unzulänglich. Ionesco hat Ideen verworfen: »Ich habe keine Ideen, bevor ich ein Stück schreibe . . . Ich glaube, daß künstlerisches Schaffen spontan ist. Für mich ist es das wenigstens. Nur Spontaneität kann ein unmittelbares Wissen von der Realität garantieren. Jede Ideologie führt am Ende nur zu mittelbarem Wissen, das nur zweitrangig, schief und verfälscht ist.«[7] Es genügt ihm, erst zu definieren, *nachdem* er ein Stück geschrieben hat, oder dann, wenn er überhaupt nicht schreibt: »Schaffen . . . ist Leben, es ist Freiheit, es kann sogar den bewußten Wünschen (das sind selten fundamentale Wünsche) und den Vorurteilen des Schaffenden entgegengesetzt sein.«[8] Solchen Äußerungen antwortet ein Chor von Stimmen, Ann Jellicoe zum Beispiel: »Ich wußte nicht, worüber das Stück ging. Ich schrieb, ohne daran zu denken, schrieb intuitiv um und arrangierte wieder neu.«[9]

Für eine genauere Beschreibung einer solchen Tätigkeit können wir uns den zeitgenössischen »abstrakten« Malern oder »action painters« zuwenden, die darin eine längere Erfahrung haben; Jackson Pollock hat erklärt: »Wenn ich *in* meinem Bild bin, weiß ich nicht, was ich tue. Erst nach einer Art Periode des Kennenlernens sehe ich, worum es gegangen ist. Ich habe keine Angst davor, etwas zu ändern, das Bild zu zerstören etc., weil das Bild ein eigenes Leben hat. Ich versuche, es hervorkommen zu lassen. Nur wenn ich den Kontakt mit dem Bild verliere, ist das Ergebnis ein Durcheinander. Sonst ist es reine Harmonie, ein müheloses Geben und Nehmen, und das Bild wird gut.«[10] Die »neue« Harmonie oder Einheit läßt sich in ideologischen Begriffen nicht leicht definieren. Harold Pinter bekennt, er sei zwar an »Form« sehr interessiert, kümmere sich aber nicht um »Bedeutung«: »Ich beginne mit Leuten, die in eine besondere Situation kommen. Ich schreibe sicher nicht von irgendeiner abstrakten Idee her. Und ein Symbol würde ich nicht erkennen, wenn ich eins sähe.«[11] Die neuen Dramatiker verwerfen thematische Entwicklung und symbolische Situation: Sie betonen, daß Ideologie in der Konzeption ihrer Werke keine Rolle spielt. Aber wir sollten nicht zu sehr überzeugt sein: Ideen lassen sich aus niemandes Geist so leicht verbannen. In *Stratford-on-Avon-Studies*[12] beschrieb Professor Clifford Leach die Figuren von *The Caretaker* in Begriffen des Moralitätenspiels, fast so, als spräche Dr. Tillyard von Shakespeares Historien: Davies ist »Jedermann«, Mick »Dinge der Welt« und Aston »Barmherzigkeit«. In *Tulane Drama Review*[13] hat Bernard Dukore erklärt, daß wir in Davies »nicht nur den alten Mann, dessen Kräfte versagt haben, sondern auch das alte England erkennen, dessen Kräfte versagt haben«, und er behauptet – im Gegensatz zu Pinter – rundweg, daß »Pinters Stücke unverkennbar symbolisch sind«. Dasselbe könnte er von Ionesco sagen: in dessen *Killer* ist der Architekt ein Repräsentant, fast ein Symbol der Bürokratie, und Mutter Peep eine andere Boanerges, ein Symbol der politischen Begeisterung. So wie Jackson Pollocks Bilder »Krieg« oder »Wolfsweibchen« betitelt sind, so sind diese Stücke »Kompositionen«, die benannt werden können.

Der Künstler lebt in einem menschlichen Kontext, in dem es auch Ideologien gibt, und er schafft seine Artefakte so, daß sie seinen Geist, der bewußt und unbewußt von diesem Kontext geformt wird, zufriedenstellen. Er mag nicht im Hinblick auf Ideologien schreiben wollen, aber er kann nicht ausschließen, daß er es tut, zumindest unbewußt. In einer solchen Tätigkeit ist nicht irgendein Element, sind vielmehr nur die Prioritäten neu: Vielleicht sollten wir besser nur soviel sagen, daß der moderne Dramatiker und der zeitgenössische Maler klar umrissene Ideen unter ihren bewußten künstlerischen Interessen nicht hoch stellen.

Aber schon das heißt eine ganze Menge. Weil die Prioritäten anders sind, ist die Sprache der gängigen Shakespeare-Kritik dem modernen Drama unangemessen. So wie wir unsere Rezeption eines Gemäldes von Kandinsky oder Pollock ernstlich beschränken würden, wollten wir uns an einem erkennbaren Bild innerhalb seiner Komposition festhalten, so sollten wir uns nicht mit den Symbolen zufriedengeben, die man in den Stücken Ionescos, Pinters und ihrer Kollegen erkennen kann. Ihre *dramatis personae* mögen manchmal als Ideogramme erscheinen, aber wenn wir die Stücke nach solchen Identifikationen beschreiben wollten, müßten wir sie überbestimmt und plump finden. Auch die Art und Weise der Darstellung und die Komplexität, mit der ein Publikum einbezogen wurde, muß beschrieben werden.

Und auf der anderen Seite sollte die Bedeutung des modernen Dramas für unser Shakespeareverständnis evident sein: es wäre Voreingenommenheit, zu glauben, dramatische Erfahrung könne in Begriffen von Muster und Symbol zureichend beschrieben werden. Shakespeare *mag* in seinen Ansichten über die Natur des Menschen sicherer gewesen sein als wir, er *mag* in den Effekt von Ideogrammen mehr Vertrauen gesetzt haben, aber selbst wenn sich das beweisen ließe, sollten wir daran denken, daß seine Einbildungskraft auch noch andere Elemente enthielt und daß das Drama auch ihnen genügt haben kann. Wenn man Shakespeares Stücke in symbolischen Begriffen interpretiert, enthüllt sich eine Einheit, aber daraus folgt nicht unbedingt, daß die Stücke als Ganzes harmonisch sind oder daß diese Einheit die einzige ist. Eine solche Kritik mag unser Verständnis zu klären scheinen, aber daraus folgt nicht unbedingt, daß diese Stücke nicht auch andere Aspekte haben, die für den Autor und das Publikum wichtig sind: Falstaff könnte für andere Zwecke geschaffen sein als dafür, »körperliche Fülle« zu personifizieren, Cordelia für etwas im dramatischen Zusammenhang Entscheidenderes als ein »Symbol für Christus«.

III

Der Gegensatz zwischen den modernen Dramatikern und vielen Shakespeare-Kritikern wird in besonders interessanter Weise durch *Warten auf Godot* aufgeworfen. Kein neues Stück macht so unübersehbar und permanent von Symbolen Gebrauch, aber keins von vergleichbarem Erfolg hat so den Verstand genarrt. Es ist als optimistisches und als pessimistisches, als christliches und als atheistisches Stück aufgeführt worden. Aber es gibt Symbole, Personifikationen und Wegweiser, von denen man erwarten können sollte, daß sie die Reaktionen des Publikums kontrollierten: Kain und Abel, Sündenbock und Unschuldslamm, Herr und Knecht, Nacht

und Tag, Isolation und Gemeinschaft, Leiden und Willens-
kraft, Blindheit und Sehen, ein Baum ohne Blätter und ein
Baum mit Blättern, Christus und »die ganze Menschheit«[14].
Das Paradox für Shakespeare-Kritiker liegt darin, daß diese
Symbole nicht die Einheit des Stücks enthüllen – eine Einheit,
die durch die Kraft bezeugt würde, mit der sie in vielen verschiedenen Interpretationen die Aufmerksamkeit festhielte.
Sie bewegen die Handlung nicht auf »eine überwältigende
Frage zu«, noch werfen sie ein einziges dramatisches Problem
auf. Ein Wilson Knight könnte in einem Godot-Symbolismus
ohne weiteres eine »reichere Bedeutung« entdecken, aber wo
er »Zwietracht« sehen würde, könnte ein Ribner »Liebe« finden, und wo er eine »entehrende Strafe« sehen würde, könnte
ein Barber eine »Freudenfeier« erkennen. Alle Kritiker müßten das Drama vereinfachen, um es einem einzigen »Muster«
konform zu machen. (Hier können wir vielleicht verstehen,
warum Beckett die Schauspieler davon abgebracht hat zu
diskutieren, was ihre Rollen *bedeuten* könnten.)

Glatte Widersprüche ergeben sich überall. Estragon ist eine
Christus-Figur: » . . . WLADIMIR Ich meine, mit deinen Schuhen. ESTRAGON Die laß ich stehen. *Pause*. Es kommt wohl ein
anderer genauso . . . genauso . . . wie ich, aber mit kleineren
Füßen, und ist glücklich darüber. WLADIMIR Du kannst aber
nicht barfuß laufen. ESTRAGON Jesus hat es getan. WLADI-
MIR Jesus! Was soll denn das heißen! Du willst dich doch
wohl nicht mit ihm vergleichen! ESTRAGON Mein ganzes Leben hab ich mich mit ihm verglichen. WLADIMIR Aber da
unten war's warm! Es war schön! ESTRAGON Ja. Und man
kreuzigte schnell. *Pause*.«[15] Der Vergleich mit Christus scheint
vielen Handlungen Estragons »Bedeutung« zu verleihen:
Wenn Wladimir sagt, er solle »den Baum machen«[16], versucht
er, mit ausgebreiteten Armen auf einem Fuß zu stehen, und
fragt: »Glaubst du, daß Gott mich sieht?«[17] Er schwankt noch
mehr, nachdem er aufgefordert wurde, die Augen zu schließen, *»hört auf«* und *»schreit aus vollem Halse*: Gott hab Erbarmen mit mir! (. . .) Mit mir! Mit mir! Erbarmen mit mir!«[18]
Unmittelbar danach treten Pozzo und Lucky auf, und Estragon glaubt, sein Gebet sei erhört, Godot gekommen; trotz des
Durcheinanders, das durch die Neuangekommenen entsteht,
wenn sie zwischen ihrem Gepäck zusammenbrechen und um

Hilfe rufen, glaubt Estragon fest, für ihn und Wladimir habe das Warten aufgehört. In Schmerz, Abtötung, Kampf, Gebet und der Körperhaltung Christi am Kreuz hat der Ausgestoßene Sicherheit gefunden. Aber die Nachfolge Christi ist nur momentan: Estragon ist noch in seinem Gebet selbstsüchtig; er hat schon früher versucht, Selbstmord zu begehen, und wird es wieder versuchen, an einer Weide wie Judas; er ist grausam, boshaft, dumm, unzuverlässig, betrügerisch, undankbar. Außerdem sind auch andere Personen in bestimmten Momenten Christusfiguren. Lucky ist der leidende Knecht oder der Narr, der zum Salvator-Markt[19] gebracht wird, um verkauft zu werden. (In der französischen Fassung heißt dieser Bestimmungsort »Saint-Sauveur«[20].) Sogar Pozzo ist ein hilfloser Leidender ohne Zeitsinn, ohne die Liebe zu den Dingen der Schöpfung, wenn er wieder auftritt als Blinder und von Estragon und Wladimir gestützt werden muß. (Wladimirs Geschichte von der Kreuzigung am Anfang des Stücks und Pozzos Furcht, sie könnten Räuber sein, legen vielleicht nahe, die beiden, die ihn stützen, als die beiden Diebe zu identifizieren.) Wir können nicht sagen, irgendeine Figur diene »als ein Symbol für Christus«, obwohl mehrere, auf verschiedene Weise und fragmentarisch, diese Funktion erfüllen.

Wir können sagen, *Warten auf Godot* habe einen *momentanen* Symbolismus; dieser ruft deutliche aber inkonsistente Reaktionen hervor. Der Baum, ein vorherrschender Zug der Szenerie, dient als einfache Bestimmung des Ortes; er ist einfach ein Baum, ein sichtbares Ding in der Gegend, das ein »Gebüsch« oder »Unterholz« hätte sein können. Aber dieser Baum ist auch eine Weide, an der sich Menschen aufhängen könnten, und, in direktem Widerspruch dazu, auch »der Baum«, an dem Menschen geduldig warten müssen und hinter dem sie sich als letzte Zuflucht vor unbekannten Angreifern zu verstecken suchen. Wenn er über Nacht vier oder fünf Blätter bekommt, scheint er wieder etwas anderes zu werden und den »Baum des Lebens«, die »Natur« oder den »Frühling« zu repräsentieren. Ähnlich ist die »Straße« der Bühnenszenerie der »Weg« für menschliche Pilger, aber auch »wie nichts«; und wiederum ist sie die Straße zum »Markt«, und Pozzo fragt, ob sie die »Planke« sei (im Französischen heißt es »la Planche«[21]), die er, der blind ist, gehen muß, seinem Untergang entgegen.

Oder, um einer anderen Reihe momentaner Symbole zu folgen, Estragon und Wladimir sind »die ganze Menschheit«[22] (aber zu einer anderen Zeit zwei von der Gesellschaft isolierte Individuen); und Pozzo in seiner Hilflosigkeit ist ebenfalls »die ganze Menschheit« (und anderswo »Grundbesitzer« und »Hüter«). Wir können auch einer einzigen Figur nachgehen: Estragon wird als »Dichter« gesehen, der durch eine Erinnerung an »Karten vom Heiligen Land«[23] zu seiner Vision erwacht und die meisten Erfahrungen vergißt, nur die nicht, die er nie vergißt, und er ist doch auch ein Mensch ohne Vision, der versucht, sich im Schlaf an einer Traum-Welt zu erfreuen. Auch Lucky ist ein Dichter, dessen erste Aufgabe war, Pozzo »das Schöne, die Gnade, die allerletzten Wahrheiten«[24] zu liefern, und er ist auch ein abhängiger Mensch, der ein »Knecht« sein muß.

Der nie auftretende Godot scheint deutlicher ein Symbol zu sein, besonders für englische Zuhörer, für die sein Name an »god« erinnern wird. Er hält Ziegen und Schafe und schickt Boten, um zu sagen, daß er kommen wird, und er hat wahrscheinlich einen weißen Bart. (In der französischen Version versichert Wladimir: »Es ist noch Tag«[25] bei Godot.) Wladimir glaubt, daß Godot sowohl »erlösen« wie »strafen« kann, und betet, als er von seinem Bart hört (großzügiger als Estragon): »Barmherzigkeit!«[26] Aber für das sich verändernde, durch andere traditionelle Symbole aufmerksam gemachte Bewußtsein kann Godot kein »Symbol für Gott« sein. Bestimmt kann er nicht den christlichen Gott repräsentieren, denn obwohl er Furcht und Hoffnung erregt, zeigt er mit keinem Hinweis, daß er, wie Luckys hypothetischer »persönlicher Gott«, »uns gern hat«[27]. Wladimir, der am festesten glaubt, daß Godot existiert, sagt von ihm, er ziehe seine Familie, seine Agenten und seine Register zu Rate, bevor er eine Entscheidung treffe, als wäre das das »Normale« für Godot, wie für Leute von Einfluß. Außerdem hat Wladimir andere Götter: den »Erlöser«, der vom Kreuz aus vergibt, das »grausame Schicksal«, das Menschen unter eine »böse Brut« verbannt und, vielleicht, die »Bekräftigungen« anderer Leute, die dem Warten auf Godot ein Ende machen. In bestimmten Momenten scheint Godot Aspekte des christlichen Gottes darzustellen; in anderen Momenten scheint er das Trugbild eines solchen Gottes zu repräsentieren; in wieder anderen scheint er ein Mann von Einfluß zu sein oder das Trugbild eines solchen.

Wenn Wladimir sagt: »Die Luft ist voll von unseren Schreien«[28], beschreibt er den momentanen Symbolismus des Stücks: Unter vielen unhörbaren Einflüssen sind christliche und ästhetische, und diese werden in Worten und in der Handlung auf der Bühne manchmal aufgefangen oder gespiegelt. So haben zum Beispiel Wladimirs Nieren ihn gelehrt: »Nur keine Nachlässigkeit in den kleinen Dingen«[29] und ihn dazu gebracht, an den »letzte[n] Moment«[30] zu denken: Als er diesen Moment kommen fühlt, ist er »erleichtert und zugleich . . . *Er sucht . . . zerschmettert.*«[31] Diese Reaktionen lösen gewisse gemeinsame Assoziationen aus, die den Zuschauern nahelegen, für einen Augenblick an »den letzten Moment« oder den Jüngsten Tag zu denken. Gewisse »Schreie in der Luft« klingen in Wladimirs Worten nach, aber weder sind es seine Schreie, noch wird seine Handlung ganz von ihnen repräsentiert: Während er (wie vielleicht die Zuschauer) sogar an den gekreuzigten Christus denkt, glaubt er, für ihn sei »nichts zu machen«[32]; und sicher denkt er nicht an Godot. Die traditionelle Stimme ist stofflos, wie ein Echo, und man hört sie nur einen Moment.

Die handgreiflichen Symbole des Stücks enthüllen also nicht die Einheit des Stücks. Jene hängt von der fortschreitenden Enthüllung der inneren Natur der vier Hauptfiguren durch die deutlich inkonsequenten Wiederholungen, den Dialog und die Bühnenvorgänge ab. Für das Publikum wird zunehmend klarer, daß Wladimir denkt und Estragon fühlt, daß Pozzo angsterfüllt und einsam, Lucky dagegen sicher ist, und es wird schließlich auch erkennen, daß jede dieser Figuren die pure Anwesenheit der anderen braucht. Diese Enthüllungen werden unausgesprochen neben (oder hinter) den Worten, mit Hilfe unerwarteter Emphasen, Pausen, Nebeneinanderstellungen, wortloser oder die Worte verweigernder Handlungen und Wiederholungen gegeben. Beckett weigert sich, Symbole auszusuchen und festzulegen, um diese Entwicklung zu definieren; es ist ihm vielmehr lieber, daß sein Stück, in Pollocks Worten, ein »eigenes Leben« hat, und er erlaubt ihm, hervorzukommen. Trotz offenkundiger Widersprüche im Symbolismus stellt sich bei einer Aufführung »reine Harmonie« her, eine Einheit, die man unwillkürlich versteht und indirekt wahrnimmt.

Für eine Beschreibung dieses Stücks wäre die Manier der Shakespeare-Kritiker zu simpel. Wir könnten die Bühne mit einem Radar-Schirm vergleichen und sagen, daß sich auf ihm – während vieles, was er zeigt, nichts zu bedeuten scheint – gelegentlich, irgendeinem traditionellen szenischen Rahmen entsprechend, ein äußeres Anzeichen eines bestimmten Charakters zeigt. Aber dieser Schirm ist um seiner selbst willen wichtig, und sein sichtlich bedeutungsloser und repetitiver »Unsinn« trägt den Hauptgegenstand des Stücks. Vielleicht sollten wir besser sagen, die dramatische Handlung sei mit einem Prospekt versehen worden, der eine perspektivische Ansicht freigibt, die christlichen und anderen Konzeptionen entspricht, und daß gelegentlich eine Figur in den Rahmen dieser Welt »eingeordnet« wird; aber diese Metapher müßte weiter ausgeführt werden, denn der Prospekt wird nur dann sichtbar, wenn eine dieser momentanen Einordnungen geschieht. Um den Doppelaspekt von *Warten auf Godot* zu erfassen, könnten wir vielleicht sagen, daß die Figuren ein scheinbar formloses und repetitives Drama ohne eine erzählende Zeile oder ein explizites Thema aufführen und daß dieses Drama begleitet wird von einer Musik, die man nicht hört; gelegentlich aber harmoniert eine bestimmte Aufführung mit dieser Musik, und dann scheint momentan eine Figur zu singen oder zu tanzen, »Bedeutung« zu haben; aber das scheinbar formlose Drama ist in seiner fortschreitenden Enthüllung das wirkliche Drama.

Luckys Tirade, seine einzige Rede, ist ein Abriß des Stücks. Sie ist verwirrend komplex und gibt keinen folgerechten »Sinn«. Aber sie entwickelt sich konsistent, von Luckys Widerstreben zu sprechen, bis zu seinem Entschluß, es doch zu tun (von dem, was die französische Fassung als *»monotone«* kennzeichnet, bis zu Kampf und Schrei), so daß implizit, durch die Art, wie die Wörter gesprochen werden, die Rede einen Willen erkennen läßt, wie immer unvollkommen in einem menschlichen Zusammenhang zu denken und zu sprechen. In ihren Worten klingen viele Schreie nach, die in der Luft des ganzen Stückes liegen, traditionelle Begriffe von einem persönlichen Gott und menschlichen Tätigkeiten, aber während man jeden Begriff mehrere Male hören kann, verliert die Klarheit sich jedesmal einen Augenblick später. Sie verliert sich in gewöhnlichen Wiederholungen wie »man weiß nicht warum«[33], »aber greifen wir nicht vor«[34], »trotz«[34], »ich wiederhole«[34], »im Licht«[35], »was noch schlimmer ist«[35], »leider«[35]. Das Stück gibt zu diesen wiederholten Wendungen keinen direkten Kommentar, aber wenn wir, den Text lesend, innehalten und versuchen, die Geisteshaltung, die in ihnen impliziert ist, zu rekonstruieren, wird diese mit den Ideen, die Lucky momentan zu bestimmen scheint, nichts gemein haben; sie wird pessimistisch, gewöhnlich, und, vielleicht, stoisch sein.

Beckett kann traditionelle Symbole wiedererkennen; und er macht ihre Identität für sein Publikum deutlich. Dennoch werden seine *dramatis personae* von Kräften angetrieben, die durch jene Symbole nicht repräsentiert werden: sie handeln nach körperlichen und geistigen Merkmalen, nach ihrem aufeinander gerichteten Bedürfnis und der Gewohnheit, zu spielen, um »die Zeit herumzubringen«. Wenn wir ihre »Bedeutung« verstehen wollen, müssen wir warten, bis eine Aufführung zu Ende ist, und die Bedeutung dann für uns selbst ableiten. Wir können zum Beispiel sagen, in den Figuren des Vordergrunds werde die Welt Schopenhauers, Bergsons und einiger Existentialisten vergegenwärtigt, während die Welt des Christentums gelegentlich im Hintergrund angedeutet wird; eine pragmatische Welt werde vor dem Hintergrund einer andern, autoritären, traditionellen und theoretischen dargestellt; dauernder Pessimismus vor intermittierendem Optimismus; »lebendige« Bedeutungslosigkeit vor »toter« Bedeutung. Sicherlich fordert das Stück dazu auf, daß man es in zweifacher Hinsicht sieht: in der der Existenz der Figuren und der des christlichen Denkens. Die erstere hängt von Handlung und Worten ab, die oft verwirrend sind, besonders wenn sie außerhalb des Kontexts betrachtet werden; sie enthüllt sich langsam, ohne Rückgriff auf Aussage oder Symbol. Die letztere hängt von einer klaren symbolischen »Bedeutung« isolierter Momente ab, einer Bedeutung, die je nach den Vorannahmen, die das Publikum macht, umfassender, stereotyper oder für das Leben gleichgültiger erscheinen wird.

Um es in Begriffen dramatischer Erfahrung zu sagen, Beckett hat gezeigt, daß theatralische Illusion Menschen darstellen kann, wie sie unwillkürlich in Beziehung zueinander in der Zeit wahrgenommen werden, und gleichzeitig durch momentanen Symbolismus eine andere Welt des Denkens andeuten kann, eine Welt, die von diesen Menschen unabhängig ist und ihre Einheit in ihren eigenen, nicht menschlich verwirklichten Begriffen haben kann. Andere moderne Dramatiker haben versucht, den Symbolen zu entgehen; er hat bewiesen, daß das Theater den Symbolismus beschwören kann, ohne von ihm begrenzt zu werden; daß es Menschen darstellen kann, die zwar an einer »Idee« gemessen, aber nicht von ihr eingeschränkt werden.

Diese dramatische Möglichkeit, auf die wir durch das »neue« Drama und besonders *Warten auf Godot* aufmerksam geworden sind, ist für unser Shakespeareverständnis von höchster Wichtigkeit. Shakespeare macht uns selten so offen ratlos wie Beckett, aber manche Menschen macht er doch ratlos und provoziert sehr oft geteilte Meinungen; er hätte die gleiche, in der dramatischen Illusion selbst liegende Eigenschaft entdecken können.

IV

Wir sind durch die Kritiker, die der »Bedeutung« nachjagen, so geschult worden, daß Becketts momentaner Symbolismus uns vielleicht gänzlich unelisabethanisch erscheint, als eine Form des Dramas, in der Shakespeare sich nicht hätte versuchen können. Doch gelegentlich scheint selbst diesen Kritikern bei Shakespeare etwas sehr Ähnliches aufgefallen zu sein. So hat Muriel Bradbrook *Ende gut, alles gut* getadelt: »Der Grund . . ., warum es kein gelungenes Stück ist, liegt darin, daß ein persönliches und ein unpersönliches Thema hier im Konflikt liegen. Das Stück begann als Moraldrama, eine ernste Diskussion der Frage, was wahrhaften Adel ausmache, und der Beziehung zwischen Geburt und Verdienst . . . Aber in *Ende gut* überschneidet sich das ›gesellschaftliche Problem‹ – um es mit dem modernen Ausdruck zu sagen – der adeligen Geburt, die in Bertram, und des eingeborenen Verdienstes, der in Hellen exemplifiziert wird, mit dem menschlichen Problem der unerwiderten Liebe.«[36] Aber wenn man annimmt, Shakespeare habe beabsichtigt, im Hintergrund ein exemplifizierendes, einem Muster folgendes Drama anzudeuten und im Vordergrund Charaktere mit einem darauf bezogenen, aber unabhängigen Bühnen-»Leben«: Wäre *Ende gut* dann ein »gelungenes Stück«? Wir wissen jetzt, daß eine solche doppelte Perspektive dramatisch möglich ist.

Oder wenn Wilson Knight in seinem Buch *Crown of Life*[37] uns mahnt, das Erscheinen Jupiters in *Cymbeline* auf eine besondere Weise zu sehen: könnte es sein, daß er uns ermutigt, ein wichtiges Element im Stück zu vernachlässigen? »Das außergewöhnliche Ereignis«, schrieb er, »kann nicht richtig rezipiert werden ohne die volle Würdigung der überpersönlichen Bedeutung von Posthumus.«[38] Das ist wie Professor Ribners Bemerkung: »Cordelia läßt sich nicht nach irgendeinem Maß psychologischer Wahrscheinlichkeit beurteilen . . . sie dient . . . als ein Symbol der Liebe und des Selbstopfers.« Diese Kritiker erkennen, daß die Stücke eine Reaktion provozieren, die dem »Symbolismus« zuwiderläuft: Vielleicht haben sie Unrecht, wenn sie argumentieren, daß diese »nur-persönliche« Reaktion ausgeschlossen werden muß, damit der Symbolismus erhalten bleibt.

Manchmal verhält sich ein Kritiker nicht so offen wie Prokrustes, und dann müssen wir das Stück und die Aufführungsberichte noch einmal prüfen, um festzustellen, wieviel zugunsten eines ausschließenden »Symbolismus« weggeschnitten worden ist. Tillyard hat geschrieben, daß Richard III. »aus einem glaubwürdigen Charakter sich in eine Kombination des reinen Schurken des Melodramas mit einem Symbol des Diabolischen auflöst«[39]; er hat argumentiert, daß das Stück vom »Realismus« zum »Symbolismus« übergeht, und damit zugleich gesagt, daß Shakespeare zwischen einer der beiden Formen des Dramas zu wählen gehabt habe. Aber in Aufführungen ist *Richard III.* immer gerade wegen der fortschreitenden Enthüllung des Charakters seines Helden geschätzt worden. Die realistischsten Schauspieler ihrer Zeit – unter ihnen Garrick, Kean, Cooke, Mansfield und Irving – sind besonders mit Richards Erwachen von seinem Traum kurz vor dem Schluß in Erinnerung geblieben. (Hogarths Porträt Garricks als Richard III. stellt diesen Augenblick dar.) Außerdem sind Richards Worte in diesem späten Augenblick in einem *neuen* Stil geschrieben, sie geben den Geist, der ihnen Leben verleiht, subtiler wieder, als es sonst im Stück der Fall ist, und enthüllen Ängste, die bis dahin fast ganz verborgen geblieben waren. Sowohl die Bühnengeschichte wie der Text legen nahe, daß Tillyard, als er die symbolische Bedeutung des Stücks betonte, uns gezwungen hat, eine weniger ideologische Reaktion zu unterdrücken, die doch Shakespeare selbst schon angelegt hatte.

Beckett kann Menschen in Beziehung zueinander darstellen und gleichzeitig ein symbolisches Muster andeuten, dem sie nicht ganz oder nicht durchgehend folgen. Das ist eine Form dramatischer Illusion, die Shakespeare für sich entdeckt haben könnte. Ich glaube, daß er es getan hat, und daß das die divergierenden Züge erklärt, die an seinen Stücken aufgefallen sind: wir brauchen nicht eine der beiden widerstreitenden Reaktionen zu verleugnen; Symbolismus kann momentan hergestellt werden; ein Stück kann Lösungen darstellen, die für das Muster seines Symbolismus wenig bedeuten.

V

Wir können mit *Richard III.* anfangen, einem frühen, vergleichsweise leicht zu beschreibenden Stück. Wir wollen uns den Schluß ansehen, wo der Symbolismus, wie Tillyard uns lehrt, dem Eindruck von Richard als einem »glaubwürdigen Charakter« zuwiderläuft. Der Symbolismus ist unverkennbar: Richards und Richmonds Zelte sind auf beiden Seiten der Bühne aufgepflanzt; die Geister der von Richard Ermordeten bewegen sich regelmäßig vom einen zum andern, erst verfluchend, dann segnend; ihre Worte ziehen aus vielen förmlichen Klage- und Prophezeiungsreden des ganzen Stücks die Summe – Richard ist »Teufel«, »Schlächter«, »Eber«[40], und Richmond wird »guter Engel«, »Frieden«, »Sprößling«[41] genannt. Die gegensätzlichen symbolischen Figuren begegnen sich im Kampf, von ihren Heeren getrennt, und dann wird Richmond als Sieger, König und Friedensstifter offiziell die Krone aufs Haupt gesetzt. In der Schlußszene preist Richmond, vermutlich vor Richards Leiche, Gott, kündet seine Heirat an: »Vereinen wir die weiß' und rote Rose«[42] und verbindet den Tod des »Bluthundes« mit dem Ende der Geißel einer Nation, die »lang' im Wahnsinn«[43] war: »Der Bruder, blind, vergoß des Bruders Blut;/Der Vater würgte rasch den eignen Sohn,/Der Sohn, gedrungen, ward des Vaters Schlächter.«[44] Richard ist Zerstörer und Entzweier: Richmond, der sich ihm entgegenzusetzen wagt, Friedensstifter und Vereiniger. Sie sind begrifflich entgegengesetzt: Teufel und Engel.

Aber so simpel ist das Stück nicht. Wenn wir nicht so sehr den Kampf als Richards Monolog nach seinem Traum als seinen eigentlichen Höhepunkt ansehen – in der Subtilität und im Reichtum der Beziehungen ist er sicher der sprachliche Höhepunkt – können wir sagen, daß das Erkennen des Todes Gegenstand des Stücks ist. Dieser wird durch ein wiederkehrendes Thema dargestellt: Nach all seinen ähnlich isolierten Opfern, nach Edward IV., den beiden Mördern und, dem Bericht nach, Dighton und Forrest, steht nun Richard dem Tod gegenüber. Wiederholung verstärkt das Gewicht dieser »Handlung« und klärt ihre Begriffe. Außerdem ist die Ausdrucksweise, mit der Richard in sich und in den anderen ein »Gewissen« genanntes Bewußtsein entdeckt, so unmittelbar wie vorher nie. Damit hätten wir eine andere, deutliche thematische Einheit des Stücks oder ein Muster: Die Gestalt des Todes, die wiederholt den erzählerischen Vorwärtsdrang in der Betrachtung innehalten läßt, ist der unsichtbare Antagonist Richards und der anderen Figuren: Die Handlung spielt sich zwischen dem Tod und dem Menschen ab. Richmond ist in dieser Interpretation nur ein nebengeordneter Kontrast, denn er blickt nicht auf die Vergangenheit und Gegenwart und beurteilt dabei sein eigenes Leben, sondern blickt mit Gottvertrauen in die Zukunft; er wird nicht vom Tod heimgesucht und ist darum in diesen Aspekt der Bedeutung des Stücks nicht so sehr einbezogen.

Schon haben wir einen wiederkehrenden *und* einen erzählerischen Symbolismus erkannt: Die Figuren werden nicht von *einem* Thema oder Begriff begrenzt, sondern dienen mindestens zweien, die verschiedene Anforderungen an sie stellen. Wie in *Warten auf Godot* werden selbst die deutlichsten Symbole mehr momentan als durchgehend aktiviert, denn nur so ließ sich Verwirrung vermeiden. Sie sind vielleicht Schreie in der Luft, die gelegentlich in Worten und Handlungen, aber auch (wie selten in *Godot*) in Figuren und Erzählung gespiegelt werden. Und noch haben wir viele Elemente dieses Stücks nicht untersucht: Mit Richards Tod endet auch ein sehr viel weniger symbolisches Drama, eines, das genauso wenig auf begriffliches Denken bezogen ist wie das Spiel zwischen Estragon und Wladimir.

Es wird im allgemeinen anerkannt, daß Richard die ersten Akte beherrscht. Und zwar durch eine Reihe von Verstellungen:

> Taucht unter, ihr Gedanken! Clarence kommt.[45]
> Kann denn ein schlichter Mensch nicht harmlos leben.[46]
> Komm, Vetter, kannst du zittern, Farbe wechseln?[47]
> Kommt, geh'n wir wieder an das heil'ge Werk.[48]

Hastings urteilt: »Heut sieht Sein' Hoheit mild' und heiter aus«[49], als in Wirklichkeit Richard ihn gerade enthaupten lassen will. Aber Richards Vorführung ist nicht immer perfekt. Als er, gekrönt, mit seinem Hof auftritt (IV, 2), befiehlt er: »Steht alle seitwärts!«[50]; der König, der das abhängige Zentrum sein sollte, ist isoliert; man sieht, »der König ist erzürnt, er beißt die Lippe«[51]; in seinem Monolog wird er die Unsicherheit des Gewinns[52] bald anerkennen. Zu Beginn des Stücks waren seine Verstellungen glatt und inspiriert; jetzt sind sie bemüht. Im letzten Akt erkennt Richard selbst: »Ich habe nicht die Rüstigkeit des Geistes,/Den frischen Mut, den ich zu haben pflegte.«[53] Jetzt mustert er wiederholt die Gesichter anderer:

> Mylord von Surrey, warum seht Ihr trübe?[54]
> Sahst du den melancholischen Lord Northumberland?[55]
> Was hat Northumberland gesagt ... Was sagte Surrey drauf?[56]

Er wiederholt seine Forderungen – sein Zelt aufzustellen, eine Schale Wein zu bekommen, allein gelassen zu werden. Er kann sich nicht mehr damit brüsten: ». . . bin ich gewillt, ein Bösewicht zu werden«[57]; er *ist* ein Schurke, und er *hat* Angst. Dafür gibt es seit seiner Krönung indirekte Anzeichen: Anspielungen auf schlechte Träume, eine vorher an ihm unbekannte Vergeßlichkeit und eine neue Rücksichtslosigkeit; im letzten Akt dann plötzliche Stimmungswechsel und die Wiederholungen und Fragen, über die wir schon gesprochen haben. Dann brechen im Monolog über das Erwachen aus seinem Traum, in dem sich seine Kontrolle über seine Erregung und seine Angst lockert, seine innersten Gedanken hervor:

Erbarmen, Jesus! – . . . O feig' Gewissen . . . Was fürcht'
ich denn . . .
Ich bin ein Schurke – doch ich lüg', ich bin's nicht.
Tor, rede gut von dir! – Tor, schmeichle nicht![58]

Die Klimax des Monologs, die noch tiefer geht, enthüllt: Richards innerer Gegenspieler ist Angst vor Isolierung, davor, nicht geliebt zu werden:

Ich muß verzweifeln. – Kein Geschöpfe liebt mich,
Und sterb' ich, wird sich keine Seel' erbarmen.[59]

Als Ratcliffs vertraute Stimme ihn ruft, erschrickt Richard: »Wer ist da?«[60] und bekennt, als er sich wieder gefaßt hat:

O Ratcliff, ich hatt' einen furchtbar'n Traum! –
Was denkst du? Halten alle Freunde Stand?
– Gewiß, mein Fürst. – O Ratcliff! ich fürcht', ich
fürchte –[61]

Er verläßt die Bühne, denn er »will den Horcher bei den Zelten spielen, Ob irgendwer von mir zu weichen denkt.«[62]
Die Darstellung der inneren Ängste Richards hängt nicht von symbolischen Zuordnungen ab und wird nur einen Moment explizit. Aber Shakespeare hat viele Mittel eingesetzt, um ihre Wirkung zu sichern: Die Ängste werden in Gesten und in Worten fortschreitend enthüllt und durch Wiederholungen betont. Dieses dramatische Interesse wird fast bis zum Schluß des Stücks aufrechterhalten: Handlung, Geschwindigkeit, Übertreibung und Mut sind Richards Antworten auf die Angst. Am Ende fragt er noch immer und achtet auf Omina wie vorher nicht, aber er »tut mehr Wunder, als ein Mensch, Und trotzt auf Tod und Leben, wer ihm steht«[63]; indem er seine Gedanken von seiner Isolierung abwendet, sucht er Richmond »in des Todes Schlund«[64]. An seinem Mut und seinem Einsatz für »der Würfel Ungefähr«[65] mißt und zeigt sich seine Einsamkeit.
Wie wir gesehen haben, faßt Richmonds Schlußrede eines

der expliziten Themen des Stücks zusammen, aber wenn er verkündet: »der Bluthund [ist] tot«[66], weiß das Publikum es besser: der »Bluthund« war auch ein isolierter und angsterfüllter Mensch. Das Publikum, das gesehen hat, was Richmond nicht sah, könnte die letzten bedächtigen Worte des Siegers als einen konventionellen Schluß des Stücks verstehen, eine jener letzten Szenen, die nur noch mit halber Aufmerksamkeit wahrgenommen werden. Der dramatische Brennpunkt erweitert sich schnell; mit unserem genaueren Wissen von Richard sollen wir andere Weisen der Existenz und des weitergehenden Lebens bedenken. So endet das Stück rätselhaft, denn was verbirgt sich unter diesen fortgesetzten Verstellungen?

In einem früheren Stück hatte Shakespeare schon den Tod eines Schurken dargestellt und drei verschiedene Reaktionen darauf festgelegt. In *Heinrich VI.*, Teil II, stirbt Kardinal Beaufort, geschüttelt von Gewissensbissen über den Mord an seinem Bruder, wobei seine Sprache etwas von der Unmittelbarkeit Richards in seinem letzten Monolog bekommt. Die Reaktionen auf der Bühne sind verschieden. Salisbury zum Beispiel hat den frommen Wunsch, die Seele des Sterbenden »fahre friedlich hin«[67]; das ist auch die Reaktion von Kritikern, die *Richard III.* als ein Stück über das Verdikt des Todes sehen. Warwick dagegen betont mit Strenge die Gerechtigkeit: »Solch übler Tod«[68] verrät »ein scheußlich Leben«[69]; das ist die Reaktion derer, die *Richard III.* als den Kampf des Rechts gegen ein »Monster« sehen. Aber der König weist Warwick ab mit: »O richtet nicht, denn wir sind alle Sünder.«[70] Das ist eine dritte Reaktion; der König hat Beauforts Todeskampf auf sich genommen, als wäre es sein eigener. Niemand sonst spricht, und der König beschließt die Szene mit:

Drückt ihm die Augen zu, zieht vor den Vorhang,
Und laßt uns alle zur Betrachtung gehen![71]

In *Richard III.* hat Shakespeare das innere Drama seines Helden dargestellt, so daß diese dritte Reaktion auch angemessen ist. Die symbolischen und thematischen Festsetzungen des Stücks sprechen deutlich zu den Warwicks und Salisburys im Publikum; aber die Darstellung der Hauptfigur bewegt sich zum Teil in einem anderen, weniger expliziten und darum verwirrenderen Rahmen. In ihm wird Richard als ein handelnder Mensch gesehen. Shakespeare hat eine Welt von Begriffen anklingen lassen, ohne von ihr begrenzt zu werden.

Um zu verstehen, wie wichtig das unbestimmte, innere Drama von *Richard III.* ist, brauchen wir uns nur der langen Geschichte seiner Theatererfolge zuzuwenden. In einer Aufführung hat die rätselhafte »Star«-Rolle noch immer die Aufmerksamkeit gefesselt: Richard ist der Mensch, der ruft: »Ein Pferd! ein Pferd! mein Königreich für'n Pferd!«[72], nicht ein für unsere Betrachtung präparierter Schurke.

VI

Wir können die »Themen« oder den Symbolismus von *Richard III.* mit größerer Verläßlichkeit beschreiben als die von *Warten auf Godot,* denn die Begriffe werden sowohl in Erzählung wie in Worten und Ereignissen dargestellt, und die individuellen Charaktere haben eine konsistente, wenn nicht kontinuierliche Beziehung zu ihnen. Aber diese Gewißheit sollte uns nicht hindern, darüber hinaus auf die Elemente zu sehen, die nicht so leicht zu definieren sind; sie könnten eine genauso große oder sogar größere Bedeutung für Shakespeare haben, und sicher zeigen sie einen anderen formenden Einfluß auf das Drama.

Die Kritiker, die verlangen, daß wir den »glaubwürdigen Charakter« verwerfen sollen, um ein »Symbol« zu erkennen, haben das Wesen der theatralischen Illusion verkannt. Sie gleichen den früheren »neoklassischen« Kritikern, die lehrten, daß die Bühne in ein und derselben Aufführung nur einen Ort darstellen könne. Heute beweist unser neues Theater, daß ein Stück sukzessiv oder sogar simultan betrachtet werden kann, in symbolischen *und* realistischen Begriffen, entsprechend der thematischen »Bedeutung« *und* entsprechend einer scheinbar »bedeutungslosen« Illusion von Leben. Es gibt den Richard Dr. Tillyards *und* den Richard zahlloser Schauspieler und Zuhörer.

»Der Künstler schafft, um seinen bewußten und unbewußten Geist zufriedenzustellen«; »Form ist nicht immer von einer erkennbaren Ideologie abhängig«; »Explizite Bedeutungen und implizite, unbestimmte Bedeutungen können nebeneinander bestehen«; »Symbolismus kann momentan hervorgerufen werden«: – Wenn wir diese Aussagen akzeptieren, verliert die Shakespeare-Kritik zu einem großen Teil ihren kontroversen Charakter. Natürlich ist nicht jede Meinung richtig, ist die Beziehung zwischen den verschiedenen Arten dramatischer Illusion innerhalb eines einzigen Stücks nicht leicht zu beschreiben. Aber auf diesen von den Experimenten der neuen Dramatiker, die in die eine Richtung gehen, gefestigten Boden können wir eine Kritik stützen, die fähig ist, die große Skala der von Kritikern und Theaterleuten verschiedener Zeiten und unterschiedlicher Sensibilität mitgeteilten Reaktionen zu umfassen.

VII

Maß für Maß ist ein weiteres Stück mit mindestens zwei Gesichtern. Man hat es ein christliches Stück genannt: In dieser Auffassung repräsentiert der Herzog den »menschgewordenen Herrn« oder die »Vorsehung«, während Isabella die »tugendhafte Keuschheit«[73] genannt werden könnte. Nachklänge aus der Bibel und den Predigten sind zu hören, und manchmal haben die Worte oder Handlungen eine unverkennbar symbolische Bedeutung:

> Da ich erkannt, wie Ihr mein Tun durchschaut,
> Dem ew'gen Richter gleich.[74]
> Wem Gott vertraut des Himmels Schwert,
> Muß heilig sein und ernst bewährt.[75]
> Mehr als ein Bruder muß mir Keuschheit sein.[76]

Lucio hängt sich an wie eine »Klette«[77], respektiert Personen und Situationen nicht und geht mit einer Grimasse ab; darin und in anderem steht er, wie Nevill Coghill gezeigt hat[78], in derselben Tradition wie die Teufel des mittelalterlichen Dramas. Aber noch anderes, weniger Explizites ist dramatisch wichtig. Der Herzog ist leichtgläubig und unnötig geistreich; er verläßt sein Reich mit mystifizierendem Theater; er spricht verächtlich von »der Liebe leichtem Pfeil«[79] und nimmt doch in Anspruch, die ergebenen Antworten Juliets und Marianas beurteilen zu können; er ist als christlicher Mönch verkleidet und sagt doch zu Claudio, das Leben sei etwas, »was nur Ein Tor festhielte«[80]. Während das Glück vieler Personen auf dem

198

Spiel steht, hält er einen Monolog, in dem er darüber nachdenkt, wie Klatsch sich an große Männer hängt wie ihn; als er
sicher ist, daß sein früherer Verdacht wohl begründet war, gibt
er sich unnötige Mühe, Angelo zu loben. All das scheint seiner
symbolischen Rolle des »menschgewordenen Herrn« oder der
»Vorsehung« nicht zu entsprechen. Aber die energische Listig-
keit entsteht aus dem Kunstgebilde der Handlung nicht zufällig; sie ist ein folgerichtiges Element der Darstellung. Shakespeare hat sie hervorgehoben, indem er sie mit der Vernunft
und der Verläßlichkeit des Provosts kontrastierte; sogar die
wirkungslose Sorge von Escalus dient als eine dramatische
Folie, um die Leichtgläubigkeit des Herzogs zu akzentuieren,
und Lucio richtet an die Zuschauer passende Worte, um diese
Aspekte seines Charakters zu übertreiben, wenn er den »alte[n]
fantastische[n] Herzog, de[n] Winkelkriecher«[81] verspottet.

Solche Reaktionen werden oft als unverschämt zurückgewie-
sen: »Wir haben zwei genau definierte und verbreitete Ansichten, die einander diametral entgegengesetzt sind (schrieb Nevill Coghill); wenigstens eine von beiden muß falsch sein, und
unter ›falsch‹ verstehe ich ›Shakespeares Verständnis (des
Stücks) zuwiderlaufend‹.« Die symbolische Bedeutung siegt
gewöhnlich; aber entgegen Professor Coghill können beide
Ansichten richtig sein. Shakespeare könnte einen merkwürdig
und tief motivierten Charakter vor dem Hintergrund eines
symbolischen Verhaltensmusters gezeigt haben, das er nur
momentan andeutet, und sein künstlerisches Interesse kann zu
einem großen Teil gewesen sein, der inneren Natur eines solchen Charakters absichtslos nachzugehen.

So ist auch Isabella mehr als ›tugendhafte Keuschheit‹. Die
Novizin in einem Kloster ist schließlich fähig zur Klage gegen
ihren Bruder, zu einer stürmischen Selbstverteidigung voller
sexueller Bilder, und später sogar bereit, sich selbst als verge-
waltigte Jungfrau bloßzustellen. Es gibt eine fortschreitende
Enthüllung des Charakters, indem die Angst ihre Macht und
ihre sexuelle Grundlage zeigt und dann dadurch besiegt wird,
daß die Liebe einen Mangel an Selbstbezogenheit zu nähren
beginnt. Am Ende des Stücks kann Isabella das Heiratsange-
bot des Herzogs annehmen; sie tut es schweigend, denn sie hat
sich in ihrem Bemühen, ihr ganzes Selbst und seine Gefähr-
dungen zu akzeptieren, erschöpft.

Dies sind subtile Wirkungen. Sie setzen die Fähigkeit voraus, allgemeine Ideen zu erfassen und ihnen in Urteilen über Menschen zugleich zu mißtrauen. Sie erfordern ein intuitives Wissen von den internen Mitteln des Geistes und des Körpers. Sie können vom Regisseur und vom Schauspieler verwischt und vom Zuschauer oder Leser übersehen werden. Aber ich glaube, daß sie wirklich und durchgehend in Shakespeares Stücken enthalten sind und weithin zu der fortdauernden Macht beitragen, mit der sie unsere Aufmerksamkeit fesseln und unser Bewußtsein erhellen. Wir tun unserem Verständnis einen schlechten Dienst, wenn wir Shakespeares Darstellung verschiedener Begriffe, von denen einige Gemeinplätze und andere obsolet geworden sind, noch betonen. Natürlich müssen wir eine derartige Bedeutung zur Kenntnis nehmen, aber wir müssen seine Leistung in der weniger leicht zu definierenden Ebene der Handlung seines Dramas erkennen. Statt ihn als Tudor-Konformisten darzustellen, wollen wir ihn als einen elisabethanischen Empiristen sehen – nicht als einen Skeptiker oder Ironiker, sondern einen denkenden Menschen, der erkennt, wie schwierig es ist, all die Erfahrungen, an denen sich Menschen erfreuen oder die sie erleiden, zu begreifen.

In einigen späteren Stücken scheint Shakespeare zu versuchen, die doppelte dramatische Perspektive bestimmter zu umreißen, als hätte er nun die sichere Beherrschung einer Wirkung gewonnen, die er intuitiv entwickelt hatte. Wenn am Schluß von *König Lear* der Held auf die Folter des Leidens gespannt ist, gibt es für die Zuschauer nur halbverrückte Worte und Handlungen, aus denen sie seinen Zustand verstehen sollen; Kritiker haben ohne Ergebnis darüber debattiert, ob er in Freude oder in Leiden stirbt. Obgleich die Tragödie viele symbolische Hinweise auf die rettende Macht der Liebe und die Notwendigkeit gegenseitigen Vertrauens und der Ordnung enthält, ist hilfloses Leiden ohne Wissen der Haupteindruck der letzten Szene. Von den Überlebenden auf der Bühne spricht Albany nur von »so gewalt'gen Trümmern«[82] und »der trüben Zeit«[83]. Kent sieht Lears Leidensfähigkeit, und nur er findet – weil er dafür Sinn hat, daß jemand sich auf eine Reise einläßt, die von den anderen wegführt –, eine Aufgabe jenseits »allgemeine[r] Trauer«[84]. Wenn sie Lears Tod sehen, hilft den Zuschauern keine explizite Erinnerung an die Begriffe mehr, die die Tragödie mitgeformt haben und die in bestimmten Augenblicken in einer wohltätigen Ordnung der menschlichen Dinge eine Lösung für Schmerz und Qual anzubieten schienen; ein paar Menschen stehen am Ende noch auf der Bühne, ohne erkennbaren Bezug auf eine symbolische Idee. Ein Vergleich mit *Richard III.* zeigt, wie weit Shakespeare sich von seinen früheren diagrammartigen Gruppierungen entfernt hat. Ein Publikum, das von einem gewissen Maß an Verwirrung und Unruhe frei bliebe, müßte von sich selbst sehr überzeugt sein.

Am Schluß von *Der Sturm* wird Prospero als Herzog von Mailand wieder eingesetzt; er vergibt seinen Feinden und versucht noch einmal, ein Leben in einer unvollkommenen Gesellschaft zu führen. Der Zauberkreis, die erkannten Liebenden, die zerbrochene Rute, der befreite Ariel, die Prozession, die die Bühne leert, sind machtvolle Symbole, welche Gerechtigkeit, Regeneration, Kunst, Verantwortung und Liebe darstellen. Aber dann wendet sich Prospero zurück und spricht allein zu den Zuschauern: Er hat mehr zu sagen. Klar und souverän erinnert Shakespeare die Zuschauer daran, daß ein Mensch ein Muster nicht voll erfüllt. Nachdem er als Vorsehung, Herrscher, Weiser und Künstler gehandelt hat, ist Prospero jetzt nur irgendein anderer Mensch:

> Zum Zaubern fehlt mir jetzt die Kunst:
> Kein Geist, der mein Gebot erkennt;
> Verzweiflung ist mein Lebensend,
> Wenn nicht Gebet mir Hilfe bringt,
> Welches so zum Himmel dringt,
> Daß es Gewalt der Gnade tut,
> Und macht jedweden Fehltritt gut.
> Wo *ihr* begnadigt wünscht zu sein,
> Laßt eure Nachsicht mich befrein.[85]

Die Menschlichkeit Prosperos wird am Ende in unverhüllten, eindeutigen Worten ausgesprochen.

Shakespeares gewöhnliche Methode war intuitiver und in ihren Anforderungen an das Publikum weniger bestimmt, aber Prospero spricht für alle: Welche symbolische Kraft ein Charakter momentan haben mag, er kann selten in symbolischen Begriffen ganz erkannt werden. Shakespeare schrieb, um seinen bewußten und unbewußten Geist zufriedenzustellen; seine dramatische Form war nicht nur von definierten Ideologien abhängig; seine expliziten Ansichten stehen neben dem, wofür er selbst keine passenden Worte gefunden hat.

Colin Duckworth
Symbolismus und Charakterisierung

> Weh dem, der Symbole sieht.
> *Samuel Beckett*

Die vier Personen in *Godot* scheinen sich in einer Situation zu befinden, deren Bedeutung jenseits ihres Verständnisses liegt. Sie sind jedoch nicht bloß abstrakte Figuren, die nur im Zusammenhang einer sorgfältig ausgearbeiteten Allegorie Bedeutung annehmen. Die »Bedeutung« des Stücks ist nicht zu trennen von der »Bedeutung« der Personen. Wenn das Stück eine Allegorie ist, müssen sie allegorische Figuren sein; wenn es symbolisch ist, sind sie Symbole. Wenn das Stück über die buchstäbliche hinaus keine Bedeutung hat, sind sie zwei schäbige, schwatzhafte Männer, die in einem Land, in dem die Sklaverei noch legal ist, ins Elend geraten sind. Wir müssen die vollständigste und befriedigendste Ebene der Interpretation suchen; das heißt diejenige, die am wenigsten dunkel ist.

An dieser Stelle hilft vielleicht eine Definition: »Eine Allegorie ist eine Paraphrase eines bewußten Inhalts, während ein Symbol der beste mögliche Ausdruck eines unbewußten Inhalts ist, dessen Natur nur vermutet werden kann, weil sie unbekannt ist.«[1] Guicharnaud sagt, daß »*Godot* vollkommen symbolisch ist, ohne im traditionellen Sinn allegorisch zu sein«[2], wobei er bemerkt, daß Allegorie in »einer Analyse, einer Veräußerlichung und einer konkreten Repräsentation der Elemente der Analyse« bestehe und daß »dies bei *Godot* sicher nicht der Fall sei«. Man kann nicht nur eine einzige Skala von Analogien auf *Godot* anwenden, um das Stück zu »erklären«. Wie in Camus' *Die Pest* wird keine einzelne Bedeutungsebene so lange festgehalten, daß man das Stück als Allegorie verstehen könnte, wie es bei Swifts *Geschichte von einer Tonne* oder Bunyans *Pilgrim's Progress* möglich war. Es deutet auf einen weiten Bereich vieler Hauptthemen. »Becketts vernichtende Darstellung der Lage des Menschen schließt die Gebiete der Politik, der Ökonomie, der Theologie, der Gesellschaft, der Bildung, der Metaphysik, des Diskurses, der Naturwissenschaft und der Geschichte ein ... Das Werk ist eine untersuchende Darstellung der Grenzen des Menschen.«[3] Die Ausdrücke »Bericht« und »Darstellung« meiden geschickt die Fallgruben des Ausdrucks »Symbol«. Einige Kritiker sind sich der Gefahr bewußt, daß man dem Stück ein sauberes allegorisches Muster aufzwingt und »Symbole [sieht], wo keine beabsichtigt sind«[4]. Jean Vannier zum Beispiel meinte, das Stück sei bedeutend genug, wenn man in ihm die »Entwicklung des Sprechens sah ... den faszinierenden Ort, wo sich die Einsamkeit der Sprache enthüllte«[5]. 1956 bemerkte Beckett zu Alec Reid, daß »der große Erfolg von *Waiting for Godot* durch ein Mißverständnis entstanden war: Kritiker wie Publikum waren geschäftig, ein Stück in allegorischen oder symbolischen Begriffen zu interpretieren, das um jeden Preis danach strebte, die Definition zu meiden«[6].

In *Glückliche Tage* warnt Winnie davor, dem Gesagten Bedeutung zuzusprechen. »Was soll das bedeuten? – und so weiter – lauter solches Zeug – der übliche Quatsch.«[7] Wenn auch auf die Warnung, daß das alles nur Quatsch bedeute, natürlich geachtet werden sollte, sollten wir uns deshalb, weil so viele eher groteske Interpretationen vorgebracht wurden oder weil Beckett uns davon abzubringen versuchte, doch auch wieder nicht so weit lächerlich machen lassen, daß wir gar nichts mehr sagen. Es ist bezeichnend, daß Beckett, obwohl er Peter Hall (der als erster die englische Fassung in London inszenierte) antwortete, seine Interpretation wäre genau so gut wie die von irgend jemand anderem, später mit dem Stück nicht einverstanden war, wobei er implizit sagte, daß Halls Interpretation nicht so gut sei wie seine eigene. Außerdem hat Beckett seither an Inszenierungen von *Godot* sehr aktiv teilgenommen – Beweis genug, daß er meint, daß Interpretation wichtig ist. Was man mit guten Gründen nicht akzeptieren kann, ist jeder Versuch einer ausschließenden Definition oder einer Reduktion dessen, was das Stück beinhaltet, auf eine einzige Idee.

In verschiedenen Interpretationen wurde das Stück gesehen als:
– eine dramatische Darstellung des Elends des Menschen ohne Gott;
– »ein allgemeiner Ausdruck dafür, daß die Existenz des Menschen wertlos ist, solange er seine Hoffnung an eine Kraft außerhalb seiner selbst knüpft«[8];

- »die künstlerische Darstellung der absurden Existenz des Menschen, so wie sie Beckett erscheint«[9];
- »ein existentialistisches Stück gegen die Annahme eines Bildes, das die Kraft der festen menschlichen Verantwortung schwächt«[10];
- eine Enthüllung der »Qual des Menschen, der auf die Ankunft von etwas wartet, das dem Leben einen Sinn geben und sein Leiden beenden soll«[11];
- »ein zutiefst anti-christliches Stück«[12];
- ein christliches Stück[13];
- »ein moderner Klassiker, der die Würde des Menschen und seine Erlösung am Ende bestätigt«[14];
- »ein Bild ungemilderter Schwärze«[15];
- »ein modernes Moralitätenstück über bleibende christliche Themen«[16];
- »ein atheistisches existentialistisches Stück«[17].

Wenn man hinzufügt, daß Beckett als Schüler Sartres und des Heiligen Thomas von Aquin wie auch als gefallener Katholik charakterisiert worden ist, sieht man, daß das Niemandsland zwischen Wunschdenken und Gelehrsamkeit fast keine Grenzen hat – eine Ansicht, die gestützt wird von Interpretationen, die Godot mit de Gaulle, Pozzo mit dem Kapitalismus und Lucky mit der Arbeit, Pozzo mit der UdSSR und den versklavten Lucky mit den osteuropäischen Satellitenstaaten, die beiden Landstreicher mit Großbritannien und Frankreich, die darauf warten, daß Godot (die USA) ihnen zu Hilfe kommt, gleichsetzen. Eine detaillierte Hypothese wurde konstruiert, um zu beweisen, daß Pozzo James Joyce und Lucky Beckett selbst sei.[18]

Man hat unendlichen Scharfsinn auf den amüsanten Sport verwendet, den Namen der Figuren Bedeutungen zuzuweisen. Schon die Spitznamen kennzeichnen den Gegensatz zwischen ihnen, meint Ruby Cohn. *Gogo* (< go – gehen – Füße) hat stinkende Füße, und *Didi* (< dire, sagen) stinkt aus dem Mund. B. F. Dukore konstruiert eine wunderbare psychologische Theorie[19]: Rückwärts gelesen ergibt Didi Id-Id, und Gogo wird aus (e)go – (e)go gebildet. Das Id ist der primitive, instinkthafte Teil der Psyche, der keine Berührung mit der Welt hat; seine Beziehungen zum Körper werden vom Lustprinzip beherrscht. Das Ego auf der andern Seite ist der bewußte Teil der Psyche, der sich in engster Berührung mit der gesellschaftlichen Realität befindet. Freud zufolge, fährt Mr. Dukore fort, ist das Ego dasjenige Prinzip, das die Realität wahrnimmt; das Ego und das Id sind untrennbar und unteilbar, meinen manche Psychoanalytiker.

Nun hat Didi, so geht die Theorie weiter, ein unterentwickeltes Id und Gogo ein unvollständiges Ego (das E fehlt). Darum wird Gogo vom Id (oder dem Lustprinzip) beherrscht, und Didi – der ein unterentwickeltes Id hat – hat ein überentwickeltes Ego (oder rationales Prinzip). Das erklärt, so wird behauptet, warum Gogo und Didi zusammen sein müssen und warum Gogo dem Druck der äußeren Welt nicht standhalten kann, mit der Didi, der ein starkes Ego hat, fertig werden kann. Da Gogo einen unvollkommenen Verstand hat, hat er große Schwierigkeiten beim Erinnern und Argumentieren, während Didi, der ein beherrschendes Ego hat, nachdenkt und Gogo an die Leute erinnert, die sie am Vortag getroffen haben. Nach Dukore ist Pozzo eine Erweiterung von Gogo und Lucky eine von Didi; ihre Funktion ist es, die Züge der Persönlichkeiten von Gogo und Didi in einer anderen Beziehung zu zeigen – der von Herr und Knecht statt der von Kumpeln. Tatsächlich werden Didi und Gogo mit der Zeit Lucky und Pozzo werden. Das fehlende Element der Psyche ist das Superego oder der Sinn für die moralischen Normen. Didi und Gogo haben keine moralischen Werte, und statt in sich selbst nach einem Wertesystem zu suchen, warten sie auf eine Kraft außerhalb ihrer (Gott?), die sie damit versorgen soll. Aber sie werden vergebens warten. Das stimmt, schließt Dukore, mit Sartres existentialistischem Standpunkt überein.

Die oben zusammengefaßte These ist ein interessantes und geistreiches Amalgam aus Existentialismus und einer Form von Dualismus, der sich auf die Ähnlichkeiten und Unterschiede gründet, die die beiden Paare verbinden. Es gibt gerade genug Ähnlichkeit zwischen Wladimir und Lucky, Estragon und Pozzo, daß man die kontrastierenden Eigenschaften von Wladimir und Estragon in Pozzo und Lucky verdeutlicht wiedererkennen kann. Dukores »Erweiterungstheorie« übersieht jedoch die Tatsache, daß das Paar Gogo/Lucky der Dichter/Denker ist, und daß Didi, wenn er sich in der Szene des Theaterspielens im zweiten Akt die Rolle Luckys aussucht, sie nicht spielen kann. Außerdem ruft Didi, Pozzo gleich, »Schwein!« zu Gogo. Diese Beispiele zeigen, daß die Linien der Erweiterungen über Kreuz verlaufen, so daß diese besondere »Botschaft« ziemlich zurechtgestutzt erscheint.[20] Der Hauptnachteil der Theorien Dukores liegt darin, daß sie mit nichts zusammenstimmen, was Samuel Beckett auch nur entfernt interessierte – und die Intention des Autors läßt sich nicht völlig ausschalten. Sie zeigen jedoch, daß die beiden Charaktere Wladimir und Estragon psychologisch kohärent sind, während Eva Metman bestreitet, daß sie überhaupt als »Personen« existieren können: »Bezeichnenderweise sind alle Werke Becketts in der Hauptsache Monologe oder besser Träumereien irgendeiner einsamen Person, und dem können wir den Hinweis entnehmen, daß die verschiedenen Figuren, die er auf die Bühne stellt, nicht wirklich Personen, sondern Figuren in der inneren Welt sind.«[21] Was jedoch ist mit der Wendung »nicht wirklich Personen« gemeint? Imaginäre fiktionale Charaktere sind oft Emanationen der eigenen Psyche ihres Schöpfers, und das verringert in keiner Weise ihre Wahrscheinlichkeit. Nach Guicharnaud[22] sind sie viel kohärenter und individualisierter als Ionescos »charakterlose« Charaktere. »Jeder hat eine kohärente und originelle Persönlichkeit, einen Körper, eine Vergangenheit. Aber sie werden oft als anonym angesehen.« Edith Kern[23] sagt, sie seien so anonym wie A und B in *Molloy*. Die Anonymität Wladimirs und Estragons entsteht eher daraus, daß ein Hintergrund fehlt, mit dem wir sie fest verbinden können, als daraus, daß sie unkonturiert gezeichnet wären. Sie ähnelt mehr der Anonymität der Typen in der Farce und der commedia dell'arte mit ihren konventionellen Theaternamen als den Abstraktionen A und B, auf die sich Edith Kern bezieht. Estragon und Wladimir sind nicht austauschbar; in ihrer jeweiligen Art sind sie unvergeßlich. Sicher sind sie symbolisch – das heißt, sie haben einen gemeinsamen Ursprung. Jeder ergänzt das, was dem anderen fehlt, und das kann man auch in gewöhnlichen menschlichen Begriffen verstehen, ohne auf einen psychoanalytischen Jargon zurückzugreifen, der unserer Wertschätzung des Kunstcharakters des Stücks nichts hinzubringt. Überall um uns herum gibt es Paare, die durch ihre individuellen Stärken, Schwächen und Bedürfnisse verbunden sind.

Wladimir ist der Intelligentere, Sensiblere, Analytischere, Würdevollere, Philosophischere, Altruistischere, Beschützendere, Kultiviertere, Aktivere, Redegewandtere, Unbekümmertere und Willensstärkere der beiden. Estragon ist der Spontanere, Tierähnlichere, Instinktbestimmtere, Mürrischere, Kindischere, Lethargischere, Kategorischere, Obstinatere, Vergeßlichere, Preisgegebenere, Gequältere, Abhängigere, Bitterere und Ungeduldigere. Das ist ein ganzes Arsenal genau definierter Charakteristika für Figuren, die »nicht wirklich Personen« sein sollen! Was hält diese beiden zusammen? Die Beziehung zwischen ihnen ähnelt der Idee der Freundschaft, die man nach Beckett bei Proust finden kann, der Freundschaft, die »irgendwo zwischen Müdigkeit und Langeweile«[24] situiert ist. Sie sind wechselseitig voneinander abhängig, nicht nur unter dem Gesichtspunkt, daß jeder die Gesellschaft des andern braucht. Jeder braucht den andern viel dringender: nämlich damit jener ihn ständig seiner Existenz, seiner Identität versichern kann. »Wir finden doch immer was, um uns einzureden, daß wir existieren, nicht wahr, Didi?« sagt Estragon. »Ja, ja. Wir sind Zauberer«[25], gibt Wladimir in einem seiner seltenen Augenblicke der Ungeduld zurück. In der Abwesenheit Godots kann nur der andere Partner dem Leben eine Bedeutung geben – ein wahrhaft existentialistisches Thema ist diese wechselseitige Abhängigkeit von anderen, die der eigenen Existenz Bedeutung geben sollen, solange kein außenstehender, unabhängiger Zeuge da ist. Wladimir und Estragon ermöglichen einander, der Qual der Einsamkeit, die nur mit fehlerhaften Erinnerungen an ein altes, endlos wiederholtes Lied aufgefüllt werden kann, zu entgehen. Wie die meisten Menschen haben sie keine inneren Hilfen. Beckett beraubt seine Helden aller Mittel, auf die wir gewöhnlich zurückgreifen, wenn wir dem Vakuum der Untätigkeit entgehen und so die Dimension der Zeit vergessen machen wollen. Sie haben ein großes Sprachvermögen, aber weil ihr Gedächtnis schlecht ist, können sie keine Geschichten erzählen oder auch nur über Bücher reden. (Wladimir muß sich mit einer Geschichte aus der Bibel, Estragon mit einer schlüpfrigen Geschichte behelfen.) Sie kennen keine Musik, können keine Lieder singen oder Symphonien pfeifen. So sind sie gezwungen, auf Gezänk über nichts, auf ihre Übungen, auf kleine Gags, auf Theaterspielen zurückzugreifen – auf alles, womit sie das sie umgebende Schweigen abwehren können, auf das alle menschlichen Stimmen letztlich reduziert werden müssen. Dieses Schweigen droht die Figuren einzuschließen – auch Pozzo fühlt das und findet es schwer, sich aus der Gesellschaft der Landstreicher wegzuschleppen, obwohl er jene mit seiner zu beehren vorgibt.

Wladimir und Estragon lassen uns mit dem Eindruck von Tapferkeit, Humor und nicht zu unterdrückender geistiger Aktivität zurück, wie Winnie in *Glückliche Tage*. Aber um das zu begreifen, muß man den Mut haben, die Tatsache anzuerkennen, daß Beckett uns hier in diesem pathetischen Paar die Lage vorführt, in die wir alle schon dadurch geraten sind, daß wir geboren wurden. Mit der Geburt werden wir gezwungen, an einem Spiel teilzunehmen, das wir verlieren müssen. Während wir die Absurdität des Spiels ohne Selbsttäuschung (oder *mauvaise foi*) uneingeschränkt erkennen, müssen wir doch unsere Würde bewahren. Wladimir und Estragon spielen nichts in sich selbst Wichtiges: damit ist gesagt, daß nichts in sich selbst wichtig *ist*. Sogar einem Hilfeschrei begegnet man mit Trägheit und Erwerbssucht – so wie wir alle jeden Tag Schreie um Hilfe für die Kranken und Hungernden in größtem Umfang überhören, während wir über Trivialitäten reden.

Wenn diese beiden pathetischen Landstreicher es erreichen, daß wir uns nicht distanzieren, sondern so weit in das Stück hineingehen, daß wir uns fragen, wie weit wir unsere Erwartung des Kommenden nur einfach zudecken, indem wir uns in Tätigkeiten vertiefen, die im Prinzip gleich sinnlos oder absurd sind (Tennis, Wintersport, Schwimmen, Golf, Schlittschuhlaufen, Radfahren usw., die von Lucky in seinem synthetischen »Denken« erwähnt werden), dann können wir sagen, sie seien sowohl als menschliche Charaktere wie als symbolische Figuren gelungen.

So schrecklich die Existenz Wladimirs und Estragons ist, sie ist erträglich im Vergleich mit der Pozzos und Luckys, die immer unerträglicher wird und sich unübersehbar in einem erschreckenden Maß verschlimmert. Man hat sie als ein »grauenvoll vieldeutiges Paradigma« beschrieben, das »für den Philosophen ein schwieriges Problem darstellt«[26]. Ohne Zweifel hat Beckett, der dieses umherziehende Paar an dem

Ort auftreten ließ, von dem die Landstreicher sich in ihrer Trägheit nicht entfernen, jede Gelegenheit wahrgenommen, um einen Kontrast zu schaffen, der die brüderliche Verbindung der Landstreicher stärker hervortreten lassen soll. Herr und Knecht, Tyrann und Märtyrer, Schurke und Opfer, Ausbeuter und Ausgebeuteter, Diktator und Untertan; sie alle werden von diesem Paar symbolisiert. Aber auf je verschiedene, vieldeutige Weise werden sie unmerklich auch für die Nachtwache Wladimirs und Estragons wichtig. Eine Ähnlichkeit der Namen – Pozzo, Godot – führt zu einem sowohl komischen wie pathetischen Mißverständnis. Mit dem Strick, dessen eines Ende um Luckys Hals geschlungen ist und dessen anderes in Pozzos Hand liegt, kommen sie im ersten Akt genau in dem Augenblick an, wo Estragon gefragt hat, »ob wir gebunden sind . . . An deinen guten Mann«[27]; im zweiten Akt treten sie, kaum daß Wladimir gesagt hat: »Man muß die Augen zumachen«[28], wieder auf, wobei dieses Mal Pozzo blind ist. Was liegt hinter diesen Koinzidenzen? Hat Pozzo gelauscht, auf ein gutes Stichwort gewartet, um zur Gesellschaft der beiden Sünder hinzuzutreten? Die Koinzidenzen haben einen Kommentator zu einem großen Verdacht veranlaßt: »Wladimirs Aufforderung, (Estragon) solle seine Augen schließen, gibt Pozzo eine neue Idee für einen grausamen Witz ein . . . er scheint blind zu sein, tatsächlich aber gibt es deutliche Anzeichen, daß er keineswegs blind ist.«[29] In diesem Licht ist Pozzos Unfähigkeit, aufzustehen, ein »monströser Witz«. Luckys Stummheit ist ebenfalls ein Trick, »offensichtlich eine Lüge, denn wenn Pozzo sich ein paar Zeilen vorher beklagt, daß Lucky auf seinen Ruf nicht antwortet, setzt das voraus, daß Lucky nicht wirklich stumm ist«[30].

Den ersten Punkt, Pozzos Blindheit, muß man ernst nehmen. Den zweiten weniger, denn es ist natürlich, daß Pozzo, wenn Lucky erst kürzlich stumm geworden ist, sich noch nicht daran gewöhnt haben und das Leiden selber mit Mißtrauen betrachten dürfte. Pozzos Blindheit ist im Kap. 3 [des Buches von Duckworth] oben diskutiert worden, aber hier ist es vielleicht wichtig, die Meinung von Paul Curran anzuschließen, dessen Darstellung des Pozzo am Royal Court Theatre 1964/5 der engen Zusammenarbeit mit Beckett selbst viel von ihrer Authentizität verdankte. Curran schrieb mir über diesen

Punkt folgendes: »Natürlich diskutierten wir viele Alternativen in *Godot* und stellten sie in Frage – aber ob Pozzo wirklich blind ist, gehörte nicht zu ihnen. Ich zweifle nicht daran, daß er blind ist, und ich bin sicher, daß auch Sam nicht daran zweifelt. Ich erinnere mich, daß er mir einen Hinweis gab, als ich bei einer Probe einmal zu direkt Wladimir ansah; ich mußte ›weiter weg‹ blicken, denn wenn ich es nicht tat, gab ich ihm den Eindruck, daß ich Wladimir sehen könnte. Scheint Ihnen das nicht schlüssig zu sein?« Es ist sicher schlüssig, was Becketts *damalige* Gedanken betrifft, aber wir wissen durchaus nicht sicher, ob sich seine Gedanken nicht entwickelt haben – wie die Frage der Gleichsetzung von Pozzo mit Godot zeigen wird.

Schon wenn Pozzo und Lucky zum ersten Mal auftreten, lassen sich ihre Leiden vorhersehen. Pozzo hat ein Herzleiden; ein Schlag könnte ihn erblinden lassen. Luckys zusammenhangloses Sprechen im ersten Akt entwickelt sich nur von ungenügender Kommunikation in Schweigen zurück. Beide teilen die Leiden Watts untereinander auf, der sowohl stumm wie blind ist, wenn er aufgrund seiner Enttäuschung Mr. Knotts Haus verläßt: »Über das leere Herz/und manch leere Hand.«[31] Wenn man von dem einfachen Grund des physischen Verfalls einmal absieht, was sonst könnte hinter ihrem Verfall stehen? Im sozio-politischen Rahmen ist er das Zeichen für die Entmächtigung der Herr-Knecht-Beziehung. Im Rahmen eines Purgatoriums wird ihnen, vielleicht für die Sünde des Stolzes (intellektuell und gesellschaftlich), eine neue Strafe auferlegt. Bei Dante ist der Verlust der Stimme die Strafe für Selbstmord; es ist das Schicksal Pier delle Vignes, der früher Dichter und Orator war. Indem ein Mensch Selbstmord begeht, »begibt er sich auf die Stufe zurück, auf der er begann. Auf dieser niederen vegetativen Stufe sind alle gewohnten Wege zur Außenwelt notwendigerweise verschlossen. Der menschliche Körper ist ein geheimnisvolles System solcher Wege: Auge, Ohr, Berührungssinn und so fort; aber im Selbstmord wird das geheimnisvolle System und mit ihm die Fähigkeit zur Kommunikation weggeworfen. Dante zeigt das durch die Sprachschwierigkeiten an, unter denen diese vegetativen Seelen leiden.«[32] Ginge nicht schon aus anderen Zusammenhängen hervor, daß Beckett Dante viel verdankt, so wäre es kaum der Mühe wert, einen literarischen Vorläufer für Lucky zu suchen; aber da es diesen Einfluß gibt und Dante ein so integraler Bestandteil der hochliterarischen Konzeption Becketts ist, verdient das Beispiel Pier delle Vignes als mögliches Vorbild angeführt zu werden.

Was die physische Erscheinung Luckys betrifft, so sehen wir sie in einer Beschreibung eines der »Delegierten« in *Der Namenlose*: »Er geht gebückt und scheint an den hängenden Armen Lasten zu tragen, ich weiß nicht welche. Das, was ich von ihm am besten sehe, ist sein Hut. Ganz oben ist er verschlissen wie eine alte Schuhsohle und läßt ein paar graue Haare hervorsprießen. Ich fühle, daß sein lange auf mich gerichteter Blick mich anfleht, als ob ich irgend etwas für ihn tun könnte.«[33] Es läßt sich nicht sagen, ob diese Passage kurz vor oder nach *Godot* geschrieben wurde.

Nach allen Absichten und Zwecken wurden Lucky und der »Delegierte« zusammen konzipiert.

Kafka schreibt in seinen *Tagebüchern*, Stummheit sei eines der Attribute der Vollkommenheit.[34] Lucky hat die Eigenschaften eines Heiligen[35] – totale Unterwerfung unter den Herrn, schweigendes Hinnehmen von Demütigung, Tragen der Bürde ohne Klage. Darum gibt es in seinem Fall viele Möglichkeiten zu ironischen Anspielungen auf die Bibel. Zum Beispiel: »Kommt her zu mir alle, die ihr mühselig und beladen seid, ich will euch erquicken. Nehmet auf euch mein Joch und lernet von mir; denn ich bin sanftmütig und von Herzen demütig: so werdet ihr Ruhe finden für eure Seelen.«[36] Wiederum nach Matthäus ist Lucky wirklich glücklich (lucky): »Ihr wisset, daß die weltlichen Fürsten herrschen, und die Oberherren haben Gewalt. So soll es nicht sein unter euch; sondern, so jemand will unter euch gewaltig sein, der sei euer Diener. Und wer da will der Vornehmste sein, der sei euer Knecht.«[37] Das heißt nicht, daß Beckett einen ironischen Kommentar über das Evangelium nach Matthäus schreiben wollte; aber wenn man an seine protestantische Erziehung, seine Vertrautheit mit der Bibel und seine religiöse Skepsis denkt, ist es wahrscheinlich, daß es unbewußte verdeckte Anspielungen gibt.

Wenn man noch mehr Beweise für die Stichhaltigkeit dieser Auffassung von der Bedeutung, die Lucky als einer symbolischen Figur zugrundeliegt, verlangt, braucht man nur seine lange Rede im ersten Akt zu betrachten, die eine »Parodie der für viele Menschen in der Tat zu einem bloßen Ritual gewordenen christlichen Liturgie ist, deren Worte bar jeder Bedeutung sind«[38].

Richard Coe beginnt seine nützliche Studie über die Werke Becketts mit einem Zitat aus Luckys »Denken« und einem Kommentar darüber, denn es sei eine außerordentliche Zusammenfassung des Beckettschen Universums – in einer Form, die keineswegs so löcherig ist, wie es zunächst erscheinen mag. Es ist die einzige Äußerung Luckys. Seine einzigen Handlungen bestehen im Aufheben, Absetzen, einem pathetischen kleinen Tanz, Weinen und darin, daß er Estragon tritt. Die Zusammenhanglosigkeit seiner Rede ist Teil seines eigenen Wesens, aber sie hat darüber hinaus eine Bedeutung; sie ist eine komplexe Erweiterung der zusammenhanglosen Nonsense-Antworten, die sich Rabelais und Voltaire als Antworten auf unsere Fragen nach dem Wesen des Unendlichen und des Allmächtigen vorstellten. Wenn Lucky seine Rede beginnt, nimmt er die Rolle des Menschen an, der versucht, seinen Verstand auf die Aufgabe zu richten, die Geheimnisse des Universums zu erklären – und der vollkommen, schmerzlich und erbärmlich scheitert.

Existenz und Wesen Gottes sind Luckys erste Themen. Zwei unecht klingende, nichtexistente Autoritäten, Poinçon[39] und Wattmann (ein Straßenbahnfahrer, der nicht aus den Schienen heraus kann, die für ihn gelegt sind), haben die Existenz eines persönlichen Gottes mit weißem Bart postuliert (die Beschreibung des Jungen von Godot entspricht diesem tröstlichen Bilderbuch-Bild). Aber paradoxerweise ist Gott »außerhalb von Zeit und Raum«[40] und leidet an Aphasie (Unfähigkeit, die Sprache zu verstehen oder zu gebrauchen – d. h. Gebete und demütige Bitten zu vernehmen oder mit dem Menschen zu kommunizieren). Dieser verehrungswürdige Gott, haben die beiden Autoritäten behauptet, liebt uns sehr, mit ein paar mysteriösen Ausnahmen, »man weiß nicht warum«[41] (ein Refrain, der das menschliche Nichtwissen unterstreicht) – aber »man hat ja Zeit« herauszufinden, warum: »aber das kommt noch«[42], wir werden es in Erfahrung bringen. Gott leidet (trotz seiner Apathie) mit denen, die in den

Feuern der Hölle gefoltert werden und die »endlich alles in die Luft sprengen«[43] und die Hölle an den Himmel drängen werden.

Lucky zitiert andere Autoritäten von ebenso fraglicher Echtheit, wobei er in Namen schwelgt, die mit Rabelaisischer Respektlosigkeit aus den intimen Körperteilen und den Exkretionsfunktionen zusammengebraut sind. Sie haben an der Akademie der Anthropometrie (Menschenvermessung) bewiesen, daß trotz der Fortschritte auf den Gebieten der Ernährung, Körperkultur, Hygiene, Medizin und Kommunikation – all der Entdeckungen, auf die der Mensch so stolz ist – der Mensch abnimmt: »im Begriff ist abzumagern«, »kleiner zu werden«[44], »einzulaufen«, ». . . seit Gottscheds Tod«[45], »mit glattem Verlust pro Nase . . . von zwei Fingern hundert Gramm pro Nase«[46]. Seit dem achtzehnten Jahrhundert, also dem Zeitalter der sogenannten Aufklärung, als wir die Idee des Fortschritts und der Wissenschaft ernst zu nehmen begannen, ist der Mensch kleiner geworden, ist geschrumpft, ist ausgezehrt worden. Gegen dieses universale Herunterkommen der Dinge kann der Mensch nichts machen.

Außerdem, »was noch schlimmer ist«[47], hat Lucky eine prophetische Intuition von irgendeiner größeren Katastrophe; »auf dem Lande im Gebirge und am Rande des Meeres . . .«, »die Luft und die Erde bei der großen Kälte die Luft und die Erde gut für die Steine«, »in dem siebten saeculum ihrer Ära«[48], »in den großen Tiefen«, ». . . der Kopf« (das Organ des Denkens, darum der Existenz), »der Bart« (des persönlichen Gottes), »die Flammen« (der Hölle), »die Tränen« (des Menschen), »die Steine so blau so ruhig« (die Erde, »die Steine«[49], wird gesprengt »an den Himmel . . . der so blau manchmal noch heute und ruhig so ruhig«[50]).

Das Ende, klagt Lucky, muß begleitet sein von Auflösung in das ruhige Blau des Himmels. Die steigende Flut der Hoffnungslosigkeit und der zunehmende Wahn seiner Rede sind für seine drei Zuhörer zu viel, und sie werfen sich auf ihn. Erst als sein »Denkhut« abgenommen wird, hört er auf. Er ist ein bloßer Mechanismus geworden, der sich anstellt, wenn es ihm befohlen wird, und den man arbeitsunfähig macht, indem man einen Teil wegnimmt.

Wenn man Luckys »Denken« auf einen Anschein von Zusammenhang reduziert, zerstört man die parodistische Wirkung, das Pathos, die wachsende Spannung und die Brillanz der Rede, die eine ebensolche Brillanz der Aufführung verlangt. Nachdem wir uns der drei Kerngedanken vergewissert haben (Gott ist von uns abgeschnitten – der menschliche Fortschritt ist eine Illusion – das Universum bewegt sich auf Auflösung zu), müssen wir zum Text zurückkehren und sehen, wie der *Künstler* Beckett seine Wirkungen, die viel wichtiger sind als die Ideen, für die er keine Originalität beanspruchen würde, erreicht hat. Wir haben hier ein Beispiel für die Auflösung der Rede, die Rebellion eines ehemaligen Denkers (Pozzo teilt uns mit, das sei Lucky gewesen) gegen konventionelle, literarische Sprache. Wir finden in Becketts Werk andere Beispiele. So wird Watts Rede formlos und unzusammenhängend; entwickelt »Risse«, die auszubessern er zu müde ist. In *Der Namenlose*, der zur gleichen Zeit wie *Godot* geschrieben wurde, entwickelt sich der Stil zu einem ähnlichen »endlosen Strom«, und *Wie es ist* ist vollkommen bar aller syntaktischen und typographischen Konventionen (Sätze oder Abschnitte). Der Roman wird nur lesbar durch die Teilung in »Blöcke«, die von drei bis zu fünfzehn Zeilen Länge variieren.

Es gibt in Luckys Rede eine Form der Interpunktion – eine ungeschriebene Pause vor jedem »ich wiederhole« –, die der Schauspieler ausführen muß. Wenn man diese Tatsache und die Wiederholung der Leitmotive (»quaquaqua«, *quoique*, »man weiß nicht warum«, »aber greifen wir nicht vor«), die Wiederholung der Silben und das Zurückgleiten auf frühere Themen im »Argument« im Sinn behält, wird es leicht, sie zu lesen (besonders, wenn man sie schnell liest, so daß die Nadel gezwungen wird, über die Sprünge in der Platte hinwegzugehen).

Lucky spricht auf Befehl, gegen seinen Willen. Darum sieht Dukore sein »Denken« als »eine dramatische Demonstration, die zeigt, wie der menschliche Intellekt von den physischen Aktivitäten des Menschen als Sklave benutzt wird«[51], während Guicharnaud es als »eine farcenhafte Satire über die Lage der Intellektuellen von Beruf« betrachtet. »Gestützt von einer Gesellschaft, für die . . . sie Denken ›produzieren‹ . . . bringen (sie) ihre Herren durch ihr sprachliches Delirium auf.«[52] Die Logik dieses Arguments ist nicht ganz klar; Intellektuelle, die von der Gesellschaft *gestützt* werden, müssen doch sicher etwas bringen, was leicht verstanden werden kann? In totalitären Staaten, in denen der Intellektuelle, wie Lucky, unvermeidlich von der Autorität abhängig ist, wagt er bei Strafe, ›zum Schweigen gebracht‹ zu werden, nicht, aufzubegehren, zu mißfallen oder zu mystifizieren. Wenn man schon in Luckys Vorführung nach einer gesellschaftlichen Bedeutung suchen muß, läge hier die überzeugendste Analogie. Vielleicht konnte Pozzo, in seinem Despotismus ein stalinähnlicher Charakter, früher einmal Luckys Denken diktieren, jetzt aber weigert dieser sich, der Parteilinie zu folgen. Im zweiten Akt ist er zum Schweigen gebracht worden, aber Pozzo verleugnet jedes Wissen um den Grund. Phantastisch? Vielleicht. Aber wir sollten daran denken, daß in der ersten Ausgabe von *Godot* Pozzo und Lucky »les comiques staliniens« genannt werden.

Erwähnt werden sollten auch Lionel Abels Ansichten über das Problem der Vorbilder für Pozzo und Lucky. »Aus *Endspiel*«, schreibt er, »habe ich, glaube ich, erfahren, daß Pozzo kein anderer ist als Becketts literarischer Meister und Freund, James Joyce.«[53] Hamm (der Vater) ist Joyce, Clov (der Sohn) ist Beckett. Pozzo und Lucky haben dieselben Rollen. »Es ist jetzt mehr als deutlich«, fährt Abel fort, »warum Lucky in seinem Monolog die Joycesche Manier parodierte.« Das ist unwahrscheinlich. Luckys Rede hat nichts vom Stil Joyces. Wie Martin Esslin gesagt hat, ist sie, »wenn irgend etwas, dann eine Parodie des philosophischen Jargons und der wissenschaftlichen Doppelrede – das genaue Gegenteil dessen, was Joyce oder Beckett je in ihren Werken erreichen wollten«[54].

Diese autobiographische Position stützt sich auf eine Reihe falscher Analogien; die Beziehung zwischen Joyce und Beckett war ganz anders als die zwischen Pozzo und Lucky. Pozzo hat kein künstlerisches Talent – Joyce war äußerst begabt. Lucky gibt seine Vorstellung auf Befehl Pozzos – Beckett tat das für Joyce nie. Abel findet es »außerordentlich«, daß *Godot* und *Endspiel* Menschen anrühren kann, die von der Beziehung zwischen Joyce und Beckett nichts wissen. Eine merkwürdige Annahme, in der Tat, daß eine Sache von so lokalem Interesse wie die Freundschaft von Beckett und Joyce die Menschen tiefer anrühren sollte als die kosmischen Situationen, die in

Godot und *Endspiel* die ganze Menschheit einzubeziehen scheinen. Man könnte die Reduktion des Problems auf eine so triviale Ebene entschuldigen, wenn sie helfen würde, die überwältigende Wirkung der Stücke zu erklären. Aber das tut sie nicht. Bezeichnenderweise löst sich in den anregendsten Interpretationen, die Abel gibt, die Argumentation völlig von der autobiographischen Sphäre.

Wie schon in Kap. 3 gezeigt wurde, hatte Beckett ursprünglich ernsthaft daran gedacht, Pozzo mit Godot zu identifizieren. Er betrachtete den Jungen als das Haupthindernis einer solchen Gleichsetzung. In der Tat schafft der Junge für den Interpreten des Stücks auf jeder Ebene, die Godot mit etwas anderem als mit einer Person gleichsetzt, eine Reihe von Schwierigkeiten. Wenn der Junge nicht auf Befehl eines weißbärtigen alten Herrn kommt, wer schickt ihn dann? Die einzige Antwort kann nur Pozzo lauten. Der Junge muß einer von Pozzos Angestellten sein, die auf seinem Gut arbeiten. Pozzo muß ihm den Auftrag geben, er solle, sobald er außer Sichtweite sei, den beiden Landstreichern sagen, der Mann, dessen Namen er durch seine Unterhaltung mit ihnen kenne, werde nicht kommen. Das Motiv? Wieder ein Trick, vielleicht – oder Mitleid. Er weiß, oder fühlt deutlich, daß Godot nicht kommen wird, darum befreit er sie von ihrem Elend, bis zum nächsten Mal. Wenn man »Godots« Boten von Pozzo kommen läßt, muß das also nicht notwendig zu dem Schluß führen, daß Pozzo Godot ist. Die Gleichung ist immer noch

$$Godot = ?$$

In der ursprünglichen französischen Inszenierung trug Roger Blin als Pozzo einen weißen Bart, dessen offenkundige Wirkung war, daß er mit der Beschreibung von Godot identifiziert wurde, die der Junge Wladimir gibt. Chadwick schließt daraus, daß das Fehlen eines Bartes in der Londoner Inszenierung von 1955 »ein außerordentlicher Fehler war«[55]. Heute können wir das Problem jedoch mit der zusätzlichen Einsicht betrachten, die die jüngst von Samuel Beckett überwachte Inszenierung des Royal Court Theatre gewährt: Er ordnete keinen Bart für Pozzo an. Becketts Wunsch, Pozzo und Godot zu assoziieren, hat aus unbekannten, aber leicht zu erratenden Gründen also allmählich nachgelassen. Pozzo hat nur einen kleinen Teil der Attribute, die Godot auf der Grundlage der vom Text ausgehenden, durch dieses Stück und Becketts andere Werke gegebenen Evidenz zugeschrieben werden können. Godot auf Pozzo zu reduzieren, ist daher eine unentschuldbare Einschränkung der möglichen Bedeutung des Stücks. Sich (wie C. Chadwick) darauf zu berufen, es sei unwahrscheinlich, daß Pozzo dreimal zufällig vorbeikommt, heißt, das komplexe Zeit-Element im Stück außer acht zu lassen. Der zweite Akt kann Äonen nach dem ersten spielen; das Vergehen der irdischen Zeit ist nur eine Illusion, wie Pozzo in seinem Angriff auf die Zeit im zweiten Akt andeutet. Unter diesen Umständen ist es keineswegs so unwahrscheinlich, daß Pozzo und Lucky mehr als einmal vorbeikommen, besonders weil Pozzo das Land als sein eigenes betrachtet. Wenn man sagt, Pozzo könne Godot sein, so ist das überzeugend, weil sich so einige Teile des Puzzles zu einem zufriedenstellenden Muster zusammenfügen – aber dieses ist, wie wir jetzt sehen werden, nicht das *einzige* Muster.

Colin Duckworth
Godot: Konstante oder Variable?

»Lasset uns zu Gott beten . . . Der Lump! Er existiert nicht!«
Endspiel[1]

Hamms kurze und gebührend heftige Äußerung über Gott in
Endspiel illustriert die religiöse Skepsis, die sich in Becketts
ganzem Werk findet. Sie ist unwichtig; Beckett ist kein Verfasser agnostischer oder atheistischer Traktate, und er ist genauso wenig daran interessiert, Leser zu seinem Standpunkt zu
bekehren, wie Proust, seine Leser zu Päderasten zu machen.
Hamms Äußerung kommt schon in *Godot* vor, nur weniger
entschieden. Estragon bittet Gott, Mitleid mit ihm zu haben
und fragt, ob Gott ihn sieht (zweiter Akt). Was ihn betrifft,
sind »God« und »Godot« ganz verschiedene Entitäten, aber
seine Skepsis gegenüber Godot, die mit Wladimirs unerschüt-
terlichem Glauben an Godot kontrastiert, entspricht seinem
Unglauben im Hinblick auf Wladimirs Bildgeschichten.
Beckett hatte offensichtlich einen guten Grund, dem Ziel ihres
Wartens den Namen Godot zu geben. Es hat keinen Sinn,
darauf hinzuweisen, daß Beckett, der das Stück auf französisch schrieb, nicht gerade einen dem englischen Wort »God«
ähnlichen Namen gewählt haben würde, wenn er ihm wirklich
Obertöne der Gottheit hätte geben wollen. Der Name ist ein
Fund ersten Ranges, der im Englischen wie im Französischen
durch Wortspiel und Analogie verschiedene Ideenassoziatio-
nen ermöglicht.

Das Suffix »-ot« ist im Französischen eine gewöhnliche Verkleinerungsform (vgl. »bellot«, »brunot«). Es ist auch ein
Hinweis auf Vertrautheit – Jacquot, Jeannot, Charlot. Natürlich hätte das Suffix einem französischen Wort mit göttlicher
Konnotation angehängt werden können – »dieu«, »déité«,
»Seigneur« . . . –, aber das hätte eine religiöse Interpretation
nicht nur möglich, sondern unvermeidlich gemacht. »Godot«
hat die Bedeutung von »ein kleiner Gott«, »ein geringer Gott«,
daher »a tin god«, oder »jemand, der glaubt, er sei Gott der
Allmächtige«. Das deutet eher auf einen Mißbrauch von Autorität als auf die Gottheit. Der Name »Godot« kann auch mit

verschiedenen unerfreulichen französischen Wörtern assoziiert werden: »godailleur«, Müßiggänger, »godenot«, Puppe
eines Jongleurs, »godiche«, Tölpel. Das Wort »godet« bedeutet ein Gefäß, daher vielleicht etwas, das jede Bedeutung annehmen wird, die man hineinsteckt.

»Mit Sicherheit muß eine logische Argumentation ohne alle
Voraussetzungen *a priori* wie folgt verlaufen«, meint Dr.
Chadwick: »Godot ist Gott, Pozzo ist Godot, Pozzo ist deshalb Gott, und da Pozzo nur ein Tyrann und Sklavenhändler
ist, ist Gott auch einer.«[2] Die Schwäche dieser logischen Argumentation liegt darin, daß *a priori* vorausgesetzt wird, daß
Godot Gott ist. Chadwick bringt einiges vor, was diese Theorie stützen soll; sie ruht auf einem Ausrufungszeichen (Schatten der heiteren Hofszene in *Die Hochzeit des Figaro*!). Man
wird sich erinnern, daß Pozzo ausruft: »Von derselben Gattung wie Pozzo! Göttlicher Abstammung!«[3] Ronald Gray
meint, daß diese beiden Sätze getrennt seien, woraus er folgert,
daß auch Pozzo nach dem Bilde Gottes geschaffen sei. Chadwick weist das zurück: »Aber mit Gewißheit deutet der Punkt
(sic!) an, daß die beiden Sätze denselben Gedanken wiederholen, darum ist Pozzo Gott.« Da der Punkt in Wirklichkeit ein
Ausrufezeichen und nicht ein Punkt ist (und zwar sowohl in
der englischen wie in der französischen Ausgabe), soll er doch
sicher angeben, wie die Stelle intoniert werden soll? Die Sätze
können auf beide Weisen interpretiert werden; für sich allein
geben sie einen so dünnen Beleg, daß wir anderswo nach etwas
suchen müssen, was wie ein »Beweis« für das Wesen und die
Identität Godots aussieht.

Man könnte die phantasievollen Interpretationen so weit
treiben, daß man schließlich noch eine Verbindung zwischen
Godot und der *rue Godot de Mauroy* in Paris nahelegt – einem
notorischen Ort für teure Mädchen. In dieser Straße gibt es
einen Laden namens *Godet*. Eine solche Interpretation wäre
mit Becketts sardonischem Sinn für Humor durchaus im Einklang: Godot, für den man so oft göttlichen Ursprung in
Anspruch genommen hat, könnte ebensogut einer Brutstätte
professionellen Lasters entsprungen sein. Beckett teilt mir mit,
daß er den Ruf der *rue Godot de Mauroy* kannte, bevor er das
Stück schrieb.

Die Verbindung scheint nicht weniger wahrscheinlich als die

zwischen Godot und den zwei Männern namens *Godeau*. Man hat gemeint[4], daß Beckett an Balzacs Stück *Mercadet* gedacht habe. Mercadet hat einen Geschäftspartner, Godeau, der nie erscheint. Alle Gläubiger Mercadets warten begierig auf Godeaus Rückkehr, um unterschlagene Gelder zurückzufordern. Am Ende wird angekündigt, daß Godeau zurückgekehrt ist, als reicher Mann aus Indien – aber das Publikum bekommt ihn nicht zu sehen. Die Ähnlichkeiten sind beträchtlich; die Situation des Wartens wird durch Godeau beendet werden wie durch Godot. Aber die Hypothese wird dadurch nicht gerade gestützt, daß Beckett mir versichert, er habe *Mercadet* erst kennengelernt, als er *Godot* schon geschrieben hatte, und es habe auf sein eigenes Stück keinerlei Einfluß gehabt. Dies scheint eine überraschende Lücke im Wissen des in der französischen Literatur so kenntnisreichen Master of Arts in Französisch zu sein. Man hat gemeint, Bildung sei das, was übrig bleibt, wenn wir alles vergessen haben, was wir je lernten, und es ist nicht unmöglich, daß Beckett mit seinem bewußten Gedächtnis zwar *Mercadet* vergessen, aber mit seinem unbewußten noch einen Nachklang davon festgehalten haben könnte. Aber die Verbindung ist nicht wichtig. Für Balzac wäre Godot nur ein Godeau gewesen – ein abwesender Financier, und obwohl es, wie schon in Kap. 3 erwähnt, eine Andeutung eines geschäftlichen Arrangements zwischen den Landstreichern und Godot gibt, ist eine solche Interpretation sehr trivial und von rein genetischem, keinem kritischen Interesse.

Der zweite Godeau war (oder ist) ein ehemaliger Radrennfahrer. Darum vertritt er (nach Hugh Kenner) »den kartesianischen Menschen in excelsis, den kartesianischen Kentauren, Körper und Geist in völliger Harmonie . . . Der kartesianische Mensch, seines Fahrrads beraubt, ist nichts als ein Verstand, gefesselt an ein sterbendes Tier.«[5] Da diese Theorie das Stück letztlich auf die Ebene eines abstrusen geometrischen Puzzles reduziert, trifft es sich gut, daß Beckett mir mitteilt, daß ihm erst, *nachdem* er Godot geschrieben hatte, die Geschichte über die kleine Menge von Zuschauern erzählt wurde, die am Ende eines Radrennens noch zuschauen und warten. »Worauf warten Sie?« wurden sie gefragt. »Auf Godeau.« Aber, wird man einwenden, wenn er *Mercadet* hat vergessen können, hätte er (bewußt) auch vergessen können, daß man ihm die Geschichte erzählt hatte, bevor er *Godot* schrieb.

In Wahrheit ist es eben kein sehr fruchtbares Exerzitium, über den Namen zu theoretisieren; hier wurde nur deshalb Zeit darauf verwendet, weil einige sehr namhafte Gelehrte und Kritiker Zeit darauf verwendet haben und der Leser das wissen sollte. Es gibt jedoch eine mögliche Bedeutung des Suffixes »-ot«, die uns in interessantes Gebiet führt – sogar in den Mittelpunkt des Problems Godot: es kann die erste Silbe *negieren*, und es kann implizieren, daß die erste Silbe *nötig* ist. Wir wollen festhalten, was der Erzähler in *Molloy* von seiner Mutter sagt: »Ich wiederum nannte sie Mag, wenn ich ihr einen Namen zu geben hatte. Und wenn ich sie Mag nannte, so schwebte mir dabei vor, ich hätte nicht sagen können warum, daß der Buchstabe G die Silbe MA wieder aufhob und sozusagen darauf spuckte, kräftiger als irgendein anderer Buchstabe es getan haben würde.«[6] So viel zu dem Verlangen, die erste Silbe zu verleugnen und zu schmähen, aber er fährt fort: »Gleichzeitig befriedigte ich ein tiefes und sicher nicht eingestandenes Bedürfnis, das Bedürfnis, eine MA, das heißt eine Mama, zu haben, und es laut herauszuschreien.«[7] Ohne Zweifel verdankt sich ein großer Teil des Ärgers über Gott, den Beckett zum Ausdruck bringt, seinem Glauben an die Nichtexistenz Gottes. Wenn Gott nicht existiert, ist nach Bischof Berkeley (1685-1753) auch die Existenz des Universums und der Menschheit sehr zweifelhaft. *Esse est percipi*: Das Sein besteht darin, ein Gegenstand der Wahrnehmung zu sein. Beckett führt in der Grove-Press-Ausgabe in Luckys Rede Berkeley ein, aus Gründen, die mit Estragons Frage: »Glaubst du, daß Gott mich sieht?«[8] und Wladimirs Meditation: »Auch mich, auch mich betrachtet ein anderer«[9] zusammenhängen. Die akosmistische Folgerung aus der Theorie, daß Dinge existieren, weil ein Geist sie als existierend denkt, ist, daß, wenn es keinen Geist außerhalb des Kosmos gibt, der sie wahrnimmt, von ihnen in keinem wirklichen Sinne gesagt werden kann, daß sie existieren. Es müßte einen Gott geben, der dem Menschen eine wirkliche Existenz verschaffte, und Beckett ist gezwungen zu schließen, daß es ihn nicht gibt. Es müßte irgendeine transzendente beschützende Macht geben, und es gibt sie nicht; es gibt nur eine große gähnende Leere, in deren Mitte die Menschheit hängt wie ein Auswuchs. Ärger und Schmerz sind aufrichtige und authentische Antworten auf diesen Glauben, ob wir ihn teilen oder nicht.

Wir können vernünftigerweise also annehmen, daß Beckett auf *einer* Ebene der Interpretation die Vorstellung von Godot benutzt, um seinen Ärger und seine Enttäuschung über die Nichtexistenz Gottes auszudrücken. Es ist zum Beispiel interessant zu sehen, wie er in allen Entstellungen des Namens, die er Pozzo in den Mund legt – »Godin«, »Godet« und nicht, sagen wir, »Bodot« oder »Podot« –, die Silbe »God« (»Gott«) festhält, während Pozzos Name durch Veränderung der ersten Silbe – »Bozzo« – entstellt wird, so wie der Name Goriots in Balzacs großem Roman von der Herzogin von Langeais durch eine Veränderung des ersten Buchstabens verzerrt wird (»Doriot«, »Foriot«, »Moriot« usw.).

Man kann Godot entweder als eine Konstante oder eine unbestimmte Variable ansehen. Als Variable betrachtet, würde Godot »ein unbestimmter Gegenstand oder Zustand oder Prozeß sein, der noch durch irgendeine Konstante, die der Interpret zum Einsetzen wählen kann, definiert werden muß«[10]. Jede Rolle, jede Funktion kann Godot zugewiesen werden – eine Aufforderung, ein besserer Mensch zu werden, ein Anker in einem Meer von Zweifel und Ungewißheit oder vielleicht die Hoffnung auf außermenschliche Hilfe in einer Welt, die wahrscheinlich von den Menschen vollständig zerstört werden wird, wenn diese nur auf ihre eigenen Mittel angewiesen bleiben. Das ist eine vollkommen legitime »Laien«-Position; aber die wissenschaftliche Annäherung erfordert größere Kontrollen und Begrenzungen gemäß dem, was wir als die Hauptthemen und -interessen des Autors kennen. Diese Hauptthemen werden durch Becketts andere Werke, besonders *Watt, Der Namenlose* und *Wie es ist* erhellt. Sie führen zu dem Schluß, daß die Idee hinter Godot tatsächlich eine Konstante ist. »In diesem fiktionalen Universum der Unbestimmtheit des Selbst und der Unsicherheit des Wissens ist die einzige Konstante der Tyrann, der mysteriöse Oberlehnsherr, der, angefangen mit Mr. Knott, das Schicksal des Beckettschen Helden heimsucht, sogar beherrscht. Seine Existenz ist wie die Godots nie gewiß, weil er niemals in Person erscheint.«[11] Das Bild Godots quält die beiden Landstreicher, indem es mit ihren Hoffnungen und Erwartungen spielt wie

Mr. Knott mit den Knechten, die er nacheinander hat. Doch »[verlor] Watt nach und nach alle Hoffnung und alle Furcht, Mr. Knott je von Angesicht zu Angesicht zu sehen«[12]. Watts Bericht seiner Beziehung zu Mr. Knott nimmt mehrere Elemente von *Godot* vorweg. »Seit an Seit/Zwei Mann«[13] (Wladimir und Estragon) »Ganztag, Teil der Nacht. (. . .) Blind, stumpf, stumm«[14] (Pozzo und Lucky), »Watt blickte zu Knott? Nein«[15] (»Auch mich«, sagt Wladimir, »auch mich betrachtet ein anderer.«[16]) »Knott sprach zu Watt? Nein«[17] (»göttliche Aphasie«[18]), »Zeit also endlos. Endlos«[19] (»Es geschieht nichts. Keiner kommt, keiner geht, es ist schrecklich«[20]). Sowohl Mr. Knott wie Godot behalten ihre Macht über die *homunculi*, indem sie, passiv, sich nicht zeigen. Es gibt keinen Beweis dafür, daß Godot als ein objektiv Reales außerhalb des Bewußtseins der Landstreicher existiert. Es läßt sich sicher nicht rechtfertigen, Godot eine Haltung in Beziehung auf die Landstreicher zuzuschreiben, wie es Metman tut: »Godots Funktion scheint darin zu bestehen, die von ihm Abhängigen bewußtlos zu halten . . . er erwartet offensichtlich unbedingte Geduld und Gehorsam . . .«[21] Alles, was wir mit Sicherheit sagen können, ist, daß die Landstreicher *meinen*, daß Godot sie bestrafen würde, wenn sie weggingen.

In *Der Namenlose* ist die letzte Inkarnation, Worm, die *absolute Negation*, die äußerste Nichtigkeit des Selbst, »dieser winzige Fleck, allein inmitten des Abgrunds«[22]. Mahood bemüht sich, mit Worm zu verschmelzen, aber sein Versuch schlägt fehl, weil Worm nur eine Projektion seiner selbst wird. Ähnlich läßt sich Godot als eine Projektion von Gogo und Didi betrachten; er hat ihre Elemente in sich (G + D + ot) – kann man zumindest sagen, wenn man bereit ist, das Namen-Spiel zu spielen –, so daß noch so viel Warten oder Kämpfen die gewünschte Vereinigung des (in das *Pseudopaar* geteilten) Selbst mit Godot, dem absoluten Nicht-Wesen, das alles Begreifen übersteigt, nicht erreicht.

Wenn man das Problem von dem durch *Wie es ist* gegebenen Standpunkt aus betrachtet, taucht ein ähnliches Bild auf: »Pims Rolle . . . ist der des Abwesenden in *Godot* sehr ähnlich: Vermutlich erkennt der Erzähler wie Gogo und Didi in *Godot* in seinem Bild düster eine Gegenwart und eine Macht, mit der vereinigt zu sein heißt, von Bedeutungslosigkeit und Verzweiflung nicht mehr beherrscht zu werden.«[23]

Aber es ist eine Gegenwart und eine Macht, die sie nur zu finden *hoffen*. Nach dem zu urteilen, was der Erzähler findet, als er Pim trifft, würden ihre Hoffnungen negiert, sollten sie Godot zu Gesicht bekommen. Es ist viel besser, wird von Beckett mitgesagt, mit schwindender Hoffnung zu warten, als Gewißheit des Schlimmsten zu haben. Wie Goethe in *Faust* gesagt hat, »Wer immer strebend sich bemüht, den können wir erlösen«.

Der Erzähler von *Wie es ist* nimmt aus purer Frustration und Enttäuschung eine sadistische Haltung gegenüber Pim ein (ähnlich der Pozzos gegenüber Lucky). Man hat darauf hingewiesen, daß Pozzo Luckys Godot sei, aber nach *dieser* Analogie war Lucky einmal Pozzos Godot (er pflegte für ihn zu denken), und Pozzos Barbarei ist deshalb die Wut frustrierter Hoffnungen, wie die des Erzählers von *Wie es ist*.

Die Konzeption, die den Namen »Godot« trägt, kann auf eine ganz andere Weise, eine andere Reihe von Problemen: Probleme der Zeit, der Unendlichkeit, der Erinnerung und der Wirklichkeit eröffnende Weise interpretiert werden. Die Themen, die dabei eine Rolle spielen, sind schon skizziert worden, und wir sollten sie jetzt mit besonderer Beziehung auf *Godot* noch einmal betrachten.

Wladimir und Estragon warten darauf, daß das Ende kommt; »das Ende« erhält einen Namen: Godot. Wie die Helden der *Trilogie* warten sie darauf, mit dem Nichts im Zentrum der Leere zu verschmelzen. Während sie sich dem Ende nähern, wird die Zeit, so wie sie sie wahrnehmen, unmerklich langsamer (wie für Malone). Indem sie sich die unendlich abnehmende Reihe von einem wiederkehrenden Dezimalpunkt zum andern, bei der jeder Punkt ein bißchen weniger bedeutungsvoll ist als der vorhergehende, entlang bewegen, erkennen sie, wie Malone, daß die Zeit kein Ende hat; daß die Zeit, mit Pozzos Wort, »verdammt«[24] ist; daß der Tod des Selbst – anders als der Tod des physischen Körpers – nie kommen wird. Denn man darf Wladimir und Estragon nicht als bloß physische Entitäten ansehen (obwohl sie auch das sind, denn sie werden als empfindende Wesen dargestellt, weil es evidenterweise auf dem Theater nicht anders geht). Ihre Selbstmordgedanken zum Beispiel werden für uns bedeutsamer, wenn wir die Unmöglichkeit des Selbstmords als Unmöglichkeit, das Selbst zu zerstören, ansehen. Der *wirkliche* Tod – der Tod des Selbst, des innersten Kerns der Persönlichkeit – wird erst kommen, wenn die Zeit aufgehört hat, wenn die Unendlichkeit erreicht ist. Wladimir sagt voll Hoffnung: »Die Zeit ist stehengeblieben«[25] – erst gegen Ende der Bewegung der Zeit hat er diesen Eindruck. »Glauben Sie das nicht«[26], mahnt Pozzo: »Alles, was Sie wollen, nur das nicht.«[27] Sie stehen noch unter dem Bann der chronometrischen Zeit Pozzos (deren Sklave er mit seinem Zeitplan und seinem totalen Verschwinden in Aktivität und Bewegung selber ist), aber Wladimir und besonders Estragon sind der Zeitlosigkeit (daher der Unbeweglichkeit) näher als er.

Seinem Wesen nach ist das Unendliche nicht zu erreichen. Die Zeit verlangsamt sich, wenn sie sich ihrem Ende nähert, aber sie wird nicht sterben. Während sie sich verlangsamt, verzerrt sich vollkommen jeder Eindruck ihres Vergehens. *Der Namenlose* sagt es bündig: »Ich sage Jahre, obwohl es hier keine gibt.«[28] In *Endspiel* wird das Gestern definiert als »ein Tag wie jeder andere«[29]. In dem unveröffentlichten[30] Roman *Mercier et Camier* gibt es eine lange und erhellende Abhandlung über die Tyrannei und Bedeutungslosigkeit der Zeit. Sie wirkt mit mehreren Einzelheiten in *Godot* nach: Pozzos Interesse daran, seinen Zeitplan einzuhalten, seine Rede über den Tag, an dem wir geboren werden, und den Tag, an dem wir sterben, der derselbe Tag ist, das Ersetzen seiner Uhr (chronometrische Zeit) durch sein Herz (existentielle Zeit):

> Fragen Sie einen Passanten nach der Uhrzeit, er wird Ihnen irgend etwas, nach freiem Ermessen, über seine Schulter hinweg sagen, während er weitergeht. Aber Sie können beruhigt sein, er hat sich kaum geirrt, er, der alle Viertelstunden auf seine Uhr schaut (. . .), der sich fragt, wie er es machen soll, um alles zu tun, was er zu tun hat, vor dem Ende des endlosen Tages. Oder er vermittelt durch seine wütende, überdrüssige Gebärde den sonderbaren Eindruck, der ihn bedrückt, nämlich, daß es die Zeit ist, die es immer war und immer sein wird (. . .). Es ist übrigens den ganzen Tag so, seit dem ersten Tick bis zum letzten Tack, oder, sagen wir, seit dem dritten bis zum vorvorletzten, denn es braucht immerhin Zeit, das thora-

kale Tamtam, um uns in den Traum zurückzurufen, und es braucht ebenfalls Zeit, um uns aus ihm zu vertreiben. Aber die anderen hört man, jedes Hirsekörnchen hört man, man dreht sich um, und man sieht sich, jedesmal etwas näher, das ganze Leben etwas näher. Die Freude salzlöffelweise, wie Wasser für Verdurstende, und eine nette kleine Agonie in homöopathischen Dosen, was braucht man mehr? Ein Herz anstelle des Herzens? Man erzähle das den anderen![31]

Die Worte »jedes Hirsekörnchen« beziehen sich auf das Paradox des griechischen Philosophen Zeno, daß man dadurch, daß man einen Haufen Hirse halbiert und zu einer Hälfte genau die Hälfte der übrigen Hälfte hinzufügt, dann den halben Rest, dann den halben Rest davon und so weiter, niemals die Aufgabe lösen würde, das ganze Korn auf einen Haufen zu übertragen.[32] Ähnlich ist jeder »Tag« des Wartens nur das Hinzufügen der halben Menge von gestern zum Haufen der Zeit. Hamm gebraucht dasselbe Bild in *Endspiel*, als er das Gefühl hat, »ein Augenblick kommt zum anderen, pluff, pluff, wie die Hirsekörner des ... *er denkt nach* ... jenes alten Griechen, und das ganze Leben wartet man darauf, daß ein Leben daraus werde«[33].

Wie lange werden die Landstreicher auf Godot warten müssen? Vielleicht liegt die Antwort in *Malone stirbt*: »... wer genug gewartet hat, wird immer warten, und wenn eine gewisse Frist abgelaufen ist, kann nichts mehr geschehen, niemand mehr kommen, nichts anderes mehr sein als bewußt vergebliches Warten.«[34] Es ist kein Warten auf den Tod; das ist viel zu einfach, denn der Tod kommt sicher (sogar Malone hat das Gefühl ». . . wenn man stirbt (beispielsweise), so ist es zu spät, man hat zu lange gewartet, man lebt nicht mehr lange genug, um aufhören zu können.«[35]) Danach, nach dem Tod, beginnt im Ernst das Warten – auf ein in das Unendliche, in die endlose Leere gestelltes Nichts; wie Estragon sagt: »Es fehlt ja nicht an leerem Raum.«[36]

Das Unendliche wird (theoretisch) erreicht, wenn das, was wir gewöhnlich als Vergangenheit und Zukunft ansehen, sich in der Gegenwart trifft. Da die Vergangenheit sich verschließt und abnimmt, wird das Problem, das Wesen des Selbst zu bestimmen, immer brennender. Sehr schmerzhaft spüren es

Wladimir und, mehr noch, Pozzo, wenn sie die drei Elemente der Zeit (Vergangenheit, Gegenwart und Zukunft) festzuhalten suchen: Wladimir mit seinen Erinnerungen und Gedanken für das Morgen, Pozzo mit seinen geschäftlichen Plänen und seiner Sorge, das Vergehen der Zeit nicht mehr aufhalten zu können. Zeit, Erinnerung und persönliche Identität (oder Selbst-Identität) sind untrennbare Aspekte desselben Problems.[37] Um es einfach auszudrücken: Wenn ich sage: »Ich habe dich gestern gesehen«, setzt die Aussage voraus, daß das »Ich«, das die Aussage macht, mit dem »Ich«, das gesehen hat, identisch ist und daß das angesprochene »Du« mit der gesehenen Person identisch ist. Die Aussage behauptet auch, daß bestimmte zeitliche Grenzen festliegen, innerhalb derer gesehen wurde. Obwohl diese Voraussetzungen nun in unserem Alltagsleben üblicherweise gemacht werden, sind sie keineswegs unwiderleglich wahr. Ein beträchtlicher Aufwand an sehr komplexen psycho-philosophischen Erörterungen ist nötig, um die Wahrheit des Satzes zu *beweisen*. Wenn wir gewöhnlich die Wahrheit solcher Sätze nicht in Frage stellen, dann, weil wir unserem Gedächtnis aufgrund seiner früheren Verläßlichkeit vertrauen. Dennoch ist dieses Vertrauen sehr prekär. Wenn Vergeßlichkeit bei vergangenen Ereignissen häufig oder allgemein wird, ist die Wirkung nicht mehr bloß störend oder unbequem; sie zerstört die Essenz des Musters unserer Existenz. Das »Ich«, das Selbst von gestern, existiert nicht mehr, außer vielleicht in den Erinnerungen anderer. Das macht uns äußerst abhängig von anderen, wenn wir unsere Existenz in jedem Augenblick bis zur Gegenwart, die sich unaufhörlich in die Vergangenheit und in das Vergessen auflöst, beweisen wollen. In Sartreschen Begriffen zum Beispiel fluktuiert Wladimir – der dieses Problem genau kennt – zwischen dem *Für-Sich*-Sein [pour soi] (negatives Bewußtsein) und *In-Sich*-Sein [en soi] (positives Unbewußtsein). Als *Für-Sich* sieht er Ereignisse als von ihm geschaffen. Als *In-Sich* betrachtet er sich als Gegenstand des anderen [l'Autre] – dessen, der ihn ansieht. Der Andere (möglicherweise Godot) ist im Universum Sartres ein schrecklicher Begriff, eine tyrannische Entität, die gehaßt wird und doch als Zeuge der eigenen Existenz, die so ein Gegenstand *Für-Andere [pour-autrui]* wird, erforderlich ist.

Das ist die Situation, in der viele der Figuren Becketts sich befinden. Wladimir ist der einzige, der sich an den Jungen und an Pozzo von dem früheren Zusammentreffen her erinnert, und sein Vertrauen wird heftig erschüttert. Tapfer sucht er an der Ausdehnung seiner selbst in die Vergangenheit festzuhalten, und die Qual, die er leidet, als er zögernde Bestätigung von anderen erhält, ist die jeder menschlichen Persönlichkeit, der man eine der Dimensionen nimmt, ohne die ihre Realität selber höchst ungewiß werden wird. Estragon leidet in dieser Hinsicht nicht so viel, da sein Bewußtsein nicht so wach ist, aber er erkennt, daß er Wladimir braucht, um sich den Eindruck zu geben, daß er existiert. Der eine ist des anderen »Anderer«, daher ihre Haß-Liebe-Beziehung. Pozzo leidet andererseits sehr daran, daß er Wladimirs bohrende Frage nach der »verdammten Zeit« beantworten muß.

Wenn die Vergangenheit ein sehr unsicherer Faktor ist, wie steht es mit der Zukunft? Bietet sie mehr Bequemlichkeit oder Gewißheit? Unsere Vorstellung von der Zukunft hängt von unserer imaginativen Fähigkeit ab, uns in wahrscheinliche, aus der Gegenwart, so wie wir sie verstehen, resultierende Situationen zu projizieren. Abgesehen von den Begrenzungen, die wir uns selbst aus persönlichen Gründen auferlegen oder die uns von anderen (im Fall der Inhaftierung zum Beispiel der Gesellschaft) auferlegt werden, gibt es sehr viele mögliche Richtungen, in die wir unsere Erfahrung der Realität und Existenz in jedem gegebenen Augenblick erweitern können. Aber selbst das wird den beiden wartenden Landstreichern in *Godot* verweigert. Sie sind in ihrer Projektion in die Zukunft beschränkt auf einen Ort zu einem Zweck: auf den Baum, um zu warten. Wie der Sonnenaufgang und der Sonnenuntergang und der Aufgang des Mondes ist die Zukunft für sie aus ewiger Wiederholung zusammengesetzt.

Keine noch so kurze Darstellung der Haltung Becketts gegenüber den Problemen der Zeit, der Erinnerung und der Identität wäre vollständig ohne die Erwähnung Marcel Prousts, für den unwillkürliche Erinnerung den einzigen Weg darstellte, zur Realität und zum wahren Selbst zu gelangen. Indem Beckett seine Studie über Proust schrieb, wurde er sich der Tatsache bewußt, daß das Individuum darauf *warten* muß, durch die Agentur der unwillkürlichen Erinnerung eine Anschauung der Realität zu erhalten. Aber der Ausweg, den Proust *via* die magische Transformation, die die Kunst bewirkt, für sich eröffnete, ist Beckett verschlossen.

Indem wir die Implikationen der Vorstellung, die Godot genannt wird, zu verstehen versucht haben, haben wir gesehen, daß sie mit einem Katalysator verglichen werden kann, der viele verschiedene Reaktionen hervorbringt, ohne selbst verändert zu werden. Keine einzelne Auffassung vom Wesen Godots entkräftet die andere. Entkräftet werden sie nur durch ihre Gleichgültigkeit für das, was Beckett interessiert.

Ramona Cormier und Janis L. Pallister
En attendant Godot: Tragödie oder Komödie?[1]

In seinem Artikel »Freedom and Comedy«, in dem er das absurde Drama diskutiert, beschreibt William Thompson die Maske, die der »absurde Held« anlegt. »Die eine Hälfte der Zuschauer«, schreibt er, »wird die Maske als tragische verstehen, die andere Hälfte wird die Maske als komische verstehen. Die Zuschauer haben recht, denn die Lage des Menschen ändert sich nicht; wir können wählen wie das antike Publikum: Wir können lachen oder wir können weinen.«[2] Diese Bemerkung trifft insofern zu, als sowohl die Kritiker wie die Zuschauer in ihrer Reaktion auf *En attendant Godot* gespalten sind. Doch spricht viel dafür, daß das Stück weder eine Komödie noch eine Tragödie ist, über die wir entweder lachen oder weinen, sondern eine subtile Verbindung beider Formen. Das Stück ist vielleicht wirklich eine »tragicomedy in two acts«, wie Beckett es in der englischen Ausgabe nennt. Die an der Oberfläche des Stücks liegende Komik, die in uns zunächst ein Lachen provoziert, wird dadurch jäh korrigiert, daß wir in der Situation des Menschen, so wie sie hier dargestellt wird, plötzlich die potentielle Tragik erkennen. Es ist jedoch sehr wahrscheinlich, daß das Stück den Kreis schließt, so daß wir, obwohl wir es vielleicht nicht merken, über Dinge lachen sollen, über die wir gewöhnlich nicht lachen. Hier paßt vielleicht das dianoetische Lachen (das Lachen ohne Heiterkeit, das sardonische Gelächter), das ausgelöst wird von der Erkenntnis einer Absurdität, die sich über die Tragik in der Lage des Menschen hinaus durchsetzt. Mit anderen Worten, entscheidend ist nicht, ob wir es hier mit einer Tragödie oder einer Komödie zu tun haben, sondern daß eine einseitige Reaktion auf *En attendant Godot* nicht angemessen ist. Wir, die Zuschauer, machen diesen dritten Schritt, der den Kreis der Reaktionen von Komödie zu Tragödie zu Komödie vollenden würde, nicht gern, aber wahrscheinlich hat Beckett selbst die nötigen Übergänge vollzogen. Er lacht also vielleicht nicht nur über die Figuren in seinem Stück, sondern über uns, wenn wir für sie »weinen«. Wenn Beckett so jene tragische Verpflichtung, mit der wir zu sympathisieren neigen, als letztlich komisch ansieht, ist seine Meinung in der Tat pessimistisch und provoziert die Frage, was seine künstlerischen Ziele sein mögen. Wieder sind konventionelle Antworten wie Katharsis, Bestrafung durch Lächerlichmachen und so weiter unannehmbar. Wie Beckett die Kunst sieht, läßt sich bis zu einem gewissen Grad am Stück selbst ablesen. Wir finden hier (wie in seinen anderen Dichtungen) den Beleg dafür, daß Kunst sowohl eine wie immer momentane Ablenkung von der Langeweile und dem *ennui* der Existenz sein wie auch den Rückzug verhindern kann. Wenn das der Fall ist, stehen wir vor einem Paradox, und Beckett ist vielleicht ebensosehr gegen wie für die Kunst.

Jener Aspekt der Komödie in *En attendant Godot*, den man an der Oberfläche liegend nennen könnte, ist in seinem Wesen konventionell; denn er hat seinen Ursprung in den Traditionen der Farce, der *commedia dell'arte*, der Pantomime und des Varieté. Zu den komischen Mitteln dieser Kategorie gehört die körperliche Komik im Hinfallen und Stolpern und im Voyeurismus Estragons. Auf einer etwas höheren Ebene liegt die sprachliche Komik in Wiederholungen, Kalauern, Mißverständnissen, in skatologischem Spiel mit Worten und zeremoniellem und ritualistischem Gebrauch der Sprache. Aus dem Varieté stammen die sprachlichen Schablonen, der Hütetausch, die heruntergelassenen Hosen, der offene Hosenlatz, die allgemeine fremdländische Kleidung der Figuren inklusive ihrer Melonen. Selbstmorde, die mißlingen, weil das Seil reißt, kommen aus der Pantomime; und *commedia dell'arte* wie Pantomime geben die schematischen, farcenhaften Figuren her, sicherlich die Clowns oder *zanni*, die sich in Estragon und Wladimir spiegeln, und vielleicht sogar den Pedanten, auf den Pozzo deutet. Komische Effekte, die, wie gewisse andere oben aufgeführte, aus jeder dieser Quellen stammen könnten, werden durch die häufigen Gedächtnisausfälle der Figuren erreicht und durch ihr allgemeines Unvermögen zu kommunizieren.

Diese Effekte haben die Tatsache gemeinsam, daß sie in der Komödie traditionell sind; darum lösen sie automatisch in uns Lachen aus, wie meist auch bei den Figuren. Das heißt, obwohl unser Lachen meist mit dem ihren koinzidiert, gibt es andere Gelegenheiten, wo eine Sache – wie das gelegentliche Hinfallen oder ihre fehlgeschlagenen Versuche, etwas fertig-zubringen – für die Figuren ernst ist, für uns hingegen lustig. Worüber wir hier lachen, ist meist die Erfahrung von physi-schen und intellektuellen Grenzen. In diesen Fällen könnte unser Lachen sozial genannt werden, denn, wie Bergson be-merkt, wir stimmen im Gegenstand des Lachens überein. Auf dieser Stufe ist unsere Reaktion eine der Distanz: Wir sympa-thisieren mit der dargestellten Szene oder Situation nicht.

In *Godot* wird die an der Oberfläche liegende Komik jedoch bis zu grotesken Übertreibungen weitergetrieben. Diese wer-den im Egoismus der Figuren, besonders im Pomp und in den Platitüden Pozzos und seiner schlechten Behandlung Luckys sichtbar. Auch in der makabren Erscheinung Luckys und in den verrückten Spielen, durch die Estragon und Wladimir mit dem immer gegenwärtigen *ennui* fertig werden wollen, lassen sie sich beobachten. Diese Groteske unter der an der Oberflä-che liegenden Komik führt uns, korrekt oder nicht, zur tragi-schen Form.

Während die Figuren des Stücks kein Bewußtsein von der Groteske und nur einen vagen Schimmer vom Ernst ihrer Verpflichtung zu haben scheinen, erkennt das Publikum nicht nur die Groteske, sondern auch die potentielle Tragik der dargestellten Situation. An diesem Punkt scheint es also, daß wir es mit einer Art Tragikomödie zu tun haben, oder jeden-falls mit einer Verbindung der tragischen und der komischen Form. Man kann sagen, daß der Doppelcharakter der Ton-lage in diesem systematisch auf der Zahl zwei aufgebauten Stück überall nachklingt, auch in der Austauschbarkeit der tragischen und komischen Masken der beiden Figuren.

Auf der andern Seite hängt das tragische Element in *En attendant Godot* nicht von traditionellen Mitteln ab und kann auch nicht in irgendeiner konventionellen Definition des Wor-tes tragisch genannt werden. Man hat das Stück ein Antistück genannt, weil es keine Charakterentwicklung und keine Hand-lung kennt. Dieses Fehlen der Handlung ist entscheidend, da es *En attendant Godot* von der konventionellen Tragödie, die noch solche Autoren des zwanzigsten Jahrhunderts wie Mon-therlant – selber ein Nihilist – oder Anouilh umfaßt, abgrenzt. Das trifft zu, weil es in eben dem Maß, wie in *Godot* Ereignisse fehlen, auch keine Möglichkeit eines Ausgangs (keinen *Knoten*, kein *dénoument*), kein tragisches Erkennen und, was auch Ruby Cohn und andere meinen, keine Transzendenz geben kann.[3] Hinzukommt, daß wir in diesem Stück Stilisierung oder Charakter-»Typen« ohne jede klare Identität haben. Es gibt keine Entwicklung der Charaktere, keine Evolution, vielmehr, wenn irgend etwas, einen Verfall. Das kann man natürlich erwarten, wenn man daran denkt, daß diese Männer Opfer ihrer Gewohnheiten und so unfähig zu einer bewußten Veränderung sind. Tatsächlich kann man keinen der Männer als den tragischen Helden bezeichnen, der (konventionellerweise aus großer Höhe) fällt, und so ist auch keine Erhabenheit dabei.

Obgleich das Stück dem individuellen psychologischen make-up der vier Charaktere nicht weit nachgeht, sind sie psychologische Typen. Außerdem repräsentieren diese Figuren kollektiv den Menschen im allgemeinen. Wir identifizieren uns nicht mit einer der Figuren, wie wir es mit einem tragischen Helden tun würden, sondern eher mit der allgemein menschlichen und der besonderen Situation, in der sich jede einzelne Figur befindet. Während wir uns beim tragischen Helden mit dessen Außergewöhnlichkeit und Kompromißlosigkeit identifizieren, erkennen wir in diesen vier Menschen eine andere Seite unserer selbst, jene nämlich, die nur zu bereit ist, Kompromisse zu machen. Die Figuren in *En attendant Godot* machen nicht nur Kompromisse mit sich, sondern auch mit ihrer Situation, und das ist ein Grund, warum man das Stück eine ultramoderne Tragödie nennen kann. Das heißt, *En attendant Godot* ist nicht nur eine Katastrophe oder irgendein durch einen tragischen Irrtum herbeigeführter Zustand tragisch; tragisch ist vielmehr die weder heilbare noch durch menschliche Manipulation hervorgerufene Situation des Menschen selbst.[4]

Das Stück ist also in dem Sinne tragisch, daß es den Menschen als ein Opfer seiner selbst, ein Opfer seiner eigenen endlichen Natur zeigt. Es ist eine Tragödie, die die Grenzen der Vernunft und der Einbildungskraft darstellt. Sie ist deterministisch, indem sie zeigt, daß der Wille eingeschränkt und doch fähig ist, den Menschen in die Position eines gewollten falschen Optimismus zu bringen, oder besser: in die eines gewollten Mangels an Interesse für die tragischen Elemente seiner Existenz. Die an das von Heidegger beschriebene Reich der Verlorenheit gebundenen Figuren sind nur mit Trivialitäten beschäftigt: dem Spielen unter anderem mit der Sprache, dem Selbstmord und dem Warten auf Godot. So wie sie hier gesehen wird, hat die Tragik des Menschen in der Tat einen doppelten Ursprung – einen inneren, aus der endlichen Natur des Menschen, und einen äußeren, aus dem Zusammenstoß jener Natur mit dem Kosmos. In *En attendant Godot* finden wir Grauen ohne Überhöhung. Unsere Reaktion auf die Szene, die sich vor uns entfaltet, ist Schrecken und Verzweiflung. Wir sympathisieren, ob zu Recht oder Unrecht, mit ihr, mit den Figuren, die vielleicht ebenfalls ein Gefühl von Schrecken und Verzweiflung empfinden, obwohl man es bei ihnen als weitgehend unbewußt ansehen muß. Wie das auch immer sei, gegen Ende des Stücks spüren wir jedenfalls die Verzweiflung und die Langeweile der Existenz: Die Narrheit allen Tuns zwischen Geburt und Tod wird uns bewußt gemacht. Vorgeschlagen wird ein Gang zum Tod in der Form von Absoluta, des Rückzugs, der Verneinung des Lebens. Die zentrale Ironie ist, daß Gegenmittel wie Rückzug durch ihre Freiheit in Absurdität resultieren, während die dargestellten Kompromisse durch die Konsequenzen, die sie einschließen, in Absurdität resultieren. Und diese Freiheit muß als paradoxe Freiheit angesehen werden, weil sie Leben vom Leben getrennt, eine Art Tod im Leben darstellt. Die Freiheit selbst ist isolationistisch und nihilistisch, Freiheit ohne Verantwortung.[5]

Gewöhnlich erwarten wir, daß der tragische Held an der Situation leidet, in die er sich selbst oder in die der Kosmos ihn gebracht hat. Wenn wir die Reaktionen der Figuren in *En attendant Godot* untersuchen, führt uns die Dauer, das Ausmaß und der Ursprung ihres Leidens zu der Frage, ob dieses Leiden tragisch sei. Es gibt Komik an der Oberfläche des Stücks und physisches Leiden, die elementarste Art des Leidens. Estragons Füße tun weh; er ist hungrig; in der Nacht bekommt er Schläge. Wegen des Zustands seiner Prostata kann Wladimir nicht lachen, nur lächeln (so könnte physisches Leiden die komische Reaktion behindern), und er muß oft urinieren (für Estragon ein Anlaß zur Belustigung). Auf der andern Seite empfindet Lucky, während er keinerlei Anzeichen zeigt, daß ihm die physische Mißhandlung, die ihm angetan wird, unerträglich ist, auf einer anderen Ebene Schmerz, nämlich als Pozzo ihm androht, er werde ihn verkaufen. Für Pozzo dauert aber jeder Schmerz Luckys nur kurz. Das läßt sich an dem Rat erkennen, den er Estragon gibt, als dieser Lucky trösten will. Für Pozzo sind alle Zustände des Leidens momentan, und das Leben wird zwischen dem Tragischen und dem Komischen unaufhörlich hin und her geworfen. Er sagt: »Die Tränen der Welt sind unerschöpflich. Für jeden, der anfängt zu weinen, hört irgendwo ein anderer auf. Genauso ist es mit dem Lachen.«[6] Diese Behauptung wird im Stück wohl dadurch bestätigt, daß jeder geistige Schmerz der Figuren flüchtig zu sein scheint. Pozzos momentane Angst, die im allgemeinen um das Problem kreist, wie er die Zeit fixieren könnte, läßt sich aus der besonderen Regieanweisung *»ängstlich«*[7] ablesen, die seiner Frage: »Haben wir Abend?«[8] vorhergeht. Estragons und Wladimirs Angst ist gleichermaßen flüchtig. Wir erkennen sie bei Estragon, wenn er sagt: »Ich bin unglücklich«[9], und: »Ich bin müde«[10], womit er seine Langeweile und Ungeduld ausdrückt. Wladimirs Angst läßt sich in den Augenblicken erkennen, wo eine Pause in den Unterhaltungen eintritt. Gelegentlich deuten auch Wladimirs Ausrufe wie: »Barmherzigkeit!«[11] auf geistiges Leiden hin. Wladimirs Schmerz über die Behandlung Luckys durch Pozzo ist ebenfalls temporär, und seine Sympathie wird leicht abgelenkt. Tatsächlich fluktuieren die Stimmungen aller dieser Männer, besonders die Wladimirs und Estragons, so daß manchmal die komische Maske Estragons momentan durch die tragische Maske, die gewöhnlich tragische Maske Wladimirs manchmal durch Komik ersetzt wird.

Leiden diese Männer aber an den richtigen Problemen? Denken sie oder sprechen sie über »das Chaos«, um Becketts eigenen Ausdruck zu benutzen?[12] Leiden sie daran? Sind sie verzweifelt angesichts der Vorstellung, daß »wir nicht erkennen und nicht erkannt werden können?«[13] Wir glauben, daß sie kein tiefes Leiden durchmachen und mindestens ebenso lächerlich – vielleicht sogar böse – wie tragisch sind. Es sind Lebewesen, die den Themen Verzweiflung und Tod bewußt ausweichen, und es ist nicht unsinnig zu meinen, Beckett sehe sie als nicht-tragisch an, weil sie nicht besonders leiden. Dazu paßt, daß Beckett über Prousts Figuren schreibt: »Aber schon hat der Wille, der Wille zu leben, der Wille nicht zu leiden – die Gewohnheit hat sich von ihrer vorübergehenden Lähmung erholt – den Grundstein seiner schädlichen und notwendigen Struktur gelegt . . .«[14] Das Zitat läßt sich sehr gut auf Wladimir und Estragon, aber auch auf Pozzo und Lucky anwenden. So können wir sagen, daß es, da die Figuren von *En attendant Godot* keinen tiefen Schmerz kennen, auch den anderen Pol der Überhöhung, der tragischen Erhabenheit[15], nicht geben kann.

Wenn wir sie genau betrachten, sind die Ironie, die Vieldeutigkeiten des Stücks in den Augen Becketts wahrscheinlich nicht tragisch, sondern eher auf eine spezifische Weise komisch. Man könnte sagen, hier gebe Beckett dem nach, was in *Watt* der *risus purus* oder das dianoetische Lachen heißt, also »das über das Lachen lachende Lachen, das verblüfft dem höchsten Witz huldigt, mit einem Wort, das Lachen, das über das lacht, was – Ruhe, bitte! – was unglücklich ist.«[16] Dieses Gelächter, das sardonisch und ohne Heiterkeit ist, macht das Grauen des Stücks aus, indem es lacht über das, was seinem Wesen nach schlecht ist, die metaphysische Lage des Menschen, so wie sie durch dessen viele Grenzen hindurch demonstriert wird. Ein solches Lachen ist seiner Natur nach grundsätzlich nicht-sozial. In der konventionellen Komödie (wenn sie nicht dem sentimentalen Genre angehört) wird die Hauptfigur lächerlich gemacht, gewöhnlich mit der Absicht, den verirrten »Helden« in die Herde der Gesellschaft zurückzuführen. In *En attendant Godot* dagegen macht Beckett die Hauptfigur, die in Wirklichkeit eine Zusammensetzung aus allen vier Figuren ist, nicht lächerlich, sondern verspottet sie. Das heißt, in diesem Stück wird der Mensch im allgemeinen verspottet.

Nun erreicht selten jemand die Ebene Becketts, des *risus purus*. Die meisten haben zu sehr mit den tragischen Elementen zu tun, als daß sie die angemessene Perspektive haben könnten. Vielleicht liegen in unseren Vorstellungen von Tragödie und Komödie Konventionen, die uns das größere Leiden verbergen, das daher rührt, daß man Humor im Unglücklichen sieht. Wir sind versucht, mit den Figuren oder mit ihrer Situation zu sympathisieren, wenn wir sie vielleicht verabscheuen sollten. Darum zum Teil werden wir, das Publikum, als tot gesehen. Es ist jedoch unwahrscheinlich, daß Wladimir und Estragon selber diese Stufe der Komik erreicht haben. Wie können sie uns dann als tot beschreiben? Sind sie darin die unbewußten Bauchredner Becketts? Denn es ist völlig klar, daß Beckett die Situation (die Absurdität der menschlichen Lage) als einen Anlaß zu »höchstem Spaß« betrachtet. Er fordert uns auf, zu lachen bei dem Versuch, Bedeutung und Sinn aus etwas zu beziehen, das keine Bedeutung und keinen Sinn hat. Das ist schwarze Komik, wo sie am schwärzesten ist, eine bittere Ansicht vom Menschen und seiner Lage. Aber bezieht Beckett in diese Verspottung der Menschheit sich selbst ein? Warum *schreibt* Beckett, wenn er eine so sardonische und pessimistische Vorstellung vom Menschen und dem Denken hat, daß Leiden die Hauptbedingung der künstlerischen Existenz ist?

Die Antwort auf diese Frage ist vielleicht, daß er schreibt, um andere zu unterhalten, ein Argument, das sich an einem Beispiel aus *En attendant Godot* selbst illustrieren läßt, wo Estragon und Wladimir von Pozzo und Lucky unterhalten werden. Wladimir und Estragon sehen dieses Stück-im-Stück als reine Unterhaltung. *Godot* einfach als eine Unterhaltung zu interpretieren, wäre jedoch eine Simplifizierung, denn dann würden wir wie Wladimir und Estragon den in dem Stück so gegenwärtigen Grundthemen Tod, Langeweile, Endlichkeit, Unordnung usw. ausweichen. Es hieße auch, *En attendant Godot* als eine oberflächliche Komödie oder als eine reine Tragödie aufzufassen statt als eine komplexe Verbindung von Tragödie und Komödie, was es ist.

Dann schließlich könnten wir Beckett mit seiner Figur Malone in *Malone stirbt* vergleichen und sagen, er schreibe, um sich die Zeit zu vertreiben und sich zu unterhalten, ein Bedürfnis, das, wie wir gesehen haben, bei Wladimir und Estragon vorherrscht und das alle Menschen haben. Es wäre dasselbe wie laut reden oder versuchen, mit der Gesellschaft zu dialogisieren. Aber paradoxerweise ist dies im wesentlichen ein Monolog, den man für sich selber hält und den andere unvermeidlich verzerren. Wie Beckett selbst schreibt: »Entweder sprechen und handeln wir für uns selbst – in diesem Fall werden Rede und Handlung verdreht und ihres Sinnes beraubt durch eine Intelligenz, die nicht die unsere ist, oder wir sprechen und handeln für andere – in diesem Fall ist unser Sprechen und Handeln eine Lüge.«[17] So mündet das Schreiben zum Zeitvertreib – ein Mittel, mit der Einsamkeit fertig zu werden – paradoxerweise in eine noch größere Einsamkeit, die Einsamkeit des Solipsisten, die durch die Erkenntnis zustandekommt, daß Sprache eine Person unausweichlich von sich selbst und von andern trennt.

Auf der andern Seite – und das ist viel wahrscheinlicher – schreibt Beckett, wie Malone, vielleicht, um eine Bestandsaufnahme zu machen. Vielleicht will er nicht nur die Selbstwahrnehmung erreichen, sondern, wichtiger noch, »das Chaos« – das überall in der Existenz des Menschen gegenwärtige Durcheinander – bloßlegen. Dieses Chaos wird in der Theologie und der Moral der Figuren in *En attendant Godot* dargestellt. Es ist auch im physischen und geistigen Habitus und in ihrer Sprache sichtbar. Es ist in ihren Beziehungen zueinander wie auch in ihrem Gebrauch der Zeit gegenwärtig. Die vermischten Tonlagen von Tragödie und Komödie tragen bei zu dem Eindruck der Konfusion, den wir von diesem Stück empfangen.

Dieses Verlangen Becketts, das universale Chaos freizulegen, ist vielleicht als ein Gegenmittel gedacht oder wird auf eine bloße Nachahmung beschränkt, das heißt auf eine Darstellung der Bedeutungslosigkeit des Lebens, wobei das Stück selbst bedeutungslos sein müßte. Aber hier ergäbe sich eine neue Ironie; denn wie João Mendes zu Recht gesagt hat, ist das Stück nicht bedeutungslos, was ein Beweis dafür wäre, daß Kunst und Intelligenz nicht – wie das Stück zu demonstrieren sucht – absurd sind.[18] Das Verlangen, Bedeutungslosigkeit durch bedeutungsvolle Form auszudrücken und ihr so Bedeutung zu geben, obgleich diese Bedeutung bedeutungslos ist, wäre die größte Ironie.

Dann könnte Beckett zum Schreiben gezwungen sein, um einen Exorzismus zu betreiben[19], das heißt, er spricht wie seine Figur in *Der Namenlose* vielleicht weiter, um eines Tages zu einem vollkommenen Schweigen fähig zu sein. Das würde auf das Verlangen des literarischen Künstlers hinauslaufen, das »perfekte« Kunstwerk zu schaffen, ein Wunsch, eine vollkommene künstlerische und intellektuelle Aussage zu machen, ein

Wunsch jedoch, der natürlich nie erfüllt werden kann. Dieses ideale Kunstwerk ist Becketts Godot, auf den er hofft, den er aber nie erreichen kann, denn er muß notwendigerweise seine Vision verzerren, ob er nun versucht, ihn durch die Sprache – trotz ihrer Beschränkungen – oder durch die Mimik auszudrücken – die, wenn auch in einem Sinne weniger beschränkend, es in einem andern noch mehr ist. Die Ironie hier liegt darin, daß Beckett weiß, daß er das perfekte, unverzerrte Kunstwerk nicht erreichen kann und doch fortfährt, es zu versuchen, weil er muß. Ist sein Zwang wie die Zwänge Wladimirs und Estragons zum Teil in Gewohnheit begründet?

Schließlich schreibt Beckett vielleicht, weil er eine Reihe von Individuen ist: ein Mensch, ein Denker, ein schöpferischer Künstler. Als Künstler hat er Einsicht in die Lage des Menschen, und wie pessimistisch sie sein mag, für ihn ist Kunst das Mittel, sie zu artikulieren. Außerdem bemüht er sich darum, künstlerische Probleme zu lösen, die sich bei seinem Versuch ergeben, seine Weltsicht mitzuteilen. So beziehen sich die beiden Facetten seiner Persönlichkeit – Künstler und Denker – aufeinander und überlappen sich.

Nun ist es interessant, daß Ashmore behauptet, die Kunst sei das einzige, was in *En attendant Godot* – weil nicht behandelt – nicht negiert werde.[20] Das Gegenteil ist jedoch der Fall; ästhetische Überlegungen kommen in *En attendant Godot* vielleicht sogar durchgehend vor, wobei die Kunst in der Tat negiert wird. Das läßt sich am Dialog der Figuren ebenso ablesen wie am Fehlen einer konventionellen Struktur.

Obgleich Beckett in *Proust* schreibt: »Leiden – das ein Fenster zum Realen öffnet und die Hauptbedingung der künstlerischen Erfahrung ist . . .«[21], sehen wir in *Godot*, wie Estragon unfähig ist, über seine Existenz hinauszugehen, unfähig, Dinge richtig zu beurteilen, die außerhalb seiner selbst liegen (wie die Landschaft), unfähig, Nuancen zu erfassen – was alles nötig wäre, damit Kunst anerkannt oder produziert werden kann. Seine Langeweile – »das erträglichste, weil dauerhafteste menschliche Übel«[22] – schließt die Möglichkeit einer ästhetischen Erfahrung aus.

Auf der andern Seite finden wir in dem Stück gewisse ästhetische Reflexionen Wladimirs und Estragons. Wir könnten zum Beispiel verweisen auf ihre förmliche, vielleicht nur höfliche oder mechanische Antwort auf Pozzos Frage, wie sie seine Rede über die Nacht gefunden haben. Wir könnten auch ihre verärgerte Reaktion auf das Chaos und sogar auf den Inhalt von Luckys Denk-Stück anführen. Außerdem reagieren sie auf das Stück-im-Stück im ersten Akt letztlich nur schwach, insofern sie es bloß als eine Unterhaltung und einen Zeitvertreib sehen. Sie werden keineswegs dazu gebracht, über das Grauen dessen zu reflektieren, was sie gerade gesehen haben, und wenn Kunst überhaupt zu einer »Erneuerung«[23] führen soll, dann wird sie hier von Wladimir und Estragon wahrhaft negiert. Festzuhalten ist, daß im zweiten Akt die Kunst vollkommen schrumpft, denn das Spiel-im-Spiel wird nicht einmal mehr zu der Unterhaltung, die Wladimir voraussieht, als Pozzo und Lucky wieder auftreten.

Auch das Publikum wird in den Bereich des Stücks hineingezogen, und so haben wir in Wirklichkeit ein Stück-im-Stück-im-Stück. Im ersten Akt jedoch wird das Publikum als Schwein gesehen; darum ist es – wie Estragon, der sagt, er sei in Schlamm und Sand versunken[24] – unfähig, das volle intellektuelle und ästhetische Gewicht des Stücks zu erfassen. Außerdem wird das Publikum im zweiten Akt als tot gesehen, darum gibt es keine Hoffnung, daß es vom Künstler erreicht wird.

Das eben angedeutete Schrumpfen des Theaters mag der Lethargie des Publikums zugeschrieben werden (vergleichbar der Stagnation Wladimirs und Estragons) oder der Schwierigkeit, die der Künstler hat, der seine Ideen unmittelbar darstellen will und so darauf hinweist, daß die Kunst – besonders Kunst, die Sprache als ihr Medium hat – ebenso begrenzt ist wie jede andere Facette der menschlichen Existenz.

Dieses Degenerieren des Theaters spiegelt sich in dem Anti-Formalen von *En attendant Godot*. Wie wir gesehen haben, hat das Stück keine Handlung, daher keine Klimax und kein *dénoument*; es hat keine Charakterentwicklung (keinen Helden); und seine Gattung ist nicht genau bestimmt. Mit anderen Worten, wir haben eine Deformation der klassischen Tragödie, eine Deformation eines konventionellen Begriffs des Helden und eine Deformation der stilistischen Mittel des traditionellen Dramas. Wenn man zum Beispiel die Varieté-Schablonen mit dem griechischen Chor vergleichen will, kann man diese Schablonen nur eine elende Parodie der chorischen Zwischenspiele nennen, die es im großen klassischen Drama gibt. Außerdem sind die Ereignisse und der dargestellte Dialog konfus und chaotisch, und zwar absichtlich, denn sie sollen das »Durcheinander« nachbilden, das in der Wirklichkeit besteht. Das Anti-Stück mit dem Sich-Zurückziehen und der Rigidität oder Unveränderlichkeit der Figuren führt zu einem ästhetischen Nihilismus, der Becketts Nihilismus und der absoluten Nichtigkeit als Ideal entspricht. Es gibt eine vollkommene Verbindung von Form und Grund [fond] hier: Die traditionelle Form hätte die nihilistische Weltsicht, die in dem Stück gegenwärtig ist, verwischt. Doch finden wir wieder Ironie in der Tatsache, daß das Stück, obwohl es vielleicht das Theater (die Kunst) negieren möchte, dennoch ein Stück ist, dennoch Form hat, gerade so wie die Motive, die sich auf der Bedeutungslosigkeit und Vergeblichkeit des Lebens aufbauen, mit Bedeutung geladen sind. So wird, fast gegen den Künstler, Dekomposition durch Innovation und Renovation, alte Form durch neue Form und in gewissem Sinne eine alte Ansicht vom Menschen durch eine neue ersetzt.

Bernard Dort
En attendant Godot, Stück von Samuel Beckett

Ganz gewiß muß man sich über das Interesse, das die Auf-
führungen von *En attendant Godot* fanden, und über den
Erfolg, den sie beim Publikum noch immer haben, freuen.
Nicht, daß dieses Interesse oder dieser Erfolg von jedem Zusatz rein wäre, nicht, daß die ausgesprochenen oder leicht zu
erratenden Gründe immer gut wären, noch, daß das Stück von
Beckett vollkommen wäre – das Wichtige bleibt, daß es ein
Publikum gefunden hat, daß es, beständiger als die Stücke
Ionescos oder Adamovs, die Aufmerksamkeit eines gewöhnlich weniger gut inspirierten Publikums und die einer zu oft
schläfrigen Kritik erregt, aufgeweckt hat. Sicher, jeder hat
darin gefunden, was er hineinlegen wollte: Marcelle Capron
ein Stück, das zum Denken anregt, mit Claudine Chonez;
Robert Kemp etwas wie ein schneidendes Sozialdrama, einen
neuen Jean Richepin; andere Kafka und Joyce durcheinander ... Übrigens: woher die Gewißheit, daß sie sich irren:
Vielleicht gibt es das alles in *En attendant Godot*? Sehen wir
weiter.

Auf einer leeren Fläche (»Landstraße. Ein Baum. Abend«[1])
zwei Landstreicher: Wladimir und Estragon. Sie sprechen,
kommen vom Hundertsten ins Tausendste, bedienen sich der
wenigen Dinge, die ihnen noch bleiben (ihrer Schuhe, einer
Möhre, einiger Rüben), erzählen sich Geschichten, liefern uns
nur Bröckchen, erregen sich im Lauf ihres Geschwätzes. Sie
warten auf jemanden: Godot. Auf tritt ein burleskes Paar:
Pozzo und, vor ihm, am Ende eines Stricks, Lucky. Pozzo ist
jovial, tritt auf mit Donnerstimme und Gesten der Macht: Er
ist der Herr; der hagere, zitternde, halbtote Lucky: der
Knecht. Und das Spiel geht weiter, dieses Mal zu viert, Pozzo
und Lucky in einer Vorstellung. Pozzo ißt und preist die
Abenddämmerung; Lucky denkt. Ein Strom unzusammen-
hängender Worte stürzt aus seinem Mund. Eine Sintflut! Und
um ihn anzuhalten, muß man Lucky schlagen, ihn mit Schlägen foltern und ihm den Hut aufsetzen (er »denkt« mit dem
Hut!). Aber schon sind sie weg; Wladimir und Estragon sind

von neuem allein und warten. Schließlich kommt ein kleiner
Junge Godot entschuldigen. Godot wird heute nicht kommen,
aber morgen. Das Licht wird plötzlich dunkler. Der Mond
geht auf. Wladimir und Estragon gehen. Und am nächsten
Tag beginnt alles von neuem: ihr Dialog, dieses Mal diskonti-
nuierlicher, mühsamer – der Besuch von Pozzo und Lucky,
aber Pozzo ist blind und hat alles vergessen. Es ist nicht mal
mehr eine Unterhaltung. Alle vier fallen aufeinander. Werden
sie wieder aufstehen? Ja. Pozzo und Lucky, um noch ein
bißchen weiterzufallen; Wladimir und Estragon, um weiter
»die Zeit totzuschlagen«, den Anschein von Sprechen und
sogar von Warten zu produzieren. Derselbe Bote, dieselbe
Botschaft: »daß Godot morgen bestimmt kommt«[2]. Wladimir
und Estragon auch: Nun wird es ihnen vielleicht gelingen, sich
am Baum aufzuhängen, wenn sie einen Strick finden, der stark
genug ist . . .

Damit wäre *En attendant Godot* also nacherzählt. Was man
gar nicht erst zu tun braucht. Es heißt, ihm eine Form zu
verleihen, ein Anliegen, das dieses Stück sicher nicht hat, ich
weiß nicht welches Werk des Wartens daraus zu machen,
welches Werk eines »Theaters des Schweigens«, welche metaphysische Parabel. Eintreten in das Spiel der »Interpretationen«, auf die Suche gehen nach irgendeinem »tieferen Sinn«
des Mythos, der unter die Erscheinungen der Szene geflohen
ist . . . Ist Godot Gott (ohne Zweifel, da Beckett ihm einen
»weißen Bart« zuschreibt – aber ist es nicht Ironie und setzt er
uns nicht maliziöserweise auf eine falsche Spur an?), oder ist
Godot nicht vielleicht Pozzo, verbirgt Pozzo nicht Godot oder
ist Godot nicht eben der Tod, der Strick und das Schweigen,
und resultiert aus diesem geschwätzigen Warten nicht, daß er
sich unendlich entfernt? . . . Dieses Spiel kennt keine Grenzen.
Es sei denn, daß die wesentliche Tatsache eben die wäre, daß
das Stück von Beckett alle diese Interpretationen abweist, sie
alle als falsch ausschließt. Es läßt sich weder herbei, uns zu
belehren, noch uns denken zu lassen. Will es in Wahrheit
etwas anderes, als beim Zuschauer jenes Unbehagen provozieren, das uns alle vor eine Sache stellt, die zu nichts nütze sein
und deren Realität sich einzig darauf beschränken wird, alle
möglichen Verwendungen (war das die Ästhetik?) abzuweh-
ren? Wir erkennen darin Samuel Beckett wieder. Schon

Molloy und *Malone stirbt* hatten keine andere Funktion, als uns in jene Verwandlung des Sinns in Nicht-Sinn, des Sprechens in Geräusch hineinzuziehen: unendlicher Weg, der schließlich damit endete, ein ungeheures Inventar des Universums der Dinge durch ein Bewußtsein erstellen zu lassen, das jeglicher Superiorität ihnen gegenüber beraubt ist. Hier wird es natürlich genauso gehen. Die Handlung von *En attendant Godot* ist nicht das Warten, das sie auflöst (dieses falsche Warten auf Godot, das – uns wenigstens – wie ein Alibi oder eine Falle, in der sich Zuschauer und Kritiker fangen werden, erscheint); es ist eine diskontinuierliche Handlung, eine Reihe von Handlungen, die sich kurzschließen, da Aufmerksamkeit und Erinnerung bei den Protagonisten unaufhörlich ausfallen. Ebenso seine Zeit: eine uniforme Zeit, die für immer blockiert scheint, als sie sich jäh wieder weiterbewegt. *»Der Mond geht (...) auf.«*[3] In ein paar Sekunden ist es erledigt. Etwas Entscheidendes ist eingetreten: die Nacht. Aber umgekehrt kann man sagen, daß dieses Etwas eingetreten ist und daß von jetzt an nichts mehr geschehen wird ... Die Worte selber werden einer ähnlichen Behandlung unterworfen: gebraucht bald gemäß der Ordnung der Prosa (ein Wort ruft das andere, um am Ende einen zusammenhängenden Satz zu bilden, in einer Situation), bald der Dichtung (sie bringen sich wechselseitig hervor, gleiten aber gefährlich übereinander, drehen sich auf der Stelle und kehren immer zu ihrem Ausgangspunkt zurück), die übergangslose Folge dieser beiden Sprachformen, die beide entwerten will. Eine Sprache von Stummen, von Ausgeschlossenen.

Aber wenn auch der Weg Samuel Becketts in *En attendant Godot* und in *Molloy* der gleiche ist, so unterscheiden sich diese Werke durch ihren »Gebrauch«, ihre Bestimmung. Das eine Lesern zugewandt: das andere Zuschauern. Für den Roman stellte sich kein Problem, das Unternehmen Samuel Becketts war dort begreifbar, sogar notwendig. Aber auf dem Theater? *Molloy* lesend hatte der Leser des Romans nur seinen Gewohnheiten zu folgen. Er wurde Molloy oder Moran; er war zugleich in jene langsame Dekomposition des Werks von innen einbezogen. Er traf in der direktestmöglichen Weise mit dem Autor zusammen; Beckett, Molloy und er waren nur einer, gleichermaßen verwirrt in der Dichte dieser Sprache.

Geschlagen bis ans Ende ihres Wegs (und ihrer Müdigkeit) entdecken sie endlich die Hoffnung auf einen Frieden – im Nichts, im Schweigen. Koinzidenz, die das Theater unmöglich macht, denn worauf es im Theater ankommt, ist nicht die Nähe, sondern die Entfernung zwischen dem Zuschauer und dem Schauspiel, zwischen ihm und den Figuren, die einbezogen sind in eine Handlung und eine Welt, von der er, durch seine Situation (überlegen in seinem Sessel, der Szene gegenüber) ausgeschlossen ist. Samuel Beckett hat es zweifellos verstanden, denn er hört das ganze Stück hindurch nicht auf, auf den Zuschauer anzuspielen, uns Wladimir und Estragon in der Situation von Zuschauern zu zeigen, vor sich selbst, vor ihrem Warten. Ist das die feine Art – ist das ausreichend? Können diese Anwandlungen von Verdoppelung uns glauben machen, daß wir Wladimir und Estragon sind? Ich bezweifle es. Daher wird unser Interesse an diesem Schauspiel, das so oft gefährdet ist, wiederbelebt durch Elemente außerhalb des Stücks selber (schon der Text enthält eine große Zahl szenischer Hinweise): Die Genauigkeit des Spiels der Schauspieler – besonders Lucien Raimbourgs, der mit der Präzision eines Uhrmachers kampiert, ein erstaunter Wladimir, ein kleiner pinseliger Alter, ein Kleinigkeitskrämer mit plötzlichen Tönen der Zärtlichkeit, brüskem Aufgeben, seiner Allüre eines sanften Wahnsinnigen – die Fülle der Gebärdenspiele, die in bemerkenswerter Weise aufeinander abgestimmt sind durch die Inszenierung Roger Blins . . . Das Werk erscheint darin ingeniös, konstruiert wie eine Reihe von Variationen über ein Thema, das die Banalität selber ist. Aber die Zauberei wirkt nicht mehr, und wir spüren die Verzweiflung, die sich hier ausdrückt, oder eher, die auf den Ausdruck verzichtet, nicht mehr an ihrer Quelle – wir sehen ihre Wirkungen, die leicht verzerrt wurden von einem Humor, der hier Humor des Schauspiels ist, nicht des Schaffens oder der Destruktion (aber das ist eins).

Es ist zu fürchten, daß Beckett sein Stück, indem er jede Handlung verweigert und es in einen Mythos des trügerischen Scheins einschreibt, in gefährlicher Weise beschränkt hat und daß er, weit entfernt davon, uns die Bedeutungslosigkeit als das tiefste Fundament allen Lebens entdecken zu lassen, seinen Helden und sein Werk in eine Art Bedeutungslosigkeit getrieben hat. Die dramatische Reinheit, von der er zweifellos träumt, diese Hoffnung auf ein Theater, das endlich von allen Diensten für eine gut geschürzte Handlung, für Figuren, die ein für allemal definiert sind, befreit ist ... würde sie nicht tatsächlich auf ein totes Theater hinauslaufen? Und in dieser Hinsicht könnte es interessant sein festzustellen, daß *En attendant Godot* etwas wie die Umkehrung eines klassischen Stücks ist – sein genaues Gegenteil, das die Einheiten der Zeit, des Ortes und der Handlung streng respektiert, wenigstens zum Schein, indem es sie benutzt, um uns für Begriffe empfänglich zu machen, die ihnen entgegengesetzt sind, einer unendlichen Zeit, eines unbestimmten Ortes und einer diskontinuierlichen Handlung. In diesem Maß (von der Tatsache, daß er sich begrenzt, für den Augenblick, bis dahin, daß er die rigoroseste Position des Antipoden zu der Form des Schauspiels einnimmt, die möglich ist) bleibt die Reichweite des Versuchs von Samuel Beckett beschränkt. Die bemerkenswertesten Momente der Darstellung und besonders jene Quadrille zwischen Wladimir, Estragon, Pozzo und Lucky, die uns an einer Komödie teilnehmen läßt, in deren Verlauf die abstrakten Figuren der Helden, die Vielfalt der Beziehungen, die sie zueinander unterhalten, und ihre Verwirrung verschmelzen und im sprachlichen Delirium Luckys sich gleichsam verlieren, geben uns das Bild eines »totalen Theaters«, das ebenso weit vom traditionellen Handlungstheater wie vom Theater der Ideen entfernt ist, in dem auf der zum Schauplatz einer vielfachen Handlung gewordenen Bühne unter den Figuren ein »Spiel« eingeführt würde, in dem jene ihre Rechtfertigung und ihre Wahrheit fänden, unter dem Blick eines Zuschauers, der aufgerufen ist zu verstehen (ich denke hier an Stücke von Eugène Ionesco und vor allem von Arthur Adamov, der mir in dieser Richtung weiter gegangen zu sein scheint) – jenes Zuschauers, den Samuel Beckett allzu sehr vergißt, den er aber wenigstens nicht zu betrügen versucht.

Marion Trousdale
Dramatische Form: das Beispiel *Godot*

In der kannibalischen Gewohnheit des Theaters, noch das
Bild seiner selbst zum Gegenstand eines Stücks zu machen,
liegen einige interessante Konsequenzen für den Mechanismus der Form. Robert Nelson hat argumentiert, das Stück im
Stück zeige die das Stück selbst bestimmende Theaterkonzep-
tion eines Dramatikers[1], und es scheint möglich, eine persönliche *Gestalt* in einer inneren Form zu sehen, die sich in der
äußeren Form nicht unbedingt ausdrücken muß. Aber formal
spielt dabei noch mehr eine Rolle. Denn wenn eine Kunstform
die Tatsache und das Wesen ihres eigenen Seins als Moment
ihrer Aussage benutzen kann, ist impliziert, daß in der Form
selbst eine potentielle Aussage liegt. Das scheint sich von
selbst zu verstehen. Aber damit ist auch gesagt, daß das Theater – ähnlich wie die Malerei – sich seiner äußeren Form
entledigen kann. Denn wenn das Theater aus seinem mimetischen Aspekt ein Vehikel im Sinne Wimsatts machen kann,
dann kann es daraus – wenigstens theoretisch – auch das
dominierende Vehikel machen. Was wir gewöhnlich als den
Mechanismus eines Stücks ansehen, kann nicht nur die be-
herrschende, sondern auch die wesentliche Form von Aussage
werden. Darin liegt meiner Meinung nach sowohl die Wichtigkeit wie die Einzigartigkeit von *Waiting for Godot*.
Ich möchte mit einer sehr einfachen Beobachtung anfangen.
Agieren oder Spielen im elisabethanischen Sinn ist das Mittel,
mit dem bestimmte Geschichten auf der Bühne dargestellt
werden. Es ist ein Beruf, wenn man so will. Fergusson scheint
zu meinen, daß es in Verbindung mit dem Drama selbst eine
Sensibilität sei.[2] Sicherlich ist es, wie das Wort impliziert, eine
Art Akt, der Akt des Glauben-Machens. Er bedeutet, daß eine
Person vorgibt, eine andere zu sein, wobei die andere ihrer
Natur nach oft fiktiv ist. Dieser Akt ist die Grundlage für die
Existenz des Theaters. In Fergussons Analyse entspringt er
aus dem mimetischen Sinn, dem alle dramatische Kunst unterworfen ist. Ein Dramatiker kann ein Stück schaffen, in dem
ein Akt des Glauben-Machens für die Handlung nötig ist. Das

beinhaltet meist, daß die Technik, durch die das Stück aufgeführt wird, dazu verwendet wird, eine Art Verwechslung innerhalb des Stücks selbst zu schaffen. So spielt in Marivaux' *Le Jeu de L'Amour et du Hasard* Silvia, die junge Heldin, sie sei Lisette, ihre Kammerzofe, während Lisette spielt, sie sei Silvia, ihre Herrin; Dorante spielt, er sei sein Diener Pasquin, während Pasquin spielt, er sei Dorante. Das Ergebnis ist eine höchst amüsante Situationskomödie: Nachdem die zwei Liebenden mit der Hilfe von M. Organ, der souffliert, es endlich geschafft haben, sich zu duzen, verlieben sie sich; wie jeder denkt, in einen Hausdiener. Hingerissen von der Möglichkeit, ihren Herren den Hof zu machen, bilden die beiden Diener sich ein, sie hätten die wahre Liebe mit jemandem höheren Standes gefunden. Das ist ein Beispiel für den formalen Gebrauch der Vertauschung, eines beliebten Tricks im Drama der Restauration. Sie ist hier nur ein strukturelles Mittel, wenn auch das wichtigste, von dem die Handlung abhängt. Obwohl man Marivaux' Denkweise auf der Grundlage solcher Mittel analysieren kann, wie es Georges Poulet[3] getan hat, ist das Mittel selbst formal nicht metaphorisch. Die Verkleidung ist buchstäblich, nicht figurativ, und Verwechslung ist das unmittelbare Ergebnis. Aber es lohnt sich, hervorzuheben, wie die Verwechslung dramatisch funktioniert, denn wenn dieser formale Gebrauch, den das Theater von seinem eigenen Wesen macht, in sich mögliche Bedeutung enthält, ist das, was strukturell ist, zugleich potentiell symbolisch.

Die Komik entsteht natürlich aus der zweifach zugespitzten Situation der Verwechslung. Auf der Bühne wird sie durch die im Mittelpunkt stehende Intelligenz, Silvias Vater, M. Organ, und ihren Bruder Mario hervorgebracht, die die beiden Liebespaare mit offenkundigem Vergnügen am Spiel manipulieren. In der Tat konstruiert Marivaux das Stück dadurch, daß er die verschiedenen Ebenen des Wissens ausbeutet. Beim ersten Zusammentreffen von Silvia und Dorante zum Beispiel, bei dem sowohl M. Organ wie Mario anwesend sind, weiß Silvia, daß sie Silvia ist, hält Dorante für Pasquin, spielt Lisette, weiß aber, daß sie spielt, weiß, daß ihre Worte nur ein Spiel sind, glaubt aber, daß Dorante, den sie für Pasquin hält, sie wörtlich nimmt. Ähnlich weiß Dorante, daß er Dorante ist, hält Silvia für Lisette, spielt Pasquin, weiß aber, daß er spielt, weiß, daß seine Worte nur ein Spiel sind, glaubt aber, daß Silvia, die er für Lisette hält, sie wörtlich nimmt. M. Organ weiß nicht nur, daß Silvia Silvia und Dorante Dorante ist, sondern auch, daß beide einen andern spielen und daß beide glauben, der andere sei die Person, die er spielt. Er und Silvia durchschauen Silvias Spiel; er und Silvia wissen, daß Dorante es nicht durchschaut. Und da es sein Wissen ist, das die Zuschauer befähigt, das Spiel zu durchschauen, stellt sein Wissen für die Zuschauer den nötigen Abstand her zwischen dem, was wirklich, und dem, was nur Spiel ist. Anders gesagt, dadurch, daß das Wissen ausgesprochen wird, wird das Tun-als-ob als Tun-als-ob festgelegt. Was in diesem Beispiel als »wirklich« angenommen wird, ist der äußere Rahmen des Stücks, in dem eine Herrin und ihre Dienerin jeweils eine andere spielen.

Wie wir aus Maynard Macks Arbeit über *Hamlet* wissen, kann der Akt des Glauben-Machens mehr als ein strukturelles Mittel sein. Oder vielmehr, die Struktur der dramatischen Handlung kann durch Analogie den Akt der Täuschung, der im Spielen gegeben ist, andeuten. So ist Claudius in *Hamlet* durch Analogie der Schauspieler-König. Die Spiel-Analogie wird gestützt durch andere Handlungen im Stück: Hamlets vorgetäuschter Wahnsinn, der Geist, Rosenkranz und Güldenstern – sie alle erscheinen anders als sie sind. Der Tenor des So-tun-als-Ob ist hier deutlich ein anderer als bei Marivaux. Hamlet täuscht vor, er sei wahnsinnig, er sei ein anderer als er wirklich ist, aber er täuscht nicht vor, er sei ein anderer als Hamlet. Der König täuscht vor, er sei gut, während er in Wirklichkeit ein Mörder ist, aber er täuscht nicht vor, er sei ein anderer als Claudius. Er sucht eher zu verbergen, wer Claudius wirklich ist. In Verbindung mit den Bildern des Spiels, der Show und des Akts hat, wie Mack gezeigt hat, das Spielen in *Hamlet* offensichtlich metaphorische Implikationen. In der Gestalt der Mausefallen-Szene liefert es auch die Klimax der Handlung. Es ist gleichzeitig ein strukturelles Mittel und Teil des Stoffes des Stücks. Es ist wesentlich mit der Falschheit verbunden, aber in der Handlung ermöglicht es auch, die Wahrheit ans Licht kommen zu lassen. Sowohl als strukturelles Mittel wie als dichterisches Bild steht es in Beziehung zu einer als plausibel vorgeführten Geschichte. Seine Funktion scheint eigentlich die zu sein, einer Geschichte eine Bedeutung, eine metaphorische Dimension zu geben. Anders als bei Marivaux dienen die Ebenen des Wissens nicht dazu, Komik zu erzeugen, sondern zu unterscheiden und gelegentlich die Grenze zwischen dem Fiktiven und dem Realen zu verwischen.

In *Waiting for Godot* ist mit dem, was wir gewöhnlich als die Form eines Stücks ansehen, sichtlich einiges geschehen. Am auffälligsten ist natürlich, daß es keine Handlung gibt. Wenn man vom Drama sagen kann – wie man es von der Malerei gesagt hat[4] –, daß jedes Stück in einem gewissen Sinn einen doppelten Gegenstand hat, den der Geschichte, die es erzählt und für die es seine Elemente aus der Geschichte im weitesten Sinne leiht, also die *Geschichte* von Hamlet, und den der metaphorischen Dimension, die dieser »Realität« verliehen wird, dann hat Beckett die äußere Form abgeworfen. Gewiß hat er sich des Besonderen und Einmaligen entledigt. Zwei Landstreicher, von denen in der englischen Fassung der eine einmal Adam genannt wird, werden uns an einem nur durch einen Baum gekennzeichneten Ort vorgeführt. In jedem Akt treten einmal zwei weitere Personen auf; vor und nach und in Wirklichkeit auch noch während dieser Unterbrechungen warten die beiden Landstreicher nur. Das Kahle der Bühne wiederholt sich dramatisch in dem Kahlen der Situation. Offenbar sind beide ähnlich wie *Jedermann* gemeint, als abstrahierte (obgleich nicht abstrakte) Bilder einer Wirklichkeit, die hinter der Oberflächenwirklichkeit der Erscheinung liegt.

Die Handlung selbst ist ähnlich abstrahiert aus einem Handlungsmuster, das, wie man sich denken könnte, in einer spezifischen Geschichte hätte enthalten sein können. In seiner Rezension hat Kenneth Rexroth bemerkt, das Stück sei »die Destillation der dramatischen Essenz«[5], und Kenneth Tynan hat hervorgehoben: »Darum, die Zeit im Dunkel zu verbringen, deutet er an, dreht sich nicht nur das Drama, sondern auch das Leben.«[6] Guicharnaud, dem das ebenfalls bewußt ist, interpretiert, daß für Beckett das Leben »nicht mehr ist als die Komödie des Lebens, nicht mehr als ein Versuch, Leben zu spielen, nicht mehr als eine Farce von Embryos«[7]. Es schiene in *Godot* eine Art theatralischer Handlung auf der Bühne zu geben. Doch das Stück selbst ist nicht in irgendeinem traditionellen Sinn ein Stück über das Spielen. Es ist keine Rede von Verwechslung in dem Sinn, in dem es sie bei Marivaux gab, obwohl Estragon Pozzo mit Godot verwechselt. Beckett stellt den Begriff der Identität selber in Frage, insoweit er mit der eigenen Rolle verbunden ist. Purer Zufall, sagt Pozzo, machte ihn zum Herrn und Lucky zum Knecht. Die Figuren spielen auch nicht innerhalb des Stücks andere Rollen, um ihre eigene Identität zu verkleinern, indem sie die Rolle, die sie spielen, erweitern, wie es in Genets *Der Balkon* geschieht, und auch nicht um der praktischeren Absichten der Handlung willen. Zwei Landstreicher warten auf Godot. Während sie warten, was solange dauert wie das Stück, versuchen sie sich die Zeit zu vertreiben. Und zu diesem Zweck, und nur diesem, spielen sie. Und sie spielen, genau genommen, nicht Rollen, oder besser, wenn sie es tun, dann mit so viel Wissen, daß sie spielen, daß die Rolle selbst keine Realität annimmt. Sie spielen eher Spiele. Wie Kinder, die auf einen Zug warten, machen sie ihre eigenen Witze, indem sie ihre Spiele nach einer Welt einrichten, die den Zuschauern bekannt ist, einer, in der man allgemein annimmt, Godot sei schon da. »Wie alt sind Sie«, fragt Pozzo, »Sechzig? . . . Siebzig?« »Elf?«[8], antwortet Estragon. Die Insistenz auf Spielen wird von anderen Paraphernalien der Kindheit begleitet: eine Neigung zu Spitznamen und zu Clowns; eine ungeschützte Angreifbarkeit, eine Kameraderie ohne Scham. Mit einer Handvoll Klischees und den Techniken der Pantomime, des Zirkus, des Varieté, die sie immer parat haben, verbringen sie die Zeit – und spielen Sich-Aufhängen, Auseinandergehen, Konversation-Machen, Pozzo-und-Lucky-Sein, schließlich sogar Spielen. »Am Ende des Ganges links.« »Halt mir den Platz frei.«[9] Und wenn auch der Stoff vielleicht ein anderer ist, kann man doch die meisten Mittel, mit denen sie sich amüsieren, ohne Mühe als die jeder guten Londoner Revue erkennen. Wenn man das Vertraute wörtlich nimmt, wird es Nonsens. Wenn das Seriöse von Kindern gespielt wird, wird es amüsant und sogar lächerlich. Wenn man ihn seines Bezugsrahmens beraubt, wird der Alltag nicht nur metaphorisch, sondern auch metaphorisch absurd. »Was ist unsere Rolle dabei?« fragt Estragon in aller Unschuld. »Unsere Rolle? . . . Bittsteller«[10], antwortet Wladimir. »Mit dem Erlöser«[11], sagt Wladimir in einem sachlichen Ton, während er die Geschichte von den zwei Schächern erzählt. »Mit dem was?«[12] antwortet Estragon.

Weil das Warten und darum das Spielen im wesentlichen das ganze Stück ist, sind die Ebenen der Bewußtheit viel einfacher als bei Marivaux. Es ist richtig, daß Wladimir und Estragon Pozzo und Lucky zuschauen und daß Lucky einmal eine Vorstellung gibt. Aber ihr Zuschauen unterscheidet sich nicht vom Zuschauen bei einem Stück. »Hör mal, Gogo, du mußt mir von Zeit zu Zeit den Ball zuspielen«[13], klagt Wladimir. Und wenn es dann besser geht: »Das ist es, wir wollen uns beschimpfen . . . Wir wollen uns wieder vertragen!«[14] Es gibt nur ihre Spiele und ihr Wissen, daß sie spielen, ein Wissen, das die Zuschauer teilen. Wie bei Marivaux ist es ein ausgesprochenes Wissen, das den Zuschauern erlaubt, am Spaß teilzunehmen, den notwendigen Abstand festzulegen zwischen dem, was »wirklich« und dem, was nur Spiel ist. Aber es gibt keine im Mittelpunkt stehende Intelligenz mehr. Das Moment des Spiels ist, und sei es auch nur wegen der verschiedenen Ebenen der Bewußtheit, in deren Rahmen es funktioniert, ein zuinnerst ironisches Mittel. Beckett verwendet es als eine Form der Bewußtheit in dem der Figuren selbst, um die Mythen zu zerstören, die immer noch unser gewohntes Verhalten beherrschen. Aber dramatische Ironie, die dadurch zustandekommt, daß die Zuschauer etwas wissen, dessen sich einige der Figuren nicht bewußt sind, gibt es in *Godot* nicht. Das ausgedrückte Bewußtsein ist eher eine volle Selbstbewußtheit, die jede Geste und jede Form heraustreten läßt und so das, was wir gewöhnlich als real akzeptieren, als Spielakte gibt. »Wir finden doch immer was«, bemerkt Estragon, »um uns einzureden, daß wir existieren, nicht wahr, Didi?«[15] Wie bei Marivaux ist diese Bewußtheit eine dramatische Technik, um festzulegen, was Glauben-Machen ist. Aber sie ist auch ein inneres Moment der Aussage des Stücks. Durch diese Bewußtheit spricht Beckett die Qual aus, die das Warten auf Godot verursacht.

Wie wir bemerkt haben, heißt Spielen in vorgetäuschte Handlung eintreten, eine Handlung, deren Bedeutung letztlich im Akt des Vortäuschens selbst liegt. Bewußtheit bestimmt dieses als nicht authentisch, als »unwirklich«. Und in diesem Sinn und diesem Gebrauch kommt in *Godot* der mimetische Akt vor. So ist das Sich-Aufhängen, wenn es als eine Möglichkeit unter mehreren diskutiert wird, kein bedeutender Akt mehr. Wie Wladimir sagt, »dann geht nochmal einer ab«[16]. Und die embryohaften Rituale, durch die wir versuchen, unserer Existenz Struktur und Absicht aufzuzwingen, werden mit Hilfe des mimetischen Sinns als nicht authentische Rituale bloßgestellt; das Ritual der Konversation, sogar das Ritual der Worte. »Die rauschen wie Flügel.« »Wie Blätter.« »Wie Sand.« »Wie Blätter.« »Sie flüstern vielmehr.« »Sie murmeln.« »Sie rauschen.« »Sie murmeln.«[17]

Bewußtheit enthüllt das Glauben-Machen als Glauben-Machen, obwohl Handlungsmuster hier zu Glauben-Machen geworden sind. Aber die Muster, die Estragon und Wladimir aus ihrer eigenen Qual machen, schärfen paradox vielleicht unseren Sinn für die Qual. Zu verschiedenen Gelegenheiten bemerkt Estragon, daß es für sie besser wäre, auseinanderzugehen, und bei einer dieser Gelegenheiten bemerkt Wladimir wiederum, daß Estragon nicht weit kommen würde, worauf Estragon antwortet: »Das wäre wirklich sehr schade. *Pause*. Nicht wahr, Didi, das wäre doch sehr schade? *Pause*. Wenn man an die Schönheit des Weges denkt. *Pause*. Und an die Güte der Weggefährten. *Pause. Schmeichlerisch*. Nicht wahr, Didi?«[18]

Sogar ihre Umarmungen sind Bühnenumarmungen. Da nur ihre Bewußtheit »real« bleibt, setzt das Spielen selbst dramatisch die Authentizität dieser Bewußtheit in Szene.[19] Das Stück-im-Stück ist das einzige Stück geworden. Der mimetische Akt selbst ist Becketts Vehikel sowohl des Trotzes wie der Verzweiflung.

In *Drama in Performance*[20] hat Raymond Williams überzeugend gezeigt, daß das Drama statt an eine genaue Wiedergabe der Oberflächenrealität gebunden zu sein, um seine ästhetische Wirkung zu erreichen, traditionell von der Herstellung einer künstlerischen Einheit abhängt, die durch das entsteht, was er gespielte Rede nennt (Fergusson äußert einen ähnlichen Gedanken in für die Kritik weniger brauchbaren Begriffen). Guicharnaud sieht in *Godot* eine neue Form des statischen Dramas; Rosette Lamont nimmt es als Beispiel einer neuen Gattung, der metaphysischen Farce[21]; Tynan bemerkt, es sei »in gültiger Weise neu«[22]. Aber das ist nur in einem Sinne wahr. Beckett hat die sich bewegenden Oberflächen abgeworfen, die ein früherer Dramatiker benutzte, um Bild und Erzählung gleichzeitig darzustellen oder aus seiner Erzählung Analogien einer Handlung zu machen. Keine Geschichte wird vorgetäuscht; das Stück ist nachdrücklich symbolisch; die Andeutungen dargestellter Wirklichkeit sind verschwindend. Aber dramatisch gelingt ihm das nur, weil er, wie Shakespeare, die Bühnenhandlung als Bühnenmetapher benutzt. Es gibt keinen Hamlet, der sagt: »O schmölze doch dies allzu feste Fleisch.«[23] Aber es gibt einen Estragon, der über seine Schuhe sagt: »Nichts zu machen.«[24] Was für seine Schuhe gilt, gilt implizit für das Leben. In einem Fall gibt eine Folge von darstellenden Ereignissen das Vehikel für die metaphorische Aussage ab; im andern wird eine viel einfachere und allgemeinere, weil weniger individualisierte, wenn auch nicht weniger spezifische Handlung in ziemlich der gleichen Weise benutzt. Das Erzählen einer Anekdote, das Essen einer Möhre, sogar die frühere Handlung des Stücks wird physisch und verbal gebraucht, um die Situation des Stücks als die Situation des Lebens darzustellen. »Wiedererkennen!« bricht Estragon an einer Stelle aus, als Wladimir ihn fragt, ob er den Ort wiedererkennt: »Ich bin mein Leben lang in der Sandwüste herumgezogen! Und da verlangst du, daß ich Unterschiede sehe!«[25]

Man braucht nicht wie Martin Esslin die »Aktivierung psychischer Kräfte« oder die Lösung und Befreiung von »verborgenen Kräften und unterdrückter Aggression«[26] zu beschwören, um den Bühnenerfolg des Stücks zu erklären. Er resultiert aus traditioneller und fest in der Tradition begründeter dramatischer Technik. In Luckys Rede zum Beispiel geschieht das, was Williams in anderem Zusammenhang eine plötzliche Intensivierung der Struktur des Stücks nennt. In der Tatsache, daß er eine Vorstellung gibt, daß seine Vorstellung eine Art automatischer Rede ist, in der lyrische Stücke, Fragmente der Qual eingestreut und fast vom Jargon verdeckt sind, daß er von Gott und dem Weniger-Werden des Menschen redet, in all dem spielt er noch einmal nach, was schon gespielt worden ist: die Nicht-Authentizität im Weitergehen, wie Wladimir es nennt, mit der wir versuchen, die langen Stunden unserer Existenz zu betrügen, ihnen Form und Absicht zu geben, die Authentizität des qualvollen Bewußtseins, das das Nicht-

Authentische erkennen kann, die Notwendigkeit des Wartens und die Qual, die diese Notwendigkeit schafft. Analog sollen die Figuren mehr als sie selbst bedeuten. Estragon bemerkt, sein ganzes Leben habe er sich mit Christus verglichen. Er nennt Pozzo Abel. Und wenn Pozzo fragt: »Wer sind Sie?«, antwortet Wladimir: »Wir sind Menschen.«[27]

Doch hat man bei *Godot* weiter den Eindruck, daß noch etwas mehr als traditionelle, fest in der Tradition begründete dramatische Technik eine Rolle spielt. Individuelle Handlungen, individuelle Figuren erhalten, wie wir gesehen haben, dramatisch eine metaphorische Dimension. Aber die Formulierung »eine metaphorische Dimension« ist nicht ganz zutreffend. Sie sind metaphorisch und *nur* metaphorisch, wie das Stück als Ganzes. Und der Eindruck, daß das ganze Stück symbolisch ist, ist nur zum Teil ein Ergebnis der Technik Becketts, mit Hilfe des Dialogs die Bedeutung der Bühnenhandlung mit der Handlung selbst zu verknüpfen. Vielleicht ist es richtiger zu sagen, daß jene Technik ihren tiefsten Ausdruck in der Beziehung findet, die zwischen der dramatischen Situation und der dramatischen Handlung besteht. Die grundlegende dramatische Handlung ist die des Spielens, und das Spielen selbst ist metaphorisch. Die Form ist symbolische Form geworden. Aber das läßt sich umkehren. Wenn Bedeutung durch Form gegeben sein kann, so können umgekehrt, scheint es, gewisse formale Beziehungen mit Hilfe der Situation hergestellt werden. Die Metapher wird gewöhnlich als eine literarische Technik gesehen, in der eine Sache durch eine andere erklärt wird. Aber in Analogie zum Spielen bedeutet sie eine bestimmte Art von Universum, in dem A eher B gleich ist, als daß es seine Ursache wäre. Anders als die Handlung ist sie atemporal; sie steht außerhalb der kausalen Zeit. Und es scheint, daß man dadurch, daß man die Zeit wegnimmt, eine vollkommen metaphorische Welt schafft.

Das Wesen allen Wartens ist das Stehenbleiben der Zeit, und in *Godot* liegt es, wie Guicharnaud bemerkt hat, im Mittelpunkt des Stücks. Die Figuren spielen, weil sie warten. Weil Godot nicht kommt, ist die Welt, wie wir es gewöhnlich verstehen, unerlöst. Weil es keine Zeit gibt, haben Estragon und Wladimir keinen Ort, keine Handlung, keine Geschichte. »Wie spät ist es?« fragt Pozzo. »Ist es Abend?« »Wenn es das

Morgengrauen wäre?« antwortet Estragon.[28] »Was haben wir gestern getan?«[29] fragt Estragon. »Hm«, sagt Wladimir verärgert, »wenn was zu bezweifeln ist, bist du da.«[30] Wichtig ist hier nicht, wie manche angenommen haben, daß Gott tot ist, denn ob er es ist oder nicht, bleibt in der Schwebe. Wichtig ist, daß es in seiner Abwesenheit keine Zeit gibt, weil es nichts als Zeit gibt. In einer Welt, in der Godot nicht gekommen ist, gibt es keine Geschichte und hat Handlung weder eine Ursache in der Vergangenheit noch eine Wirkung in die Zukunft. Der Augenblick, das menschliche Bewußtsein, ist diskontinuierlich. Doch jeder Augenblick dauert ewig. »Die Zeit ist stehengeblieben«, bemerkt Wladimir. Und Pozzo ruft emphatisch aus: »Glauben Sie das nicht, mein Herr, glauben Sie das nicht. (. . .) Alles, was Sie wollen, nur das nicht.«[31] Ohne Zeit, die positivistische Zeit, in der wir leben, in der trotz unserer Qual das Jahr schließlich endet, der Frühling kommt, der Schnee schmilzt, die Sonne wieder aufgeht, reduziert sich alles Leben zu Bildern, zu Archetypen, zu einer Existenz ohne Dauer. Die Beziehung zwischen den Ereignissen ist nicht mehr kausal. Das läßt die Handlung verschwinden. Es gibt nur den Akt und seine Bedeutung, die Auerbach in Beziehung auf Dante die Figur und ihre Erfüllung nennt. Was Wladimir und Estragon tun, ist nicht bedeutungslos, außer insoweit, als die Bedeutung dem Ergebnis gleicht. Nichts geschieht ihnen, und doch geschieht ihnen alles. Sie tanzen, singen, lieben sich, denken, gehen auseinander, kämpfen, erfinden. Aus der narrativen Welt, in der Handlung gleich Ergebnis ist, gehen wir in die metaphorische (und ontologische), in der Handlung gleich Bedeutung ist. In der gänzlich metaphorischen Welt von *Godot* ist jeder Akt in sich selbst vollständig; der Wert der Handlung ist absolut geworden. Das Aufhängen, Pissen, Tanzen ist, was wir sind.

G. S. Fraser[32] sieht in *Godot* eine christliche Welt, und es gibt über die expliziten Anspielungen hinaus Ähnlichkeiten. Denn in beiden gibt es den zeitlichen Akt nur im Rahmen seiner Erfüllung, sowohl in der Zeit wie außerhalb der Zeit. Aber in der christlichen Theologie trennt die zeitliche Zeit beide. Das menschliche Leben bleibt eine Passion, an deren Ende ein Abwägen der Schalen steht, und die Geschichte bleibt wirklich. Die ewige Zeit gibt es, obwohl sie in der Figur impliziert ist, im wesentlichen nur in ihrer Erfüllung. So ist in Dantes *Komödie* die Ewigkeit von der Dimension der historischen Wirklichkeit verhüllt. In *Godot* erhält die historische Realität selbst die Dimension der Ewigkeit. Daher der Eindruck, daß Beckett in *Godot* ein neues Moralitätenstück geschrieben hat. Die Negation der Erlösung besteht in der Negation der Handlung. Aber der Tod der Zeit, die Abwesenheit eines Erlösers, würde paradox eine völlig metaphorische Welt wiedererschaffen, die in einem bestimmten Zusammenhang eine völlig religiöse Welt wäre. Sollte der mythische Godot kommen, würde er für alles Existierende das tun, was Shakespeares Prinz Hal nur für den Staat tat. Er würde die Zeit erlösen. Aber Godot kommt nicht. Die wirkliche Welt ist ewig geworden, und in der Welt der Götter gibt es Handlung nur als Mythos. Daß diese Götter mit allem, was das Wort beinhaltet, menschlich sind, macht den Mythos nur schwerer zu ertragen.

Also macht die dramatische Situation selbst letztlich das ganze Stück metaphorisch und nur metaphorisch. Die Handlung des Stücks ist, wie ich zu zeigen versucht habe, im wesentlichen das Spielen und das Bewußtsein des Spielens. So wie das Aufhängen wegen des mimetischen Sinnes auf einer Ebene kein Akt mehr ist, der eine Bedeutung hat, so erhält das Bewußtsein von dieser Tatsache selbst Bedeutung, wenn die dramatische Situation gegeben ist. Das Mimetische, im wesentlichen die dem Drama zugrundeliegende Technik, fungiert, wenn es einmal wörtlich genommen wird, nicht nur ironisch, sondern metaphorisch. Indem Beckett eine Welt schafft, die die Handlung abweist, macht er das Mimetische zum Vehikel seines Stücks.

Jean Bazaine schrieb über die Malerei: ». . . das Vermögen der Innerlichkeit, das Vermögen, jenseits des Sichtbaren zu gelangen, das das Schaffen beinhaltet, hängt nicht vom größeren oder geringeren Grad der Ähnlichkeit zwischen dem Werk und der äußeren Realität ab, sondern vielmehr vom Grad seiner Ähnlichkeit mit einer inneren Welt, die die äußere vollkommen entwickelt.«[33] So wichtig *Waiting for Godot* als Theater des Absurden sein mag, seine primäre und bleibende Wichtigkeit liegt in dem, was Beckett darin für die dramatische Form geleistet hat. In Mondrians Werk werden die rein ästhetischen Elemente, das, was Delacroix die poetischen Elemente nannte, von der repräsentierenden Kunst losgelöst und konstituieren so eine Malerei, für die das, was einen Maler – nach Gilson jeden Maler – ausmacht, der Sinn für Form ist. Ähnlich macht, wie Fergusson argumentiert, vielleicht der mimetische Sinn selber einen Dramatiker und ein Stück aus. Da das Drama sowohl sprachlich wie visuell ist, muß es bedeuten, damit es bestehen kann. Die ästhetische Erfahrung als solche kann nicht auf dieselbe Weise abstrahiert werden wie in den Bildern Mondrians. Aber man kann jene Bedeutung des Akts abstrahieren, die das Theater und unsere Reaktion auf es erklärt. Etwas, das seinem Wesen nach formal scheint, hat eine bedeutende, wenn nicht sprachliche Dimension erhalten. Einige Diskussionen über das, was es heißt, eine dramatische Form zu haben, scheinen im Recht zu sein. Aber ich bin kein Metaphysiker. Mir scheint nur, daß Beckett, indem er das Mimetische metaphorisch gemacht hat, das dramatische Äquivalent der abstrakten Kunst geschaffen hat und daß dieser Leistung, der symbolischen Form wegen, *Waiting for Godot* das wichtigste zeitgenössische Stück bleibt.

Dieter Mettler
Formkategorien des klassischen Dramas und *Warten auf Godot*

Warten auf Godot, ein Stück, das selbst positive Interpretationen meist so charakterisieren, daß in ihm nichts geschehe, regt wie kaum ein anderes zu Überlegungen darüber an, was man gewöhnlich unter dramatischem Geschehen versteht. Jene Charakterisierung legt ja schon eine Dramatik zugrunde, in der »Handlung« in einer bestimmten Weise definiert ist; in Wirklichkeit ist es weniger so, daß nichts geschieht, als daß das, was vorkommt, sich nicht gemäß dem abspielt, was diese Definition als »Handlung« bestimmt. Alles, was ihr nicht entspricht, wird als völlige Leere empfunden. Die Faszination, die das Stück dennoch auf die Zuschauer ausübt, liegt paradoxerweise gerade darin, daß es ihnen das zu entziehen scheint, weswegen sie ins Theater gehen, dieses Entziehen aber ihre Aufmerksamkeit nicht weniger festhält als eine »erfüllte« Handlung. Ständig verleitet das Stück sie dazu, die traditionelle Definition von »Handlung« anzuwenden – schließlich treten ja wie sonst Personen auf, die, wie sie sagen, auf jemanden warten – und weist diese Anwendung zugleich immer wieder ab.

Das beginnt schon bei der elementarsten, bei jedem Drama für unverzichtbar gehaltenen Bestimmung, Handlung müsse ein Ganzes sein, wie Aristoteles sie gegeben hat: »Ganz ist, was Anfang, Mitte und Ende besitzt. Anfang ist, was selbst nicht notwendig auf ein anderes folgt, aus dem aber ein anderes natürlicherweise wird oder entsteht. Ende umgekehrt ist, was selbst natürlicherweise aus anderem wird oder entsteht, aus Notwendigkeit oder in der Regel, ohne daß aus ihm etwas weiteres mehr entsteht. Mitte endlich, was nach anderem und vor anderem ist.

Es dürfen also Handlungen, die gut aufgebaut sein sollen, weder an einem beliebigen Punkte beginnen noch an einem beliebigen Punkte aufhören, sondern müssen sich an die angegebenen Prinzipien halten.«[1] Aristoteles gibt hier eine Definition der Form einer Handlung, in der die einzelnen Momente, als Teile eines Ganzen, unselbständig sind, keines ohne die andern bestehen kann; die Teile werden auseinander hervorgehend gedacht in einer Folge, durch die erst irgendein Ereignis zum Anfang *dieser* Handlung wird, die gerade zu *diesem* Ende führt. In einem Drama, das dieser Definition gehorcht, kann nichts vorkommen, was nicht auf das Ganze der Handlung bezogen, das heißt, als zu einem der Teile gehörig bestimmt wäre. Da man also von jedem Detail von vornherein weiß, wozu es da ist, nämlich um in einer bestimmten Weise die Handlung weiterzubringen, kann die Frage, was es soll, nicht auftreten; die Form der Handlung ist darauf angelegt, sie auszuschließen. Zu Beginn von Lessings *Emilia Galotti* beispielsweise sieht man den Prinzen »an einem Arbeitstische voller Briefschaften« Bittschriften durchgehen und sich dabei von einer persönlichen Leidenschaft beeinflussen lassen: »Emilia? *Indem er noch eine von den Bittschriften aufschlägt und nach dem unterschriebenen Namen sieht.* Eine Emilia? – Aber eine Emilia Bruneschi – nicht Galotti! Nicht Emilia Galotti! – Was will sie, diese Emilia Bruneschi? *Er lieset.* Viel gefodert, sehr viel. – Doch sie heißt Emilia. Gewährt!«[2] Die Figur wird von vornherein eingeführt im Rahmen einer Bedeutungsszene, in der bis hinein in die Requisiten alles auf die Rolle verweist, die das Stück für diese Figur vorgesehen hat, und in der möglichst unauffällig, in scheinbar nebensächliche Details versteckt, der Hinweis auf weitere Ereignisse gegeben wird, auf die diese Szene hinführt. Im Zusammenhang mit dieser Technik sprach Kommerell von der »verdeckten Funktionalität« bei Lessing.[3]

Auch der Anfang von *Warten auf Godot* gibt eine Vorstellungsszene, die schon durch die Kontrastierung der Figuren – die eine sitzt am Boden, versucht vergeblich, sich einen Schuh auszuziehen und gibt auf mit den Worten: »Nichts zu machen«[4], eine zweite kommt hinzu, versteht das als einen allgemeinen Gedanken über das Leben überhaupt und räsonniert pathetisch über das Wiederaufnehmen des Lebenskampfs – eine Bedeutung nahelegt, die solche Gegenüberstellungen sonst haben, ohne aber durchsichtig werden zu lassen, was diese Szene für das Stück leisten soll. Die Zuschauer, die das Stück von einer Handlungsdramatik her sehen, fühlen sich hier plötzlich dazu provoziert zu fragen, wozu die Personen dort da sind, und nach einer Antwort zu suchen. So sind sie besonders dazu geneigt, sich an die etwas später gegebene Auskunft: »Wir warten auf Godot«[5] zu halten, das Warten auf Godot als die Handlung zu nehmen, durch die die Existenz der Figuren sich rechtfertigt. Genau das scheint ja sogar eine Figur des Stücks in klassischer Dramensprache einmal selbst zu tun:

> WLADIMIR (. . .) Was machen wir hier, das muß man sich fragen. Wir haben das Glück, es zu wissen. Ja, in dieser ungeheuren Verwirrung ist eines klar: wir warten darauf, daß Godot kommt.
>
> ESTRAGON Ach ja.
>
> WLADIMIR Oder, daß die Nacht kommt. *Pause.* Wir sind da, wie verabredet, da gibt es nichts.[6]

Hier wird aber eigentlich nur vorgeführt, welche Rolle das Warten und damit die Personen im Stück haben würden, wenn man sich im Muster eines klassischen Dramas bewegte, in dem das Kommen Godots, oder, wenn er nicht kommt, der Nacht, das »Ende«, das Warten die »Mitte« und die Verabredung der »Anfang« einer Handlung im aristotelischen Sinn wäre.

Die Antwort auf die Frage: Was tun die Personen da? wird im Zusammenhang von Becketts Stück aber so gegeben, daß der Zuschauer sie nicht als Antwort akzeptieren kann und nun weiterfragt, was denn nun wiederum das Warten hier soll. Paradox wird er dazu geführt, bei jedem Detail nach dessen Funktion innerhalb eines Ganzen zu fragen, das es, wie er voraussetzt, doch geben müsse, das ihm aber nicht greifbar ist. Das Irritierende für ihn liegt darin, daß er diese Fragen weder damit erledigen kann, daß das einzelne eine solche Funktion eben nicht habe, noch damit, daß er eine Funktion für es bestimmt; das ist eigentlich die Lage, in der er zu Kennzeichnungen wie »absurd« greift, die nur ausdrücken, daß hier eben der traditionelle Handlungsbegriff, in dessen Rahmen er damit verbleibt, nicht erfüllt wird.

Da der Zuschauer nach diesem Handlungsbegriff gar nicht anders kann als annehmen, daß es etwas bedeuten muß, wenn eine Figur auftritt, versucht er, den Auftritt einer dritten Person sofort mit dem Warten der beiden ersten in Beziehung zu setzen, zum Beispiel Pozzo mit dem erwarteten Godot zu verbinden. Dazu regt ihn das Stück selber an, wenn die Personen darüber diskutieren, ob er vielleicht Godot sei, der Auftritt selbst zudem so sorgfältig vorbereitet wird wie nur in einer Handlungsdramatik: nachdem Estragon gefragt hat, ob sie an Godot gebunden seien, glaubt Wladimir, zu hören, »daß einer schreit«, was beiden Angst einjagt. Nach weiteren Unterhaltungen ertönt plötzlich in unmittelbarer Nähe ein Schrei, worauf beide sich in die Kulissen flüchten und Pozzo mit Lucky am Strick auftritt. Es fällt schwer, hier nicht eine Verbindung zwischen der Frage Estragons und dem Strick zu sehen, der drastisch ein Abhängigkeitsverhältnis demonstriert. Aber diese Verbindung stellt wie viele nur der Zuschauer her, ohne daß das Stück ihn darin bestätigte. Daß es für ihn unmöglich ist, zu akzeptieren, daß hier eine Person einfach nur auftreten kann, läßt ihren Auftritt zu einem Rätsel werden, provoziert ein Ungenügen, das zur Suche nach Anhaltspunkten führt, die es beseitigen könnten. So ist der Zuschauer, der aus dem, was er sieht, eine »plausible« Handlung machen möchte, schließlich versucht, über das Stück hinauszugehen und Anhaltspunkte, die ihm zu »fehlen« scheinen, selber hinzuzufügen, zum Beispiel zu meinen, Godot sei in Gestalt von Pozzo unerkannt gekommen, und das durch den Hinweis auf gemeinsame Züge beider zu erhärten. Vor allem möchte er natürlich mehr über die näheren Umstände der Verabredung mit Godot und über dessen Person wissen. Das Stück, das diese Reaktion schon vorwegnimmt, gibt ihm die Angaben so, daß darin sein Verlangen selber verhöhnt wird:

ESTRAGON Worum haben wir ihn eigentlich gebeten?
WLADIMIR Warst du nicht dabei?
ESTRAGON Ich hab nicht aufgepaßt.
WLADIMIR Na ja . . . Eigentlich um nichts Bestimmtes.
ESTRAGON Eine Art Gesuch.
WLADIMIR Eben.
ESTRAGON Eine vage Bitte.
WLADIMIR Wenn du willst.
ESTRAGON Und was hat er geantwortet?
WLADIMIR Er würde mal sehen.
ESTRAGON Er könne nichts versprechen.
WLADIMIR Er müsse überlegen.

ESTRAGON	In aller Ruhe.
WLADIMIR	Seine Familie um Rat fragen.
ESTRAGON	Seine Freunde.
WLADIMIR	Seine Agenten.
ESTRAGON	Seine Korrespondenten.
WLADIMIR	Seine Register.
ESTRAGON	Sein Bankkonto.
WLADIMIR	Bevor er sich äußern könne.
ESTRAGON	Das ist klar.
WLADIMIR	Nicht wahr?
ESTRAGON	Es scheint mir so.
WLADIMIR	Mir auch.

Ruhe.[7]

Der Dialog ähnelt einem Spiel, in dem es vor allem darauf ankommt, daß jeder zu der Antwort des andern assoziativ eine weitere der Form nach entsprechende findet, in dem die Erwiderungen sich aus sich selbst produzieren und letztlich gleichgültig wird, was inhaltlich gesagt wird. Wenn aber alles und jedes angegeben werden kann, wird damit das Verlangen nach »Angaben zur Person« einer Bühnenfigur als unangemessen gezeigt. Wird so das, was man für den Anfang halten möchte, ebenso ins Unbestimmte und Unbestimmbare entzogen wie das »Ende«, so läßt sich auch das, was man auf der Bühne sieht, nicht mehr als »Mitte« verstehen, also als etwas, das aus Vorhergehendem folgt und zu etwas anderem hinführt. Das ganze Handlungsschema selbst wird abgewiesen.

Eben weil die Personen dieses Stücks nicht mehr von einer Handlung gestützt werden, wird mit ihrem Auftritt zugleich erkennbar, daß sie in einem bestimmten Medium auftreten, dem Theater, das sie bestimmten Anforderungen aussetzt, deren Erfüllung nun aber für sie problematisch wird. Weil es hier nicht mehr selbstverständlich ist, wird deutlich, daß schon das Erscheinen von Personen etwas ist, das die Form des Theaters vorgibt. Bringt dieses Medium es mit sich, daß in ihm alles, was vorkommt, bedeutungsvoll wird, so zeigen die Auftritte der Figuren Becketts das Auftreten selber als Anlaß zur Komik. Für dieses Stück ist nicht erst das, was eine Person sagt, sondern daß sie überhaupt erscheint, zum Lachen, und zwar um so mehr, je mehr sie das überspielen, ihren Auftritt zu einer beeindruckenden Demonstration ihrer Präsenz machen soll. So, wenn Beckett mit Pozzo eine Figur von vornherein schon als »bedeutende Person« auftreten läßt, das Bedeutungsvolle der Auftrittsszene sich mit der Bedeutung der Person selbst verbindet, die wiederum von der durch Theatralik gesteigerten Bedeutung der Szene zehrt. Die Bühnenperson führt gleichsam ihren eigenen Auftritt auf, der zum Inhalt der Szene wird, und verrät das zugleich, indem sie sich dessen Wirkung, der sie sich nicht mehr sicher ist, versichern muß:

> POZZO Ich stelle mich vor: Pozzo.
> (. . .)
> POZZO *mit schrecklicher Stimme:* Ich bin Pozzo! *Schweigen.* Der Name sagt Ihnen nichts? *Schweigen.* Ich frage Sie, ob der Name Ihnen nichts sagt?[8]

Dabei läßt Beckett nicht, wie Brecht es verlangte, den Schauspieler neben die Rolle treten, die er »zeigend« vorführt; wird für Beckett jede Person, die auftritt, eben damit zur Bühnenperson – also auch der Schauspieler selbst, wenn er versuchte, auf der Bühne, im Stück, aus seiner Rolle herauszutreten –, so zeigt Beckett das hier dadurch, daß er eine Bühnenperson zum Schmierenschauspieler ihrer selbst werden läßt. Sie tritt schon in einem speziellen dramatischen Genre auf; die Erhabenheit, mit der im Drama sonst Könige und andere Herrscher erscheinen, wird als schauspielerisches Rollenfach sichtbar; und das »Dasein« auf der Bühne besteht darin, daß die Person, solange sie bleibt, die Mittel ausschöpft, die in diesem Fach liegen. Aber was die Stärke dieses Schauspielers ausmachen sollte, der Reichtum und das Imponierende der Mittel, die ihm sein Rollenfach zur Verfügung stellt, und die ihn, wenn er sie beherrscht, so sehr stützen, daß er nur eine Handbewegung zu machen braucht und schon sicher sein kann, daß das großartig wirkt, wird von dieser Figur gezeigt als Abhängigkeit von der Bedeutung dieser Mittel, die sich in dem Augenblick verrät, wo jene Bedeutung nicht mehr fraglos ist, die Mittel pflegebedürftig werden wie seine Stimme oder sich verlieren. Beckett führt einen Schauspieler in dem Moment vor, wo er das zu spüren und, um seine Wirkung besorgt, zu chargieren beginnt, dadurch aber zugleich seine Tricks sichtbar werden läßt. Impliziert die Beherrschung der Mittel immer auch eine Beherrschung der Zuschauer, so tritt hier der große Charakter als Herr auf, dessen Machtmechanismen umgekehrt als schauspielerische Techniken hervortreten. Seine Abhängigkeit von seiner eigenen Charakterrolle, die ihm seine Macht verleiht, wird komisch, wenn dieser Schauspieler aus Angst, er könne sich ihr nicht entsprechend bewegen und nicht mehr glaubwürdig sein, sich zum Beispiel nicht einfach wieder hinsetzen kann, sondern dabei ein vorgeschriebenes Ritual erfüllen muß, einen Grund und eine Aufforderung braucht, die ein anderer, der nur noch als Mitspieler in seinem, auf seine Rolle zugeschnittenen Spiel fungiert, ihm liefern muß. Er kann seine Rolle aber nur aufrechterhalten, solange andere bereit sind, ihrerseits in die ihnen von ihr zugedachten Rollen einzutreten. Daß man ihm eine Frage gestellt hat, wird ihm zur Möglichkeit, eine großartige Antwortszene zu inszenieren, wobei er so ausschließlich damit beschäftigt ist, alles auf den entscheidenden Augenblick vorzubereiten, daß er die zu beantwortende Frage vergißt. Die schauspielerische Kunst nimmt ein Eigengewicht an; sie wird überwertig gegenüber dem Anlaß, läuft leer, und wird vom Schauspieler nur noch dazu benutzt, in einzelnen Nummern wie im Varieté sich und die andern über die Runden zu bringen. So in dem rhetorischen Paradestück, in dem Pozzo erklärt, was »eine Dämmerung hierzulande«[9] ist, und das eigentlich genau erfüllt, was der Zuschauer, der *Godot* leer findet, sich unter »dramatisch« vorstellt. Das, was sonst so mitreißt, die allmählichen Gebärden, die durch sprachliche Bilder, hier nur Klischees, und Vibrato in der Stimme reich orchestrierte Steigerung bis zu einem Höhepunkt, an dem wie ein Umschlag plötzlich die Nacht hereinbricht, ist Ergebnis einer Routine, die der schlechte Schauspieler nicht mehr verbirgt. Die so opulente Kunst erweist sich als ganz besonders dürftig, die Dramatik des Umschlags als leere Veranstaltung.

Das jeweilige Rollenfach gibt noch den Ausdruck der Gefühle vor:

> POZZO *führt stöhnend die Hände an seinen Kopf:* Ich kann nicht mehr . . . kann nicht mehr ertragen, . . . was er macht . . . können nicht wissen . . . es ist schrecklich . . . er muß gehen . . . *Er schwenkt seine Arme* . . . ich werde

verrückt . . . *Er bricht zusammen. Sein Kopf sinkt in seine Arme.* Ich kann nicht mehr . . . kann nicht mehr . . . *Schweigen.*[10]

Der große Zusammenbruch zeigt sich durch das Gesteigerte als ein bedeutendes dramatisches Genre, das so beherrscht wird, daß der Zuschauer nicht mehr fragt, ob der Gefühlsausdruck »echt« ist oder gespielt. Diese Kunst des Schauspielers kritisierte Brecht, weil sie dadurch, daß der Schauspieler, magisch gleichsam, sich in die dargestellte Person verwandelte, so daß er deren Gefühle um so besser spielen konnte, je mehr er sie selbst fühlte, ebenso magisch auch »Einfühlung des Publikums in seine Gestaltungen«[11] herbeiführen sollte. »Der Zuschauer des dramatischen Theaters sagt: Ja, das habe ich auch schon gefühlt. – So bin ich. – (. . .) Ich weine mit den Weinenden, ich lache mit den Lachenden.«[12] Forderte aber Brecht gegen diese Dramatik, daß der Schauspieler die Gefühle distanziert »zeigen« solle, so kritisiert Beckett sie, indem er zeigt, wie eine Person ihre eigenen Gefühle nach einem dramatischen Muster aufführt. Diese Figur hat immer irgendwelche Mittel, um einen beliebigen Augenblick ergreifend, zum erfüllten Leben werden zu lassen. Als an einer Stelle Wladimir sich wieder beruhigt, gibt Pozzo das sofort in dem ihm verfügbaren literarischen Muster:

POZZO   Er wird friedlich. *Blickt in die Runde.* Übrigens, alles wird friedlich, ich fühl's. Ein süßer Frieden sinkt herab. Hören Sie! *Er hebt die Hand.* Pan schläft.[13]

Als »dramatisch« empfindet es der Zuschauer, wenn alle Gefühle möglichst rein dargestellt werden; wenn beispielsweise eine Person leidet, soll daraus ein absolutes Leiden werden. Alles soll in extreme Zustände gesteigert werden, durch die erst Dramatik, nämlich die Übergänge von einer Tonlage in die andere, möglich wird. War schon für Aristoteles ein wesentliches Moment der Handlung der Umschlag von einem Zustand in den entgegengesetzten, bei der Tragödie beispielsweise von Glück in Unglück, so setzte das voraus, daß solche Zustände, in Mustern festgelegt, auch immer deutlich voneinander unterscheidbar blieben; das Schema funktioniert in dem Augenblick nicht mehr, wo, wie bei Wladimir und

Estragon, die Zustände nicht mehr eindeutig fixierbar sind, beispielsweise die Figuren nicht mehr sagen können, ob sie unglücklich sind, weil für das nicht mehr absolute Unglück auch keine dramatischen Bilder, keine schauspielerischen Ausdrucksformen mehr gegeben sind. Indem hier die Gefühle nicht durch Kunst gesteigert werden, nehmen sie eine Unbestimmtheit an, die den Zuschauer, der das Stück mit den Augen einer klassischen Dramaturgie sieht, irritiert, weil er nicht mehr entscheiden kann, ob er eine bestimmte Geste zum Beispiel als Freundschaftsbeweis, als Ausdruck einer dumpfen, gereizten Aggressivität oder von etwas anderem sehen soll. Wenn dagegen Pozzo im zweiten Akt blind und machtlos wieder auftritt, nachdem er im ersten so mächtig dargestellt worden war, sieht der Zuschauer den Verfall erhaben, im Rahmen der aristotelischen Dramatik so, als habe ein tragischer Umschlag stattgefunden, der freilich nicht gezeigt wird, ähnlich wie zu Beginn von *Ödipus auf Kolonos* der blinde Ödipus von Antigone geführt auftritt. Das Stück selbst legt ihm dafür das literarische Muster, die griechische Tragödie, nahe, indem es Estragon sie als Witz zitieren läßt:

> POZZO Ich bin blind.
> *Schweigen.*
> WLADIMIR Blind!
> ESTRAGON Vielleicht sieht er klar in die Zukunft?[14]

Und wenn Pozzo die Verklärung des früheren Zustands zu einer ergreifenden Szene macht: »Ich hatte wundervolle Augen«[15], bringt Wladimir in komischer Ostentation einer als solcher schon antiquierten Bildung, zu der die Tragik geworden ist, das bedeutende Muster bei:

> WLADIMIR Laß ihn in Ruhe. Siehst du nicht, daß er dabei ist, sich an sein Glück zu erinnern? *Pause.* Memoria praeteritorum bonorum – das muß grauenvoll sein.[16]

Die große schauspielerische Kunst macht durch ihren eigenen Reichtum den Ausdruck der Gefühle paradox für den Zuschauer erst zu dem, was er als »lebensecht« empfinden kann, was im Leben aber nie so aussehen würde, und Becketts Kritik an dieser Kunst richtet sich unter anderm dagegen, daß sie davon ablenkt. Demgegenüber ist auch Brechts Unterscheidung zwischen einer Dramatik, die Einfühlung ermöglicht, und einer, in der der Schauspieler die Figur eines andern nur »zeigt«, gar nicht so einschneidend; Becketts Kritik bezieht beide ein. Gerade ein guter Schauspieler läßt, wenn er eine andere Person spielt, diese schon durch die bloße Tatsache, daß er spielen kann, viel großartiger erscheinen als sie in Wirklichkeit wäre, was immer dann deutlich wird, wenn es, wie im naturalistischen Drama, darauf ankommt, Menschen in tristen Verhältnissen zu spielen. Die alltäglichen, fast nicht mehr wahrnehmbaren, diffusen Empfindungen und Beziehungen werden nicht nur von der klassischen Dramaturgie ausgeschlossen, sondern lassen sich gerade wegen des Diffusen auch kaum verfremden, das heißt in distanziert vorführbare Gesten umsetzen, weil jene das deutlich Erkennbare jeder Regung, die der Schauspieler bei lebenden Menschen beobachten und für sein Spiel als Vorlage nehmen soll, immer voraussetzen. Die Deutlichkeit der Gesten auf der Bühne verdankt sich seinem Spiel, und das läßt es fraglich werden, inwieweit er mit ihm wirklich ein im Leben beobachtetes Vorbild trifft. Wenn man die Beziehung zwischen Pozzo und Lucky so interpretiert, daß hier gezeigt werde, wie ein Mensch einen anderen unterdrückt, so verrät Beckett das Problem gerade dadurch, wie er diese Interpretation durch die drastischsten theatralischen Mittel unterstützt: auf der Bühne erkennt man an dem Strick um den Hals von Lucky fast überdeutlich dessen Abhängigkeit von Pozzo; aber inwieweit zeigt das, was man sieht, ein im Leben beobachtetes Abhängigkeitsverhältnis? Im Leben tragen Menschen im allgemeinen nicht einen Strick oder andere so sichtbare Zeichen dafür, daß sie unterdrückt werden. Für den Schauspieler wirkt sich die Drastik eher als eine Hilfe aus, die ihn in seinem Spiel stützt, indem sie dessen Wirkung verstärkt.

Becketts Stück stört darum die Kunst des Schauspielers durch Rollen, die dieser als ganz besonders undankbar empfinden muß, weil sie ihm alles nehmen, womit er sonst über die Rampe zu kommen pflegt. So haben Schauspieler, die Beckett bei Inszenierungen seiner Stücke daran gehindert hat, beispielsweise etwas mehr Gestik anzubringen, etwas mehr ihrem eigenen Können nachzugeben, um dem Stück aufzuhelfen, die Zuschauer mitzureißen – wie Fernau bei der Inszenierung von

Glückliche Tage vorschlug, Willie solle sich am Schluß im Takt zu Winnies Gesang hin- und herwiegen[17] – sich dagegen als eine Zumutung gewehrt. Ist die Rolle des Pozzo von Opulenz in jeder Beziehung bestimmt, weshalb Roger Blin sie zu Recht am liebsten mit Charles Laughton besetzt hätte, so haben die Hauptfiguren des Stücks fast nichts mehr, so daß der Zuschauer sie kaum mehr als »wirkliche Personen« akzeptiert. Das bezieht sich ganz wörtlich schon auf das, was die Figuren mitbringen. Pozzo hatte doch immerhin noch einen Beruf, wichtige Verabredungen, einen Landbesitz mit Knechten, er kam mit schwerer Habe auf die Bühne, die sein Knecht ihm nachtrug und auf Befehl lieferte, wenn sie nach und nach auch immer weniger wurde. Wladimir und Estragon, deren Mangel an bühnengerechter Ausstattung als Kritik daran jenen Reichtum freilich voraussetzt und die, wenn es sein muß, durchaus auch einmal lateinisch zitieren oder Reden im Stile einer Schillerschen Entscheidungsszene halten können, haben nur noch ein paar alte Kleider, Schuhe, Hüte, ein paar Möhren und jeder ein sehr wenig großartiges Leiden. Sie können sich weder auf eine dramatische Diktion, eine Sprechweise, die das Theater ausfüllt, eine bedeutungsvolle Gestik noch auf »wichtige« Probleme oder Handlungen stützen, und das in einer Umgebung, in der genau das von ihnen erwartet wird. So provozieren sie die Frage, was es eigentlich bewirkt, daß man sonst die Ereignisse, die in einem Stück vorkommen, ohne auch nur danach zu fragen, als »wichtig« akzeptiert, während man sich hier, wenn zum Beispiel Estragon versucht, seinen Schuh auszuziehen und es schließlich fertigbringt, dagegen wehrt.

Welches für ein Drama wichtige Ereignisse sein können, hat die Gattungstheorie des Dramas seit Aristoteles für jede Dramenform spezifisch immer wieder anzugeben gesucht, wobei das, was in der einen als bedeutend gelten konnte, es in einer anderen nicht unbedingt war. Der Begriff des »Bedeutenden« in diesem Sinn beruht nicht zuletzt darauf, daß alles nur in seinem entsprechenden Rahmen zugelassen wird. So war für Aristoteles die Tragödie die Nachahmung edler Handlungen edler Menschen und nahm darum den höchsten Rang in der Hierarchie der Gattungen ein, wobei man sich jahrhundertelang darüber gestritten hat, wie dieser Begriff inhaltlich zu bestimmen sei, ob darunter zum Beispiel moralisch gut oder gesellschaftlich hochstehend oder beides zu verstehen sei. Je nach den jeweils auch außerästhetisch geltenden Konzeptionen definierte man den Begriff des »Edlen« um, aber wie immer er ausgelegt wurde, bestimmte er den Rang der dramatischen Form, die wiederum qua Form alles »Unedle« ausschloß. So implizierte die Form des Dramas selbst schon eine Hierarchie der Bedeutung, die von sich aus wie selbstverständlich zu den entsprechenden inhaltlichen Selektionen führte; und ob ein Ereignis in einem Drama »wichtig« war oder nicht, wurde dem Zuschauer deshalb nie zur Frage, weil in jedem Drama per se nur Ereignisse vorkommen konnten, die mit der durch die Form gegebenen Hierarchie der Bedeutung im Einklang standen. So wird die Niederträchtigkeit des Prinzen in *Emilia Galotti* von vornherein als moralische Verworfenheit eines Fürsten gegeben, ein in der Form der Tragödie, wie dieses Stück sie vertritt, vorgesehenes »bedeutendes« Problem. Geradezu scholastisch anmutende Überlegungen der auf Wahrung der Grenzen bedachten rationalistischen Dramentheorie wie die, ob in einer Tragödie »edle Personen« eine »pöbelhafte Sprache«[18] führen dürfen, auch wenn sie sie im Leben manchmal führen, oder ob in ihr eine Ohrfeige, eigentlich ein Motiv für eine Posse, vorkommen dürfe – »Aber eine Ohrfeige in einem Trauerspiele! Wie englisch, wie unanständig!«[19] – sind ganz konsequent. Diese Ästhetik, die so sehr auf die »angemessene« Stilhöhe jedes Ereignisses Wert legt, hat ständig mit dem Problem zu kämpfen, wo sie die Grenze ziehen soll. Bezeichnenderweise werden die Beispiele für die Grenzfälle, die eigentlich nicht mehr erlaubt werden können, von vornherein schon so gewählt, daß sie dem Bedeutungsbegriff der jeweiligen Gattung wieder angemessen gemacht werden können: wenn man für ein Drama einen Ehrenkodex zugrundelegt, der eine bestimmte Vorstellung vom »Schimpflichen« enthält, dann kann eine Ohrfeige, als Verletzung dieses Kodex, ein »bedeutendes« Ereignis sein. Lessing, der die Frage gegen Voltaires Meinung, das Vorkommen einer Ohrfeige mache den *Cid* von Corneille vielleicht schon zur Tragikomödie, bejaht, bestätigt nur die Selektionsregeln der Gattung, wenn er die Ohrfeige in Banks *Essex* zuläßt, indem er sie damit rechtfertigt, daß sie sowohl in sich bedeutend sei, weil sie anläßlich der Wahl des Königs von England von einer

Königin gegeben wurde, wie sie auch für die Handlung wichtig sei, weil sie gerade wegen des Schimpflichen zu den fürchterlichsten Racheaktionen führte. Alles von der Form nicht als bedeutend schon Vorgegebene, Ungedeckte, wird entweder durch sie wieder gerechtfertigt oder als Fehler verurteilt, weil es sofort die nur durch Verbote aufrechterhaltene Autorität der Form als Ganze bedrohen könnte.

In der Komödie, für die der Form nach dasselbe Schema einer Handlung zugrunde gelegt wurde, konnte einiges zugelassen werden, was die Tragödie ausschließen mußte, nach Aristoteles gewöhnliche Handlungen gewöhnlicher Menschen. In der Ästhetik Schillers, die eine Unterscheidung des Sittlich-Hohen und des Niederen einführt, wird das besonders deutlich; etwa wenn Schiller über die Darstellung historischer Personen schreibt, im Leben der meisten Menschen möge es ja niedrige Einzelheiten geben, aber nur ein niedriger Geist würde sie für die Darstellung auswählen. In der klassischen Komödie, in der auch Schiller einige dieser Einzelheiten erlaubt, erscheinen sie, durch deren Gattungsregeln selektiert, von vornherein nur als typische Komödienmotive und nehmen so ebenfalls sofort Bedeutung an: beispielsweise die, daß wir darüber lachen sollen, um uns darüber zu erheben und uns so zu bessern, und werden auch nur insoweit zugelassen, als sie dieser Bedeutung dienen.

Becketts Stück, das sich auf keine Hierarchie der Bedeutung mehr stützt, setzt jene gleichwohl voraus. Es richtet sich nicht nur gegen die Selektionen, die in den verschiedenen Stilhöhen, sondern gegen diejenigen, die im Theater als Form generell liegen, indem es in ihm gerade das vorkommen läßt, was der Definition nach aus ihm ausgeschlossen war, ohne es durch dessen Rahmen wiederum »bedeutend« zu machen. So kann der an einer Dramatik wie der Schillers geschulte Zuschauer kaum anders, als in der Rolle, die in diesem Stück zum Beispiel die Fuß- und Blasenleiden spielen, einen Angriff auf das Offiziöse der Probleme zu sehen, die er aus jener kennt. Das Stück greift die Neigung zu erhabenen Gesinnungen an, die sich darin ausdrücken, eine Szene, in der jemand hinfällt und um Hilfe schreit, nur dann für bedeutend anzusehen, wenn sie in irgendeiner Weise exemplarisch gesehen werden kann – vielleicht als Appell an die menschliche Moral im allgemeinen, wie

Wladimir es in pompöser Diktion in einem geradezu Schillerschen Entscheidungsmonolog ihm vormacht:

> Der Ruf, den wir soeben vernahmen, richtet sich vielmehr
> an die ganze Menschheit. Aber an dieser Stelle und in
> diesem Augenblick sind wir die Menschheit, ob es uns
> paßt oder nicht. Wir wollen es ausnützen, ehe es zu spät
> ist. Wir wollen einmal würdig die Sippschaft vertreten, in
> die das Mißgeschick uns hineingeworfen hat. Was sagst
> du dazu?
> *Estragon sagt nichts.*
> Es ist wahr, daß wir unserer Gattung mit verschränkten
> Armen beim Abwägen der Für und Wider auch alle Ehre
> machen. Der Tiger eilt den Seinen ohne die mindeste
> Überlegung zu Hilfe. Oder aber er rettet sich im dichte-
> sten Dschungel.[20]

Komisch wird, wenn nach dem Muster des klassischen Dramas mangels würdevolleren, gerade die Figuren sich als Vertreter der Menschheit, in ihrer Sprache der »Sippschaft«, aufführen müssen, die für dieses Muster unter das »Vulgäre« und
»Unbedeutende« fallen. So sehr muß dieses Drama immer alle
Ereignisse in einer Weise modeln, die den Einklang zwischen
der angenommenen Bedeutung des Ereignisses und der »hohen« Form des Dramas gewährleistet, daß der Zuschauer die
Szene als Provokation empfindet, wenn die Bereitschaft zur
Hilfe einmal prononciert »unedel«, als Farce vorgeführt wird:

> POZZO Hilfe, ich gebe ihnen Geld!
> ESTRAGON Wieviel?
> POZZO Eine Mark.
> ESTRAGON Nicht genug.
> (. . .)
> POZZO Zwei Mark.
> WLADIMIR Wir kommen schon.[21]

Das Provozierende von *Warten auf Godot* liegt darin, daß es
sich über das hinwegsetzt, was man als der Sphäre des Theaters prinzipiell gemäß ansieht; nicht einfach in der Tatsache,
daß es gerade die Formen bevorzugt, die in der Hierarchie der
Gattungen so weit unten standen, daß sie in der Ästhetik gar
nicht mehr vorkamen, wie commedia dell'arte, Zirkus und
Varieté und aus der Gegenwart den Stummfilm und den Lau-

rel-und-Hardy-Film, sondern darin, daß es sie ins Theater bringt, wo man per se etwas Bedeutendes erwartet. Ähnlich liegt die Tatsache, daß die Redeweise der Figuren Anstoß erregt hat, weniger darin, daß die Figuren gelegentlich vulgär reden, als darin, daß sie im Theater so reden, wie man dort nicht redet, nämlich ohne eine seiner Autorität »angemessene« Diktion; darum kann man den Eindruck des Anstößigen auch nicht dadurch beseitigen, daß man, wie die englische Zensurbehörde, einzelne Ausdrücke streicht oder durch harmlosere ersetzt. Als anstößig erfährt der Zuschauer, dessen Bedeutungsbegriff, der alles nicht Bedeutende – und das heißt sowohl alles nicht eindeutig auf ein Ganzes Bezogene wie alles »Unwichtige« und »Niedere« – verbietet, letztlich moralisch getönt ist, den Ausfall der Bedeutung selbst. Und zwar so sehr, daß er sich hier schon gegen inhaltlich ganz harmlose Wortwechsel wenden möchte, weil sie sich seinen Ansprüchen nicht fügen, während er in einer Dramatik, wo es etwas bedeutet, das Drastischste ohne weiteres toleriert. Provozierend ist beispielsweise die Art, wie die Figuren über etwas reden, was sonst unzweifelhaft als ein tiefer Gedanke behandelt werden würde, den Vergleich der sich widersprechenden Berichte der vier Evangelisten über die Erlösung oder Verdammung der beiden Schächer. Entscheidend ist hier nicht, wie viele Interpreten es gesehen haben, das »Thema« selbst, sondern daß ein Thema, dessen Tiefe durch Tradition verbürgt ist, in den Rahmen eines Stücks eingeführt wird, das einen solchen Begriff von Bedeutung, wie das Thema ihn voraussetzt, gar nicht kennt, so daß die tiefe Diskussion qua Diskussion komisch wird und darum natürlich auch jede Interpretation, die sie als Diskussion eines bedeutenden Themas auffaßt. Von vornherein führt Beckett sie so vor, daß die Figuren, die mit dem »Problem« gar nichts anfangen können, ihre Beziehungslosigkeit zu den ehrwürdigen Inhalten dadurch ausdrücken, daß Wladimir nach dem Gegenteil von »erlöst« lange suchen muß, Estragon bei der Bezeichnung »Erlöser« noch einmal nachfragen muß, Wladimir, der vergessen hat, daß er eben noch Erlösung als Erlösung von der Hölle erläutert hat, plötzlich Estragon anfährt: »Ach was! Vom Tode«.[22]

Hatte Brecht sich schon gegen die Verkoppelung von »gehobenem« Darstellungsstil und »edlen« Gegenständen einerseits, volkstümlichen oder naturalistischen Darstellungsweisen und »niederen« Gegenständen andererseits gewehrt, indem er verlangte, daß man beides durcheinander mischen solle, beispielsweise eine Betrunkenheitsszene poetisch spielen, dem Volksstück »das hohe Ziel«[23] stecken solle, so hat er doch die Bedeutung des Theaters als Form selbst nie in Zweifel gezogen. Die Elemente der unliterarischen, vom offiziellen Theater verachteten Gattungen, die auch er als Kritik am »gehobenen« Stil aufnimmt, werden dadurch, daß sie ins Theater eingelassen werden, in gewisser Weise selber wieder »gehoben«, weil jenseits der Unterscheidung von hohen und niederen Stilebenen das Theater selber eine »hohe« Kunstform ist und sich gegen sich selbst wenden müßte, wenn es diese in ihm liegende, durch Kultur bestätigte Bedeutung abbauen wollte. Im Gegenteil beweist sich bei Brecht darin, daß sie selbst noch die »niederen« Inhalte und Formen aufnehmen kann, ohne fürchten zu müssen, daß sie sich dadurch selbst gefährdet und auflöst, die Macht der theatralischen Kunst: »Die Kunst vermag das Häßliche des Häßlichen in schöner Weise, das Unedle des Unedlen in edler Weise darzustellen, denn die Künstler können ja auch das Ungraziöse in graziöser, das Schwache in kraftvoller Weise darstellen. Die Gegenstände der Komödie, die das ›gemeine Leben‹ schildert, entziehen sich durchaus nicht der Veredelung. Das Theater hat die delikate Farbe, die angenehme und bedeutende Gruppierung, die originelle Gestik, kurz den *Stil* zur Verfügung, es hat Humor, Phantasie und Weisheit, um das Häßliche zu meistern. Davon zu sprechen ist notwendig, da unsere Theater nicht ohne weiteres geneigt sind, für Stücke, die Inhalte und Formen des Volksstücks aufweisen, so etwas Hohes wie Stil aufzuwenden.«[24] Es wäre durchaus denkbar, daß Brecht sich hier nur aus List auf den Stil beruft, um denen, die eigentlich etwas gegen die unliterarischen Formen haben, eine kulturvolle Rechtfertigung zu liefern, unter deren Vorwand sie sie dann doch akzeptieren können. Aber in jedem Fall sieht er die Kunst des Theaters als ein Bewältigen dessen, was prinzipiell als Gegensatz zu ihr betrachtet wird, während für Beckett das Theater wie Kunst generell es gerade nicht »meistert«. Das Provozierende an Becketts Stück liegt darin, daß für es nicht nur die Unterscheidung von Stilhöhen, sondern darüber hinaus das eigene Medium zu etwas wird, dessen Bedeutung nicht mehr fraglos ist; ihm wird die Vorstellung, wie wichtig das Publikum letztlich alles nimmt, was im Theater vorkommt, weil es im Theater vorkommt, zu etwas höchst Komischem, und darum wird es erst zu den Formen hingezogen, die literarisch nicht ernst genommen werden, die sich selbst nicht wichtig nehmen und sich deshalb auch gar nicht um Bedeutung bemühen. Brecht sieht die unliterarischen Formen unter dem Gesichtspunkt eines ihm selbstverständlichen literarischen Rahmens, nämlich so, daß er darin die Formkategorien des epischen Theaters findet; der Rahmen soll zwar verändert und erweitert, als Ganzes aber erhalten bleiben. Becketts Stück erschüttert den Rahmen, läßt das Theater überhaupt unter dem Gesichtspunkt von Varieté und Dick-und-Doof-Filmen sehen; es versucht weder, deren für die kulturbewußten Zuschauer anstößige Unvollkommenheiten als besonders vital auszugeben, noch sie zum Verschwinden zu bringen, indem es sie perfektioniert. Es ist aber sehr viel schwerer, im Medium des Theaters den im eigenen Medium liegenden Halt aufzugeben, ohne daß der Zuschauer sich dem entziehen und sagen kann, das sei ja alles unbedeutend und mißlungen, und ohne insgeheim doch wieder auf die vorgegebene Bedeutung der Form zurückzugreifen. Darin drückt dieses Stück zugleich ein allgemeines Problem der Kunst aus. Beckett ist einer der wenigen Autoren, bei denen die Erfahrung, daß Kunst heute sich selbst problematisch zu werden beginnt, die Adorno am Anfang der *Ästhetischen Theorie* so formulierte, nichts an ihr, nicht einmal ihr Existenzrecht, sei mehr selbstverständlich, gerade nicht zu der Reaktion führt, ihre Wichtigkeit zu betonen, um sie zu halten, oder ihren Halt darin zu suchen, daß sie etwas anderem, dessen Wichtigkeit fraglos scheint – und sei das auch nur die Kultur selber – dient. Beckett steigert vielmehr ihre eigene Unselbstverständlichkeit, die sonst in Kunstwerken meist unter der Oberfläche bleibt, so weit, daß sie sichtbar wird, worauf der Zuschauer mit einem Befremden reagiert, das er, als dessen Schwerverständlichkeit, dann auf das Stück zurückprojiziert. Verhält sich das Stück frei gegenüber der Autorität von Kultur, die im Theater von den aufwendigen Bühnenbildern bis hin zur Bühnensprache aus allem spricht, so sucht es auf der andern Seite auch nicht mehr die

Zuschauer damit zu beeindrucken. Die Zuschauer aber, die mit dem Bewußtsein ins Theater gehen, daß sie damit etwas durch Kultur per se Gerechtfertigtes tun, erfahren es als aggressiv, weil es ihnen diese Gewißheit nimmt, ihnen dabei aber auch die Einschüchterung durch das Imponierende der Form erspart. Das macht auch die außerordentliche Schwierigkeit für die Interpretation aus, die ja selber eine durch Kultur gerechtfertigte, sich selbst nie unselbstverständlich werdende Beschäftigung ist, die von ihrer Form her immer genötigt ist, sich an das zu halten, was sie als bedeutungsvoll ansehen kann, und deren Schwierigkeit mit diesem Stück darin besteht, daß sie hier eigentlich gar nichts findet, was zu interpretieren wäre. Die Ratlosigkeit kommt paradoxerweise nicht dadurch zustande, daß das Stück zuviel und zu tiefe Bedeutung enthielte, als daß zu wenig da ist, die Interpretation sich damit aber nicht abfinden kann – das würde für sie ja heißen, daß sie sich selbst aufgeben müßte – und stattdessen nun immer versucht, dem Stück aufzuhelfen, jeden Satz gewichtiger zu machen, als er ist, um überhaupt anfangen zu können.

Die Reduktion, der Becketts Stücke die Form des Dramas selbst unterwerfen, hängt auch mit der Erfahrung zusammen, daß man mit allem, was man im Theater macht – schon wenn man eine Figur auftreten und sprechen läßt – eine kulturelle Tradition zitiert, mit der jener Begriff von Bedeutung sich wieder durchsetzt. Darum mußten in diesem Stück die Handlung, die Kunst des Schauspielers, die dramatische Diktion abgebaut werden. Beschäftigt sich Becketts Drama gerade mit dem, was in der klassischen Ästhetik der Selektion zum Opfer fiel und was er selbst noch extremer »that whole zone of being that has always been set aside as something by definition incompatible with art«[25] genannt hat, so kann es um so eher davon noch etwas durchlassen, je mehr es von den Formelementen des Dramas fortläßt, je weniger zum Beispiel die Figuren noch handelnden Personen wie im traditionellen Drama ähneln. Mit den Figuren, die nichts haben, wovon sie sich tragen lassen, die auch nicht gesellschaftlich – zum Beispiel als Landstreicher – fixiert werden, kommt Beckett dem Alltagsleben näher als mit Charakterrollen. Das zeigt sich, wenn man die Art, wie Beckett am Anfang des Stücks Wladimir und

Estragon einführt, mit dem Auftritt von Pozzo vergleicht. Da
es Personen auf die Bühne bringen muß, ohne ihnen etwas
»Wichtiges« zum Handeln geben zu wollen, nimmt das Stück
ihren Auftritt selbst zum Ausgangspunkt; die dramatische
Form, die verlangt, daß zu einer Person um des Dialogs willen
eine weitere hinzutritt, ohne daß das hier irgendwie begründet
werden könnte, wird verinhaltlicht in einer Begrüßungsszene,
die das Obligate des Zusammentreffens absichtlich verdeutlicht: »Du bist also wieder da«[26], was man hier, da die Figuren
ja nur »da« sind, solange das Stück gespielt wird, auch so
verstehen kann: jetzt geht es also wieder los. Am Anfang des
zweiten Akts wird das noch gesteigert: »Du, schon wieder!«[27]
Der Auftritt wird von vornherein schon vorgeführt als Bestandteil eines oft gespielten, daher bekannten und langweiligen Repertoires, in dem hier ihr einziges »Leben« besteht. Es
gehört zum Repertoire, daß man den Auftritt als »bedeu-
tungsvollen Moment« zu behandeln hat; wenn im klassischen
Theater bestimmte Szenen festgelegte Bedeutungen hatten, so
wird hier die Bedeutung zu einer Art Requisit, das man wie
andere hervorzieht, ohne das Abgeleierte zu verbergen; so,
wenn Beckett eine Figur daran festhalten läßt, daß dieses
»Wiedersehen« ja gefeiert werden, die Begrüßungsgeste, die
ihr nach längerer Überlegung als hier passend eingefallen ist,
jetzt angebracht werden müsse, was die andere gereizt abwehrt. Daß sie auftreten müssen, da sie nun einmal Personen
eines Stücks sind, und bleiben müssen, bis der Vorhang her-
untergeht, wird zu einem nicht weiter durchsichtigen Zwang,
dem sie sich fügen, indem sie spielen, als genügten sie schlecht
und recht einer nicht gerechtfertigten Pflicht. Die eine Figur
zeigt das, indem sie sich mit komischer Rücksicht auf die
Würde, die das Erscheinen in einem Stück doch immerhin
impliziert, bemüht, wenigstens einen gewissen Begriff von
bedeutungsvollem Sprechen zu erfüllen, und bei jeder Gelegenheit allgemeine Sprüche macht wie: »Nur keine Nachlässigkeit in den kleinen Dingen«[28] oder »So ist der Mensch nun
mal: er schimpft auf seinen Schuh, und dabei hat sein Fuß
schuld«[29], in denen die klassischen Sentenzen vom Typ »Die
Axt im Haus erspart den Zimmermann« vollends albern werden, die andere durch ihre Gereiztheit ständig demonstriert,
daß sie am liebsten aus dem Stück verschwinden würde, ohne

es allerdings zu tun, oder es zu können. Es ist ein gegensätzliches Paar, das sich selbst bis in die Details als Bestandteile eines Repertoires vorführt, seine eigene Existenz als komisch, durch schlechte Tricks produziert, deutlich macht. Was viele Interpreten für ihre unterschiedliche »Charakterisierung« gehalten haben – der eine scheinbar lebenstüchtig, der andere hilfsbedürftig, der eine moralisch, der andere egoistisch, der eine ein »Intellektueller«, der andere vergeßlich und gierig –, ist gerade nicht Ausdruck von Individualität, sondern von einer Gefangenschaft in einem Muster, das beide zusammen darstellen; jeder Zug ist nur ein weiteres Bestandteil in dem sehr begrenzten Repertoire, und die in der aristotelischen Dramatik geforderte Konsistenz des Charakters heißt hier nur, daß bei passender und, weil man nun einmal nichts anderes hat, auch unpassender Gelegenheit, manchmal tickhaft, immer wieder diese Züge hervorgezogen werden: so, wenn Estragon sich wieder einmal nicht beherrschen kann und bettelt, Wladimir wieder einmal darüber empört ist, Estragon wieder einmal einschläft, Wladimir ihn wieder weckt, Wladimir wieder einmal Sprüche macht, Estragon wieder gereizt ist und so fort. Die exzentrischen Züge, die »Eigenheiten« der Typenkomödie hatten davon schon etwas vorweggenommen. Das Festgelegte, das gerade da deutlich wird, wo die Figuren, scheinbar »frei«[30], improvisieren, wird als solches zum Witz, dessen grausame Seite für den Zuschauer um so stärker hervortritt, je mehr dieser erwartet, im Theater Leben zu sehen. Der Zuschauer empfindet es als Gegensatz zum Leben, das er sich nach dem Maß einer großen Charakterrolle vorstellt, und wehrt den Gedanken ab, daß diese Figuren gerade dadurch, daß sie das Repertoirehafte betonen, statt Lebendigkeit vorzutäuschen, dem Leben näher kommen als zum Beispiel die Helden einer Tragödie mit Anfang und Ende. Beckett kommt es in der Entgegensetzung der Figuren gerade auf die Formalisierung an, die Möglichkeit, die Beziehung von Personen als einen Automatismus der Entsprechungen vorzuführen, in dem immer der eine so reagiert, wenn der andere so reagiert, ohne daß man wüßte, wozu diese Entsprechungen dienen; wenn Wladimir seinen Hut ausschüttelt, dann Estragon seinen Schuh ausschüttelt; wenn der eine ein Fußleiden hat, dann der andere ein Blasenleiden hat:

WLADIMIR Tut's weh?
ESTRAGON Weh! Er fragt mich, ob es weh tut!
WLADIMIR *aufbrausend:* Nur du leidest, nur du! Ich
zähle nicht. Ich möchte dich mal an meiner Stelle sehen.
Du würdest mir was erzählen.
ESTRAGON Tat dir was weh?
WLADIMIR Weh! Er fragt mich, ob mir was weh tat![31]

Wenn der eine, in einem »Beiseite« aus der klassischen Komödie, sein Leiden betont, muß der andere, ebenfalls in einem
»Beiseite«, das durch dieselbe Frage provoziert wurde, eben
seins betonen. Diese Formalisierung nimmt auch Leiden, Gefühle, menschliche Beziehungen nicht aus. Die Beziehungen
zwischen beiden sind durch wenige Regeln festgelegt, die sich
nach dem Maß des klassischen Theaters gegenseitig ausschließen: a) beide wollen lieber auseinandergehen, b) beide wollen
lieber zusammenbleiben; so stehen plötzlich die Diskussionen
über ihr Zusammenbleiben oder Auseinandergehen – Estragons Frage, »ob es nicht besser wäre, auseinanderzugehen«[32],
die schon so gestellt wird, daß dabei mitgesagt ist, daß es dazu
nie kommen wird, die aber trotzdem in Abständen immer
wieder auftauchen muß – auf derselben Ebene wie beispielsweise die regelmäßig, refrainartig wiederkehrenden Fuß- und
Blasenleiden, weil sie immer im Rahmen derselben, festgelegten Regeln verbleiben müssen. Unter dem Gesichtspunkt, daß
ihre Beziehung sich wie alles als Bestandteil eines Repertoires
zeigt, wird deren angenommene Wichtigkeit als »Thema«
gleichgültig, löst sich die Unterscheidung von »bedeutend«
und »unbedeutend« auf.
    Daß für Beckett hier commedia dell'arte, Varieté und ähnli-
che Gattungen wichtig werden, liegt nicht zuletzt darin, daß
das Formen sind, in denen die improvisierenden Schauspieler
mit ganz wenigen festgelegten Elementen auskommen müssen, die sie immer wieder durchspielen, was von sich aus schon
zu einer gewissen Formalisierung führt. Es sind Gattungen, an
denen niemanden stört, daß sie mit Verknüpfungen oder Mo-
tivierungen keinen großen Aufwand treiben. Jeder Gag wird
noch einmal verwendet, so daß eine Reihe entsteht, in der die
Wiederkehr selbst der Witz ist. Davon wird auch das bestimmt, was man »Geschehen« nennt; beispielsweise im zwei-

ten Akt, wo erst Pozzo hinfällt, dann Wladimir, der ihm wieder aufhelfen will; das ergibt ein Schema, nach dem natürlich auch der dritte fallen muß. Die Frage »Was haben sie bloß alle?«[33] ist ein Witz, weil sie nach einer Begründung fragt, die es in diesem dramatischen Genre, in dem es auf die reine Kettenreaktion ankommt, nicht gibt. Ähnlich ist es hier nicht verwunderlich, daß sie in einem Moment nicht aufstehen können, im nächsten aber mühelos; es geht eben, wie im Stummfilm; nach irgendwelchen geheimnisvollen Kräften kann man nicht fragen, und die an Schiller gemahnende pathetische Bemerkung: »Wollen, das ist alles!«[34] demonstriert nur, daß es hier eben nicht zugeht wie in einem Drama, in dem jede Handlung Ausdruck einer Entscheidung des »freien Willens« ist.

Werden die meisten Elemente im Stück mehrmals benutzt, so werden sie von vornherein schon so eingeführt, daß sie erscheinen wie alte Hüte. Daß man von einem Repertoire lebt, jeden Abend wieder neu, aber mit denselben Bestandteilen spielen muß, impliziert allein schon eine gewisse Sparsamkeit: man muß mit einer begrenzten Zahl auskommen, da man aber an einem ganzen Abend viel Zeit hat, ist man dazu gezwungen, aus ihnen möglichst viel zu machen. Sehr wenige Elemente müssen in diesem Stück paradox sehr viel leisten; wenn ein Dramatiker sonst in jedem Moment die Handlung weiterbringen soll, indem er etwas Neues einführt, demonstriert Beckett umgekehrt eine Technik des Streckens, in der das Prinzip des Ökonomischen sich überschlägt. Man hat von dem Motiv des Fallens länger etwas, wenn man nicht nur eine, sondern alle Figuren fallen läßt, woraus sich dann wieder das Aufstehen, Aufheben und Stützen von selbst ergibt. Das geht bis in einzelne Szenen; so, wenn Estragon eine gelbe Rübe essen will, Wladimir ihm erst einmal eine weiße gibt und dann, als er nach einer gelben sucht, eine weiße nach der andern aus der Tasche zieht, so daß das Finden der einzigen gelben schließlich auf die einfachste Weise zu einer Art von »dramatischem Höhepunkt« wird. Gegen jede dramatische Regel scheint es hier gerade darauf anzukommen, so lange wie möglich dieselbe Situation auszunutzen, die sich aus sich selbst heraus produziert; assoziiert man »dramatisch« mit Überraschung, so wird hier oft gerade von dem ausgegangen, was ganz besonders nahe liegt, und so schließlich die Gleichgültigkeit dessen, womit man weitermacht, gegenüber dem Weitermachen selbst demonstriert, auf das es ankommt. Das führt schließlich zu Wortwechseln, die von der reinen Bewegung formal aufeinander abgestimmter Rede und Gegenrede leben, denen ihr Material zum allerunwichtigsten wird, und die völlig ohne fixierte »Themen« auskommen. Das, was im traditionellen Drama Fortgang hieß, was für Becketts Stück aber auch nur die vorgegebene Lösung von darauf schon abgestimmten Verwicklungen, also ein Automatismus ist, reduziert sich hier auf die winzigen Variationen, mit denen die Elemente beim zweiten oder dritten Mal wieder auftauchen, ohne daß man für diese Variationen wiederum Gründe angeben könnte. Paradox steht der geringen Zahl der Elemente, deren Wiederverwendung von Mal zu Mal schwieriger werden müßte, geradezu eine Unerschöpflichkeit im Finden von Variationen gegenüber. So kann einmal Wladimir eine Umarmung vorschlagen, wobei Estragon gereizt abwehrt und Wladimir beleidigt ist; das läßt sich dann mit vertauschten Rollen durchspielen, indem Estragon – in einer Reihe von Zärtlichkeitsgesten, bei denen er Wladimir immer einen Schritt näher kommt – versucht, Wladimir gutzustimmen und ihn zu einer Umarmung zu bewegen, bei der er diesen wieder von sich stößt. Am Anfang des zweiten Akts wehrt Estragon Wladimirs Umarmung zunächst wieder ab, aber das klingt jetzt ganz anders: »Rühr mich nicht an! Nichts fragen! Nichts sagen! Bleib bei mir!«[35] Diesmal versucht Wladimir – diesmal aber umgekehrt, indem er ihn anbrüllt – Estragon zu einer Umarmung zu bewegen, die »*zitternd*« zustandegebracht und zu einer Umklammerung wird, nach der Estragon, der nicht mehr unterstützt wird, beinahe hinfällt. Kurz vor dem zweiten Auftritt Pozzos findet die Umarmung noch einmal statt, diesmal als eine obligate Versöhnungsgeste nach einer Beschimpfungsszene: »Wir wollen uns wieder vertragen! Gogo! Didi! Deine Hand! Da! Komm in meine Arme! Deine Arme? (...) An meine Brust! Also los!«[36]

In diesem Stück, in dem betont wird, daß Zeit vergangen ist, ohne daß es etwas Neues gegeben habe, wird dennoch alles viel weniger zur bloßen Wiederholung als in mancher Handlungsdramatik, die eine Entwicklung vorführt, durch die die Zeit verschwinden soll. Daß etwas zu einem Zeitpunkt anders ist als zu einem anderen schon weil es sich um einen anderen Zeitpunkt handelt, von dem aus kein früherer mehr erreichbar ist, so daß jeder unwiederholbar wird, zeigt Beckett aber gleichzeitig als Verbleiben in demselben Schema. Wenn »Veränderung« hier zum Beispiel darin besteht, daß der Baum im zweiten Akt Blätter hat und im ersten keine, so bleibt offen, ob das Veränderung ist oder Pseudoveränderung. Der vorsokratische Spruch wird von Estragon, nur noch als alte Kamelle, so formuliert, daß er der Verschiedenheit gerade Hohn spricht: »Man tritt nicht zweimal in denselben Dreck.«[37] Führt Beckett mit dem zweiten Paar ein Spiel ein, in dem es – im Unterschied zum ersten – Veränderung gibt, die sogar so weit geht, daß im zweiten Akt die Situation des ersten bis in die Details sich umkehrt, so besteht die Veränderung doch darin, daß bei jedem Auftritt des Paars die Elemente des Spiels abnehmen, die Figuren mit weniger auskommen müssen; und die Möglichkeit, bei jedem Mal wieder neue Gegenstände einführen zu können, die beim ersten Paar ausgeschlossen wurde, führt hier nur zu Ersetzungen wie der des alten, zertretenen Huts von Lucky durch einen neuen oder des Picknickkorbs mit Hühnerbein und Weinflasche durch einen Koffer voll Sand. Variation kann sich auch beim ersten Paar durch Wegfallen eines hier nicht zu ersetzenden Elements ergeben – im ersten Akt findet Wladimir unter lauter weißen noch eine einzige gelbe Rübe, die Estragon mit Genuß ißt, die es also im zweiten nicht mehr gibt, so daß Estragon, da es auch keine roten Radieschen mehr gibt, nichts ißt. Sogar daß der eine zum Vergessen neigt und der andere ihn erinnern muß, kann zum Mittel werden, eine Situation herzustellen, in der ein altes Motiv wieder etwas hergibt.

So wird alles in rein formale Abfolgen von Bewegungen und ihnen entsprechenden Gegenbewegungen einbezogen, aus denen das Stück konstruiert ist. Nachdem Estragon beispielsweise am Anfang mehrmals versucht hat, sich einen Schuh auszuziehen, zieht er ihn plötzlich aus; im folgenden läuft er mit nur einem Schuh herum. Nachdem Pozzo und Lucky abgetreten sind, stellt er, als sei die Lösung für ein Problem endlich gefunden, fest: »Didi! es ist der andere Fuß!«[38] Dann, während des Auftritts des Jungen, zieht er den anderen Schuh aus und stellt schließlich, als der Junge wieder weg ist, beide Schuhe *»nahe an der Rampe hin«*[39], wie zur Vorbereitung des nächsten Akts, in dem sie Anlaß zu Diskussionen darüber werden, ob es sich nun um Estragons Schuhe handelt oder nicht, und zu einer Szene, in der Wladimir Estragon, der natürlich barfuß auftreten mußte, erst den einen, dann den andern wieder anzieht. Beim zweiten Auftritt Pozzos und Luckys versucht er sie wieder auszuziehen, gibt aber ebenso auf wie nach dem zweiten Abgang von Pozzo und Lucky, bis nach dem zweiten Auftritt des Jungen, wo er sie schließlich auszieht und wieder an die Rampe stellt. Beckett sucht jede Bewegung auf der Bühne bestimmten Regelungen zu unterwerfen, sowohl die Zeitpunkte für dieses ständige An- und Ausziehen wie die Stellen im Bühnenraum einander entsprechend festzulegen, und indem er das prinzipiell für jedes Detail tut, scheint der Verlauf des Stücks sich nach einer komplizierten Geometrie zu richten, scheint wie auf dem Reißbrett alles vorgezeichnet. Beckett selbst deutete das an, als er davon sprach, das Ganze erinnere an ein Ballett; alles nimmt den Charakter von rein formalen Figurationen an. Indem Beckett weit über das traditionelle Drama hinaus alle Bereiche, die für das Theater eine Rolle spielen – nicht nur Sprache und Gestik, sondern auch die Bewegungen der Figuren auf der Bühne, die Choreographie, die Kostüme, die Kulissen usw. – einbezieht, vervielfachen sich die Möglichkeiten, Entsprechungen und Kontraste herzustellen, wird die Zahl der Details, die nach einer Regelung verlangen, sehr groß und das Stück, das doch die traditionellen Formelemente und »wichtigen« Ereignisse so sehr reduzierte, viel komplizierter als ein traditionelles Drama. So wird beispielsweise schon die Frage wichtig für das Stück, ob und wann die Figuren sitzen oder stehen; sie wird so geregelt, daß Wladimir außer einmal, wo er hinfällt, nie, Estragon aber häufig sitzt, wobei hier wieder der Gegensatz dramatisch ausgenutzt wird, daß Estragon erst lange sitzt und dann plötzlich aufsteht und zu allen vier Seiten des Bühnenraums geht. Beckett nimmt in die Konstruktion des Stücks selbst mit hinein, was sonst ein Regisseur bei einer Inszenierung jeweils erst festlegen muß. Es wird also gerade auch das geregelt, was bei einem Handlungsdrama nicht eigens geregelt zu werden brauchte. Das Problem für Beckett bestand nicht zuletzt darin, wie man Ordnung herstellen kann in einem Stück, das auf das verzichtet, was einem traditionellen Drama von selbst Ordnung garantierte, die Form einer Handlung, die hier als willkürlich kritisiert wird. Becketts Stück betont zugleich, daß auch seine Regelungen nicht ohne Willkür eingeführt wurden. Es drückt damit eine Problematik der Form aus, die Adorno so formulierte: »Gefühl für Formen belehrt über deren Problematik: daß Anfang und Ende eines musikalischen Satzes, ausgewogene Komposition eines Bildes, Rituale der Bühne wie Tod oder Hochzeit der Helden vergeblich sind durch Willkür: das Gestaltete honoriert nicht die Form der Gestaltung. Wird jedoch der Verzicht auf Rituale in der Idee der offenen Gattung – sie ist oft selber, wie das Rondo, konventionell genug – der Lüge des Notwendigen ledig, so wird jene Idee desto ungeschützter der Zufälligkeit konfrontiert.«[40] Beckett, der die traditionellen Bühnenrituale abbaut, zeigt in seinem Stück schließlich, wie auch die Organisation, die an deren Stelle tritt und in der nichts dem Zufall überlassen wird, als Ganze einen Aspekt des Bühnenrituals annimmt.

Michael Robinson
Das Theater

Becketts Ästhetik kreist um Scheitern. Schreiben ist Scheitern, ein selbstauferlegtes, notwendiges Urteil, denn der Mensch ist unbekannt und unerkennbar, seine Existenz eine logische Unmöglichkeit, umschlossen von Nichts. Er ist, aber er sollte nicht sein, und jeder Versuch, ihm eine Bedeutung zu verleihen, ist ein Akt des Glaubens, der schlecht ist, um ihn herum eine metaphysische Ordnung aufbaut, die es nicht gibt. Das ist die Qual der Situation Becketts. Als Schriftsteller verführt ihn die Sprache dazu, eine Bedeutung zu fixieren, wo es keine mehr gibt. Er braucht nur die erste Person Singular des Verbs »sein« hinzuschreiben, und schon hat er die fragwürdigste aller Hypothesen aufgestellt. Becketts Romane beruhen auf einer tiefen Verzweiflung an der Sprache, weil man Worten nicht so weit trauen kann, daß sie ein Werkzeug in der Hand des Künstlers bleiben. Sie haben ihre eigene, organische Existenz, die den Versuch, von *nichts* zu sprechen, als wäre es *etwas*, von Anfang an schon durch einen Verrat zu verhindern droht. Sie entwickeln ihr eigenes System, fangen Geschichten an und legen Bedeutungen fest, so daß das *etwas* selbständig zu existieren beginnt. Am Ende der Trilogie ist die Dichotomie, von der Beckett in den *Drei Dialogen* spricht, der Zwang, schreiben zu müssen, und die Tatsache, daß es nichts zu schreiben gibt, nicht mehr zu versöhnen. Immer wieder ist der Held gezwungen, seinen Worten jede gültige Bedeutung abzusprechen: Beckett ist in der Leere allein mit einer Stimme, die sich selbst nie kennen kann, die sich finden muß, dafür nur Worte hat und doch mit jedem Wort lügt, das sie sagt.

Becketts Entschluß, sich dem Theater zuzuwenden, ergab sich aus dieser Situation, und rückblickend – das jüngste Beispiel *Wie es ist* bestätigt es – erweist es sich als die einzige Richtung, in der noch eine Entwicklung möglich war. Im Drama lag noch die Chance, die beiden entscheidenden Probleme, an denen die Romane scheiterten, nämlich das Mißtrauen gegenüber der Sprache und das Bedürfnis, wahrgenommen zu werden, lösen zu können. Denn das Theater ist mehr als Sprache. Gefragt nach dem Widerspruch, der sich notwendig ergeben muß, wenn man in der Überzeugung weiterschreibt, daß die Sprache keine Bedeutung vermitteln kann, antwortete Beckett: »Was soll man machen? Es sind Wörter; es gibt nichts anderes.«[1] Im Roman ist das so; es ist die grausame Wahrheit, mit der die Trilogie endet; aber das Drama ist keinen solchen Beschränkungen unterworfen. Im Theater oder wenigstens in der Tradition des Theaters, an die Beckett sich anschließt, ist die Sprache nur ein Vehikel unter vielen, und nicht das wichtigste. Die ganze Bedeutung einer Aufführung schließt Mimik, Pausen, Dekor und vor allem Handlung ein, das, was ein Publikum wirklich vorgehen sieht. Das verspricht eine verläßlichere Realität als ein subjektiver, in Isolierung geschriebener und gelesener Monolog: Vielleicht kann auf der Bühne die Realität hinter den Worten enthüllt werden, und zwar durch die Handlung, die oft der buchstäblichen Bedeutung der Worte zuwiderläuft. Man betrachte zum Beispiel die Regieanweisung, die beide Akte von *Warten auf Godot* abschließt:

ESTRAGON Also? Wir gehen?
WLADIMIR Gehen wir!
Sie gehen nicht von der Stelle.[2]

Das Theater gibt Beckett eine doppelte Freiheit; die Möglichkeit, die leeren Räume zwischen den Worten zu erforschen, und die Fähigkeit, für die Unverläßlichkeit der Sprache visuelle Bestätigungen geben zu können.

Das Theater ist auch eine Methode der Kommunikation, einmal zwischen Schauspieler und Publikum und zum andern – wenn zwei Schauspieler da sind – zwischen diesen selbst. Die auf die einsame Stimme ihres Protagonisten reduzierte Welt von *Der Namenlose* brachte das Bedürfnis nach einem anderen hervor, nicht nur, wie es scheint, um den Helden in Zeit und Raum zu fixieren, sondern auch, um für echte Kameradschaft zu sorgen: ». . . das Bedürfnis überkam mich, daß jemand bei mir wäre, irgendjemand, sogar ein Fremder, mit dem man sprechen könnte, man stelle sich vor, er hörte mich, Jahre davon, und dann, jetzt, nach jemandem, der mich kannte, in den alten Tagen, irgendjemand, der bei mir wäre, man stelle sich vor, er hörte mich, was ich bin, jetzt.«[3]

Wenn auch die grundsätzliche Isolation der sprechenden Stimme sich nicht ändern mag, so ist doch ihr Bedürfnis, sich gehört zu fühlen, unleugbar geworden. In *Glückliche Tage* ist der schweigende Willie notwendig. Obwohl man nur seinen Hut sieht, muß er doch da sein, um Winnie zu helfen. Die Liebe, die es zwischen ihnen gegeben haben mag, ist unwichtig, wichtig ist nur die Tatsache, daß Winnie, wenn sie – wie oft bei Beckett – eine Person durch das Medium des in Worte übertragenen Denkens ist, Ohren haben muß, um jene Worte aufzunehmen. Jede andere Situation wäre absurd. Außerdem braucht sie seine Gesellschaft, wenn sie ihre Illusion des Glücks aufrechterhalten soll: »(. . .) nur zu wissen, daß du mich theoretisch hören kannst obwohl du es praktisch nicht tust ist alles was ich brauche, nur zu fühlen daß du da in Hörweite und womöglich auf dem Quivive bist ist alles was ich verlange«[4]. Sie fürchtet wie alle andern Figuren der Stücke den schrecklichen Zusammenbruch in Schweigen und Ungewißheit, der stattfinden würde, wenn sie allein wären. Ihr Vermögen zu existieren hängt von einem andern ab, den sie in schamloser Sucht als eine Barriere gegen die Leere benutzen, ohne sich darum zu kümmern, was der andere hört oder sagt, solange er das schreckliche Eindringen der Nichtigkeit verhindert. Darüber hinaus bleibt – obwohl das Gegenteil evident scheint – die Hoffnung, daß, wenn Personen nebeneinandergestellt werden, die eingeschlossenen Ichs vielleicht wenigstens aufblühen wie das Wunder der Proustschen Erinnerung, daß Kommunikation möglich sein wird und mit ihr eine Chance, daß das Ich, real und unteilbar, schließlich erscheint. *Warten auf Godot*, das Drama der Nicht-Kommunikation, hängt von der Spannung ab, es werde vielleicht nicht immer so sein, etwas Verbindliches, das die wartenden Landstreicher erlösen wird, werde gesagt werden – vielleicht durch das Kommen Godots selbst. Diese Situation ist wesentlich dramatisch, denn durch die Forderungen, die sie aneinander stellen, leben die Figuren im Konflikt. Die Paare in den Stücken, Wladimir und Estragon, Pozzo und Lucky, Clov und Hamm sind fest aneinander gebunden wie Ulysses und Diomed oder Ugolino und Roger in *Das Inferno* (»Das ideale Paar. Wie Dantes Verdammte, die Gesichter abgewandt, daß die Tränen über unsern Hintern fließen«[5], sagt Mrs. Rooney), und ihre Beziehungen sind komplex. Manchmal das ewig quälende und gequälte Paar, erweisen sie andern rührende Zärtlichkeit und Mitleid. Durch Einsamkeit werden sie zusammengebracht – sogar der Oberlehnsherr Pozzo braucht Gesellschaft: »Sehen Sie, meine Freunde, ich kann nicht lange auf die Gesellschaft von meinesgleichen verzichten«[6] –, nur um sich in einer gegenseitigen Abhängigkeit, die sie verzweifelt gern brechen würden, gefangen zu finden. Das ist jedoch, zumindest in den ersten Stücken, eine Erweiterung der Welt der Romane, und zwar eine, die, trotz immer noch sehr großer Begrenzungen, einen neuen Bereich des Möglichen hinzubringt, über den auch Beckett selbst sich ausgesprochen hat: »Hamm wie er dasteht und Clov wie er dasteht, zusammen wie es dasteht (...) an solch einem Ort und in solch einer Welt, das ist alles, was ich bewältigen kann, mehr als ich konnte.«[7] Eine schöpferische Form stellt jedoch ihre eigenen Bedingungen. Die Wendung zum Theater zog Beckett in eine ganz andere Disziplin hinein, die er vorher noch nie aufgegriffen hatte, und sein Erfolg hing sowohl von dem Gebrauch ab, den er von dieser Form machte, wie von den Themen, die er ihr hinzubrachte. Im ersten Teil dieses Kapitels[8] wird daher versucht, das gegenseitige Sich-Durchdringen von Form und Sujet zu verstehen – besonders in *Warten auf Godot* –, denn wo beide so genau korrespondieren wie bei Beckett, hängt der Inhalt vom Diktat der Form ab.

Wie die Romane reduzieren auch die Stücke die historischen und die formalen Elemente ihrer Gattung auf das Wesentliche. *Waiting for Godot* bietet dem Publikum eine Plattform, die Bühne, die eine Landstraße darstellen soll, einen Baum (der später als eine Trauerweide identifiziert wird, aber leicht mit einem Busch oder Strauch verwechselt werden kann) und eine Tageszeit, Abend. Das ist alles, was man braucht: Reichtum ist Verschwendung. Die öde Gegend, hell beleuchtet vor dem Publikum, könnte irgendeine Straße sein, irgendein Baum, irgendein Abend, aber ohne Menschen scheint sie besonders kahl: Der Mensch ist nötig, damit die Szene vollständig ist. Die beiden, die auftreten, als Landstreicher gekleidet und unsicher, ob sie an der richtigen Stelle angekommen sind oder nicht, bringen ein paar Dinge mit, Stiefel, Möhren, Bowler-Hüte und ein Stück Strick. Sie sind die Schauspieler, dazu abkommandiert, die nächsten zwei Stunden zu verbringen unter Zuhilfenahme jeder Form von Improvisation, bei der sie die vorhandenen Gegenstände verwenden können oder auch nicht. Das Publikum akzeptiert die Situation und wartet wie die Landstreicher darauf, daß etwas passiert. Was das ist, kann nicht explizit gesagt werden, aber als einer von ihnen sagt: »Wir warten auf Godot«[9], stellt das das Publikum für eine Weile zufrieden. Beide Seiten sind eingeschlossen in das Hölzerne O des Theatralischen, das auf Erwartung beruht. Das Theater ist eine klare Reflexion der Obsession Becketts vom Warten auf ein Ende oder vielleicht auf ein Ereignis; auf das Kommen Godots, auf das Auftreten Lears mit der toten Cordelia im Arm oder auf Ödipus' Heraustreten aus dem Palast mit blutigen und blinden Augen.

Während der Held, der die Handlung verwandeln wird, von der Bühne wegbleibt, helfen die Landstreicher dem Abend mit den Mitteln des Varieté weiter: der schlüpfrigen Erzählung, den herunterfallenden Hosen, einem Lied und ein wenig mißlungener Clownerie. Wie im Varieté sprechen sie über das Publikum (»Dieser Sumpf«, sagt Wladimir) und beziehen es einmal in die Handlung ein:

> ESTRAGON Lauschiges Plätzchen. *Er dreht sich um, geht bis zur Rampe, blickt ins Publikum.* Heitere Aussichten! *Er wendet sich Wladimir zu.* Komm, wir gehen!
> WLADIMIR Wir können nicht.
> ESTRAGON Warum nicht?
> WLADIMIR Wir warten auf Godot.[10]

In diesem Wortwechsel, in dem zum ersten Mal Godot erwähnt wird, hält die Technik des Varieté das Publikum nicht nur in der Abendunterhaltung fest, sondern auch in dem allgemeinen Zustand des Wartens außerhalb des Theaters, den das Stück reflektiert. Wladimirs »Wir« bezieht sich auf Zuschauer und Schauspieler zugleich (der Satz »On attend Godot« im französischen Text ist umfassender) und setzt von Anfang an beide in derselben peinvollen Lage fest. Diese miteinander geteilte Lage, die der Kommentar der Landstreicher über die Handlung zeigt, nicht wahrzunehmen, heißt, die umfassende Bedeutung und das umfassende Bild des Stücks zu begrenzen und zu gefährden. Es gibt kein Entkommen. Die

Landstreicher erinnern das Publikum daran, daß das, was sie heute abend sehen, nicht einmalig ist; daß hier auch gestern abend eine Vorstellung gegeben wurde: »Was haben wir gestern getan? . . . Ich meine, daß wir hier waren«[11], und daß die Unterhaltung heute abend nicht die letzte ist:

ESTRAGON   Und wenn er nicht kommt?
WLADIMIR   Kommen wir morgen wieder.
ESTRAGON   Und dann übermorgen.
WLADIMIR   Vielleicht.
ESTRAGON   Und so weiter.[12]

Jeden Abend fangen sie wieder an, machen neue Versuche und wiederholen das Scheitern von heute abend, ein Scheitern, das sich nicht als bloße Unterhaltung abweisen läßt, weil es die Realität des Lebens hat. Und diese Realität wird nicht als eine photographisch genaue Darstellung von Leben vermittelt, sondern in dem, was eine Aufführung ihrem Wesen nach ist. Nicht nur die Landstreicher sind jeden Abend hier, sondern auch ein Publikum – irgendein Publikum, es kommt nicht darauf an – gesellt sich freiwillig zu ihnen und wartet so darauf, daß seine Zeit vergeht.

In einem Augenblick in *Warten auf Godot* scheint diese wechselseitige Erwartung vom Charakter des Improvisierten befreit zu werden, nämlich durch den Auftritt Pozzos. Hier, so sieht es aus, ist der wirkliche Schauspieler, eine imponierende Gestalt, die, wenn sie ihren Auftritt hat, sich dessen Wirkung bewußt ist und nichts von der schüchternen Unsicherheit und Unschlüssigkeit der Landstreicher hat. Die Bühne betretend deklamiert er:

POZZO   *mit schrecklicher Stimme:* Ich bin Pozzo! *Schweigen.* Der Name sagt Ihnen nichts? *Schweigen.* Ich frage Sie, ob der Name Ihnen nichts sagt?[13]

Bei seinem ersten Auftritt hat Pozzo keine Zweifel; er weiß, wer er ist, und die Zuschauer, die ihn, wie die Landstreicher, wahrscheinlich mit Godot verwechseln, glauben, das Warten werde nun aufhören. Denn ein paar Minuten hält er die Illusion aufrecht. Mit Hilfe seines Zerstäubers rezitiert er eine Rolle, die das Hereinbrechen der Nacht beschreibt. Das ist die wahre Vorstellung, geduldig einstudiert und geprobt und oft gesprochen, die nichts den improvisierten Passagen verdankt, die früher am Abend geboten worden sind. Sie ist lyrisch, prosaisch und mit Tremolo vorgetragen, verwendet dramatische Pausen und eine Reihe akzeptierter theatralischer Gesten (*»er hebt mahnend die Hand«, »er hebt die Augen zum Himmel«*[14]), um ihre Wirkung zu erhöhen. Nachher fragt der Künstler sein Publikum, das hier durch Estragon und Wladimir repräsentiert wird: »Wie fanden Sie mich?«, dankt ihnen für ihren automatischen Enthusiasmus und räumt ein: »Ich fiel etwas ab gegen Ende. Haben Sie es nicht gemerkt?«[15] Die allgemeine Wirkung war jedoch enttäuschend; wie Wladimir sagt: »Es ist kein reines Vergnügen.«[16] Pozzo ist nicht Godot, wie der zweite Akt klarmacht. Der Abend ist nicht gerettet, denn Pozzo braucht die Landstreicher, wie die Zuschauer jene brauchen und Lucky ihn braucht; es ist wieder eine jener Ketten von Ursache und Wirkung, die seit *Murphy* die Freiheit des Individuums beherrscht haben. Die abstumpfende Wiederholung von Dialog und Handlung wird in der theatralischen Situation selbst demonstriert. Wenn die Schauspieler durch die Notwendigkeit, gesehen zu werden, gezwungen werden, sich immer wieder, Abend für Abend, dem Publikum zu stellen, dann kommt das Publikum – für einen Augenblick der Tyrann oder Zeuge –, weil auch es gezwungen ist zu warten. Und wenn im Verlauf des Abends irgendein Fortschritt gemacht wird (wie zum Beispiel Estragons Entdeckung eines neuen Paars Stiefel), führt der nächste Abend sie wieder auf denselben Punkt des Kreises zurück.

Diese Entsprechung zwischen dem Leben auf der Bühne und dem Leben im Publikum hat noch einen Nachklang. In *Endspiel* spielt Hamm – wie der Name impliziert, ein »ham actor«, ein Schmierenschauspieler – gewisse festgelegte Reden, die nach Plan in bestimmten Abständen im Laufe des Abends gesprochen werden sollen. »Ich rüste mich zum letzten Monolog«[17], fährt er Clov an, der seine Absicht mißverstanden hat. In diesen Reden, in denen er rhetorische Effekte benutzt wie Pozzo und Mr. Rooney, kommt es Hamm nicht auf die Wahrheit dessen an, was er sagt, sondern auf den Stil, in dem die Geschichte erzählt wird. Wie in *Malone stirbt*, wo die wechselnden Gefühle des Autors gegenüber seinem Material in den Text hineingeschrieben sind, murmelt Hamm hier: »Schöne

Stelle«, »Ja, das ist gutes Deutsch«, »Schwache Stelle«[18]; und sucht wie Malone nach Genauigkeit des Ausdrucks. Hamms Erzählung, die die letzten Stadien des Lebens auf der Erde beschreibt, ist ein Versuch, das Leben vor der Bedeutungslosigkeit zu retten, indem er es in die Dauer der Kunst verlegt, obgleich er sich gleichzeitig bewußt ist, daß sein Versuch vergeblich ist: »Sie reicht nicht mehr lange, diese Geschichte. *Pause*. Es sei denn, ich führte andere Personen ein.«[19] Die Aufführung ist wieder ein Spiel, und Hamm, Pozzo oder Krapp mit seinem Tonband sehen und hören sich spielen im Bewußtsein, daß sie nur mit der Unterhaltung von jemand anderm beschäftigt sind: »Warum diese Komödie, jeden Tag? – Der alte Schlendrian.«[20]

In dieser Dimension besteht Leben für Beckett in So-tun-als-Ob. Die Schauspieler auf der Bühne enthüllen die Realität selbst als ein So-tun-als-Ob oder ein Spiel: Sie führen im Ernst auf, was das Publikum lebt, einen langen Zeitraum, der bestenfalls mit Unterhaltung gefüllt wird.

In einem ihrer Wortwechsel am vorrückenden Abend führen Wladimir und Estragon das Vorbild für ihr Theater ein:

WLADIMIR Reizender Abend.
ESTRAGON Unvergeßlich.
WLADIMIR Und noch nicht vorbei.
ESTRAGON Es sieht so aus.
WLADIMIR Es fängt erst an.
ESTRAGON Es ist schrecklich.
WLADIMIR Wie im Theater.
ESTRAGON Im Zirkus.
WLADIMIR Im Varieté.
ESTRAGON Im Zirkus.[21]

So, wie sie gekleidet sind, ist ihre Affinität zum Clown deutlich; und indem Beckett sich dem Theater zuwendet, führt er seinen Helden in dessen natürliche Umgebung zurück. Es scheint eine eigenartige Gerechtigkeit in diesem Heimkehren zu liegen, denn – so scheint es zumindest – der Held ist jenem Wissen von der Realität und dem Sein, nach dem er sucht, näher als je seit *Watt* und *Molloy*. In seinem hellsichtigen Essay über Becketts Stücke bemerkte Robbe-Grillet: »Demnach waren all diese Kreaturen, die vor unseren Augen vorbeigezogen sind, im Grunde nur dazu da, um uns irrezuführen; sie besetzten die Sätze des Romans und traten an die Stelle jenes ungreifbaren Wesens, das sein Erscheinen immer wieder verweigert, an die Stelle des Menschen, der seine eigene Existenz nicht wiedererlangen kann, dem es nie gelingt, präsent zu sein.«[22]

Plötzlich, im Theater, ist dies alles anders, denn was immer der Wert des introspektiven, explorativen Monologs sein mag, nur das Theater gibt die aktuelle, physische Realität des Menschen, oder, wie Heidegger sagt, seine Bedingung, *da zu sein*, auf natürliche Weise wieder:

»Die Theatergestalt *ist auf der Bühne*, ihre wichtigste Eigenschaft ist: sie ist *da*.«[23] Was *Warten auf Godot* vorführt, ist genau dies; zwei Männer, die eines Abends an einer Landstraße haltmachen. »Du hast uns doch gut gesehen, nicht wahr?«[24] fragt einer von ihnen den Jungen, der angeblich von Godot selbst kommt; sie haben ihre Verabredung eingehalten, sie waren da.

Jede Interpretation, die nicht von dieser grundlegenden Gewißheit ausgeht, auf ihr besteht und am Ende zu ihr zurückkehrt, lenkt von der Absicht dessen ab, was wir sehen, einer komplexen Metapher, die unerklärbar ist wie das Leben und die nur von den archetypischen dramatischen Bildern gestützt wird, die sie verwendet. *Warten auf Godot* wird von den Traditionen des Theaters genährt. Durch die begrenzte Zahl seiner Schauspieler, seine Krisis (Pozzos Blindheit und Luckys Stummheit) außerhalb der Bühne und die Erwartung eines *deus ex machina*, der in diesem Fall nicht erscheint, erinnert es an das griechische Theater, so wie *Endspiel* in einer auf Shakespeare bezogenen Welt gespielt wird. Mit dem symbolischen Baum im Hintergrund und dem rituellen Tanz, dem Netztanz, der von Lucky vorgeführt wird, weist es auch Elemente des japanischen No-Spiels auf, aber der überzeugendste Einfluß ist die Tradition des nichtliterarischen Theaters. In *Peer Gynt* löst der Held die Lagen einer Zwiebel ab, die für ihn das menschliche Lebewesen repräsentieren, dessen Wesen er sein ganzes Leben lang gesucht hat: Er findet nichts. *Warten auf Godot* beginnt in der Mitte der Zwiebel und bleibt dort, vor allem, weil es sich auf die universale Bedeutung des Landstreicher-Clowns gründet.

Wie wir schon bemerkt haben, läßt sich die Tradition des Clowns auf dieselben Ursprünge zurückführen wie sein augenscheinlich respektableres Gegenstück, die Tragödie. Das Theater ist aus einer populären Erbschaft entstanden, die gleichzeitig religiös und anstößig war: Tod und Verklärung des Jahrgotts Dionysos, zelebriert von einem Chor von Anbetenden, die bei einer offen phallischen Unterhaltung in ihrem Rausch oft ihre Weisheit und ihr Wahrnehmungsvermögen verloren. Seit der Zeit, als die populären Riten und Feste der hellenischen Welt in die bleibende Struktur des griechischen Dramas übertragen wurden, haben zwei Stränge, der literarische und der unliterarische, unter dem übergreifenden Titel »Theater« nebeneinander bestanden. Man nimmt gewöhnlich an, daß das literarische Theater sich aus Äschylus entwickelte und sich die ernsten, moralischen und religiösen Elemente der alten Feste einverleibte, während sich die populäre Tradition die physischen, schlüpfrigen und farcenhaften Elemente aneignete und folglich von geringerer Wichtigkeit war. Dennoch hat jedes seine eigene Gültigkeit, und obwohl manchmal der eine, manchmal der andere Strang überwogen hat, werden jene Zeitalter zu den größten gerechnet, in denen man beide vollkommen miteinander verschmelzen sehen kann. Ein solches Zeitalter war das Shakespeares, das um seiner Weite und Vitalität willen die Tradition des Gauklers, des Clowns, des Akrobaten und des Narren in sich hineinzog. Zudem hat diese populäre Tradition außerhalb des Schauspielhauses den schwierigen Übergang des Dramas aus der antiken in die moderne Welt gesichert, als es ihr literarisches Gegenstück nicht mehr gab. In diesem Übergang vom römischen Mimus zum mittelalterlichen Drama und weiter zur *Commedia dell' arte* blieb es seinen archetypischen Anfängen nahe. Deshalb haben individuelle Dramatiker wie Plautus und Molière in dieser Tradition eine Quelle gesehen, die die oft erschöpften Formen, mit denen sie arbeiteten, wieder beleben konnte. Dieser anarchische Rand wurde von einer beispiellosen Kraft seines literarischen Gegenstücks gelegentlich jedoch gezwungen, in Bereichen des Theaters Unterschlupf zu suchen, die mißverständlicherweise »illegitim« genannt wurden, dem Zirkus, dem Varieté und dem Boulevard. Beckett und die anderen Dramatiker des Absurden nahmen aus diesen Quellen ihre

Formen, weil sie der Sprache besonders dann mißtrauten, wenn diese – wie beispielsweise in der modernen Tradition des »gut gemachten« Stücks – in der Illusion der Unfehlbarkeit gebraucht wurde. In dem Bemühen um eine neue Reinheit und den Vorrang des Bildes haben sie jüngst die verlorene Einheit des Theaters wiederhergestellt, eine Einheit, in der sich das Religiöse wieder mit dem Aufsässigen verbindet, um dem Menschen seine elementare Realität vorzuführen.

Becketts Vorliebe für das reine, nicht-literarische Theater zeigt sich in der besonderen und allgemeinen Struktur seiner Stücke. Luckys berühmte Rede mit ihrem Durcheinander von Wissensbrocken erinnert an den Doktor in der alten Farce, während die Improvisation der beiden Landstreicher an die endlosen semantischen Spekulationen und Mißverständnisse der *Commedia dell'arte* denken läßt. Ähnlich klingt in den Paaren, die leiden und leiden lassen, die Einfachheit der ewigen dramatischen Typen, Vater und Sohn, Herr und Knecht, König und Sklave oder, wenn man will, Punch und Judy nach, und jeder hat sein eigenes Versatzstück zu spielen, einen exakten und gutgeprobten *lazzo*, wie das Austauschen von Hüten in *Godot* oder Clovs wiederholte Fehlschläge mit Leiter und Fernrohr. In den Stücken werden die endlosen sprachlichen Permutationen der Romane durch ebenso pedantische und mechanische physische Permutationen ersetzt. Wenn die Sprache sich selbst durchzusetzen droht, werden ihre Prätentionen durch Geschwätz zerstört. Manchmal wirkt das Geschwätz in der Sprache wie in Pozzos aufgeblasener Rede, die am Anfang vorgibt, sie sei die definitive Rede, die zu hören wir ins Theater gekommen seien: Nachdem er sein Publikum auf einen Höhepunkt der Erwartung geführt hat, kann er die Illusion nicht mehr aufrechthalten und schließt düster: »So geht es eben auf dieser verfluchten Erde.«[25] Häufiger jedoch ist das Geschwätz rein physisch und oft widerlich. Es läßt aus den Platitüden und den Gefühlsäußerungen, mit denen die Figuren ihre Isolation ummänteln, die Luft heraus, wie zum Beispiel hier, wo Wladimir und Estragon aus Gewohnheit und der Langeweile ihrer Lage eine Versöhnung versuchen:

ESTRAGON (. . .) *berührt Wladimirs Schulter.* Hör mal, Didi. *Schweigen.* Gib mir die Hand. *Wladimir wendet sich ihm zu.* Umarme mich! *Wladimir sträubt sich. (. . .) Sie umarmen einander. Estragon weicht zurück.* Du stinkst nach Knoblauch.

WLADIMIR   Ist gut für die Nieren. *Schweigen. Estragon betrachtet aufmerksam den Baum.* Was sollen wir jetzt machen?

ESTRAGON   Warten.[26]

Das Geschwätz führt sie auf die schmerzhafte Ebene der Realität zurück, von der aus sie noch einen »kleinen Galopp« mit demselben Ausgang beginnen. Das ist die Waffe des Clowns, der würdelose, zeremonielle Zusammenbruch der menschlichen Prätention, ein Einebnen vom Senkrechten zum Waagerechten. Im zweiten Akt von *Godot* stolpern die Landstreicher und Pozzo und Lucky, fallen hin und bilden so in der Mitte der Bühne einen Haufen Körper. Es ist das universale Geschwätz, eine grobe, lärmende Erinnerung an Jarrys *Ubu Roi*, wo der Herr mit seinem Knecht am Boden liegt und die Landstreicher hinzukommen, von denen Pozzo im ersten Akt ironisch bemerkte: »Sie sind aber doch menschliche Wesen. Von derselben Gattung wie Pozzo! Göttlicher Abstammung!«[27] Und da es unwahrscheinlich ist, daß die Zuschauer im Theater sich an diese frühere Bemerkung erinnern, wiederholt Beckett absichtlich ihre Bedeutung noch einmal und betont so, daß auch diese Personen zu dem gehören, was sie sehen. Es ist schließlich eine Ankunft, wieder eine der nicht häufigen Gewißheiten in der Unterhaltung dieses Abends.

WLADIMIR   Wir sind schon da.

POZZO   Wer sind Sie?

WLADIMIR   Wir sind Menschen.[28]

Abgelöst von Geschichte und Gesellschaft haben Wladimir und Estragon Zeit, Menschen zu sein. Obwohl sie genau individualisiert sind, ihre eigene Vergangenheit haben und in der Gegenwart mit den üblichen Problemen von Landstreichern – was sie essen, wo sie schlafen sollen (Wladimir bewundert Estragon, weil er einen guten Graben gefunden hat), mit Schlägen und dem Zustand ihrer Stiefel – beschäftigt sind, erreichen sie eine allgemeine Dimension. Wie Edgar und der Narr, die Lear zum innersten Kern der Dinge führen, von wo er seine Vision des unbehüteten Menschen empfängt, geben sie einen Kommentar zum Leben und eine Definition des Menschen: die Menschheit gesehen in ihrem Rückstand, entblößt von »Talar und Pelz«, die alles bergen[29], und so der Betrachtung ihrer selbst überlassen. Wie die Leistung Shakespeares liegt die Becketts darin, diese grausame Komödie mit der Sphäre des Mythos und der Religion verbunden zu haben.

Hier wird vielleicht die seit langem gespürte, aber dunkle Bedeutung von *König Lear* für das Drama des Absurden klar. Auf ihre Weise sind *Lear* und *Godot* komisch; das macht ihr Pathos erträglich. Die Späße des Narren und Glosters »Selbstmord« sind ähnlich grotesk wie die Erwartungen der Landstreicher, die im »Geschwätz« enden. Aber spezifischer: In den Heideszenen, wo der alte König und seine Begleiter die Mitte der Verzweiflung erreicht haben, flüchtet es in die gequälte Unlogik des Clowns, den gefährlichen Bereich, in dem man so viele zeitgenössische Literatur finden kann. Mit den Worten von Günther Anders: »Die Farce scheint zum Refugium der Menschenliebe geworden zu sein; die Komplizenhaftigkeit der Traurigen zum letzten Trost.«[30] Tragisch ist *Lear* am Ende, wo der gestrafte und durch Leid weise gewordene König mit Cordelia nur vereint wird, um sie wieder zu verlieren; aber in den zentralen Szenen, wo sich die Sprache von der Logik und vom diskursiven Denken löst und sich in Verzweiflung auf die begriffslosen Fragmente des poetischen Bildes zubewegt, nimmt das Drama die tragikomische Situation von Becketts Theater vorweg: »Jene geheimnisvolle Situation, vor der wir, wenn auch mit Grauen, lachen. Wir lachen, aber wir sind gelähmt vor Grauen. Wir lachen, aber unsere Augen sind feucht.«[31] Die Lage löst das erstickte Lachen aus, von dem Kant schreibt, es sei das Ergebnis einer Erwartung, die plötzlich in nichts ausgeht. Sowohl *Lear* wie *Godot* sind gesättigt von diesem Nichts, einer Leere, die vor den Figuren abnimmt. In Cordelias Antwort verstärkt es die Tragödie Lears; der Narr rät dem König, mit ihm zu leben; und als Edgar plötzlich aus der Hütte hervorkommt, begrüßt Lear »das Ding selbst«[32] mit einer Kette von Negativa. In *Godot* wirbelt es umher wie Nebel, unfaßbar zwischen den Sätzen, bestätigt sich in jeder Pause und bemächtigt sich der Landschaft und der Menschen in ihr: »Man kann es nicht beschreiben«, sagt Wladimir von dem Ort. »Es sieht nach nichts aus.«[33] Nur der Clown, so scheint es, hat die Fähigkeit, in diesem Zustand zu existieren. »Kannst du von Nichts keinen Gebrauch machen, Gevatter?«[34] fragt der Narr Lear, der, noch unwissend, antwortet (wie auch jenes heruntergekommene Überbleibsel der tragischen Bühne es hätte tun können, Pozzo nämlich, der auch stolperte, als er sah): »Aus nichts wird nichts.«[35] Das ist genau das Bemühen des Clowns – und des Schriftstellers, dessen Gegenstand das Nichts ist. Er allein hat die Kraft, auszuhalten, weil er das Recht zu scheitern akzeptiert; es ist der Titel, zu dem er geboren wurde. Und aus diesem Scheitern entsteht kein Sieg, sondern der schwache, viel schmerzlichere Triumph des Weitermachens, der sich weiterbehauptet, wenn die beeindruckenden Türme und Reiche des Helden in Gleichgültigkeit zerfallen sind. Das ist das Geheimnis des Clowns, von dem sich ein wenig in die folgende Beschreibung des Amerikaners Dan Leno durch Beerbohm flüchtet: »Jenes Gesicht, von Sorgen zerfurcht ... jenes so tragische Gesicht, mit der ganzen Tragik, die auf dem Gesicht eines Affenbabys steht, aber immer geneigt, seinen Mund in einem plötzlichen weiten Grinsen zu entspannen und seine Augen bis zum Verschwinden heraufzuschrauben über irgendeinem kleinen, dem tyrannischen Schicksal entrissenen Triumph; jene arme, so ausgenutzte, aber doch so mutige kleine Person mit ihrer quietschenden Stimme und ihren fegenden Gebärden; gebeugt, aber nicht gebrochen, schwach, aber weitermachend; Verkörperung des Willens, zu leben in einer Welt, die es nicht wert ist, daß man in ihr lebt.«[36]

Diese Ähnlichkeit geht über die Art, wie der Clown verwendet wird, hinaus. Sowohl *Lear* wie *Godot* lösen sich von der diskursiven Rede und gründen ihre Sprache auf Muster konkreter Bilder. Weder in den Heideszenen noch in den Wortwechseln der Landstreicher will das Drama eine Geschichte erzählen, Information vermitteln oder eine didaktische These illustrieren: inmitten von nichts wären solche Versuche sinnlos. Beide suchen nach einem persönlichen Sinn des Seins, und dafür sind Worte unzureichend. Das Ergebnis ist eine schreckliche Einfachheit. Wenn seine Vernunft sich auflöst, brechen die Fragmente von Lears Verstand in die Poesie des Wahnsinns auseinander, in der wie in dem vorgetäuschten Wahnsinn Edgars und des Narren sein Denken sich durch die freie Assoziation des Bildes ausdrückt. Hinter der zusammengebrochenen Syntax tritt die unbegriffliche Bedeutung, die er unter den Erscheinungen entdeckt, in insistierenden, halluzinatorischen Bildern hervor, in denen Gegensätze versöhnt werden und in denen durch eine eigenartige Umkehrung sein Wahnsinn zur Quelle der Logik wird – zum Beispiel hier, wo seine Suche nach Gerechtigkeit sich mit den beiden wiederkehrenden Visionen der Lust und der Grausamkeit verbindet:

> Du schuft'ger Büttel, weg die blut'ge Hand!
> Was geißelst du die Hure? Peitsch dich selbst;
> Dich lüstet heiß mit ihr zu tun, wofür
> Dein Arm sie stäupt.[37]

Lears Einsicht nähert sich der Weisheit des Clowns, der oft falsche Syllogismen und die in der Sprache liegenden Kontradiktionen benutzt – wobei die scheinbare Unschuld eines Wortes oder eines Satzes gegen deren gewohnten Sinn revoltiert –, um sein furchtbares Wissen auszudrücken. Sein Narr gibt in seinen Liedern, Rätseln, bitteren Späßen und Warnungen viele Beispiele. Und in den zentralen Szenen, wo das Trio der Wahnsinnigen unter der mitleidlosen Wut des Sturms auf der Suche nach dem »Grund in der Natur« seine Ausgrabungen fortsetzt, geht das Drama über das, was die Handlung verlangt, hinaus und erreicht eine größere Synthese. Die Bilder sind ineinander verwoben wie Musik, um jenseits des unmittelbaren dramatischen Effekts einen totalen Eindruck zu schaffen, der auf keine anderen Ausdrücke als seine eigenen reduziert werden kann. Wie Granville Barker über den »wahnsinnigen Mummenschanz« des satirischen Prozesses schrieb, der Regan sezieren soll: »Seine Wirkung hängt ab von der Verbindung des Klangs mit der Bedeutung der Wörter und davon, daß er, wenn wir ihn ansehen, als Ganzes auf unsere Sensibilität wirkt. Der Klang des Dialogs ist fast wichtiger als die Bedeutung. Der Arme Tom und der Narr singen antiphonisch; Kents tiefe und freundliche Töne sprechen gegen die höhere, gequältere, geschwächte Stimme Lears. Aber die Hauptbedeutung liegt in dem, was man sieht.«[38] Die individuellen Figuren treten zurück hinter der unpersönlichen Dichtung reinen Theaters, das zu einer tieferen Bedeutung zurückkehrt, als Sprache ausdrücken kann. Auf der Heide werden wir uns wieder des intuitiven mysteriösen Ursprungs des Dramas bewußt, wo »die Struktur der Szenen und die sichtbaren Bilder eine tiefere Weisheit enthüllen als die, die der Dichter selbst in Worte und Begriffe legen kann«[39]. Hier beginnt *Godot* und das Theater des Absurden. An der Wurzel des Beckettschen Dramas liegt das Bild, wie es im zentralen Akt von *König Lear* erscheint. So wie die Romane die Grundlage der Fiktionsliteratur geben, den in einem Zimmer schreibenden Mann, so gründet sich Becketts Drama auf ein komplexes poetisches Bild, in dem man hinter die Ebene des begrifflichen Denkens gelangen kann. Das Theater Becketts ist eines der Situation, dessen, was da ist, im Gegensatz zum Theater der Ereignisse in einer Folge. Es gibt keine Ausdehnung in Zeit und Raum, so wenig, wie es sie auf der Heide gab; es gibt nur eine Kontraktion und ein immer tieferes Hinabsteigen zur Bedeutung der ursprünglichen Aussage. Beckett befreit den ausgeführten Dreiakter von der Konvention und setzt an deren Stelle die auf eine Metapher oder ein Bild reduzierte Essenz jenes Stücks. So ist *Godot* um den einfachen Akt des Wartens herum gebaut, *Endspiel* um die Situation des Weltendes in einem Schädel und *Glückliche Tage* um Erinnerung und Zeit. Tatsächlich ist das, was wir sehen, das intensive Zentrum eines Stücks, das sich über einen ganzen Abend erstreckt, aber idealerweise in einem einzigen Moment aufgefaßt werden sollte, so wie ein abstraktes Gemälde die Realität eines Gegenstandes dem Auge zugänglich machen will, ohne daß er zerstreut würde, wie es beim Erkennen notwendig ist. Es ist *Lear*, reduziert auf den Wahnsinn auf der Heide, Hamlet am Grab und Richard II. in seiner Zelle; ein Versuch, die zentrale Realität gegen ihre Zerstreuung und Veränderung durch die wechselnden Anforderungen der Handlung, der Struktur und der Sprache festzuhalten.

Aber wenn es unmöglich ist, im Rahmen des Theaters die Unmittelbarkeit des Bildes nicht in die Ausdehnung zu übersetzen, die für eine dramatische Vorführung nötig ist, sichert Beckett wenigstens dadurch Konsistenz, daß er das Ganze in die klassische Reinheit der Form kleidet. In allen seinen Stücken bleibt die Szene unverändert, spiegeln spezifische Bilder die nicht auflösbare Bedeutung des Ganzen. Die Wortwechsel der Landstreicher kehren zurück zum Schweigen und zum Warten, das in ihrem Zustand sichtbar ist, aber selbst in ihren Versuchen, eine Bedeutung in ihre Situation zu bringen, betonen die Worte bloß ihr Unvermögen, wie zum Beispiel in der Passage über »all die toten Stimmen«[40], oder hier, wo sie über den Selbstmord diskutieren:

WLADIMIR Was sollen wir jetzt machen? (. . .)
ESTRAGON Sollen wir uns aufhängen?
WLADIMIR Dann geht noch mal einer ab.
ESTRAGON *aufgereizt:* Dann geht einer ab?
WLADIMIR Mit allen Folgen. Da, wo es hinfällt, wachsen Alraunen. Darum schreien sie, wenn man sie ausreißt. Wußtest du es nicht?
ESTRAGON Komm, wir hängen uns sofort auf.[41]

In ihrer Situation ist Selbstmord, eine definitive Geste, positiv, aber wie alles, was sie tun, endet er im Unvermögen, ein Schluß, den dieses Bild (das der Lord Chamberlain in der englischen Ausgabe streichen ließ) besser illustriert als jedes andere. Um die Schwäche zu erreichen, die nötig ist, um Leben zu produzieren –, selbst der Spott einer schreienden Alraune ist Leben – müssen sie sich zuerst umbringen. Das absurde Pathos spiegelt den Kreislauf der Vergeblichkeit, der von dem größeren Kontext des Stücks im allgemeinen demonstriert wird. Ähnlich ist in *Endspiel* die anhaltende Auflösung einer Welt am Nullpunkt, die das Stück beschreibt, auch die Substanz der Erzählung Hamms, einer Aufführung im Stück, und der Anekdote vom Wahnsinnigen, der in der Natur nichts als Asche sah.

In diesen Stücken ist wie in *Lear* die Vollkommenheit der Form, in der Beckett die Reinheit des Bildes einzuschließen sucht, Moment einer größeren Synthese. Unterstützt von ihrem theatralischen Erbe entdecken seine Landstreicher wieder die Lyrik des Theaters, die nicht, wie Eliot irrtümlich dachte, in einem besonderen sprachlichen Vehikel, das die gesteigerte Emotion tragen würde, besteht, sondern in dem geheimnisvollen Resultat der Verschmelzung von Sprache, Handlung und Szene in eine einzige unauflösbare Struktur. In Augenblicken großer Spannung und großer Emotion äußert sich das Individuum nicht, wie Eliot in *Poetry and Drama* behauptete, in

Dichtung. In seinem extremen Leiden sucht Lears Geist die Fesseln von rationaler Syntax und Sprache durch Prosa zu lösen, eine Tatsache, die Beckett (und Büchner vor ihm) fast als einzige erkannt haben. Die Sprache bleibt weit hinter der Tiefe der Qual zurück: Lear wird auf das würdelose Mittel hilfloser Wiederholung zurückverwiesen – »Und überschleich ich so die Schwiegersöhne,/Dann schlagt sie tot, tot, tot! – Tot, tot! –«[42]. Doch auf der Heide erreicht er eine Dimension von Dichtung jenseits der förmlichen polierten Verse des ersten Akts, wo die Sprache den Vorrang erhielt, der Goneril und Regan erlaubte, Lear zu täuschen. Die heimsuchenden, antiphonischen, von unzulänglich ausgedrücktem Elend erfüllten Kadenzen der beiden Landstreicher gehören in dieselbe Dimension:

ESTRAGON Wohin gehen wir?

WLADIMIR Nicht weit.

ESTRAGON Doch, doch, laß uns weit weggehen von hier!

WLADIMIR Wir können nicht.

ESTRAGON Warum nicht?

WLADIMIR Wir müssen morgen wiederkommen.

ESTRAGON Um was zu machen?

WLADIMIR Um auf Godot zu warten.

ESTRAGON Ach ja. *Pause*. Ist er nicht gekommen?

WLADIMIR Nein.

ESTRAGON Und jetzt ist es zu spät.

WLADIMIR Ja, es ist Nacht.

ESTRAGON Und wenn wir ihn fallenließen? *Pause*. Wenn wir ihn fallenließen?

WLADIMIR Würde er uns bestrafen. *Schweigen. Er betrachtet den Baum.* Nur der Baum lebt.

(. . .)

ESTRAGON Didi.

WLADIMIR Ja.

ESTRAGON Ich kann nicht mehr so weitermachen.

WLADIMIR Das sagt man so.

ESTRAGON Sollen wir auseinandergehen? Es wäre vielleicht besser.

WLADIMIR Morgen hängen wir uns auf. *Pause*. Es sei denn, daß Godot käme.

ESTRAGON   Und wenn er kommt?
WLADIMIR   Sind wir gerettet.[43]

Die Pausen, die Fragen, die kein Fragezeichen haben (oder nicht beantwortet werden, es sei denn vom Fragenden selbst), und die sehr deutliche Zartheit, die sich nicht zur Geltung bringen kann, sind beredter als die schwachen Worte, die müde verwendet werden, um Alternativen neu zu untersuchen, die es, wie das Publikum weiß, nicht gibt. Aber wenn die Lichter für das Hereinbrechen der Nacht dunkler gestellt werden und der pathetische Baum, unter dem die Landstreicher stehen, sich von dem dunklen blauen Tuch der Kulisse abhebt, erkennen wir das als das wirkliche dichterische Theater unserer Zeit.

Jedoch: Das Bild ist ein in seiner Tiefe wahrgenommener Augenblick. In Becketts Theater weichen Vergangenheit und Zukunft, die in den Romanen durcheinandergebracht wurden, der ewigen Gegenwart der Wahrnehmung. Aber so wie der Monolog des Schriftstellers gebunden ist, weil er geschrieben werden muß, so ist im Theater die Bühnenfigur gefangen in der Konvention des Dramas. Ihr »Da-Sein« entläßt sie aus der Täuschung durch die Sprache in das Gefängnis der Zeit, nicht nur der Aufführung dieses Abends, sondern aller folgenden (und aller Wiederaufführungen), wo sie an derselben Stelle wiedererscheinen muß, in denselben Kleidern, mit denselben Worten. Wenn der Beckett-Held, indem er vor einem Publikum erscheint, seine physische Existenz festlegt – ein Fortschritt gegenüber dem fast vollkommenen Nichtwissen von *Der Namenlose* – dann nur, um in dem gefangen zu werden, was Mayoux die »gräßliche Falle der Zeit«[44] nannte.

In einem Essay über Becketts Drama hat Jacques Guicharnaud die unvollständige Welt dieser Stücke sehr klug auf eine Beschreibung des Theaters von Maeterlinck durch Rémy de Gourmont bezogen: »Irgendwo im Nebel verborgen ist eine Insel, und auf dieser Insel ein Schloß, und in diesem Schloß ein großer, von einer Lampe erleuchteter Raum. Und in diesem Raum warten Menschen. Auf was? Sie wissen es nicht. Sie warten darauf, daß jemand an ihre Türe klopft, daß ihre Lampe ausgeht, auf Angst und Tod. Sie reden. Ja, sie sprechen Worte, die die Stille des Augenblicks durchbrechen. Und dann horchen sie wieder, lassen ihre Sätze unbeendet, ihre Gesten unfertig. Sie horchen. Sie warten.«[45] Ohne den Nebel und das Echo von Maeterlincks vagem Symbolismus jener Zeit ließe sich diese Passage in der Tat auf Beckett anwenden. Sie nimmt gleichermaßen das müde Warten auf Godot und den riesigen, gewölbten Raum vorweg, in dem Hamm und Clov ebenfalls warten, darauf, daß sich die langsamen Minuten zu einem Leben auftürmen und deshalb zu einem Tod, der sie freisetzen wird. »Draußen ist der Tod«[46], sagt Hamm: Immer flackert pathetisch das schwache Licht des Lebens, bevor es stirbt, wie die alte Mutter Pegg »vor Dunkelheit«, und sie mit dem erloschenen Universum eins sind. »Ich sehe mein Licht, das stirbt«[47], sagt Clov zu Hamm, als der letztere ihn fragt, was er in seiner Küche macht. »Na ja, es wird ebensogut hier sterben«[48], ist die Antwort; überall ist Tod und jeder wartet darauf, daß sein Licht ausgeht. Aber in der ewigen Gegenwart des Theaters wird genau dieses Ende entzogen. Die Helden der Stücke sind im endlosen Kreislauf fixiert, in dem jeder Abend beginnt und vorrückt bis zu dem Moment, an dem der letzte Abend aufhört. Sie sind verurteilt, für immer in der Haltung zu verharren, in der der Vorhang sie läßt, ewig der Zukunft, die jenseits liegt, sich nähernd, aber sie nie betretend. Sie warten auf Godot oder das Klopfen an der Tür, von dem Gourmont schrieb, aber beides ist unmöglich, solange die Zeit fortdauert. Sie suchen die willkürliche Reihe, die mit der Geburt anfing, zu vollenden, um jenes Ende zu erreichen, wo es die Zeit nicht mehr gibt und wo ihre gegenwärtige Unwirklichkeit sich in die Gewißheit ihrer eigenen Identität und Existenz verwandelt. Sie wollen letzten Endes mit dem Selbst wiedervereint werden, das, wie sie wissen, außerhalb der Zeit existieren *muß*, in der Vereinigung ihrer persönlichen Unendlichkeit mit der der zeitlosen Leere.

Aber das können sie nicht, wie die Trilogie zeigte. Als Wesen der Zeit, deren Denken und Sprache ihre endliche Bedingtheit betonen, können sie die wahre Realität, die unendlich ist, nicht erreichen. Als logische Unmöglichkeiten existieren sie, wo sie nicht existieren sollten, Inseln in der Unendlichkeit, die spüren, daß für das Ende, das kommen muß, die Zeit vergeht, aber doch nicht wirksam abnimmt. Am Ende der Trilogie ist der Namenlose an der Schwelle seiner Geschichte gefangen, während unendliche Perioden endlicher Zeit, die er sich nur als Spiralen vorstellen kann, sich in alle Ewigkeit wiederholen. Diese Situation spiegelt das Theater in Verkleinerung, und das beherrscht Becketts Stücke. Die unentrinnbaren Spulen der endlichen Zeit, wo das verwirrte und hilflose Selbst in der Verbannung sich dreht, sind gegenwärtig in dem Haufen von Tagen, der Winnie mit einem endgültigen Tod bedroht, ihn ihr aber nie gewährt; auf den Spulen der Erinnerung, wo Krapps Leben heute den Augenblick von gestern abdreht; in dem musikalischen Gefängnis von *Spiel*, wo nur das Dazwischentreten des Autors eine Zeitlang die drei Stimmen zum Schweigen bringt; und besonders im Bild und in der Struktur von *Warten auf Godot*.

Legenden:

Zu Seite 307
Seite 36 und 37 aus Samuel Becketts Regiebuch   Foto Anneliese Heuer

Zu Seite 308
Von links: Carl Raddatz, Horst Bollmann, Samuel Beckett, Stefan Wigger   Foto Ilse Buhs/I. Remmler

Zu Seite 309
Samuel Beckett   Foto Ilse Buhs/I. Remmler

Zu Seite 310
Von links: Horst Bollmann, Klaus Herm, Stefan Wigger, Carl Raddatz, Samuel Beckett   Foto Ilse Buhs/I. Remmler

Zu Seite 311
Von links: Samuel Beckett, Walter D. Asmus, Carl Raddatz, Horst Bollmann, Stefan Wigger   Foto Ilse Buhs/I. Remmler

lan schen   <u>B2 contd</u>
      V L to E

Sicht der E: slowly towards radish mechan
reached with <u>das ist alles 2</u>

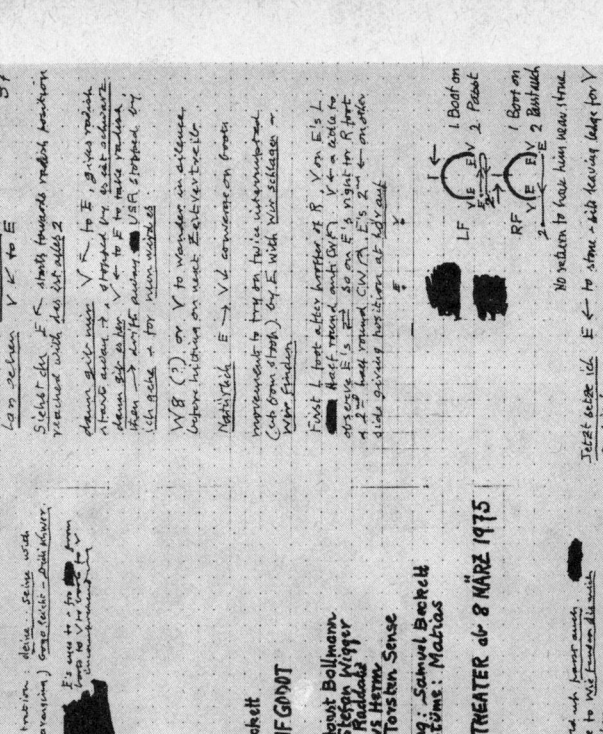

Samuel Beckett

WARTEN AUF GODOT

Estragon: Horst Bollmann
Wladimir: Stefan Wigger
Pozzo: Carl Raddatz
Lucky: Klaus Herm
Ein Junge: Torsten Sense

Inszenierung: Samuel Beckett
Bühne, Kostüme: Matias

SCHILLER-THEATER ab 8 MÄRZ 1975

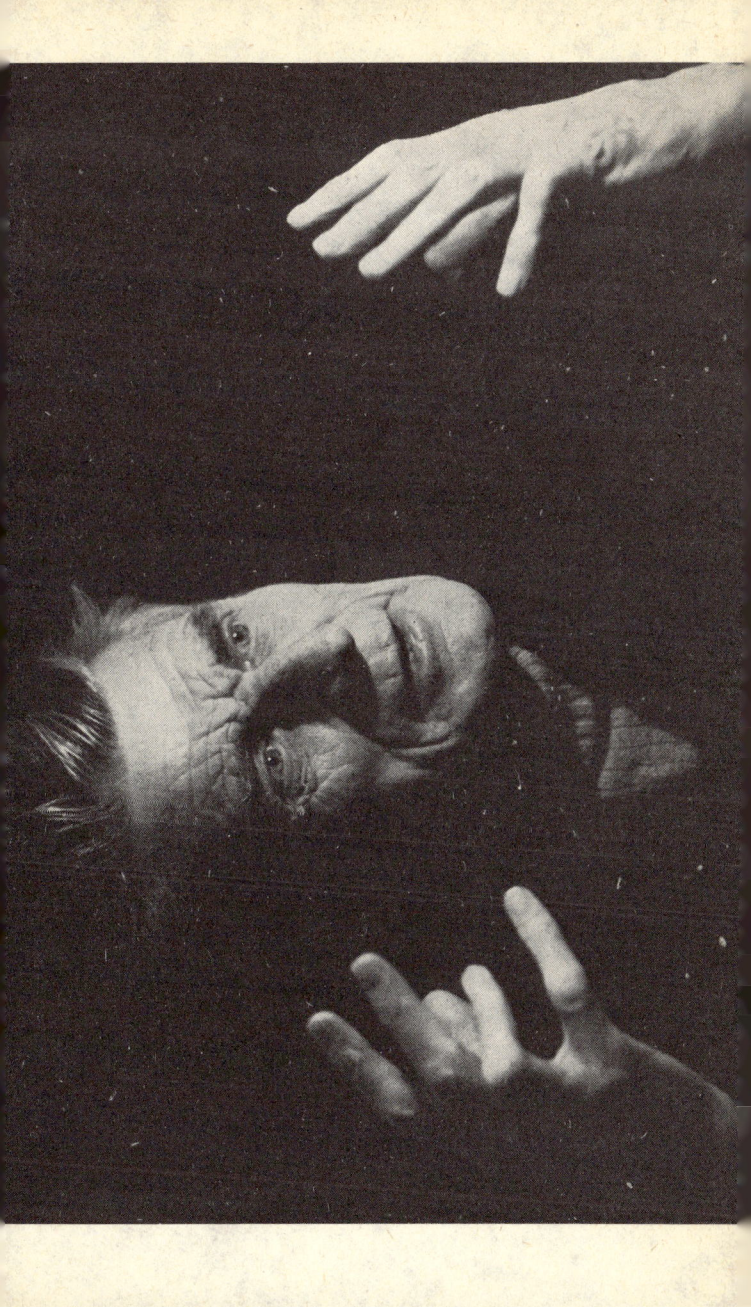

Im Theater-Alltag tut man sich schwerer

Beckett inszeniert *Warten auf Godot*.
Aus dem Probentagebuch des Regieassistenten
Walter D. Asmus

Beckett ist, als er nach Berlin kommt, um *Warten auf Godot*
zu inszenieren, kein Fremder am Schiller-Theater. Dies ist –
nach *Endspiel, Das letzte Band* und *Glückliche Tage* – seine
vierte Regiearbeit am Hause, auß erdem hatte er vor zehn
Jahren an den Proben für *Godot* weitgehend teilgenommen.
Von daher sind ihm die Schauspieler Bollmann, Wigger und
Herm bekannt, mit Bollmann hatte er darüber hinaus im
Endspiel gearbeitet. Die Probenbedingungen sind ideal: vom
28. Dezember bis zum 8. März ausschließlich vormittags,
überwiegend auf der Bühne.
Von allen an der Produktion Beteiligten wird Beckett von
vornherein so viel Sympathie entgegengebracht, wird er
menschlich so geschätzt, daß sich diese bei der Arbeit oft eher
zweitrangige Ebene im Arbeitsprozeß niederschlagen muß. Er
wird nicht nur als Autorität akzeptiert, als kompetenter Regisseur seines eigenen Textes, sondern der Umgang mit ihm
zeichnet sich aus durch Behutsamkeit, Aufmerksamkeit, Ent-
gegenkommen, Offenheit; Kriterien für Verhaltensweisen, die
sein eigenes Verhalten freisetzt. So ist jeder bemüht, eine
stillschweigend vorausgesetzte Vertrauensbasis nicht zu stören, ständig zu festigen und die Arbeit mit einem Höchstmaß
an Verständnisbereitschaft zu betreiben. Es ergibt sich im
Laufe der Wochen ein stabiles und dabei sehr lebendiges
gruppendynamisches Gebilde wechselseitiger Beziehungen,
wofür folgende Beobachtung ein Beispiel ist:
Becketts makelloses Deutsch, das sich durch eine sehr typische idiomatische Exaktheit auszeichnet, weist in der Diktion
eine ebenso typische leichte Überakzentuierung auf, welche
den Ton aller Beteiligten zu prägen scheint: Sprache gerät
allgemein zu leichter Überakzentuierung, in der sich Sorgfalt
und Bewußtheit ausdrücken. Durch genaues und geduldiges
Hinhören und behutsames Formulieren werden auf diese

Weise Mißverständnisse von vornherein weitgehend vermieden. Der tägliche Umgangston erhält einen seltsam herrschaftsfreien Akzent, den man am Theater sonst oft weniger gewohnt ist.

Kommt es bei der Arbeit doch einmal zu Mißverständnissen – und seien sie nur akustisch bedingt –, so ist jeder auch nur indirekt Beteiligte bereit, sie aufklären zu helfen; denn eine Atmosphäre ständiger konzentrierter Wachsamkeit, eine Lust am Verfolgen von Prozessen, in die der einzelne vielleicht nicht unmittelbar involviert ist, ist ein weiteres Resultat des »herrschaftsfreien« Arbeitsverhältnisses.

Eine Begegnung mit Beckett scheint zwangsläufig in Heiligenverehrung zu münden. Jedoch seine eigene Nüchternheit, sein rationales Vorgehen bei der Probenarbeit, sein unprätentiöses Auftreten zwingen dazu, diese Haltung ihm gegenüber zu reflektieren.

Die Probenarbeit vollzieht sich eher konventionell: Das Stück wird relativ zügig durchgestellt, dann kommt in zunehmender Verdichtung die Detailarbeit. Es werden Inhalte nicht diskutiert, allenfalls Situationen geklärt und damit Aufklärung über die Figuren gegeben. Allein die Präzision bei der Arbeit und der Formwille faszinieren so sehr, daß man das Bedürfnis, das Stück inhaltlich zu hinterfragen, immer wieder verdrängt (was natürlich auch mit Becketts bekannter Aversion zusammenhängt, sein Stück »erklären« zu sollen).

Hinzu kommt, daß Beckett seinen eigenen Text auf verblüffende und äußerst sympathische Weise während der Arbeit ständig kritisch kontrolliert (und durch sein detailliertes Regiebuch einer Vorabkontrolle unterworfen hat) und daß er Anregungen gegenüber jederzeit offen ist, sie sogar erbittet. Es scheint ihm in keinem Moment um die Durchführung eines starren Konzeptes zu gehen, sondern um die bestmögliche Umsetzung seines Textes. Wo sich Unsicherheit breitmacht, da kommt am nächsten Tag ein neuer Vorschlag für eine szenische Lösung, immer präzise und durchdacht, wenn auch nicht immer auf Anhieb funktionierend. So passiert es, daß vor der 2. Hauptprobe noch ein zweiseitiger Strich abgesprochen wird, weil die szenische Umsetzung bis zum Schluß unbefriedigend geblieben war.

Das hohe Maß von Bewußtheit und Selbstkontrolle wirkt

sich nicht als Dressurakt auf die Schauspieler aus, sondern wird im Gegenteil von ihnen bewußt übernommen, verinnerlicht und gestaltet.

Das Fazit über Becketts Arbeit könnte lauten: Er inszeniert unter Bedingungen, die jeder Regisseur sich wünscht, mit einer großartigen Besetzung, auf eine Art und Weise, wie viele Regisseure meinen, daß auch sie inszenieren: Er leistet menschliche Theaterarbeit.

Warum tut man sich aber damit im Theateralltag sonst so schwer?

Freitag, 27. 12. 74

Bauprobe. Auf der Bühne spricht Matias, Becketts Bühnenbildner, anhand eines Modells mit dem technischen Direktor über das Bühnenbild. Ich stehe mit Beckett unten an der Rampe. Er nimmt seine Brille mit den dunkelgetönten Gläsern ab und fragt, ob wir heute noch probieren könnten. Nein, die Bauprobe würde sicher zu lange dauern. Auch seien die Schauspieler nicht bestellt. Ich gebe ihm einen der Texte, die aufgrund seiner Angaben als neue Fassung geschrieben und vervielfältigt worden sind. Er setzt sich sogleich an einen Tisch und beginnt, die geänderte Fassung mit seinem eigenen Text zu vergleichen. Er sitzt tief über das Buch gebeugt konzentriert da und läßt sich nicht durch den Lärm des Bühnenaufbaus ablenken. Seite für Seite vergleicht er die beiden Texte, die Zeilen mit dem Kugelschreiber verfolgend. Ein Bild isolierter Ruhe.

Als der Leiter der Kostümabteilung auf ihn zukommt und ihn begrüßt, steht er auf, um ihm anhand der Figurinen Besonderheiten der Kostüme zu erklären. Wladimir wird eine gestreifte Hose tragen, die ihm paßt, und dazu eine schwarze Jacke, die ihm zu klein ist; sie gehört eigentlich Estragon. Estragon dagegen hat eine schwarze Hose an, die ihm paßt, dazu eine gestreifte Jacke, die ihm zu groß ist; sie gehört eigentlich Wladimir. Die unterschiedliche Körpergröße der beiden Darsteller Bollmann und Wigger ist so von vornherein in eine konzeptionelle Überlegung eingeflossen.

Der gleiche kreuzweise Bezug ist auch bei den Kostümen von Pozzo und Lucky vorhanden: Luckys Schuhe haben die gleiche Farbe wie Pozzos Hut, seine karierte Weste paßt zu Pozzos gewürfelter Hose und seine graue Hose zu Pozzos grauer Jacke.

314

Über Estragon und Wladimir sagt Beckett, Estragon sei auf der Erde, er gehöre zum Stein. Wladimir sei leicht, zum Himmel hin orientiert. Er gehöre zum Baum. Beckett spricht nur sehr wenig. Er fragt mich, ob ich schon lange am Hause sei und was ich vorher gemacht hätte. Zwischen Gesprächsfetzen stehen lange Pausen, in denen wir dem Aufbau auf der Bühne zuschauen.

Als ich ihn frage, wie er sich die ersten Proben vorstellt, reagiert er fast aufgeregt. Ob wir morgen gleich auf der Bühne proben könnten? Nein, die sei erst am 2. Januar frei. Ob wir auf der Probebühne die gleichen Maße hätten? Wichtig sei die Entfernung zwischen dem Stein und dem Baum. Diese Entfernung müßte in etwa herzustellen sein, auch eine Schräge würden wir haben.

Beckett macht den Eindruck, als könnte er es kaum erwarten, mit den Proben anzufangen. »Wollen wir morgen den Anfang bis zum Auftritt Pozzo/Lucky erstmal machen?« frage ich. Nein, er möchte mit Luckys Monolog beginnen. Estragon und Wladimir sollen um 12 Uhr dazukommen.

Auf der Bühne ist inzwischen die Schräge aufgebaut. Mit dem Mond wird noch experimentiert; es ist der gleiche wie vor zehn Jahren, als *Godot* – zum Teil in Becketts Anwesenheit – letztmals am Schiller-Theater aufgeführt worden ist.

Wigger kommt und begrüßt Beckett herzlich. »Ich freue mich ja so sehr auf die Arbeit.« Andere Mitglieder des Hauses schütteln ihm die Hand, erkundigen sich nach seinem Befinden, zeigen sich erfreut darüber, daß er wieder hier ist. Beckett erwidert die Herzlichkeit, die man ihm entgegenbringt, ruhig und gelassen.

Samstag, 28. 12. 74

10 Uhr Probebühne: Eine Schräge ist aufgebaut, der Stein wird durch eine kleine Holzkiste markiert, ein blühender Apfelbaum präsentiert sich im Tschechow-Look.

Beckett beginnt ziemlich unvermittelt über Luckys Monolog zu sprechen. Er sei nicht so schwierig, wie es den Anschein habe, sagt er. Er wird in drei Teile gegliedert, wobei der zweite Teil in zwei Unterabschnitte zerfällt. Im ersten Teil geht es um die Gleichgültigkeit des Himmels, um eine göttliche Apathie. Dieser Teil endet mit »aber greifen wir nicht vor«. Der zweite Teil fängt an mit »und andererseits in Anbetracht«; er handelt vom Menschen, der kleiner wird – vom abmagernden Menschen. Nicht nur das Abmagern sei wichtig dabei, sondern auch das Kleinerwerden. Diese beiden Punkte bilden den Inhalt der Unterabschnitte des zweiten Teiles. Der dritte Abschnitt hat zum Thema »die Erde gut für die Steine« und beginnt mit »wenn man andererseits dabei bedenkt«. Beckett ist in seinen Erklärungen sehr um Deutlichkeit bemüht, wiederholt einzelne Gedanken, akzentuiert mit kurzen Bewegungen der Hand, während wir die entsprechenden Stellen im Text suchen und markieren.

Herm möchte wissen, wie es denn am Ende des Monologs sei. Beckett erklärt, daß die verschiedenen Elemente, die zu den ersten drei Teilen gehören, hier wiederkämen. Er vergleicht es mit einer Kadenz in der Musik: Die Fäden und Themen werden zusammengefaßt.

Thema des Monologs sei es, unter einem unbeteiligten Himmel auf einer unmöglichen Erde kleiner zu werden.

Herm beginnt zu lesen. Beckett unterbricht, um eine Textänderung anzugeben. Statt »von der anthropopopopometrischen Akakakakademie« sollte es »von der Akakakakademie der Anthropopopopometrie« heißen. Die Umstellung habe lediglich musikalische Gründe. Herm wiederholt die Stelle mehrfach. Beckett insistiert auf genauem rhythmischem Lesen, er liest jede Silbe mit, unterstreicht sie mit einer Handbewegung.

Herm liest weiter. Beckett unterbricht wieder, das heißt, er fängt an, den Text mitzusprechen: ». . . daß der Mensch im Gegensatz zu der entgegengesetzten Meinung daß der Mensch in Burg am Berg von Testu und Conard daß der Mensch endlich kurz daß der Mensch in Kürze endlich trotz der Fortschritte der Ernährung und der Abschaffung des Stuhlgangs im Begriff ist abzumagern . . .« Er akzentuiert das Wort »Mensch«, indem er das »sch« zu einem langen Zischlaut dehnt.

»Abzumagern«, das sei der Höhepunkt.

Im nächsten Abschnitt hebt er wieder hervor, »gut für die Steine« sei die Hauptsache. Die Erde sei nur gut für die Steine.

Herm: »Ich habe die Begriffe am Anfang nachgeschlagen: Apathie, Athambie und Aphasie. Gleichgültigkeit, Unerschrockenheit und Sprachlosigkeit.«

Ja, das sei richtig. Es gehe um einen Gott, der sich nach allen Richtungen gleichzeitig wendet. Lucky wolle Quaquaquaquaversalis sagen, er bringe es aber nicht raus. Er sage nur kwakwakwakwa. Herm: »Ich habe mal nachgeschlagen, wer die Namen sind. Petermann, das ist ein Kartograph.«

Es gehe um Steine, um eine Steinwelt.

Herm: »Petermann existiert.« Daran habe er gar nicht gedacht, meint Beckett. Und Steinweg, der Name bedeute nichts.

Herm: »Belcher, das war ein Seefahrer . . .«

Beckett unterbricht aufgeregt-amüsiert: Nein, nein, Belcher, das sei das Gegenteil von Fartoy, im Englischen to fart, das heiße furzen. To belch, das heiße rülpsen. Fartoy und Rülpser.

Mit einem Schlage ist der Mystizismus um die Beckettschen Namen ad absurdum geführt.

Beckett kommt noch einmal auf die Begriffe zurück, auf die es ihm ankommt. Er skandiert »im Begriff ist ab-zu-ma-gern«: das seien für Herm zugleich Ruhepunkte im Monolog. Beckett macht mit dem Finger eine prophetische und drohende Geste: »im Begriff ist abzumagern« . . . Das sei für die unten im Saal eine Verwirrung; aber auf einmal sei an der Stelle alles sehr klar – jedoch nur für Lucky. Das Denken von Lucky sei nicht mehr, was es früher war, sagt Pozzo, und: »Früher dachte er recht hübsch«. Herm könne das sogar so spielen, daß er Pozzo von Zeit zu Zeit beobachte. Und die beiden andern auch. Er rede nicht einfach vor sich hin, er sei nicht ganz für sich allein.

Herm: »Er druckst doch aber erst, möchte nicht denken . . .«

Er möchte Pozzo Vergnügen machen, meint Beckett. Pozzo möchte ihn loswerden. Wenn Lucky Pozzo rühre, werde er ihn vielleicht behalten. Lucky möchte Erfolg haben.

Herm: »Einmal guckt er Estragon lange an. Was wollen Sie sagen mit dem langen Blick?«

Das sei ein Blick, den man nicht mit zwei Worten erklären könne. Da sei sehr vieles in dem Blick. Natürlich wolle Lucky den Knochen haben. Estragon auch. Das sei ein Zusammenkommen von zwei armen Menschen.

Herm: »Sowas wie Solidarität, wäre das drin?« Ja – da seien so viele Sachen in seinem Hirn: das Erkennen der Situation des anderen, das sei da sehr wichtig. Aber auch etwas Stolz, daß er frei sei, auf die Knochen zu verzichten, im Gegensatz zu Estragon. Aber Lucky vergesse auch nicht. Der Fußtritt sei, wenn man so wolle, Luckys Rache dafür, daß Estragon ihm den Knochen weggenommen habe.

Beckett geht weiter auf das Stück ein. Man müsse es ganz einfach machen, ohne Längen. Der Konfusion eine Gestalt geben, meint er. Eine Gestalt durch Wiederholungen, Wiederholungen von Themen. Nicht nur Themen des Textes, sondern auch Themen des Körpers. Wenn Estragon schläft, am Anfang auf dem Stein, so sei das ein Thema, das immer wiederkomme. Es werden Wartestellen festgelegt, in denen alles ganz still steht. Das Schweigen droht da alles zu verschlingen. Dann geht das Spiel wieder los.

Wigger: »Trotzdem ist es zwischendurch ein ganz heiteres Spiel.« Ja, natürlich, sagt Beckett; das müsse aber sehr genau gemacht werden. Das Auseinandergehen von Wladimir und Estragon sei ein Punkt: die seien eigentlich untrennbar.

Wigger: »Sie müssen wie ein Gummiband immer wieder zusammenkommen.« Das Prinzip: sie müßten schrittweise zusammenkommen. Beckett geht auf die Bühne, den Blick gesenkt, und spielt vor, indem er Estragons Text spricht: »Hattest du mir was zu sagen ... bist du böse ... Verzeih ... hör mal, Didi, gib mir die Hand ...« Er geht mit jedem Satz einen Schritt auf den imaginären Partner zu. Immer einen Schritt, und dann den Satz. Beckett nennt es eine schrittweise Annäherung, ein körperliches Thema, das fünf-, sechs-, siebenmal vorkomme und ganz genau gemacht werden müsse. Das sei die ballettische Seite der Geschichte. Lucky falle zweimal hin, das dürfe aber nicht realistisch gemacht werden, sondern ganz sauber.

Wigger: »Heißt das, daß jeder Naturalismus rausgeht?«

Beckett macht es vor: Er geht auf die Knie und läßt sich, die Arme erst nach oben, dann vorgestreckt, auf den Boden gleiten.

Wigger: »Aber wie verhindert man, daß dabei das Menschliche rausgeht, daß es steril wird?« Es sei Spiel, alles sei Spiel, sagt Beckett. Wenn alle vier auf dem Boden sind, da könne man nicht naturalistisch rangehen. Das müsse künstlich gemacht werden, schön ballettisch. Sonst sei alles ein Nachahmen, ein Nachahmen der Realität.

318

Wigger: »Soll es denn eine Trockenheit bekommen?«

Beckett steht auf: es solle klar und durchsichtig werden, nicht trocken. Es sei ein Spiel, um leben zu können.

Beckett assoziiert weiter über das Stück, es beschäftigt ihn, er will Anhaltspunkte finden, es zu vermitteln. »Ruhe« sei ein Wort von Estragon. Es sei ein Traum von ihm, ruhig zu bleiben. Wladimir sei beweglich. – »Jupiters Sohn« sei falsch: Atlas sei nicht Jupiters, sondern Japetos' Sohn . . .

Wigger: »Und nie hat das einer in all den Jahren gemerkt!« (großes Lachen). Beckett möchte nicht gerne allgemein über das Stück sprechen. Eine Gliederung des Stückes wird vorgenommen. Es läßt sich in verschiedene Teile zerlegen. Der erste Akt hat sechs Teile, der zweite fünf. Sie werden A 1 bis A 6 und B 1 bis B 5 benannt.

Jeder zeichnet die Einteilung im Textbuch ein. Auch die Wartestellen, die nicht mit der obigen Gliederung des Textes übereinstimmen müssen, werden festgelegt. Ganz am Anfang kommt etwas Neues. Estragon sitzt auf dem Stein. Wladimir steht im Schatten in der Nähe des Baumes. Wladimir ist kaum zu sehen. Hier ist die erste Wartestelle. Das ist eine ziemlich wichtige Änderung, daß die beiden zu Beginn bereits auf der Bühne sind. Auch im zweiten Akt sind beide schon am Anfang auf der Bühne.

Im Text heißt die erste Szenenanweisung dagegen bislang noch: Estragon sitzt auf der Erde und versucht, seinen Schuh auszuziehen . . . Wladimir tritt auf. Am Anfang des zweiten Aktes kommt – nach der bisherigen Fassung – zunächst Wladimir, dann erst Estragon auf die Bühne.

Bollmann und Wigger sitzen nebeneinander und lesen den Text ohne Unterbrechung bis zum Auftritt Pozzo/Lucky.

Dann beginnt die sogenannte Stellprobe. Beckett ist auf der Bühne und geht jeden Gang genau auf Stichwort vor. Er spricht den Text auswendig dazu. Bollmann und Wigger vollziehen die Gänge nach und machen sich Notizen in ihren Texten. Was Beckett gerade als Annäherung bezeichnet hat, wird gleich am Anfang szenisch sichtbar. Wladimir nähert sich vom Baum aus, der rechts hinten steht, etappenweise Estragon, der auf dem Stein links vorne sitzt. Während Wladimir ständig in Bewegung ist, klebt Estragon auf seinem Stein. Und auch der Sinn der Einteilung der Akte wird deut-

319

lich: Der Abschnitt A 2 beginnt, wenn Estragon aufsteht und in Bewegung gerät. Mit einer fast beängstigenden Konsequenz und einem schon jetzt spürbaren Willen zu absoluter Präzision werden so die Abschnitte A 1 und A 2 bis zum Auftritt Pozzo/Lucky »durchgestellt«. Die Unnachgiebigkeit, mit der Beckett in dem vorangegangenen Gespräch immer wieder auf den Text zurückkam, wird jetzt in praktisches Handeln umgesetzt.

Das Regiebuch

In einem dicken Heft mit festem rotem Einband ist auf kariertem Papier ein Buch über ein Buch entstanden: Ein Metabuch. Mit schwarzer Tinte sind in gestochener Schrift, die mal regelmäßiger, mal krakeliger wirkt, auf insgesamt 105 Seiten in englischer Sprache detaillierte Angaben zum gesamten Stück gemacht. Die Seiten 2–53 enthalten das szenische Arrangement des Stückes. Auf der rechten Seite ist überwiegend das Arrangement schriftlich fixiert, während die linke Seite Skizzen enthält oder für Korrekturen und nachträgliche Eintragungen freigelassen ist. Die Gliederung folgt dabei den Abschnitten A 1 bis A 6 im ersten Akt und B 1 bis B 5 im zweiten Akt. Jeder Gang, jede Aktion ist mit dem dazugehörigen Stichwort des deutschen Textes versehen, wobei die Stichworte jeweils unterstrichen sind.

Der zweite Teil des Buches ist nach Themen gegliedert:
Luckys Bewegungsabläufe
Luckys Monolog
Estragons Füße
Estragons Schlaf
Peitsche
Wladimir und Estragon und der Baum
Untersuchung des Ortes (mit Skizzen)
Zweifel/Verwirrungen
Komm wir gehen
Hilfe
Was sagte ich noch
Himmel
Schlaf
Erinnern
Etappenweise Annäherung

Unter den thematischen Stichworten sind jeweils alle entsprechenden Textstellen und Situationen im Stück benannt oder es werden (im Falle von Luckys Monolog) Beschreibungen oder Sinneinteilungen vorgenommen.

Beide Abteilungen sind zum Teil durch Querverweise verbunden: In der zweiten thematischen Abteilung ist angeführt, wo die entsprechenden Stellen im ersten Teil des Regiebuches zu finden sind und umgekehrt.

Beckett hat dieses Regiebuch angefertigt, bevor er nach Berlin kam. Es muß als die Absicht verstanden werden, dem Stück eine szenische Kontur zu geben. Es ist der Versuch, einem Stück, das als »unordentlich« oder »nicht visualisiert« empfunden wird, eine Struktur zu geben. Dies überrascht: Wenn man den Text liest, erscheint er doch als ein non plus ultra von Exaktheit und Form.

Als Beckett am Schreibtisch den Versuch machte, sein Stück szenisch zu visualisieren, hat er freilich gewußt, weshalb er im Regiebuch jeweils die linke Seite freiließ: Die szenische Praxis hat während der Proben – wenn auch in sehr geringem Maße – den visionären Willen überholt, zu Korrekturen geführt: Ohne die (rot eingeschriebenen) Nachträge stimmt das Regiebuch nicht mehr hundertprozentig. Die thematische Gliederung weist auf die Struktur der Inszenierung hin: Unter den einzelnen Überschriften erfolgt zwar eine Aufzählung der Stellen, an denen das Thema vorkommt, es handelt sich aber nicht um eine bloße Subsumierung. Denn – und durch die Querverbindungen ist das nachprüfbar – im szenischen Arrangement und in der dialogischen Gestaltung ergibt sich ein Gebilde von Wiederholungen, Variationen, Ähnlichkeiten, Parallelitäten, von Echos und Verweisungen, das als konkrete Struktur und Form in der Inszenierung greifbar ist: Ein Formwille, der Beliebigkeiten nicht zuläßt.

Dienstag, 18. 2. 75

Die Schauspieler sind auf der Bühne, das übliche lockere Anfangszeremoniell läuft ab: Während sie sich noch unterhalten, geht Beckett nachdenklich auf der Bühne hin und her, löst den Blick ab und zu kurz vom Boden und schaut zu ihnen hinüber. Er ist ganz auf die kommende Szene konzentriert. Wie es am Vortag verabredet worden war, soll wieder ab Estragons Satz »Man ist doch gut aufgehoben bei Mutter

Erde« im 2. Akt probiert werden, wo alle vier am Boden liegen. Die Schauspieler nehmen unaufgefordert ihre Positionen ein: Der Übergang vom scherzhaften Plaudern zu konzentriertem Probieren vollzieht sich unmerklich und atmosphärisch als ein Hinübergleiten vom unverbindlich Privaten zum prospektiven Öffentlichen, fast ohne Bruch. Subjektive private Haltung und das Stück als objektivierte Bewußtseinslage und Arbeitsgegenstand korrelieren in einer Weise, daß sich eine Atmosphäre »entspannter Spannung« herstellt, die auch als Heiterkeit oder lustvolle Beschäftigung beschrieben werden könnte.

Bollmann, Wigger und Raddatz liegen auf dem Boden. Herm wird durch eine Teppichrolle markiert: Es sei nicht nötig, daß er die ganze Zeit da liegt, hatte Beckett gesagt. Die Szene läuft. Pozzo kriecht weg, Estragon und Wladimir rufen ihn. Bei ihrem Aufstehen wird unterbrochen. Der Ablauf liegt schon seit einiger Zeit fest, aber Beckett präzisiert noch einmal. Das anfängliche Aufstehen soll ganz normal sein, dann sollen die Bewegungen langsamer werden. Bollmann und Wigger verabreden noch einmal die synchronen Gesten untereinander. Dann kommen sie mit einem leichten Ruck halb hoch, wobei sie sich (sie liegen nebeneinander) mit der Außenhand aufstützen, drehen sich im Aufstehen jeweils über außen nach hinten herum, verlangsamen gleichzeitig beim Aufrichten das Tempo fast bis zur Zeitlupenbewegung und drehen sich vis-à-vis zueinander. Dann kommt, begleitet von einer langsamen, grazilen Geste mit beiden Armen, nach einer kleinen Pause, Estragons »Nichts leichter als das!« Wladimir akzentuiert sein »Wollen, das ist alles«, indem er den rechten Arm zu der bekannten Kraftgeste anwinkelt. Beckett benennt diesen Vorgang »ballettisch«. In der formalen Präzision ist die Bedeutsamkeit zugleich aufgehoben und evident. Bevor der Ablauf noch einmal wiederholt wird, spielt sich folgendes ab:

Bollmann mit gespieltem Ernst zu Herm, der unten an der Rampe gestanden und zugeschaut hat: »Komm hier jetzt her und leg dich hin. Was stehste denn da rum?« Wigger (nimmt das Spiel auf): »So kann ich hier nicht probieren . . .« Herm läßt sich auf das Spiel ein: »Aber Mr. Beckett hat gesagt . . .« Bollmann: »Kommste hier jetzt her? Wozu kriegste deine Gage?« Beckett auf der Bühne lächelt etwas verunsichert und beobachtet, wie Herm sich in seine Position legt. Bollmann und Wigger verprügeln Herm mit gespieltem kindlichem Ernst das Hinterteil. Beckett durchschaut das Spiel und lacht vergnügt.

Dieses Lachen erinnert an das Vergnügen, das er beim Beobachten einer ähnlichen Situation im Stück immer wieder zeigt:

Estragon: Sollen wir ihn mal gehörig verprügeln?
Wladimir: Du meinst, daß wir über ihn herfallen sollten, während er schläft?
Estragon: Ja.
Wladimir: Das ist eine gute Idee.

Was Bollmann und Wigger »privat« in die Tat umsetzten, spielen sie in der Situation des Stückes mit einer ganzen Skala lustvoller, kindlich-naiver und sadistischer, dabei hinreißend komischer Vorfreude.

Das Aufstehen wird wiederholt, dann wird das »Schwanken« von Wladimir und Estragon präzisiert. Bei der Drehung nach Pozzos Frage »Wie sieht's denn hier aus?« hat Beckett Zweifel. Er möchte die Drehung weglassen. Er ist sehr auf Straffung des szenischen Ablaufs an dieser Stelle aus. Es wird ohne die 360-Grad-Umdrehung der drei probiert. »Was meinen Sie?« fragt Beckett. Herm: »Ich finde gut, daß da Bewegung ist.« Ich stimme zu: »Ich finde, Estragons ›Wenn du das eine Ablenkung nennst‹ kommt nach der Bewegung viel pointierter raus.« Die Drehung bleibt zunächst drin.

Zweifel hat Beckett auch wegen einer Textzeile. Wenn Lucky hochkommt, sagt Wladimir sehr erstaunt: »Er steht auf«, und Pozzo darauf: »Er hat recht.« Er möchte das »Er hat recht« streichen – »Aber es ist doch ein wichtiger Gegensatz zum Erstaunen Wladimirs«, wende ich ein. »Vielleicht ist ›Recht hat er‹ mit dem entsprechenden Unterton besser? Oder man könnte sagen: ›Das möchte ich ihm auch geraten haben‹, das wäre natürlich deutlicher«, schlage ich vor. Beckett entscheidet für »Recht hat er«.

Von »Mutter Erde« an wird die Szene bis zum Abgang Pozzo/Lucky im Zusammenhang gespielt. Wenn Estragon und Wladimir – alle liegen am Boden – Pozzo rufen, fügt Beckett noch eine kleine Änderung ein: Statt fortwährend nach hinten zu sprechen, in Richtung Pozzo, solle Estragon sein »Wenn wir es mit anderen Namen versuchten?« direkt zu

Wladimir gewandt sagen. Ein kleiner intimer Verschwörungs-
moment entsteht damit an dieser Stelle, der an ähnliche Momente im Stück erinnert.

Nach einer kleinen Zigarettenpause läuft der ganze Abschnitt vom Auftritt Pozzo/Lucky bis zum Ende des Stückes
einmal durch. Beckett sitzt unten im Parkett an seinem Tisch
mit seinem Zigarillo und beobachtet gespannt die »Verschwö-
rungsszene« zwischen Estragon und Wladimir kurz nach dem
Auftritt. Nur selten macht er Einwürfe, ohne daß deshalb
unterbrochen wird: »Blick zu Pozzo«, »Beide auf Zehenspit-
zen«, und erinnert damit an verabredete Dinge.

Stückende: Estragons Hose rutscht wie vorgeschrieben run-
ter. Lautes Gelächter im Parkett, Beckett mit dabei. Boll-
manns Hemd ist geändert worden. Es geht jetzt bis zu den
Waden. Es ist aber rosa getönter Stoff angesetzt und noch
nicht bearbeitet. Bollmann steht da wie eine unglückliche alte
Frau.

Beckett ist sehr zufrieden mit Wiggers Monolog kurz vor
dem Auftritt des Jungen. Wigger steht sehr ruhig, sehr ange-
spannt, mehr nach innen horchend und nur ganz sparsam um
sich blickend da. Der Schlüssel für diese Stelle ist Stille. Nach
der Pause laufen alle Szenen vom Auftritt Pozzo bis zum Ende
noch einmal durch. Beckett sitzt im Parkett und macht sich
Notizen. Er korrigiert kurz: Der »Spaziergang« von Estragon
und Wladimir solle ohne Stop durchgehen, der Tiger müsse
mehr »eilen« in Wladimirs Beschreibung, Estragon solle nach
»Wer hat da gefurzt?« weiter zurückspringen. Das Raufziehen
der Hose brauche nur angedeutet zu werden.

Bollmann probiert es. Er hält die Hose vorm Bauch mit der
rechten Hand fest, sein rosa Hemd hängt an der Seite raus, er
bietet ein sehr beklagenswertes, aber rührendes Bild.

Hugh Kenner
Warten auf Godot

Robinson Crusoe, die Geschichte eines Mannes, der für sich die Welt nachbaut, wird zu einer andern Art von Buch, wenn klar wird, daß es auf seiner Insel noch einen zweiten Mann, den schwarzen Freitag, gibt. Ein *Paar* hat den Reiz des unreduzierbar Einfachen. Beide können miteinander reden, und es wird bald deutlich, wie wenig jeder zu sagen fähig ist. Jeder ist »eine kleine Welt, sinnreich erdacht«, jeder hat sich tausend und abertausend Stunden des höchsten Bewußtseins erfreut, dessen er fähig ist, jeder hat zu sprechen gelernt und gelernt zu rechnen und vielleicht, wie Odysseus, viele Städte gesehen, oder vielleicht bloß Manchester. Jeder ist von Leidenschaften verzehrt worden, jeder hat die Ruhe kennengelernt, jeder hat sich mit seinen fünf Sinnen ein Universum einverleibt und dessen Elemente in seinem Geist gemäß den gesellschaftlichen und pädagogischen Gebräuchen so angeordnet, daß sie leicht zugänglich sind. Und miteinander teilen können sie fast nichts von all dem. Sie wenden einander Gesichter zu, die fast genausogut polierte Kugeln sein könnten, und wunderbar, wie Worte sind, kann jeder sprechen, aber nur ein Wort auf einmal, so daß sie diese Wörter hintereinanderhängen müssen, eine armselige dürre Anordnung, die praktisch nichtssagend ist im Vergleich zu all dem, was in ihnen drängt, gesagt zu werden.

Auf der ersten Seite seines letzten Romans, *Bouvard et Pécuchet,* beschrieb Flaubert mit seinem unerbittlichen Streben nach dem Wesentlichen eine leere Straße wie eine leere Bühne; ließ zwei Männer diesen Ort von gegenüberliegenden Seiten betreten und sich gleichzeitig auf dieselbe Bank setzen; sorgte dafür, daß der Tag auch so heiß war, daß sie ihre Hüte abnehmen würden, um sich die Stirne zu trocknen; und ließ jeden, natürlich, seinen Hut auf die Bank legen:

> . . . und der kleinere Mann sah im Hut seines Nebenmannes ›Bouvard‹ stehen, während der letztere im Hut des Individuums, das den Mantel trug, ohne Mühe das Wort ›Pécuchet‹ ausmachte.

›Na so was‹, sagte er. ›Wir haben beide die Idee gehabt, unsere Namen in unsere Hüte zu schreiben.‹

›Mein Gott, ja; meiner könnte im Büro gestohlen werden.‹

›Dasselbe bei mir; auch ich arbeite in einem Büro.‹

So beginnt die wechselseitige Enthüllung zweier sterblicher, zweier unsterblicher Seelen; und was sie zu enthüllen haben, obwohl mehrere Leben dazu nicht reichen würden, ist irgendwie in die hemisphärischen Räume verpackt, die jene Hüte umfassen sollten.

Becketts unmittelbares Vorbild für das Paar in *Warten auf Godot* scheint weniger literarisch zu sein als dieses. Didi und Gogo mit ihren Melonen, der eine auf wunderbare Weise inkompetent, der andere ein erfolgloser Mann von Welt, der sich (einen Teil seiner Zeit) der Aufgabe widmet, für seinen Freund zu sorgen, ähneln niemandem so sehr wie dem klassischen Paar aus dem Kino der 30er Jahre, Stan Laurel und Oliver Hardy, deren Schwierigkeiten mit solchen Dingen wie Hüten und Schuhen berüchtigt waren und deren Dialog sehr langsam gesprochen wurde, weil man von der Annahme ausgehen mußte, daß man sich nicht darauf verlassen konnte, der menschliche Verstand werde mit Blitzesschnelle arbeiten. Die Szenerie ihrer Filme war ein Land der Träume, wenigstens in der Hinsicht, daß es nie zu einer Erklärung ihrer Beziehung kam. Sie reisten, sie gingen auf die Suche, sie erlebten Abenteuer; ihre in Perioden der Gereiztheit geprüfte Freundschaft war nie wirklich verwundbar; sie schienen nicht älter und nicht weiser zu werden; und dauernd nervös, wenn auch Laurels Nerven gelegentlich protestierten wie die eines Babys, Hardy sich um eine philosophische Ruhe bemühte, der er sich mangels Muße nie richtig hingeben konnte, kamen sie zu Rande. Keiner war besonders kompetent, aber Hardy zog eine große Schau ab mit seiner Kompetenz. Laurel scheiterte an den kleinsten Aufgaben. So in *Way Out West*:

HARDY   Steig auf den Maulesel.
LAUREL   Was?
HARDY   Steig auf den Maulesel.

was dem Wortwechsel am Schluß von *Godot* so nahe kommt wie wir es nur wünschen:

WLADIMIR	Zieh deine Hose rauf.
ESTRAGON	Wie bitte?
WLADIMIR	Zieh deine Hose rauf.
ESTRAGON	Meine Hose ausziehen?
WLADIMIR	Zieh deine Hose herauf.
ESTRAGON	Ach ja.[1]

Im selben Film gibt es viel Getue um Laurels Schuhe, deren Löcher er mit ungenießbarem Fleisch flickt, was unerwünschte Hunde anzieht. *Warten auf Godot* fängt an:

> *Estragon sitzt auf der Erde und versucht, seinen Schuh auszuziehen. Er braucht beide Hände dazu und stöhnt dabei. Erschöpft gibt er den Versuch auf, erholt sich schnaubend und versucht es von neuem. Das Spiel wiederholt sich. Wladimir tritt auf.*
>
> ESTRAGON   *gibt es wieder auf:* Nichts zu machen.[2]

Soweit das Stück eine »Botschaft« hat, besteht sie mehr oder weniger hierin: »Nichts zu machen.« Keine Zeit wird verschwendet; in den ersten Augenblicken, mit den ersten Worten, die gesprochen werden, wird die Botschaft mitgeteilt, wie um den didaktischen Teil aus dem Weg zu schaffen. Und doch *machen* sie weiter, wenn wir es machen nennen wollen. Es gibt einen rituellen Austausch von Höflichkeiten, aus dem wir erfahren, daß Wladimir (oder Hardy, wenn man will) auf seine überlegene Weltläufigkeit stolz ist (»Wenn ich bedenke . . . die lange Zeit . . . da frag ich mich . . . was wohl aus dir geworden wäre . . . ohne mich . . . *Mit Nachdruck.* Du wärst jetzt nur noch ein Häufchen Knochen, das steht fest!«[3]). Außerdem erfahren wir, daß Estragon ein chronisches Fußleiden, Wladimir hingegen ein chronisches Blasenleiden hat. Der Dialog kommt wieder auf die thematischen Worte »Nichts zu machen« zurück, dieses Mal von Wladimir gesprochen; und wenn er diese Worte sagt, kehrt auch die Handlung wieder auf den Punkt zurück, an dem sie anfing, wobei Estragon mit einer höchsten Anstrengung diese Worte Lügen straft und seinen Schuh auszieht. Damit ist immerhin etwas irgendwie zustandegekommen:

> *Er schaut hinein, steckt seine Hand hinein, dreht den Schuh um, schüttelt ihn aus, sucht, ob nicht etwas auf die Erde*

gefallen ist, findet nichts, steckt seine Hand nochmal in den Schuh; indem er wie abwesend vor sich hinblickt.[4]

Das sind Anweisungen für einen Schauspieler, obwohl es wenigen Schauspielern gelingt, herauszufinden, wie sie ihnen folgen sollen. Genau an dieser Stelle beginnen viele Inszenierungen, in die falsche Richtung zu gehen, wenn nämlich der Schauspieler annimmt, von ihm werde verlangt, er solle etwas Kosmisches vorführen. Entweder das, oder er spult gedankenlos die Gesten herunter, in Eile, endlich an etwas zu kommen, das für ihn einen Sinn gibt. Seine beste Hilfe wäre, sich vorzustellen, wie Stan Laurel das Innere eines Schuhs untersuchen würde, gespannt, als könnte ein Elefant herausfallen oder irgendein Schlüssel zu den Problemen des Lebens.

Wir haben hier ein Problem des Stils, dem wir uns stellen müssen, bevor wir weitergehen. An diesem gedruckten Text ist etwas irreführend, und doch ist die Durchsicht des gedruckten Textes einer der beiden einzigen Wege, auf denen man mit *Warten auf Godot* in Berührung kommen kann; der andere ist eine Aufführung, die wegen der Art, wie die Schauspieler und der Regisseur auf den gedruckten Text antworteten, vielleicht vollkommen danebengegangen ist. Und doch ist der gedruckte Text Vorlage für eine Aufführung, nicht endgültig als Stoff zum Lesen gedacht. Darum sollten wir uns wenigstens eine Aufführung *vorstellen*. Das bedeutet, daß wir uns Männer vorstellen müssen, die die Worte sprechen, nicht einfach über die Worte weglesen dürfen. Die Worte sind keine Aussprüche, die der Autor an uns richtet, die Worte werden gewechselt. Der Satz »Nichts zu machen« steht auf der Druckseite leicht da wie ein Orakelspruch. Wenn Estragon mit »Nichts zu machen« das Problem des Schuhausziehens kommentiert, ist das anders. Der Satz drückt dann sein Gefühl der Hilflosigkeit angesichts einer bestimmten Aufgabe aus. In anderen Situationen könnte durchaus etwas zu machen sein, obwohl er im Augenblick nicht in der Lage ist, sie zu sehen.

Aber wir sind in einem Stück und nicht in der großen Welt, die an »anderen Situationen« überreich ist, und müssen so auf solche Situationen warten, wie das Stück sie zu gewähren geruht, wenn es ihm an der Zeit dünkt. Genauso wie Laurel und Hardy nur in jener merkwürdigen Welt, dem Laurel und Hardy-Film, existieren, existieren die Schauspieler im Innern des Universums dieses Stücks. Wenn sich erweisen sollte, daß dieses Universum nur zwei Themen enthält, das Bedürfnis, einen Schuh auszuziehen, und die Unmöglichkeit, es zu tun, würde das dem Wesen dramatischer Universen nicht widersprechen. Hochgeachtete Stücke sind aus kaum mehr Elementen aufgebaut worden, zum Beispiel der Verpflichtung, Agamemnon vor seiner Ermordung zu bewahren, und der Unmöglichkeit, es zu tun.

Die Schauspieler existieren im Innern des Universums des Stücks. Aber – hier ist eine weitere Nuance – sie sind lebendige Schauspieler, lebende Menschen, deren Füße auf Brettern widertönen, deren Brust sich bewegt, wenn sie atmen, und mit einem kleinen Teil unserer Aufmerksamkeit müssen wir begreifen lernen, daß sie im Innern dieses Stücks *gefangen* sind. Sie sind Menschen mit Meinung und Verdauung, aber die Freiheit, die sie heute abend haben, ist eingeschränkt. Es steht ihnen nicht frei, irgendwelche Worte zu sprechen, sondern nur die Worte, die für sie festgelegt wurden und die keine Worte sind, die etwas lebendig machen. In einem anderen Stück Becketts wird die Frage eines Schauspielers »Wozu diene ich denn?« vom anderen Schauspieler in einer Weise beantwortet, die zeigt, daß sie nicht zu beantworten ist: »Mir die Replik zu geben.«[5] Das ist in Stücken immer wahr und in Filmen meistens: Indem sie dem Drehbuch folgen, geben die Schauspieler uns die Illusion, daß sie frei seien, und nur wenn ein Schauspieler seinen Text vergißt, sehen wir an seinem betroffenen Gesicht, wie wenig er improvisieren darf.

So muß der Schauspieler die Welt des Stücks, die die einzige Welt (und das einzige Stück) ist, die er kennen darf, sehr ernst nehmen; und wenn er in der Welt des Stücks den Befehl erhält, das Innere seines Schuhs zu untersuchen, nun, so soll er nicht an »Bedeutung« denken, sondern ihn eben untersuchen. Das ist alles.

»Sam«, fragte ein Schauspieler bei einer Probe von *Endspiel*, »wie soll ich zu Hamm sagen: Wenn ich die Kombination des Safes wüßte, würde ich dich töten.« Und Sam Beckett antwortete ruhig: »Denken Sie ganz einfach, daß Sie ihn töten würden, wenn Sie die Kombination des Safes wüßten.«

Zur Welt dieses Stücks gehört noch mehr als Wladimir und Estragon. Das Paar ist noch keine drei Minuten auf der

Bühne, da hören wir von der Existenz gewisser »sie« genannter Leute, die Schläge austeilen. Estragon sagt, er habe die Nacht in einem Graben verbracht, »dort hinten«, und antwortet auf die Frage, ob sie ihn nicht geschlagen hätten, sicher hätten sie ihn geschlagen. Wieder dieselben? Er weiß es nicht. Für »sie« und ihre Schläge ist keine Erklärung nötig; wie der Sonnenaufgang gehören sie zu dieser Welt. Der Eiffelturm, wenn auch gerade nicht zu sehen, gehört ebenfalls zu dieser Welt, mit ziemlich korrekten Wächtern; sie würden unser Paar nicht mal in den Fahrstuhl lassen. Das war nicht immer so. Unsere zwei waren einmal selber korrekt. In jener Zeit (»vor einer Ewigkeit«, »so um 1900«[6]) hätten sie so vernünftig sein sollen, den Mut zu verlieren und sich »Hand in Hand« vom Eiffelturm runterzustürzen, »mit den ersten«. Jetzt ist es zu spät.

Was ist noch Teil dieser Welt? Erinnerungen an die Bibel, eine richtige protestantische Bibel mit farbigen Landkarten hinten. Das Bedürfnis, die Zeit mit Konversation auszufüllen (»Hör mal, Gogo, du mußt mir von Zeit zu Zeit den Ball zuspielen«[7]). Äußerste Verarmung in den Annehmlichkeiten des Ortes (das einzige Ding, das man sehen kann, ist nicht mal so recht ein Baum; da es kaum zu klassifizieren ist, könnte es vielleicht ein Strauch sein). Und eine Verpflichtung:

> Komm, wir gehen!
> Wir können nicht.
> Warum nicht?
> Wir warten auf Godot.
> Ach ja.[8]

Er soll gesagt haben, wir sollen bei dem Baum warten, wenn das der Baum ist, den er meinte, und wenn dies der Tag ist.

> Er hat nicht fest zugesagt, daß er käme.
> Und wenn er nicht kommt?
> Kommen wir morgen wieder.
> Und dann übermorgen.
> Vielleicht.
> Und so weiter.[9]

»Godot«, das wollen wir festhalten, wird Go-*dough* ausgesprochen, mit der Betonung auf der zweiten Silbe. Zudem wurde das Stück auf französisch geschrieben und eine Zeitlang nur französisch aufgeführt, darum scheint vor allem ein Zufall der englischen Sprache die Ursache zu sein, daß so viele Leser (von denen einige »*God*-oh« sagen) von dem Stück Dialog, in dem »eine Art Gesuch« und »eine vage Bitte« erwähnt werden, abgelenkt wurden. Es ist viel einfacher, innerhalb des Stücks zu bleiben und an Interpretation nicht zu denken. Innerhalb des Stücks ist Godot der Mysteriöse, auf den wir warten. Es ist nicht klar, warum wir warten, nur, daß wir gesagt haben, wir würden es tun, und es gibt Hinweise darauf, daß es in seiner Macht liegt, daraus etwas Wichtiges zu machen. »Warten wir, bis wir genau Bescheid wissen.«[10]

Es gab einmal – daran sollten wir uns erinnern – ein Publikum für dieses Stück, von dem nicht ein einziger Zuschauer wußte, daß Godot nie kommen würde. Jetzt wäre es fast unmöglich, so ein Publikum zusammenzubekommen, oder auch nur so einen Leser, wie es auch unmöglich wäre, einen Leser zu finden, für den es wirklich noch die Möglichkeit gäbe, daß Hamlet Rache nehmen und Ophelia heiraten wird. Jeder weiß, daß dies das Stück über das Warten-auf-den-Mann-der-nicht-kommt ist, und es ist eigenartig, wie wenig dieses Wissen ausmacht. Wenn für den hypothetischen unschuldigen Zuschauer Godots Kommen eine offene Möglichkeit ist, so wird er doch immer noch nicht ermutigt, Godot zu erwarten oder irgend etwas von ihm zu erwarten. Um seine zwei Schauspieler konstruiert das Stück die Bedingungen und die Eigenschaft des Wartens, und zwar so, daß niemand eine perverse Laune des Dramatikers dafür tadelt, daß sie ihm Godot vorenthält und die Erwartung enttäuscht.

Jemand kommt aber doch: Pozzo kommt. Sein Auftritt ist so theatralisch, daß Estragon ohne weiteres annimmt, er sei Godot. Natürlich ist Estragon leicht zu beeindrucken, aber offensichtlich nimmt auch Wladimir es an, wenn er auch schnell abstreitet, daß ihm irgendein derartiger Gedanke durch den Kopf ging (»Ihr habt mich für Godot gehalten?« »O nein, mein Herr, nicht einen einzigen Augenblick«[11]). Aus diesem Wortwechsel und aus Pozzos strengem Verhör (»Wer ist es?« »Das Warten? Sie warteten also auf ihn?«[12] wie aus ihrem eiligen Verleugnen (»wir kennen ihn kaum«, »ich jedenfalls würde ihn nicht wiedererkennen«[13]) erfahren wir, daß die Welt des Stücks eine ist, in der es klug ist, so wenig wie möglich zu wissen. Und Pozzo scheint sich bei all seiner Befehlssicherheit auf der Flucht über die geschrumpfte Landschaft zu befinden, mit seinem Knecht, der beladen ist mit etwas, das Diebesgut sein könnte, aber eher Strandgut ist: ein schwerer Sack, ein Klappstuhl, ein Picknickkorb, ein Mantel. Das Seil, das sie verbindet, die Peitsche, mit der Pozzo droht, sind Symbole der Autorität, unverzichtbar, weil die Gebräuche, das übliche Band der Autorität, aufgelöst zu sein scheinen.

Also gut. Zwei Männer, die auf einen andern warten, den sie nur mit einem unglaubwürdigen Namen kennen, der vielleicht nicht sein wirklicher Name ist. Eine verwüstete und eingeschrumpfte Landschaft. Eine Welt, die einmal weiter und offener war, aber jetzt von Sinnlosigkeit durchdrungen ist. Mysteriöse Leute, die Schläge austeilen. Ein Mann mit Besitz und sein Knecht, auf der Flucht. Und die Sorge der beiden, die warten, ihre Sorge, ja so unauffällig wie möglich zu sein in einer Umgebung (»wir sind nicht von hier, mein Herr«[14]), in der wahrscheinlich ihre bloße Gegenwart schon auffällt. Es ist merkwürdig, warum Leser und Zuschauer nicht darauf kommen, das Offensichtlichste an der Welt dieses Stücks zu sehen, daß es nämlich dem von den Deutschen besetzten Frankreich ähnelt, in dem der Autor die Kriegsjahre verbrachte. Wieviel Warten muß in jener öden Welt stattgefunden haben; wie viele Male müssen Agenten der Résistance – politische Flüchtlinge, als jeder ein Flüchtling war, anonyme gewöhnliche Leute, für die jeder Tag die Auflösung der Bedeutung erneuerte – Verabredungen eingehalten haben, ohne zu wissen, wen sie treffen sollten, mit Menschen, die nicht erschienen und gute Gründe gehabt haben mögen, nicht zu erscheinen, oder schlechte, oder vielleicht verhaftet worden waren. Wie oft muß das Leben selbst nicht dieses Geschick gefördert haben, bei dem zu auffällige Fremde so unauffällig wie möglich nichts taten, während sie auf ein Zusammentreffen warteten, im Stich gelassen von vielleicht unverläßlichen Boten, und mit dem täglichen Nichtwissen halbwegs fertig wurden, nach der obersten Verfahrensregel der Résistance, nämlich der, niemanden mehr wissen zu lassen, als er wissen mußte.

Wir können ohne Mühe verstehen, warum ein Pozzo entnervend wäre. Jede seiner Gesten ist preußisch. Er könnte ein plump verkleideter Beamter der Gestapo sein.

Hier liegt vielleicht die bemerkenswerteste Leistung des Dramatikers. Es hat in einem ganzen Land fünf Jahre lang eine Situation gegeben, die buchstäblich, Punkt für Punkt, mit der Situation in diesem Stück übereinstimmte, und die so wenig spezifisch war, daß Millionen von Leben mit ihrer verzweifelten Substanz gesättigt waren, und kein Zuschauer denkt je daran. Statt dessen wird das Stück der düsteren Lebensanschauung eines Menschen zugeschrieben, was gerade so ist, als traute man ihm zu, einen Großteil der Zeitgeschichte erfunden zu haben. Nicht daß die Zeitgeschichte oder die Besetzung Frankreichs der »Schlüssel« zum Stück, seine Lösung wäre; wenn wir zufällig daran denken, ist sie einfach eine Bestätigung des Stücks. Und Beckett sah, daß es nötig war, zu verhindern, daß Gedanken an die Besetzung Frankreichs zu greifbar würden, weil es nötig war, zu verhindern, daß das Stück »über« ein Ereignis ging, das die Zeit längst hatte verschwinden lassen. Sean O'Caseys Stücke, die »über« die irischen Unruhen gehen, entgleiten schnell in die Vergangenheit; Zeitstücke wie die Photographien in alten Zeitschriften. In den siebziger Jahren ist *Warten auf Godot* fast unverändert das, was es 1953 an dem Tag war, als es zum ersten Mal aufgeführt wurde, ein Stück über eine mysteriöse Welt, wo zwei Männer warten. Wir können seine Universalität so formulieren: nur ein Bruchteil der menschlichen Gattung erfuhr die Besetzung Frankreichs durch die Deutschen, und nur ein Bruchteil dieses Bruchteils wartete in Angelegenheiten der Résistance auf irgendeinen Godot. Aber jeder, an jedem Ort, hat gewartet und sich gefragt, warum er wartete.

Einst gab es Stücke über das Geschlecht von Atreus, die die genealogische Herkunft der Zuschauer und den Ursprung der für sie jeden Tag lebendigen Gebräuche berührten. Solche Stücke interessieren heute nur dank der Wirkung der Zeit, die sie sehr verändert hat. Was einst Tatsache zu sein schien, scheint jetzt erfunden, Teil der Menge von Konventionen, die wir lernen und absorbieren müssen, und die dramatischen Vorgänge – Agamemnons Ermordung, Cassandras Fluch – haben die Autorität mächtiger Abstraktionen angenommen. Die Bemühung des Stücks von Beckett, Beziehung auf Besonderes zu unterdrücken, sich beispielsweise das leichte Hilfsmittel zu versagen, durch Hinweise auf die Gestapo das Publikum aufzustören, scheint wie eine Bemühung zu sein, das Ergebnis der Wirkung der Zeit unmittelbar zu erreichen: während das Stück noch in seiner ersten Textvorlage ist, schon den Akt der Abstraktion zu vollbringen, und so nicht Entrüstung und Schrecken zu erregen, sondern weniger aufgeregte Gefühle. Wir scheinen von Laurel und Hardy weit entfernt zu sein, aber der Kern des Stücks war, die Welt der Besetzung Frankreichs in das Theater Laurels und Hardys zu bringen, wo sie etwas Reiches und Fremdes wird, wie sie.

So ist es nicht ein Stück »über . . .«; es ist es selbst; es ist ein Stück. Das klingt unmöglich pseudoartistisch, wenn wir nicht bedenken, daß zum Beispiel *Hamlet* nicht über dynastische Unordnung in Dänemark geht – ein Thema, aus dem kein Däne heute ein Interesse herausschlagen könnte –, sondern über Hamlet, der nur existiert dank einer glücklichen Komplizenschaft zwischen einem Mann, der ein Textbuch schrieb, und anderen Männern, die es spielen, und noch anderen, die es lesen. Am Theater findet niemand diesen Sachverhalt esoterisch. Nur Studierende gedruckter Texte haben die Neigung, alle Arten möglicher Schwierigkeiten heraufzubeschwören, die in der Praxis, im Theater, niemanden stören. Im 18. Jahrhundert nahmen literarisch gebildete Leute an, daß die berühmten »Einheiten« unverletzbaren Gesetzen entsprächen und Verstöße dagegen ein Drama zu Misch-Masch machten; es blieb Dr. Johnson überlassen auszusprechen, was jeder häufige Theaterbesucher so selbstverständlich fand, daß er gar nicht erst darüber nachdachte, daß nämlich Zuschauer, die sich nach Rom versetzen können, keine Schwierigkeit haben, sich fünf Minuten später vorzustellen, daß man in Alexandria ist, oder, wo wir schon mal dabei sind, daß ein eifersüchtiger Mann in einem Drama ganz plausiblerweise durch ein einfaches Herumgefuchtele mit einem Taschentuch zum Rasen gebracht werden kann. Wir können das abstrakter formulieren und sagen, daß *Antonius und Cleopatra* und *Othello*, wenn sie gespielt werden, in sich geschlossene Welten mit eigener Ordnung darstellen, die keine »Bedeutung« haben muß.

So. Sie warten also. Und sie werden auch noch den zweiten Akt lang warten. Wir haben alle gewartet, vielleicht nicht bei einem Baum am Abend oder auf einer Landstraße, aber gewartet. Die Details sind unwichtig. Sie warten »auf Godot«.

Jeder von uns hat seinen Godot gehabt, und wäre es auch nur jemand, von dem wir, ein paar Tage lang, einen Brief erwartet haben.

Die Substanz des Stücks ist, kurz gesagt, eine so gewöhnliche menschliche Erfahrung, wie man sie nur finden kann. Das scheint kaum wert, gesagt zu werden, nur daß es kaum gesagt wird. Wenn wir Kritiker lesen oder Diskussionen zuhören wollen, können wir getrost annehmen, die Substanz des Stücks sei irgendeine flüchtige Idee oder dergleichen, und eine Idee überdies, die nicht besonders gut ausgedrückt ist, da es so viele Meinungsverschiedenheiten darüber gibt, wie sie sein soll.

Die Substanz des Stücks ist Warten, in Ungewißheit. Wenn es nie vorher ein Stück über Warten gegeben hat, dann, weil kein Dramatiker vor Beckett je daran dachte, so etwas zu versuchen. Es läuft anscheinend dem Wesen des Theaters zuwider, wo die gewöhnliche Einheit das Ereignis ist und wo Zwischenräume zwischen Ereignissen geschickt ausgefüllt werden, um uns zu überzeugen, daß die Schnüre, die das nächste Ereignis herbeiziehen werden, schon gedreht und gesponnen sind. Einen großen Teil von *Agamemnon* hindurch wartet das Publikum, wartet darauf, daß Agamemnon ermordet wird. Auch der Chor wartet, bis das Schicksal sich erfüllt, und auch Cassandra wartet darauf und macht inzwischen Voraussagen, auf die niemand hört (und sie weiß, daß sie niemand hört, das ist ihr Fluch). Und Klytemnestra wartet, bis es Zeit sein wird, ihn zu töten. Aber das ist anders. Wenn Äschylus' Stück sich seinem Höhepunkt nähert, zieht es seinen Höhepunkt in den Bereich des gerade Geschehenden. Auf das Unvermeidbare zu warten, ist ein Warten anderer Art, und zwar so sehr, daß, wenn Agamemnon nicht ermordet würde, das Stück als ein Betrug erschiene. Aber es ist kein Betrug, daß Godot nicht kommt.

Warten; und das Publikum das Warten teilen lassen; und die Art des Wartens explizieren: das ist mit »Handlung«, die umschlägt in ein Ereignis, dessen Nichtstattfinden uns betrügt, nicht zu machen, und auch nicht damit, daß man bloß die Bühnenzeit ausfüllt, indem man das Telefonbuch laut vorliest, zum Beispiel. Beckett füllt die Zeit aus mit schön symmetrischen Strukturen:

Einstweilen wollen wir uns ganz ruhig unterhalten,

da wir doch nicht schweigen können.
Du hast recht. Wir sind unerschöpflich.
Um nicht denken zu müssen.
Wir haben Entschuldigungen dafür.
Um nicht hören zu müssen.
Wir haben unsere Gründe.
All die toten Stimmen.
Die rauschen wie Flügel.
Wie Blätter.
Wie Sand.
Wie Blätter.
Schweigen.
Sie sprechen alle durcheinander.
Jede für sich.
Schweigen
Sie flüstern vielmehr.
Sie murmeln.
Sie rauschen.
Sie murmeln.
Schweigen.
Was sagen sie?
Sie sprechen über ihr Leben.
Es genügt ihnen nicht, gelebt zu haben.
Sie müssen darüber sprechen.
Es genügt ihnen nicht, tot zu sein.
Das genügt nicht.
Schweigen.
Es ist wie das Rauschen von Federn.
Von Blättern.
Von Asche.
Von Blättern.
Lange Pause.
Sag doch was!
Ich suche.
Lange Pause.
Sag doch irgendwas!
Was sollen wir jetzt machen?
Wir warten auf Godot.
Ach ja.
Schweigen.[15]

In einer schönen Ökonomie der Phrasierung, wie Cello-Musik, fragen und antworten die Stimmen, indem sie jene fremden toten Stimmen evozieren, die, vielleicht, nur im wartenden Geist sprechen, und die in Abständen und im Text gesetzten Pausen sind ebensosehr ein Teil des Dialogs wie die Worte. Und die besonderen Eigenschaften der Sprechenden werden nie außer acht gelassen. Estragon besteht darauf, daß diese Stimmen murmeln wie Blätter; Wladimir, weniger gefangen vom Idiom, will, daß sie rauschen wie Flügel oder Sand oder Federn oder Asche; aber Estragons einfache Wendung ist dank seiner puren Halsstarrigkeit in jedem Fall das letzte Wort. Und die Äußerungen werden allmählich reduziert von sechzehn Worten auf zwei, und der rituelle Austausch über das Warten auf Godot hat seinen rituellen Abschluß wie ein Amen, die kürzeste Äußerung im Stück, das einsilbige »Ah!« [»Ach ja!« im deutschen Text] Es ist ein glänzendes Duett, das die Herzen der werten Schauspieler singen machen kann, und im Gegensatz zu den Gebräuchen des Theaters dominiert keine der beiden Rollen.

So wie die Reden symmetrisch verteilt sind, so sind die beiden Akte symmetrisch konstruiert, wobei in jedem ein Pozzo-Lucky-Vorfall dem Erscheinen des Jungen vorausgeht, dessen Bericht besagt, daß Godot heute nicht kommt, »aber sicher morgen«[16]. Die kleinste Einheit des Stücks, seine Wirkungseinheit, ist die Symmetrie, eine symmetrische Struktur: die von dem Baum in zwei Hälften geteilte Bühne, die menschliche Gattung (soweit sie vorkommt), die erst in zwei geteilt wird, Didi und Gogo, dann in vier, Didi/Gogo und Pozzo/Lucky, dann mit der Ankunft des Jungen wieder in zwei, unsere Gattung, Godots Gattung. Und die Symmetrien umfassen auch Gegensätze: Luckys lange Rede im ersten Akt, Luckys völliges Schweigen im zweiten Akt. Und Symmetrien beherrschen die Einheiten des Dialogs: Am einen Extrem die fugenartige Struktur über die toten Geräusche und am andern Extrem ein Wortwechsel so kurz wie dieser:

Sollen wir unsere Übungen machen?

Unsere Leibesübungen.

Geschmeidigkeitsübungen.

Lockerungsübungen.

Gelenkigkeitsübungen.

Lockerungsübungen.
Um warm zu werden.
Um ruhig zu werden.
Also los.[17]

Oder sogar so kurz wie: »How time flies when one has fun«[18] – drei Wörter, die auf einem »when« ruhen, und »flies« mit dem inkongruenten »fun« allitterierend.

Denn nichts befriedigt den Verstand so wie das Gleichgewicht; nichts ist so überzeugend verläßlich. Der Verstand schreckt vor dem Zufälligen zurück. Der Satz »honesty is the best policy« scheint hauptsächlich deshalb eine von selbst einleuchtende Wahrheit zu sein, weil die Wörter metrische Äquivalente sind: honesty, policy. So funktionieren Sprichwörter; sogar Aussagesätze funktionieren so, und nur durch eine schwierige Bemühung um Aufmerksamkeit oder sonst nur durch die Gewohnheiten des Öffentlichen Dienstes läßt sich ein Aussagesatz ohne Gleichgewicht konstruieren. Man gehe so weit, ein Subjekt auszusprechen, und man wird finden, daß der Verstand ein Prädikat vorbereitet, das mit ihm im Gleichgewicht steht. Darum fragen wir so selten, ob Verse Sinn geben: Die Befriedigung der Symmetrie verhindert es. »Sein oder Nichtsein, das ist hier die Frage«, oder: Tomorrow and tomorrow and tomorrow . . .«, oder: »The cloud capp'd towers, the gorgeous palaces . . .« – solche Stellen verdanken viel von ihrer Autorität dem Gleichgewicht; und die Magie von »In Xanadu did Kubla Khan . . .« geht von dessen Inversion der Vokalfolgen aus, -au, -u, -u, -au, trotz unserer Ungewißheit bei drei der fünf Wörter. Beckett verbrachte in seiner Jugend viel Zeit mit dem großen Virtuosen solcher Effekte, James Joyce, dessen letztes Werk, eines Skeptikers Modell des Universums, sich beschreiben läßt als ein System komplizierter Wortwiederholungen, von denen keiner mit irgendwelcher Verläßlichkeit eine denotative Bedeutung zugewiesen werden kann. Und Laurel und Hardy wären ein äußerst unüberzeugendes Paar, wäre nicht die virtuelle Identität ihrer Hüte, zweier glänzender schwarzer Melonen.

Die schönsten Wortsymmetrien kann man eher im zweiten Akt als im ersten finden, denn das Stück konvergiert in Symmetrie:

Sag: Ich bin zufrieden.

Ich bin zufrieden.
Ich auch.
Ich auch.
Wir sind zufrieden.
Wir sind zufrieden.
Schweigen.
Was sollen wir jetzt machen, da wir zufrieden sind?
Wir warten auf Godot.
Ach ja.
Schweigen.[19]

Das Stück konvergiert auch in gewissen sehr deutlichen Aussprüchen, deren Eloquenz manchmal den Eindruck vermittelt hat, sie sagten, was das Stück »bedeutet«. So hat sich Pozzos »Sie gebären rittlings über dem Grabe, der Tag erglänzt einen Augenblick und dann von neuem die Nacht«[20] als ein Satz von einer unglücklichen Zitierbarkeit erwiesen. Im Stück wird der Satz durch Didis Fragen, das ihm auf die Nerven geht, aus Pozzo herausgepreßt. Der letzte Strohhalm, der sich durch die Entdeckung ergab, daß Lucky, der im ersten Akt so eloquent war, im zweiten Akt »stumm« ist, ist die Frage gewesen: »Stumm! Seit wann?« Worauf Pozzo *(»plötzlich wütend«)* ausbricht:

Hören Sie endlich auf mich mit Ihrer verdammten Zeit verrückt zu machen? Es ist unerhört! Wann! Wann! Eines Tages, genügt Ihnen das nicht? Irgendeines Tages ist er stumm geworden, eines Tages bin ich blind geworden, eines Tages werden wir taub, eines Tages wurden wir geboren, eines Tages sterben wir, am selben Tag, im selben Augenblick, genügt Ihnen das nicht? *Bedächtiger.* Sie gebären rittlings über dem Grabe, der Tag erglänzt einen Augenblick und dann von neuem die Nacht.[21]

Das bedeutet, wie so vieles, daß wir nicht sicher sein können, daß die zwei Tage aufeinander folgen; daß es viele Tage gibt wie diese, daß alles Warten endlos ist und alles Reisen. Daß er das schlagende Bild gibt, sieht Pozzo, diesem Kenner der Rhetorik, ähnlich. Es bleibt in Didis Geist hängen, und ein paar Minuten später, als er mit dem schlafenden Gogo allein ist, denkt er darüber nach, daß auch er vielleicht schläft, so traumgleich ist die Langeweile:

Wenn ich morgen glaube, wach zu werden, was werde ich dann von diesem Tage sagen? Daß ich mit meinem Freund Estragon an dieser Stelle bis in die Nacht auf Godot gewartet habe? Daß Pozzo mit seinem Träger vorbeigekommen ist und daß er mit uns gesprochen hat? Wahrscheinlich. Aber was wird wahr sein von all dem?

Dann nimmt er das Bild wieder auf, das Pozzo verwendete:

Rittlings über dem Grabe und eine schwere Geburt. Aus der Tiefe der Grube legt der Totengräber träumerisch die Zangen an. Man hat Zeit genug, um alt zu werden. Die Luft ist voll von unseren Schreien. *Er lauscht.* Aber die Gewohnheit ist eine mächtige Sordine. *Er betrachtet Estragon.* Auch mich, auch mich betrachtet ein anderer, der sich sagt: Er schläft, er weiß nichts, laß ihn schlafen. *Pause.* Ich kann nicht mehr weiter. *Pause.* Was habe ich gesagt?[22]

Das ist eher eine ästhetische als eine didaktische Klimax, wie die Kraft und Schönheit der Sprache zeigen sollte und das eigenartige Bild der Reihe von Betrachtern. Didi betrachtet Gogo, wir im Auditorium betrachten Didi (obwohl wir nicht sagen, daß er schläft), jemand, der unsichtbar ist, betrachtet uns alle: das läßt weniger an eine Gottheit denken als an eine unendliche Reihe. Wie Musik ist Becketts Sprache in Phrasierungen gegliedert, orchestriert, mit sorgfältigen Wiederholungen. Ihre Sätze haben Schwungkraft im Kontext des Werkes, und nur da, während die Form, die Symmetrie der Form des Werks dient, seiner Ganzheit, seiner Einzigartigkeit. In den anderen Stücken und Romanen Becketts finden wir anderes, ganz verschiedenes gesagt, nie etwas übermäßig Optimistisches, zugegeben, aber nichts, was über die Struktur hinausreichen wollte, in der es enthalten ist. Diese geformte Struktur, die manchmal, wenn es ihm gefällt, sich selbst aufhebt, hat er durch Arbeit zu vervollkommnen gesucht, Stück für Stück. Und wie wir alle hat er gewohnte Haltungen. Nach Jahren der Vertrautheit mit seinem Werk finde ich keine Anzeichen dafür, daß er den Ehrgeiz hat, eine Philosophie des Lebens auszudrücken. Stan Laurel hatte ihn auch nicht.

Denis Johnston
Warten mit Beckett

Warten auf Godot ist ein Stück von Samuel Beckett, dem früheren Dubliner; geschrieben ursprünglich auf Französisch, jetzt zurückübersetzt in seine Muttersprache vom Autor selbst, behindert (was die englische Ausgabe angeht) durch einige freundliche Aufmerksamkeiten seitens Ihrer Majestät Lord Chamberlain. Es handelt von zwei Landstreichern, die an keinem besonderen Ort auf einen andern warten, der Godot heißt.

Eine berühmte Karikatur in einer amerikanischen Zeitschrift stellt zwei Damen aus dem Mittelwesten bei einer Aufführung des Balletts *Der Feuervogel* in Monte Carlo dar. Während die eine die Primaballerina bei einer ihrer komplizierten *fouettés* beobachtet, wendet sie sich der andern zu und fragt: »Erinnert sie Sie nicht ein bißchen an Mrs. Weintraub?«

In ziemlich demselben Geist gibt es jedesmal, wenn hierzulande etwas Außergewöhnliches im Druck oder auf der Bühne erscheint, irgend so einen Knaben, der totsicher feststellt, es sei beeinflußt von unserer eigenen Größe, James Joyce. Und da Joyce eine widerhallende Zisterne ist, in der von Dante bis Amanda Ros jeder Einfluß gehört werden kann, ist es genauso leicht zu beweisen, daß jeder experimentelle Schriftsteller sein Schüler sein muß, wie es leicht ist zu zeigen, daß alle Wörter, die er benutzt, auch in Webster's Dictionary zu finden sind.

Dieser Unfug grassiert besonders im Fall Sam Becketts, der, natürlich, ein paar Jahre Joyces Puder-Affe war und den Begräbniszeremonien beiwohnte, die als *Finnegan's Wake* bekannt sind. Aber Joyce hatte nie die Ökonomie oder die Disziplin, um ein respektables Stück zu schreiben. Er war auch kein Denker, wie es Beckett eindeutig ist. Es ist natürlich richtig, daß *Warten auf Godot* in seiner Konstruktion dasselbe spiralenförmige, repetitive Muster aufweist, das der Clongowner in seinen späteren Jahren liebte. Im allgemeinen Umriß folgt der zweite Teil der Struktur des ersten – wenn auch auf einer anderen Ebene –, und die Zuschauer werden genau auf den Punkt zurückgeführt, an dem sie anfingen. Es wird von

Schuhen geredet – denen des ersten Landstreichers, Estragon, der von ein paar Leuten, die man nicht kennt, geschlagen worden ist. Sind sie gestern hier gewesen oder nicht? Sie sollten lieber auseinandergehen (tun es aber nicht). Sie sollten sich lieber aufhängen (tun es aber nicht). Einer ißt eine Möhre, und dann kommt Pozzo an mit seinem glücklosen [luckless], in ein Geschirr gespannten Träger. Estragons Füße fangen an weh zu tun, was anzeigt, daß ein kleiner Junge kommt mit einer Botschaft von Mr. Godot. Der Junge streitet ab, daß er gestern hier war. Der Mond kommt hervor, und jede Szene schließt mit der Zeile: »Gehen wir.«[1] (Aber sie gehen nicht von der Stelle.)

Doch nur ein sehr oberflächlicher Beobachter wird daraus entnehmen, daß Beckett dem Guten König Wenzeslaus folgt. Tatsache ist, daß Joyce und er Schüler Vicos sind und nur darin übereinstimmen, daß sie Vicos Konzeption des sich wiederholenden Lebens anerkennen. Dinge, die dieser Philosophie des Harmoniums gleich sind, müssen bis zu einem gewissen Grade einander gleich sein. Aber hier hört die Ähnlichkeit auf, und während Joyce ein Meister der Formlosigkeit ist, hat Beckett einen Sinn für Form, der jeden Schritt in seinem Stück so unvermeidlich macht wie das anglikanische Morgengebet.

Er hat uns jedoch mit einem schwierigen und anspielungsreichen Text für die Bühne versorgt, der auf den ersten Blick genauso gut das Werk eines bösartigen Trickkünstlers wie ein Stück von ernster Bedeutung sein könnte. Der Kult des Dunklen sitzt im Theater weniger gemütlich als in den Reichen der Lyrik, der Musik und der darstellenden Kunst, und Beckett hat in einigen seiner früheren Werke gelegentlich unseren Verdacht genährt. Er hat sich durchaus bereit gezeigt, den vorherrschenden Schwulst der kleinen Rezensionen zu schreiben. Und Titel wie *Whoroscope* und *More Pricks than Kicks* legen nahe, daß man ihn vielleicht zu jenen rechnen konnte, die ihre literarische Laufbahn begannen, indem sie auf dem Heimweg von Earlsford House in der Foxrockbahn Wörter kritzelten.

Wenn wir also den Lord Chamberlain die Probleme von Hosenknöpfen, Anschwellen und Urinieren anpacken sehen, könnten wir vielleicht hinsichtlich der künstlerischen Integrität, die auf ihrer Anwesenheit besteht, einige berechtigte Zweifel empfinden. Wie gewöhnlich schießt der Lord Chamberlain jedoch ein Eigentor, indem er auf so schwachsinnigen Änderungen wie Ersetzung des russischen Namens Fartov durch Popov besteht und eine gewisse Mrs. Gozzo lieber mit Warzen plagt als mit dem Tripper.

Eine weitere Untersuchung der Schnitte und Korrekturen, die seit der ursprünglichen französischen Fassung in den Text gekommen sind, macht deutlich, daß der Autor selbst sich ernsthaft mit dem Problem beschäftigt hat, zu sagen, was er meint. Wenn es also ihm wichtig ist, ist es vermutlich auch unsere Zeit wert.

Es ist auch von einigem Interesse, festzuhalten, daß in der Übersetzung die amerikanische und englische Fassung dazu neigt, den Wortschatz der Heimatstadt des Autors zu benutzen. »Bavarder« wird »blathered«[2], und der Ausdruck »ton bonhomme« nimmt die vertrauten Züge von »your man«[3] an; »alors nous serions baisés« wird zu »then we'll be banjaxed«[4] (oder »ballocksed« zum Nutzen der Amerikaner). Und die Normandie wird Connemara[5]. Auf der andern Seite wird der Eiffelturm nicht die erwartete Nelsonsäule, und während Voltaire in den Vereinigten Staaten Bischof Berkeley wird, erscheint er hier als Doktor Johnson[6] – sicher beides sehr eigenartige Alternativen. Zwei oder drei Schnitte von einer halben Seite gegenüber der französischen Fassung am Ende des zweiten Teils helfen im Englischen die Klimax beschleunigen und zeigen einen Sinn für Tempo auf der Bühne, für das wir wahrscheinlich der Pariser Inszenierung danken dürfen.

Alle diese Hinweise mögen unwichtig sein, wenn man sie isoliert betrachtet, aber zusammengenommen zeigen sie einen gesunden Stand der Dinge an – daß das Stück etwas Lebendiges ist, das eben die Veränderungen und Abwandlungen durchmacht, die das ernsthafte Drama im Verlauf der Inszenierungen immer durchmachen muß, und daß der Autor es mit seinem Kanon sehr genau nimmt. Woraus wir schließen können, daß es keine Augenwischerei ist und sich bei genauerer Betrachtung durchaus nicht als dunkel erweisen könnte.

Gegen die Mitte der letzten Szene, an der Stelle, an der die meisten Dramatiker unserer Erwartung gemäß gerade mit dem beschäftigt sind, worauf sie hinaus wollen, finden wir diese Passage:

> Was machen wir hier, das muß man sich fragen. Wir
> haben das Glück, es zu wissen. Ja, in dieser ungeheuren
> Verwirrung ist eines klar: wir warten darauf, daß Godot
> kommt (. . .) Oder, daß die Nacht kommt. *Pause.* Wir
> sind da, wie verabredet, da gibt es nichts. Wir sind keine
> Heiligen, aber wir sind da, wie verabredet. Wieviel Leute
> können das von sich behaupten?[7]

Wie verführerisch, im Licht dieser unverhüllten Äußerung
über die Absicht des Stücks auf den leichten Schluß zu verfal-
len, es sei auch eine Parabel, und wir hätten nichts weiter zu
tun, als eine anerkannte Reihe von Eigennamen einzusetzen,
und siehe, wir halten das Ganze auf dem Präsentierteller.
Godot ist Gott; Pozzo – sagen wir – ist der Papst; und Wladimir – wenn Sie wollen – ist der Herzog von Windsor. Aber
unglücklicherweise ist Beckett viel zu schlau, um irgend etwas
zu schreiben, das sich mit Hilfe einer Wort-für-Wort-Überset-
zung lösen ließe. Eine Allegorie soll wie das Leben sein, aber
das Leben ist wie *Warten auf Godot,* so wie es wie *Alice im
Wunderland* ist. Wenn es leicht übersetzt werden könnte, wäre
es nicht mehr allgemein anwendbar. Würde Beckett zugeben,
daß Godot der Allmächtige ist, wäre sein Stück nicht mehr
von so großem Interesse für alle, die nicht übereinstimmen mit
Lucky in seiner Darstellung des großen quaquaquaqua. Auch
sollten wir uns nicht durch irgendwelche Anklänge in Namen
irreführen lassen. Das Stück wurde ursprünglich französisch
geschrieben, und in dieser Sprache hat der Name dieses Ver-
abreders verpaßter Rendezvous keine Ähnlichkeit mit Le Bon
Dieu.

Kurz, Beckett ist kein simpler Arithmetiker und versucht
nichts so Banales zu sagen wie, daß zwei und zwei vier sind –
oder auch fünf. Sein Stück ist darin algebraisch, daß seine
Figuren die Eigenschaft von X haben. Und was X bedeutet,
hängt nicht von ihm ab, sondern von uns. Wenn Sie das
Gefühl haben, daß die Mitte dieses Lebens – das Unfaßbare,
auf das Sie vielleicht warten – Gott ist, dann mögen Sie
tatsächlich diese Lösung als Ihr X akzeptieren. Wenn man
andererseits nichts dergleichen fühlt, kann das Stück in anderen Begriffen immer noch Geltung haben.

Darum ist es so wichtig, daß Beckett, was Erklärungen betrifft, seine Fälle geschlossen hält, denn so stellt er uns frei, unsere eigenen Schlüsse zu ziehen, ohne irgendwelches Raunen aus dem Maul des Pferdes. Da Sam ein Stück von universeller Anwendbarkeit geschrieben hat, könnte man durchaus argumentieren, daß jede Auslegung durch ihn sich als genauso falsch erweisen könnte wie unsere. Autoren wissen nicht immer, wie ihre Stücke am besten gespielt werden sollten, und dasselbe Paradox gilt vielleicht mit gleichem Nachdruck für ihre Anstrengungen, die Bedeutung zu erklären.

Für mich persönlich ist *Warten auf Godot* verstehbar in einer Weise, die ich begreife, mit der ich aber nicht ganz übereinstimme. Die beiden Landstreicher, Estragon und Wladimir, bilden eine Figur – den Betrachter –, zusammengesetzt aus den protestierenden Füßen und dem Kopf, der in seinem Hut umsonst nach etwas sucht, was man als nächstes sagen könnte. »S'ist zuviel für einen allein«[8], wie jemand bemerkt. Pozzo und sein fügsamer und zutiefst masochistischer Sklave Lucky geben ein durchaus wiederzuerkennendes Bild meiner Mitmenschen ab; gemütlich Hühnerknochen kauend, bis sie blind sind, sklavisch sich am Geschirr freuend und hinterhältig jeden Versuch, ihnen zu helfen, mit einem Tritt vor das Schienbein heimzahlend. Besonders sollte man jenes superbe Pastiche der religiösen und philosophischen Ideen des durchschnittlichen westlichen Menschen hervorheben, das sich in Luckys einsamer Rede ausdrückt, in der die Prosa vor jeder Hürde zögert und dann zurückgeht, um es wie ein Pferd, das einen Sprung verweigert, nochmal zu probieren. Es ist ein besonderer Verlust, wenn bei einer Aufführung die Worte dieser Rede verschwendet werden, weil sie genuschelt oder unhörbar sind.

Schließlich ist da noch der kleine Junge – Mr. Godots Bote –, der schlecht bezahlte Ziegenhüter, der von Zeit zu Zeit erscheint, um uns zu sagen, daß Mr. Godot ehrlich verspricht, morgen zu kommen, da er leider heute abend nicht kommen kann. Wenn das nicht die Botschaft der Kirche ist, ist schwer einzusehen, was sonst es sein kann. Und wie verzweifelt passend ist die einzig mögliche, schon zitierte Antwort der Gattung: Wir haben unsere Verabredung eingehalten, und das ist alles.

Beckett, der kein Quietist ist, gibt sich indessen nicht damit zufrieden, einfach dazustehn und zu warten. Wladimir fühlt, daß man etwas tun muß, und wäre es auch nur, dem blinden Pozzo auf die Füße zu helfen.

> Wir wollen etwas tun, solange die Gelegenheit sich bietet! Uns braucht man nicht alle Tage. Es ist offen gesagt nicht so, als brauchte man gerade uns. Andere würden die Sache ebensogut, wenn nicht besser, machen. Der Ruf, den wir soeben vernahmen, richtet sich vielmehr an die ganze Menschheit. Aber in dieser Gegend und in diesem Augenblick sind wir die Menschheit, ob es uns paßt oder nicht. Nützen wir es aus, ehe es zu spät ist. Wir wollen einmal würdig die Sippschaft vertreten, in die das Mißgeschick uns hineingeworfen hat.[9]

Wir haben vielleicht noch nicht alle einen so trotzigen Sinn für Hingabe gespürt, wie ihn unser Prophet Samuel hier zur Schau stellt. Wir sind, sagt er, auf den Befehl des Lebens hier. Wenn nichts oder niemand auftaucht, um uns zu treffen, ist das jedenfalls nicht unsere Schuld. Wir haben unsere Verabredung eingehalten. Und in der Zwischenzeit können wir eine Hand reichen, selbst wenn niemand uns persönlich braucht. Es ist eine Herausforderung des Himmels in einem scharfen und würdigen Ton, und wenn sie nicht angenommen wird, zeigt die Tatsache, daß Beckett meint, bestimmte Tätigkeiten um ihrer selbst willen seien von Wert, daß in ihm mehr von Sartre ist als von St. Simeon dem Säulenheiligen.

Aber obwohl es nicht schwer ist, aus dem allgemeinen Eindruck des Stücks eine Bedeutung zu abstrahieren, bleibt für Doktoranden kommender Jahre noch eine Menge zum Nachgrübeln übrig. Welche Bedeutung haben die Namen der Figuren – außer vielleicht Lucky, der einzige englische Name in der Gesellschaft und die einzige durchsichtige Fehlbenennung? Und warum redet der kleine Junge Wladimir bei jeder Gelegenheit mit »Mr. Albert« an, ohne darin verbessert zu werden? Warum fangen Estragons Füße immer kurz vor der Ankunft dieses Boten an, ihm weh zu tun? Und warum ist von allem, was lebt, der Baum das einzige, das sich zum Bessern verändert? Wer sind die zehn, die Estragon jedesmal schlagen, bevor der Vorhang aufgeht? Und warum gibt diese selbe rätselhafte

Figur Pozzo ihren Namen in Paris als Catull, ändert ihn dann in den Vereinigten Staaten zu Adam und ändert ihn schließlich wieder in Catull, zum Nutzen des West End?

Solange diese gewichtigen Probleme ungelöst sind, bleibt es Ihnen und mir immer noch unbenommen, das Stück auf der Bühne zu genießen, wegen seines Humors und seiner Verwandtschaft mit dem Zirkus, dank derer die Londoner Inszenierung bei den Erstbesuchern ein allgemeiner Erfolg wurde. Es gibt Gerüchte, daß Beckett dieses ungestüme Spiel auf dem Boden seines Gartens nicht vollständig billigt. Wenn das zutrifft, bestätigt es das, was ich schon über Autoren und die Darstellung ihrer eigenen Stücke angedeutet habe. Große Gedanken allein halten das Interesse des Theaterpublikums nicht wach, und wenn ein Dramatiker alle Regeln durchbricht, indem er in seinem ersten Akt weder Ereignis noch Konflikt bringt, und dann noch die Impertinenz besitzt, sich in seinem zweiten ein volles encore zu gönnen, müßte er sich eigentlich nicht wundern, wenn sein Stück ewig bei den Drama-Ligen bleibt.

Aber dieses Stück hat, gewollt oder nicht, eine Menge von den pantomimischen Zügen einer Eierkopf-Harlekinade, die es von Anfang an zu einem Vergnügen machen. Es hat Clown und Pantaloon und Harlekin und sogar den reichen Ladenbesitzer, dessen Würstchenkette dauernd verschwindet. Es kommt nicht wie exklusives Zeug daher, außer mit Absicht, um des Pomps und des Witzes willen. Seine Dunkelheiten sind weithin oberflächlich und vermitteln nicht den Eindruck, es sei eine Sphinx, die zu verbergen sucht, daß ihr Autor vergessen hat, sie mit einem Geheimnis auszustatten. Wir mögen vielleicht mit seinem Bild des Lebens nicht übereinstimmen, aber niemand kann ernsthaft leugnen, daß es ein Bild gibt, und zwar ein diskutierbares.

Wir wollen einen Augenblick die Zusammenfassung eines Tages im Leben Wladimirs, jener Abteilung für graue Zellen in dem doppelten Landstreicher, der vermutlich Beckett ist, studieren. Man achte auf die Zeitlosigkeit der Zeit, und wie jeder Tag derselbe wie ein anderer ist – nur verschieden. Man denke daran, wie schwer es manchmal ist, ganz sicher zu sein, wer man wirklich ist, und ob man schläft oder wach ist ... Und schließlich wollen wir die eigenartige und erregende Ähnlichkeit von Tod und Geburt betrachten, die so glänzend unterstrichen wird.

> WLADIMIR Habe ich geschlafen, während die anderen litten? Schlafe ich denn in diesem Augenblick? Wenn ich morgen glaube wach zu werden, was werde ich dann von diesem Tage sagen? Daß ich mit meinem Freund Estragon an dieser Stelle bis in die Nacht auf Godot gewartet habe? Daß Pozzo mit seinem Träger vorbeigekommen ist und daß er mit uns gesprochen hat? Wahrscheinlich. Aber was wird wahr sein von alledem? *Estragon, der sich angestrengt und vergeblich mit seinen Schuhen beschäftigte, ist von neuem eingeschlafen. Wladimir schaut ihn an.* Er wird nichts wissen. Er wird von den Schlägen sprechen, die er bekommen hat, und ich werde ihm eine gelbe Rübe geben. *Pause.* Rittlings über dem Grabe und eine schwere Geburt. Aus der Tiefe der Grube legt der Totengräber träumerisch die Zangen an. Man hat Zeit genug, um alt zu werden. Die Luft ist voll von unseren Schreien. *Er lauscht.* Aber die Gewohnheit ist eine mächtige Sordine. *Er betrachtet Estragon.* Auch mich, auch mich betrachtet ein anderer, der sich sagt: Er schläft, er weiß nichts, laß ihn schlafen.[10]

Vielleicht ist es beklagenswert, daß die westliche Welt heute nichts tut als warten, und die Langeweile, vielleicht, mit ein bißchen Herumgehen belebt. Aber beklagenswert oder nicht, dieses Bild beruht so sehr auf Wahrheit, daß *Warten auf Godot* mit Sicherheit dazu bestimmt ist, das Stück der fünfziger Jahre zu werden. In den Zwanzigern und Dreißigern waren wir naiv genug, nicht zu warten, sondern zu suchen. Und wir wissen, was wir gekriegt haben. Daher ein gewisses Widerstreben heutzutage, nachzuforschen, was an der nächsten Ecke sein mag.

Das ist noch ein Grund, diesen Kamm nicht nach einer Schuppe von Joyce zu untersuchen. *Ulysses* ist herumgekommen und gehört einer früheren und (hoffen wir es) einer späteren Generation. Aber Beckett ist der Nachfolger; denn nicht nur umworben, sondern mit Erfolg vergewaltigt hat er die geduldige Penelope – die Schutzheilige aller Wartenden.

348

Kenner[1] hat zu Recht das Paar Bouvard und Pécuchet zur Interpretation des Paares Estragon und Wladimir herangezogen. Schon Flaubert, der mit *Madame Bovary den* realistischen Roman schrieb, enthüllte in seinem letzten Werk die enzyklopädischen Träume, deren doch auch er sich befleißigt hatte, als vergebliche Weltbemächtigungsversuche kleinbürgerlicher Privatiers, die impassibilité als sich selbst undurchsichtige Inszenierungskunst. Die Begegnung von Bouvard und Pécuchet wird aufs sorgfältigste in Szene gesetzt, und zwar so, daß das nicht mehr übersehbar ist. Beckett, der in *Mercier und Camier* ebenfalls diese Szene vorstellt, führt mit der Macht des Erzählers, der schließlich die ganze Zeit dabei war, die sorgfältige Kalkulation vor, die ein Schriftsteller beherrschen muß, um etwas so Simples wie ein Treffen seiner Hauptdarsteller zu bewerkstelligen: »Camier kam als erster zum Treffpunkt. Das heißt, daß bei seiner Ankunft Mercier nicht da war. In Wirklichkeit war Mercier gute zehn Minuten vor ihm schon dagewesen. Somit war Mercier, und nicht Camier, als erster zum Treffpunkt gekommen. Nachdem Mercier fünf Minuten geduldig gewartet und dabei die verschiedenen Wege, die sein Freund bei seinem Kommen benutzen konnte, aufmerksam betrachtet hatte, brach er zu einem Rundgang auf, der eine Viertelstunde dauern sollte. Camier seinerseits brach, da er Mercier nicht kommen sah, nach fünf Minuten zu einem kleinen Rundgang auf. Als er eine Viertelstunde später wieder zum Treffpunkt zurückgekehrt war, schaute er nach Mercier aus, jedoch vergeblich, was begreiflich ist, denn nachdem Mercier noch fünf Minuten am vereinbarten Ort Geduld geübt hatte, war er wieder aufgebrochen, um sich die Beine zu vertreten, wie er zu sagen pflegte. Nach fünf Minuten stumpfsinnigen Wartens ging Camier also abermals los, wobei er sich sagte, vielleicht stoße ich in den Seitenstraßen auf ihn. Gerade in diesem Moment sah Mercier, der von seinem kleinen Spaziergang, welcher diesmal nicht länger als zehn Minuten gedauert hatte, zurückgekehrt war, wie sich eine Silhouette entfernte, die im Morgennebel eine vage Ähnlichkeit mit Camier hatte, der es auch wirklich war. Leider verschwand er, wie vom Pflaster verschluckt, und Mercier bezog wieder seinen Posten. Aber nach den fünf Minuten, die offenbar zur Regel zu werden drohen, gab er es auf, da er Bewegung brauchte. Sie freuten sich also einen Moment über alle Maßen, sowohl Mercier als auch Camier, als sie nach fünf beziehungsweise zehn Minuten unruhigen Schlenderns beim gleichzeitigen Eintreffen auf dem Platz einander zum ersten Mal seit dem Abend vorher begegneten. Es war neun Uhr fünfzig.

Also:

	Ank.	Aufbr.	Ank.	Aufbr.	Ank.	Aufbr.	Ank.
Mercier	9.05	9.10	9.25	9.30	9.40	9.45	9.50
Camier	9.15	9.20	9.35	9.40	9.50		

Was für ein fadenscheiniges Machwerk.«[2] Alles, was beschrieben wird, alles was Mercier und Camier tun, hat den einzigen Zweck, das Ziel des Romanschreibenden, kalkulierenden Gottes erreichen zu lassen, sie nämlich zusammenzuführen, damit die Reise, der Roman richtig losgehen kann. Die Züge dieses Spiels, die ja auch viel einfacher hätten ausfallen können, werden von Beckett so kompliziert gemacht, damit ihre Trickhaftigkeit, die Tatsache, daß sie nichts als schriftstellerische Konvention sind, erscheinen kann: das also, was ein Romancier, der das alles mit einem Zug schafft, verschwinden lassen will. Ein »fadenscheiniges Machwerk« in diesem Sinn ist nun aber weniger der Beckettsche Text, der das behauptet zu sein, als vielmehr ein Romantyp, der sich nicht als etwas Gemachtes, als »Machwerk« darstellen darf. Daß Beckett in seinen Produktionen die jeweils gewählte Form, im Roman die Romanform, im Drama die Dramenform, darzustellen sucht, bezweckt, in dieser Vorführung zu zeigen, wie sehr das jeweilige Spiel und seine Regeln jeden einzelnen Zug festlegen. Wenn er gern auf den Spielcharakter seiner Stücke verweist, so um nochmals darauf hinzuweisen, daß jedes Drama Spiel ist, seines das nur augenfällig macht, indem es von vornherein Entertainer auf die Bühne bringt: auf der Bühne ist für Beckett eine »welthistorische Persönlichkeit« ein Unterhalter, und diese seine Projektionsmethode läßt seine Personen so unbestimmt, ja leer scheinen. Sie scheinen nichts anderes zu sein als Funktionen der Dramen-Dramaturgie. Doch gerade das ist ihre nicht darstellbare Art des Einspruchs gegen diese Fatalität. Wird noch die spontanste Regung auf der Bühne Theater, so hat das Drama das, und so immer sich selbst, vorzuzeigen; beispielsweise die erste Begegnung mit Pozzo und Lucky, die gefährlich so aussieht als würde hier die Grausamkeit, mit der Menschen miteinander umgehen, angeklagt, als Nummer:

WLADIMIR   Reizender Abend.
ESTRAGON   Unvergeßlich.
WLADIMIR   Und noch nicht vorbei.
ESTRAGON   Es sieht so aus.
WLADIMIR   Es fängt erst an.
ESTRAGON   Es ist schrecklich.
WLADIMIR   Wie im Theater.
ESTRAGON   Im Zirkus.
WLADIMIR   Im Variété.
ESTRAGON   Im Zirkus.[3]

Jede Aufhebung von Zwängen, die man sich vom Spiel erwarten mag, hat ihre Grenze an dem Zwang, den das Drama selber ist. Indem der Spielcharakter auf alle Handlungen und Gespräche durchschlägt, nimmt er ihnen, noch wenn sie wie Lebendiges anrühren, diesen Schein. Weil Beckett das nicht vergessen läßt, wird alles, was im Rahmen des Dramas spielt, ein am Ende vergeblicher Kampf dagegen, nichts anderes zu werden als eine Dramen-Konvention. Dieses Sichvorzeigen als solche nimmt dieses Ende vorweg, ohne daß es doch, auf der Bühne, *da* sein könnte. Die Spannung, die so entsteht, ist das Lebenselement von Becketts Personen: sie erhalten sich, wie immer falsch, dadurch, daß der Autor sie, um sie vor dem falschen Schein zu retten, fertig macht. Das ist für den Romancier leichter als für den Dramatiker. Im Roman kann der Produzent, wenn auch problematisch: als Romanfigur, seine Produkte erledigen, indem er sie zurücknimmt. Das wird immer dann nötig, wenn er fast, und sie völlig dabei sind zu vergessen, daß er sie konzipierte: sie meinen, mit dem Leben zu beginnen. Auf der Bühne überredet allein schon die Tatsache, daß Schauspieler erscheinen, dazu anzunehmen, sie seien nicht nur Hirngespinste. Das gegenseitige Hervorbringen von Personen, die sich wechselseitig ihre Existenz verbürgen müssen, letztlich also wechselseitige Fiktionen sein könnten, dieses Darstellungsschema aus *Der Namenlose* kehrt zwar in *Warten auf Godot* wieder, ist aber nicht auf die Bühne zu übertragen. Wohl aber kann das Gesagte und Getane fiktiv werden, wenn, die Inkompetenz der Figuren vollendend, auf dem Theater dieses sie als Theaterkonventionen im Leben, Leben als Theaterkonventionen gibt. Dort wo das Theater sich feiern könnte, indem es in einer großen Szene Leben darstellte, zeigt Beckett das dramaturgische Muster vor:

> ESTRAGON Wir wollen uns wieder vertragen!
> WLADIMIR Gogo!
> ESTRAGON Didi!
> WLADIMIR Deine Hand!
> ESTRAGON Da!
> WLADIMIR Komm in meine Arme!
> ESTRAGON Deine Arme?
> WLADIMIR *breitet die Arme aus:* An meine Brust!
> ESTRAGON Also los!
>
> *Sie umarmen sich. Schweigen.*[4]

Gegen das Theater helfen seine Versatzstücke, so sehr, daß beim späten Beckett Kunst überhaupt als Versatzstück erscheint, die Dressur zur Maschine, die jedes Stück vom Schauspieler verlangt, allein noch gezeigt werden kann. Zeigbar wird sie ironischerweise besonders gut, wie in *That Time*, durch die entlastende Hilfe einer Maschine, des Tonbands. Die Maschine kann einen Teil des immer maschinenhaften Schauspielerparts übernehmen: sie täuscht genauso oder genauso wenig wie der Schauspieler.

Laurel und Hardy stellten in ihren Filmen verschiedene Sozialcharaktere dar: Matrosen, Vertreter, Studenten, doch man würde zögern zu sagen, sie spielten diese Rollen. Sie waren sie selber. Doch sie waren nicht sie selber wie Laurence Olivier Shakespeares Richard war, wenn er Richard spielte, sie waren nie etwas anderes als diese Clowns mit ihrem genau festgelegten Repertoire. Clown spielt man nicht, sondern ist es in einer Clowneske. Clowns sind Kunstfiguren, welche die körperliche Kunst, die sie ausüben, nicht-artifiziell, wie das Leben selber erscheinen läßt. Das kindliche Vergnügen über die Schläge, die der dumme August bezieht, anstelle von moralischen Skrupeln, nimmt das Gesehene so selbstverständlich wie es ist: so prügelt man sich schließlich draußen auch. Daß dies Kunst ist, die Wahrnehmung durch dieses Medium zu gehen hat, bricht diese nicht. Niemand fragt: warum wird der dumme August geschlagen? Was bedeutet es, daß aus dem Hut, wenn man mit dem Hammer draufschlägt, Wasser spritzt? Obwohl es sich doch um Kunstfiguren handelt, die sich bestimmten Regeln gemäß bewegen, fragt niemand nach dem Sinn dieser Veranstaltung. Und zwar deshalb nicht, weil wir diese Figuren und ihre Handlungen anders gebrauchen als gäben sie nachgestellte Bilder anderer Personen und ihrer Handlungen, seien diese nun erfunden oder real. Wir gehen aber auch anders mit ihnen um als wenn wir auf der Straße eine Schlägerei sähen. Wäre es nicht so, müßten wir im ersten Fall, einen durchschnittlichen sittlichen Standard unterstellt, sittlich entrüstet sein, im zweiten Fall einschreiten, die Polizei rufen usw. Wir tun das nicht, weil wir die Clowns als Kunstfiguren, das Ganze als reines Spiel betrachten. Gerade deshalb darf die Clowneske ungestraft so lebensähnlich scheinen wie keine weniger artifizielle Kunst. Größte Künstlichkeit kann in Kunstlosigkeit umschlagen und umgekehrt. In dem Augenblick, in dem der Clown kunstlos scheint, erscheint er als Kreatur: das Tiefste ist dem Kitsch benachbart. Beckett schreibt diese Stellen vor, wenn er Lucky weinen[5], oder Wladimir Verse sprechen läßt wie: »Elles accouchent à cheval sur une tombe, le jour brille un instant, puis c'est la nuit à nouveau«[6], und schützt dieses Hilflose, indem er Pozzos sardonischen Kommentar dagegenstellt oder die Verse als topoi gibt. Noch die Versatzstücke sind mehr als reine Instrumente. Wenn der Kulturbesitzer Pozzo kulturvoll wird, Wladimir sein poetisches Soll erfüllt, verbirgt sich gerade hinter dem Zitat, gleichsam in seinem Inkognito das nicht Darstellbare. Weil es zum Muster würde, gibt Beckett es von vornherein als solches. Der Clown-Mensch ist ein Instrument zur Lacherzeugung. Noch seine scheinbar individuellen Züge, sein Lachen und Weinen sind interessant nur im Hinblick darauf, ob sie ihre Funktion erfüllen, nicht im Hinblick auf seine Psychologie. Die Psychologie des Menschen, der Clown ist, kommt nur ins Spiel soweit sie eine Funktion des Clownesken ist. Ähnlich verhält es sich mit seiner Soziologie. Daß Laurel und Hardy prinzipiell alle gesellschaftlichen Rollen annehmen könnten, heißt, daß in ihrem Spiel die der jeweiligen Position zugehörigen soziologischen Regeln nicht spielbestimmend sind; sie kreuzen sich mit jenen nur. Auch ihnen könnte man

den Vorwurf machen, den man Beckett oft macht: er sei
›abstrakt‹.* Doch wenn er die Landstraße in *Warten auf Godot*
nicht detailliert beschreibt, so deshalb nicht, weil diese Details
in diesem Spiel nicht gebraucht werden, für dessen Züge nicht
nötig sind. Später wird er, noch schockhafter, das dramatur-
gisch nicht Gebrauchte noch radikaler zum Verschwinden
bringen: in *Not I* den ganzen Körper außer dem Mund, in *That
Time* die Sprechstimme. Er nimmt dem Schauspieler gleichsam noch das, was er als Mensch von selbst mitbringt. *Dadurch* hat es keinen sicheren Platz, sondern nur durch seine
dramaturgische Funktion. Läßt Beckett das Herr-Knecht-
Verhältnis als Clowneske spielen, so, weil die Allgemeinheit
der Clown-Beziehung der Allgemeinheit der Herrscher-Be-
herrschter-Beziehung entspricht. Der Einfachheit der Situation, dem gewagt fast allegorischen Zuschnitt auf der einen
widerspricht auf der anderen Seite die Komplexität der soziologischen Folgerungen, die man aus Becketts Schema ziehen
kann.[7] Diese Spannung weist auf die zwischen Clowneske und
literarischem Drama zurück. Wenn Beckett das zugleich körperliche und artifizielle Clownsspiel, auf die Bühne bringt,
setzt er etwas, das eine Mischung aus alltäglichem Vor-sich-
hin-Leben und kunstvollem Vor-sich-hin-Spielen ist, unter
Bedeutungsdruck. Das Absichtslose, auf jeden Fall nicht auf
Erklärung hin Angelegte wird nun, in diesem Medium von
Fragen bestürmt. Alles wird, zu Recht oder zu Unrecht, aber
das ist ja gerade nicht klar, zum Objekt des Wissen-Wollens.
Vergleichbar ist das der Situation, die eintritt, wenn man
jemanden beobachtet, der psychisch krank sein soll: jedes
früher unbefragte, unauffällige Detail lädt sich mit Bedeutung

* Die Schwierigkeit der Interpretation von *Warten auf Godot* besteht besonders
darin, daß die Interpretation die Logik ihres Gegenstandes schwer ausmachen
und sich so schwer auf sie einstellen kann. Werden in dem Stück beispielsweise
Clowns dargestellt, wie man sie aus dem Stummfilm und der music hall kennt,
oder werden Menschen *als* Clowns dargestellt? Wenn Brecht Estragon zu einem
Proleten, Wladimir zu einem Intellektuellen, Lucky zu einem Esel oder Polizi-
sten, Pozzo zu von Pozzo, einem Gutsbesitzer macht, so versteht sich das
keineswegs von selbst. Man könnte sogar sagen, so wie Frazer in seiner Analyse
primitiver Religion das Ritual als eine Art laienhafte Feldbestellung verkannte,
so Brecht die Clowneske als ungenügende soziologische Darstellung gesell-
schaftlicher Tatbestände. Die vorgeschlagenen Korrekturen gehörten dann zu
einem anderen Spiel; gerade nicht zu dem von *Warten auf Godot* als nach seinen
Regeln zuzugebende Verbesserungen.

354

auf, wird zum Indiz eines vagen Verdachts. Zieht jemand im Leben die Schuhe aus, ist das üblicherweise uninteressant. Erst wenn es irgendwie zum Problem geworden ist, fragt man: Warum tut er das? Wie im Roman jedes Erzählte interpretatorisch befragt wird, wie es nie bei vergleichbaren Handlungen Lebender geschähe, wird auf der Bühne das Schuhe-Anziehen zum Problem des Interpreten. Hier kommt nicht die abweisende, die Frage kritisierende Antwort: »Der macht das eben so.« »Das hat keinen bestimmten Grund.« »Oder mal den, mal jenen.« Hier hat man nicht das Leben vor sich, sondern einen Artefakt: eine Kunstmaschine, deren noch so kleinstes Teil eine Funktion hat. Indem Beckett diese Vorstellung zu erfüllen scheint, seine Suche nach »Echos«, Symmetrien die Stimmigkeit des Gebildes geradezu überbetont, betont er auf der anderen Seite die Probleme der Interpretation, die, unter Deutungsdruck gesetzt, das dem eigentlich entsprechende Material nicht vorfindet. Die Ordnung des Stückes, die sogar jeden einzelnen Gang festlegt und ihn so als wichtig zu geben scheint, entleert ihn auf der anderen Seite, als Theaterritual, so sehr von Bedeutung, daß es möglich wird, im theatralischen Bedeutungsraum ein reines theatralisches Schema zu erahnen, das nicht sofort interpretativ konterkariert wird. Einen Augenblick sagt die Anweisung *Das Spiel wiederholt sich*[8] nichts anderes, als daß Estragon noch einmal versucht, seinen Schuh anzuziehen. Alles will ganz wörtlich genommen werden und wird dadurch mysteriös. Beckett steigert das noch, indem er die Technik, den Deutungsdruck sein Material nicht finden zu lassen, nicht nur auf Material anwendet, das ihm, als zu trivial, nicht entspricht, sondern gerade auch auf solches, das zu bedeutend, zu sehr auf ihn angelegt scheint. Das Christentum wird auf der Bühne ein Schema wie die Gänge. Fungiert es auf der einen Seite noch als Kanon des Wissens, so auf der anderen Seite als eine sogar zu manipulierende »Mythologie«[9], als eine Art Spiel, das in dem Stück, das selbst ein Spiel ist, gespielt wird. Nicht nur auf Godot, auch auf das Ende des Stücks wird gewartet. Und da morgen eine neue Aufführung sein wird, warten Estragon und Wladimir am Ende des Stückes weiter auf Godot, damit morgen *Warten auf Godot* aufgeführt werden kann. Die Fragen, die sich im Drama aufdrängen, lassen sich in ihm nicht beantworten. Das zeigt sich selbst noch bei Interpretationen, die, auf Bemerkungen Becketts zurückgreifend, den Spielcharakter des Dramas betonen, das Stück also nicht als dramatische Verhüllung eines eigentlich Gemeinten, das aus ihm herausgeschält werden müsse, auffassen. Wenn für Kenner die Personen zwar nichts bedeuten, Godot innerhalb des Stückes aber der Mysteriöse ist[10], auf den wir warten, geht er weit über eine Beschreibung der Spielfiguren, der Spielzüge, des ganzen Spiels hinaus. Auf sie beschränkte er sich, sagte er: innerhalb des Stückes ist Godot der, auf den Gogo und Didi selbstverständlich warten und den wie eine Spielfigur fallenzulassen, sie am Ende des Stücks erwägen, ohne es doch tun zu können. Aber die Interpretation vollendet die von Beckett vorgeführte Verwandlung von allem in Funktionen des Spiels gerade nicht, sondern sucht sie aufzuhalten. *Warten auf Godot* handelt nicht von Warten auf Godot, sondern die Substanz des Stückes ist Warten als eine besonders allgemeine Erfahrung. Das Stück gibt gleichsam ein allgemeines Muster Warten. Aber wie kommen wir dazu, dieses Muster als ein solches Muster zu verstehen und nicht das Muster-Warten-auf-Godot oder einfach als Warten auf Godot? Offenbar legt das Stück seine Anwendungen nicht fest. Das ist bei anderen Dramen auch so. Aber ist es hier nicht so, daß das Bild des Stückes derart ist, daß die Anwendung die wir im allgemeinen von Bildern dieser Art machen, mit dem Bild zu kollidieren scheint? Hingen die Anwendungen gleichsam in der Luft, weil das Bild ergänzungsbedürftig ist, jede Ergänzung aber ein Bild anwendet, das es unübersehbar so erst hervorgebracht hat? Mit Hilfe des Wissens soll im Drama, jenem wie immer auch verschleierten Medium des Wissens, das Nichtwissen erscheinen. Aber natürlich ist das Nichtwissen, das Beckett als Autor anstrebt und an seine Personen weitergibt, ebenso künstlich wie die traditionelle Omnipotenz des Künstlergottes. Nicht nur mit dem Nichtwissen zu arbeiten, wäre Becketts Ziel, sondern es zu geben. Das liefe auf eine Selbstabschaffung des Dramas hinaus, die ihm nicht erreichbar, aber zeigbar ist. Und zwar gerade dann am deutlichsten, wenn es seinen Sinn nicht mehr zu erfüllen scheint:

WLADIMIR Jetzt wird es wirklich sinnlos.

ESTRAGON Noch nicht genug.[11]

Melvin J. Friedman
Krritik(er)!

Becketts Stück *Warten auf Godot* hat eine hitzige und anhaltende Diskussion hervorgerufen, die man mit dem kritischen Dialog vergleichen kann, der von Eliots *Waste Land* und Hopkins' *Windhover* ausging. Der Vergleich ist besonders treffend, wenn man bedenkt, wie viele Kommentatoren Becketts betont haben, daß er ein lyrischer Dichter sei. Da Eliot eine Reihe von »Anmerkungen« lieferte, um die Interpretation von *The Waste Land* zu erleichtern, ähnelt *Godot* mehr Hopkins' Sonnett, indem es verschiedene und oft einander ausschließende Auffassungen anregt. Hopkins bot jedoch einen entscheidenden Schlüssel zu seinem Gedicht, indem er es »Unserm Herrn Jesus Christus« widmete, während Beckett, was Interpretation betrifft, sein gewohntes Schweigen gewahrt hat.

Godot und *The Windhover* waren die Gegenstände zweier lebhafter Leserbriefkampagnen auf den Seiten des *London Times Literary Supplement*. Die *Querelle de Godot* begann ganz harmlos mit einer typischerweise anonymen Rezension in der Nummer vom 10. Februar 1956 unter dem Milton entlehnten Titel »They Also Serve«. Zwischen dem 24. Februar und dem 6. April erschienen verschiedene Briefe als Antwort auf diese Rezension. Die Briefschreiber diskutierten hitzig untereinander, so daß zum Beispiel der hervorragende Dichter und Kritiker William Empson (Autor eines milden Briefs vom 30. März) einen schroffen Tadel von einem John J. O'Meara (6. April) erhielt, der andeutete: »Der New Criticism ist gerade recht für ihn [Empson].« Das zielte direkt auf den Autor von *Seven Types of Ambiguity*[1], einem der zentralen Werke, von denen die New Critics ausgingen. Eine gewisse Form der Höflichkeit wurde der Diskussion auferlegt durch das Editorial des *TLS* vom 13. April 1956, das darauf hinwies, daß die gedruckten Briefe nur eine kleine Auswahl dessen darstellten, was zu der Zeit eine endlose Korrespondenz geworden zu sein schien. Der Verfasser des Editorials schloß mit einer versöhnlichen Note: »Das außerordentliche Interesse, das dieses Stück von so vielen Standpunkten aus und auf so vielen Ebenen erregt hat, deutet darauf hin, daß ein gesunder Hunger nach Neuheit in uns nicht so tot ist wie wir vielleicht gefürchtet haben.« Eine besondere Ironie liegt darin, daß dieser Briefwechsel in der literarischen Beilage der *Times* gedruckt wurde, deren »absolut verläßliche Haltbarkeit und Undurchlässigkeit« von Becketts Molloy bewundert wurden. »Blähungen zerrissen sie nicht.«[2]

Andere literarische Zeitschriften haben mit *Godot* ähnliche Erfahrungen gemacht. Als Bernard Dukore in der Februar-Nummer des *Drama Survey* von 1962 seinen Aufsatz »Gogo, Didi and the Absent Godot«[3] veröffentlichte, wurde er mit einer umfänglichen Antwort von Thomas Markus[4] empfangen, für dessen Gefühl Dukore *Godot* zu sehr »in ein ordentliches Freudsches Päckchen« geschnürt hatte. Dukore verteidigte sich in der Mai-Nummer 1963 selber; eine Anmerkung des Herausgebers am Schluß dieses Artikels bedeutete den Lesern, keine Entgegnungen würden mehr veröffentlicht. Der *Kenyon Review* hatte ein ähnliches Erlebnis mit Ward Hookers Aufsatz »Irony and Absurdity in the Avant-Garde Theatre«[5], auf den Martin Esslin in einem Kommentar antwortete, der bezeichnenderweise »The Absurdity of the Absurd«[6] betitelt war; dieser kurze Essay ist eine geeignete Ouvertüre zu Esslins meisterhaftem *Theater des Absurden*, das im Jahr darauf erschien. Die immer kontroverse *Village Voice* druckte Antworten auf Veröffentlichungen über *Godot* von Jerry Tallmer und Norman Mailer.

All das ist symptomatisch dafür, daß die Kritiker sich über Becketts Stück nicht einigen können. In ihrem Eifer, das Stück zu erklären und darin ein paar ihrer eigenen Probleme gelöst zu finden, sind die *Godot*-Kommentatoren übereinander gestolpert. Man kann diese Kritiker nicht dadurch klassifizieren, daß man sie mit den bekannteren »Schulen« der Literaturkritik in Zusammenhang bringt. Die New Critics haben wenig Interesse für das Drama gezeigt, sie zogen die elaborierten Kadenzen der modernen Lyrik den »Pausen« von *Godot* vor. Die Mythenkritiker haben für ihren Geschmack relativ wenig gefunden. Die Chicagoer Aristoteliker und die Freudianer sind ruhig geblieben. Die Neuen Humanisten haben ebenfalls Schweigen gewahrt – ein Schweigen, das sie immer wahren, wenn sie mit irgendeiner Form von Avantgarde konfrontiert werden. Zwar sind manche dieser Richtungen gelegentlich für das Studium von *Godot* benutzt worden, jedoch nicht systematisch, nicht mit der Überzeugung von jemandem, der sich *einer* kritischen Methode verschrieben hat. Dann und wann taucht ein »professioneller« Verfasser auf, um eine spezialistische Auffassung anzubieten – so wie Eva Metman mit ihrer Jungschen Auffassung in »Reflections on Samuel Beckett's Plays«[7].

Beckett erhielt früh Anerkennung von seinen Dramatiker-Kollegen. Angefangen mit Jean Anouilhs berühmter Ankündigung der ersten Aufführung von *Godot* in *Arts*[8] (»es ist so wichtig wie der erste Pirandello, der in Paris 1923 von Pitoëff aufgeführt wurde«), sind die Reaktionen Beckett günstig gewesen. Tennessee Williams, Thornton Wilder und William Saroyan waren glühende Bewunderer. Die Romanschriftsteller waren mindestens ebenso enthusiastisch – vielleicht weil Beckett seine Laufbahn bei ihnen begonnen und für seine Stücke einige Empfehlungen vom Romanautor mitgebracht hatte. Wie Bruce Morissette gezeigt hat[9], ist Robbe-Grillets bahnbrechender Essay über *Godot* (ursprünglich für *Critique* geschrieben und erweitert in *Pour un nouveau roman*[10]) immer noch eine der hellsichtigsten Analysen des Beckettschen Theaters. Der Romanautor Herbert Gold war von *Warten auf Godot* nicht nur sehr beeindruckt, sondern bemerkte auch zu der merkwürdigen Wirkung, die das Stück auf einen anderen amerikanischen Romanschriftsteller gehabt hatte: »Norman Mailer war so angeregt, daß er in *The Village Voice* eine Reihe von Spalten schrieb, in denen er erklärte, das Ganze drehe sich um Impotenz, und als die Herausgeber der Zeitung ihn für seine Mühe hinauswarfen, bezahlte er eine ganzseitige Anzeige, um ein letztes verzweifeltes Wort über den Gegenstand zu haben.«[11] In seinem *The Strength to Dream: Literature and the Imagination*[12] findet Colin Wilson »Blitze eines Rabelaisischen Witzes« in Becketts Werk. Claude Mauriac, Praktiker des *nouveau roman*, erhebt Beckett in den Rang eines *alittérateur* und bewundert das »Schweigen« und die »faszinierende Armut« von *Godot*; er hat Beckett in seiner *New Literature*[13] ein Kapitel gewidmet.

Beckett erwiderte diese Gesten der Zustimmung nicht. Er hat nach seinem würdigenden Essay über Joyce von 1929, seiner Monographie über Proust von 1931 und seinen Artikeln in *The Bookman, Criterion, Dublin Magazine* und *Transition* in den dreißiger Jahren nichts mehr über das Werk anderer Autoren gesagt. Das Schweigen von *Godot* scheint Becketts kritische Stimme zum Schweigen gebracht zu haben. Dennoch sind solche Autoren wie Alain Robbe-Grillet und Claude Mauriac in Frankreich, Colin Wilson und William Empson in England, Norman Mailer und Tennessee Williams in Amerika *godotistas* (um Kenneth Tynans[14] glücklichen Ausdruck zu gebrauchen).

Die meisten *Godot*-Kommentatoren haben sich mit den religiösen Problemen beschäftigt, die von dem Stück nahegelegt werden, und viele haben hinter Konzeptionen des Existentialismus Zuflucht gesucht. Charles McCoy[15] fordert uns auf, zwischen »nihilistischem Existentialismus« und »christlichem Existentialismus« zu unterscheiden, und betont darauf, daß der letztere (von Kierkegaard bis Tillich) einen der entscheidenden Schlüssel zu Becketts Stück biete. Auch Martin Esslin neigt zu Kierkegaard als formendem Einfluß auf Beckett[16]; aber an anderer Stelle betont er die Sartresche Seite von *Godot* (»nihilistischer Existentialismus«): »Obwohl Beckett selbst sich eines solchen Einflusses nicht bewußt ist, könnten seine Werke als literarische Darstellung des Sartreschen Existentialismus charakterisiert werden.«[17] Die meisten anderen Kritiker, die den existentialistischen *Godot* bestätigt haben, scheinen dem Glauben Sartres zuzuneigen. So bemerkt Jacques Guicharnaud, daß »die Sartresche Analyse der ›anderen‹ für das existentialistische Theater das grundlegende Drama abgibt. Die Vorstellung vom Menschen in *Godot* ist ihm ähnlich: eine unendliche Reihe von Rückschlägen, in der der Mensch ständig in seine Einsamkeit zurückgeworfen wird«[18]. Frederick Hoffman teilt diesen Standpunkt, wenn er von der »existentiellen Komödie« in *Godot* spricht, »einer Gattung, die gewöhnlich nichts mit den Philosophien von Sartre *et al.* zu tun hat, aber in diesem Fall wesentlich damit zusammenhängt«[19]. Katherine M. Wilson stimmt in ihrem Brief an das *TLS* vom 2. März 1956 ebenfalls zu: »*Warten auf Godot* erfüllt genau Sartres Definition eines existentialistischen Stücks als

eines, das die Situation der Gegenwart in ihrem ganzen
Schrecken darstellen will, damit das Publikum, indem es sie
unerträglich findet, sich gezwungen fühlen kann, sie zu heilen.« Robbe-Grillets Insistenz auf den Sartreschen Kategorien
von *Da-Sein* und *Gegenwart* in *Godot* ist für seine Interpretation entscheidend.

In ihrem Aufsatz »Drama Stripped for Inaction: Becketts
Godot«[20] kennzeichnet Edith Kern den Existentialismus des
Stücks: »Anders als bei Sartre sind Becketts Figuren nie ›in der
Situation‹ [en situation].« Sie führt auch das Wort »Absurdi-
tät« ein, in ziemlich dem gleichen Sinn, in dem es Camus in
seinem *Mythe de Sisiphe* verwendete.

Jacobsen und Mueller beginnen in ihrem »Samuel Beckett's
Long Saturday: To Wait or not To Wait?«[21] ihre Besprechung
von *Godot*, indem sie das »Absurde« definieren und diese Idee
dann auf Becketts Stück beziehen. Sie geben zu, daß sie Esslins
Theater des Absurden, dem ersten Versuch, Camus Begriff mit
dem Theater von Beckett, Ionesco, Adamov, Genet, Arrabal,
Tardieu usw. in Zusammenhang zu bringen, viel verdanken.

Esslin akzeptiert die Philosophie von Sartre und Camus als
Grundlage von *Godot*, aber er ist so vorsichtig, darauf hinzuweisen, daß die Stücke jener beiden Dramatiker von Becketts
Stück merklich verschieden seien; der Unterschied liege in der
Form. Die Textur von *Warten auf Godot* spiegele in all ihren
Verstößen gegen die Regeln des Dramas dessen metaphysische Grundlage, während das Theater von Sartre und Camus
formal traditionell bleibe. Ruby Cohn hat Esslins Position
noch weiter ausgeführt, indem sie die These von der Anwesenheit des »absurd Absurden« in *Godot* aufstellte: »In diesem
Stück sind Form und Inhalt, Absurdität$_1$ [absurdity] und Ab-
surdität$_2$ [Absurdity] organisch aufeinander bezogen; in diesem Stück gibt es eine Verschmelzung des Absurden, des
In-der-Welt-Seins und der Lage des Menschen.«[22]

Die *Godot*-Kritiker, die die existentialistische oder »absurdi-
stische« Interpretation angenommen haben, stellen einige der
Fragen, die auch die »Neuen Theologen« beschäftigt haben.[23]
Das Buch *Honest to God*[24] des Bischofs von Woolwich hatte
eine Kontroverse über die Göttlichkeit Gottes in den Vordergrund gerückt; es popularisierte eine Position, die schon Diet-
rich Bonhoeffer, Rudolf Bultmann, Paul Tillich und andere

vertreten hatten. Das säkularisierte »Ödland« [wasteland] von *Godot* mit dem Thema des vergeblichen Wartens gibt für diese Umwälzung in der Kirche ein überzeugendes Bild ab. Wenn man Godot als »La farce du Sans-Dieu« (André Marissels Ausdruck) liest, befindet man sich in dem säkularisierten Klima, das der Bischof von Woolwich beschreibt. Die geforderte Änderung im »Bild Gottes« erinnert an eine Äußerung eines anderen *Godot*-Kritikers, nämlich Gabriel Vahanians, der zwei Bücher über den »Tod Gottes« geschrieben hat: »Niemals seit dem ›Tod Gottes‹ ist der Mensch seinem Gott, oder sollen wir in diesem Fall lieber sagen: seinem Idol, so nahe gewesen.«[25] Anders Frederick Hoffman: »Die Anspielungen auf ein entferntes theologisches Wesen können die Bewohner der Beckettschen Welt nicht reizen.« Wenn Ruby Cohn sagt, daß Beckett »in *Godot* die ganze klassisch-christliche Tradition verspottet«[26], finden wir darin eine extremere Äußerung dieser Position. G. E. Wellwarth ist noch respektloser und aggressiver: »Diejenigen, die erklären, sie sähen bei Beckett Anzeichen einer christlichen Auffassung oder Anzeichen von Mitleid, weigern sich bloß zu sehen, was da steht.«[27]

Die Kritiker, denen Wellwarth vorwirft, sie »weigern sich bloß zu sehen, was da steht«, haben wahrscheinlich mehr Aufmerksamkeit auf sich gezogen als die, die wir schon besprochen haben. Als G. S. Fraser seinen ungezeichneten Artikel »They Also Serve« im *TLS* vom 10. Februar 1956 schrieb, las er *Godot* als ein »modernes Moralitätendrama über bleibende christliche Themen«. Godot »steht für ein anthropomorphes Bild Gottes«. Die Symbole des Baums und der zerlumpten Kleider der Landstreicher haben« für Fraser unverkennbar christliche Züge. Er spricht von *Godot* im selben Atem wie von *Jedermann* und *Pilgrim's Progress*. Seine Interpretation würde wahrscheinlich den Vergleich mit einem Werk wie Hopkins' *Windhover*, das ein ähnliches Schicksal in der Kritik hatte, nicht ausschließen.

Ronald Gray ist mit Fraser einer Meinung. Und er gehört zu den ersten, die meinen, daß Godot kommt, und zwar »in der Gestalt von Pozzo (und Lucky)«[28]. Charles McCoy betont in seinem Artikel im *Florida Review* noch einmal die christliche Grundlage des Stücks, wobei er auf dessen biblischen Aspekten insistiert. Er stimmt mit Fraser auch darin überein, daß der

Baum, der im zweiten Akt Blätter hat, das Kreuz repräsentiert, und läßt sich ausführlich über Grays Standpunkt aus, indem er versichert: »Das, worauf Gogo und Didi warten, kommt. Sie sind es, die die Verabredung verpassen.« Ward Hooker nennt in seinem Artikel im *Kenyon Review* das Stück »eine religiöse Allegorie«. Heinz Politzer nennt es eine »Parabel«[29] und auch »das Anti-Mysterienspiel unserer Zeit ... eines der wenigen experimentellen Dramen, in denen Christus sowohl über Ödipus wie Priapus und Narcissus gesiegt hat.« Sogar Martin Esslin[30] gibt, nachdem er die Sartresche Position dargelegt hat, »seine wesentlich religiöse Qualität« zu. Andere Kritiker, Wallace Fowlie, Allan Lewis und Jerry Tallmer eingeschlossen, nehmen einen ähnlichen Standpunkt ein. Jacobsen und Mueller verstärken in *Testament of Samuel Beckett*[31] die kritische Position derer, die dem Stück eine religiöse oder biblische Interpretation geben. »Man kann wirklich sagen, daß für einen Leser, der das Evangelium und die Messe nicht kennt, ein großer Teil von Becketts Werk ganz und gar verloren ist.«

Die Extreme, die Wellworth und Fraser darstellen, sind typisch für die Skala der für *Godot* möglichen Interpretationen. Auch Becketts Titel ist Gegenstand von Kontroversen gewesen. Richard Coe teilt mit, daß das Stück in einer früheren Fassung einfach *Warten* hieß.[32] In *Das Theater des Absurden* meint Martin Esslin, »daß der Gegenstand des Stücks nicht Godot ist, sondern das Warten«, und Alec Reid nimmt das in seinem »Beckett and the Drama of Unknowing«[33] wieder auf. Obwohl eine gewisse Übereinstimmung darüber besteht, daß Godot weniger wichtig ist als das Warten, hat die Neugier der meisten Kritiker zu Vermutungen über die Quelle für Godot geführt. Beckett selber half auch nicht weiter, als er zu Alan Schneider sagte: »Wenn ich es wüßte, hätte ich es im Stück gesagt.«[34] Robbe-Grillet, der dem Hinweis des Autors folgte, sagte: »Godot, das ist die Person, auf die zwei Landstreicher an einem Straßenrand warten, und die nicht kommt.«[35] Doch die Godot-Jäger, die den impliziten Hinweis Becketts und Robbe-Grillets unbeachtet ließen, haben in ihrem Bemühen, das Geheimnis zu lüften, das Beckett zu wahren wünscht, unermüdlich Wortspiele gespielt. So sehen Jacobsen und Mueller in »Godot« ein aus englisch »God« und französisch »eau« zusammengesetztes Wort. Jean-Jacques Mayoux[36] erinnert daran, daß »Godo« die irische Aussprache von »Gott« ist. Hugh Kenner[37] verbindet den Namen ingeniös mit seiner Theorie des »Cartesianischen Kentauren«, indem er auf einen französischen Radrennfahrer verweist, der Godeau heißt; Kenner kann sich bei dieser Verbindung auf Beckett als Autorität berufen, wenigstens so weit: »Es mag den skeptischen Leser beruhigen, daß mir Beckett selbst von diesem Mann erzählt hat.«[38] Edith Kern[39] erinnert daran, daß das französische Suffix »-ot« das englische Wort für die Gottheit diminutiv und spöttisch bestimmt; eine Entsprechung findet sich bei Charlot, dem französischen Spitznamen für Charlie Chaplin. Nathan Scott[40] findet jedoch, daß im Gegenteil das »-ot« »den Sinn hat, Gott zu negieren«, und verwendet eine Analogie, die einer anderen Stelle von Becketts Werk entstammt: nämlich der, wo Molloy seine Mutter *Mag* nennt und mit dem »g« den Begriff der Mutterschaft auslöschen will.

So viel zu den Möglichkeiten des Namens »Godot«. Die Quelle des ganzen Titels hat eine ähnliche Diskussion verursacht. Eric Bentleys Vorschlag ist vielleicht der überzeugendste; in einem glänzenden Artikel über *Godot*[41] versteckt ist Bentleys Hinweis auf Balzacs *Mercadet*, wo Leute auf die Rückkehr eines Mannes namens Godeau warten; die Vergeblichkeit des Wartens ist in *Mercadet* wie in *Godot* deutlich. Martin Esslin und andere begrüßen Bentleys Vorschlag. Zwei Kritiker haben die Verbindung analysiert: Harry Butler[42] und S. A. Rhodes[43]. Rhodes schließt seinen Artikel »Von Godeau zu Godot«: »Die gesellschaftliche Satire des neunzehnten Jahrhunderts macht einem Mysterienspiel des zwanzigsten Platz.« Während *Mercadet* mehr kritische Aufmerksamkeit auf sich gezogen hat als irgendeine andere Quelle, versucht Robert S. Cohen[44] für Simone Weils *Warten auf Gott* zu plädieren. Charles McCoy hat auf Paul Tillichs Meditation über »Warten«[45] hingewiesen; er erwähnt auch einen Vers von Goethe, den Martin Buber am Anfang von *Ich und Du* zitiert: »So, waiting I have won from you the end: God's presence in each element.«[46] In scharfem Gegensatz zu diesen religiösen Quellen für den Titel des Stücks verweisen sowohl Kenneth Tynan[47] wie G. S. Fraser auf Odets' *Waiting for Lefty*. Fraser erwähnt sogar, daß Odets Name vielleicht auf eine indirekte

Weise den Namen »Godot« nahegelegt haben könnte.

Wahrscheinlich hat kaum eine Phase der *Godot*-Interpretation Beckett so amüsiert wie diese Spekulation. Ich selber biete meine eigene Erweiterung der Liste an, zum Teil mit Ironie, zum Teil mit dem Ernst Bentleys, der *Mercadet*, oder Robert Cohens, der *Warten auf Gott* vorschlug. Der Verlag Knopf veröffentlichte 1935 ein aufregendes Buch über die »Große Depression«, Tom Kromers *Warten auf Nichts*. Das Buch war kurz nach seinem Erscheinen praktisch vergessen; seine Probleme schienen die nächste Generation der Amerikaner nicht zu interessieren. Es ist möglich, daß Beckett das Buch nicht kannte und daß die Ähnlichkeiten zwischen ihm und *Godot* zufällig sind. Aber die Verwandtschaften, besonders die zwischen Kapitel 11 und Becketts Stück, sind auffallend. Hier ein paar von Kromers Bemerkungen: »Wohin gehen sie? Ich weiß es nicht. Sie wissen es nicht.« »Sie werden sich morgen um ihre Feuer kauern und den nächsten Abend und den Abend darauf.« »Wir sind hier. Wir sind hier, weil wir nirgendwo anders hingehen können.« »Was bedeutet uns ein Tag, ein Monat oder ein Jahr? Wir gehen nirgendwo hin.« »Ich kann noch gehen. Das ist etwas.« Diese Auszüge scheinen nicht die ontologische oder metaphysische Qualität von Becketts *Godot* zu haben, das dennoch den Bereich der amerikanischen Depression umfaßt, wie Tom Kromer ihn beschrieben hat.

Die Struktur von *Godot* ist ein anderes Thema, um das sich die Kritiker bemüht haben. Eric Bentley hat in seinem Artikel im *New Republican* von ihm gesagt, es sei »undramatisch, aber höchst theatergerecht«. Bentley führt das aus in *The Life of the Drama*[48] und betont, daß wir von ihm nicht als *undramatisch*, sondern als Parodie des Dramatischen sprechen sollten. Ruby Cohn[49] beschäftigt sich in ihrem Artikel »Waiting is All« mit der Struktur, wobei sie hervorhebt, daß Becketts dramatische Methode in »der Zerstörung eben der Symmetrien, die er geschaffen hat«, endet. Sie verwirft die Meinung, daß es möglich sei, das Stück in die aristotelischen Kategorien Anfang, Mitte und Ende zu teilen.

Die aristotelischen Einheiten haben mehrere *Godot*-Kritiker beschäftigt. Wallace Fowlie[50] weist darauf hin, daß die Tatsache, daß es sich so eng an die drei Einheiten hält, ein Schlüssel zur Dramaturgie des Stücks sei. Hugh Kenner erwähnt, einer der drei Vorläufer von *Godot* sei das griechische Drama, die anderen beiden seien das Nô-Drama und die commedia dell'arte. Allan Lewis[51] betont: »Die Form des Stücks ist streng und klassisch, es hält alle Einheiten ein.« Bernard Dort erhebt Einspruch dagegen, indem er behauptet, daß das Stück die »Umkehrung eines klassischen Stücks«[52] sei, wobei die Einheiten mehr durchscheinen, als daß sie eingehalten würden.

In seiner englischen Übersetzung nennt Beckett *Godot* eine »Tragikomödie«, aber im ursprünglichen Französisch ist es bloß ein »Stück in zwei Akten«. Karl Guthkes *Modern Tragicomedy*[53] erwähnt *Godot* nur nebenbei; aber andere Kritiker gehen auf seine tragikomischen Aspekte ein. Jacobsen und Mueller weisen auf die »ständige Gleichzeitigkeit von Tragödie und Komödie« hin.[54] David Grossvogel[55] nennt das Stück »teils Tragödie, teils Komödie. Seine Kargheit legt die Tragödie fest . . ., sein Aufbau ermöglicht die Komödie.« Ruby Cohn[56] verbindet Becketts Gebrauch des Ausdrucks mit Sir Philip Sidneys »mungrell Tragy-comedie« aus dessen *Defense of Poesie*.

Nicht ganz so viel ist über das bescheidene »Stück im Stück« in *Godot* geschrieben worden. Wenn Gogo und Didi beschließen, Pozzo und Lucky zu spielen, sind wir nicht weit von *Heinrich IV.* entfernt, wo Prinz Hal und Falstaff beschließen, eine parodistische Diskussion in höfischer Manier zu veranstalten. Festgehalten wird die Parallele von Roy Walker in einem Artikel, der vor allem von Shakespeareschen Nachklängen in *Endspiel* handelt.[57]

Recht viel Beachtung hat man den Unterschieden zwischen Wladimir und Estragon geschenkt. Gewöhnlich ist Wladimir die Seele und Estragon der Körper. Ruby Cohn zeigt jedoch, daß der intellektuelle Wladimir (mit seinem Hut und seinem schlechten Atem) und der körperhafte Estragon (mit seinen Stiefeln und seinen stinkenden Füßen) im ersten Akt voneinander gänzlich unterschieden bleiben, im zweiten Akt aber einander ähnlich werden. Während die Meinungen der Kritiker über Becketts Estragon und Wladimir im allgemeinen übereinstimmen, gehen die über Pozzo und Lucky weit auseinander. Manche führen sie auf die Herr-und-Knecht-Metapher von Hegel zurück. Andere wandeln diese in die Beziehung zwischen Kapital und Arbeit[58] oder den Reichtum und den Künstler[59] ab. Eine der originellsten und exzentrischsten Interpretationen ist Lionel Abels Vorschlag, daß Pozzo James Joyce und Lucky Samuel Beckett repräsentiere.[60] Abel meint, Luckys »Denke!!« sei eine Parodie von Joyce; dann betritt Abel vertrautes Terrain, indem er bedeutet, daß Pozzo Godot sei. In einem glänzenden frühen Essay hat schon Vivian Mercier gemeint, Pozzo sei Godot.[61] Mercier bringt die Möglichkeit eines Vicoschen Kreislaufs ins Spiel, weil »sich die Geschichte jeden Abend wiederholt«. C. Chadwicks »Waiting for Godot: A Logical Approach«[62] bietet einen Beweis dafür, daß Pozzo Godot sein müsse: »Godot ist Gott, Pozzo ist Godot, Pozzo ist also Gott, und da Pozzo nichts als ein Tyrann und Sklavenhändler ist, ist auch Gott einer.« Wylie Sypher[63] charakterisiert Pozzo im ersten Akt als den Gott des Alten Testaments, »die Tyrannen-Gottheit«, und im zweiten als den des Neuen Testaments, »verwundet, gekreuzigt, hilflos«. Am andern Extrem steht Walter Strauss, der Pozzo »eine Art Anti-Godot« nennt.[64] Frederick Lumley und Robbe-Grillet sind ebenfalls überzeugt, daß Pozzo unmöglich Godot sein kann, und Robbe-Grillet spricht von »diesem Pozzo, der ja gerade *nicht* Godot ist«[65].

Norman Mailer[66], der betont, *Godot* sei ein Stück über Impotenz, findet, daß Lucky der Schlüssel zum Stück sei – besonders in seinem langen Monolog. Er ist überzeugt, daß Wladimir und Estragon ihre Chancen, Godot zu finden, zerstört haben, weil sie das Verbindungsglied geschmäht haben, das Lucky ist, und er deutet sogar darauf hin, daß Lucky vielleicht Godot sein könnte. Ebenso Charles McCoy: »Pozzos Knecht Lucky läßt in gewissem Sinn an die biblische Gestalt Christi denken.«

Das sind einige der Gesichtspunkte, die die Kritiker an *Godot* interessiert haben. Während sich das Stück nicht als Korn auf den Mühlen der zuständigen Schulen der Literaturkritik erwiesen hat, ist doch gelegentlich ein Aufsatz aus jenen Richtungen erschienen. So verwendet Bernard Dukores »Gogo, Didi and the absent Godot« Freudsche Terminologie, während Eva Metmans »Reflections on Samuel Becketts Plays« Jungsche Kategorien benutzt. Die Mythenkritiker würden Robert Champignys »Interpretation de *En attendant Godot*«[67]

sympathisch finden, während sich die Marxisten über Interpretationen von Pozzo–Lucky als Kapital-Arbeit freuen würden; sie müßten jedoch das Stück verwerfen, weil es so kompromißlos *hors de situation* ist. Die Bergsonschen Kritiker – die Literatur in Begriffen »menschlicher« oder »psychologischer« Zeit erklären – wären von Ross Chambers' »Beckett's Brinkmanship«[68] entzückt.

Nachdem ich so die *Godot*-Kritik aus der Vogelperspektive überflogen habe, empfinde ich viel Sympathie für den anonymen Verfasser eines Graphiti, das der Korrespondent der *Village Voice* in einer U-Bahn-Station in New York City entdeckte: »Godot, Go Home.« Aber schließlich haben viele Kritiker ein Zuhause fern von zu Hause gefunden in *Warten auf Godot*.

Zu dieser Sammlung

Dieser zweite Band Materialien, eine Ergänzung zu st 104, sammelt höchst verschieden ansetzende Arbeiten über Becketts Drama. Theologische, existentialistische, marxistische, psychoanalytische Versuche stehen nebeneinander und geben, so wenig sie repräsentativ gemeint sind, auch einen Überblick über die angewandten Methoden. Überschreitet aber schon die Vagheit, mit der sie angewandt werden, das bei literarischen Interpretationen übliche Maß, so gilt darüber hinaus, daß die Rede vom Zugriff der Methode eigentlich unzutreffend wird. Obwohl jeder Interpret die Methode, die er anwendet, doch wohl für angemessen hält, fehlt fast allen Interpretationen nicht das Bewußtsein der Problematik dieses Interpretierens, das aber dennoch oder gerade deshalb ausgeübt wird. Der höchst gemischte, theoretisch disparate Motive entsprechend verwischende Diskurs reagiert in seiner Vagheit auf ein Stück, das sich ihm anders zu entziehen scheint. Es erscheint in ihm als ein Vages, und das macht wiederum dem Interpreten mit Grund die eigene Interpretation, im Doppelsinn des Wortes, ›fragwürdig‹.

Der Fülle sehr verschiedener Auslegungen entspricht offenbar nicht ein Drama besonders komplizierter Ideen oder eines, das so vielfältig und deshalb so deutungsbedürftig wie das Leben selber wirkt, sondern, scheinbar paradox, eines, das den Interpreten wie ein Sog jeweils einsetzender Leere vorkommt. Die Interpretationen, die das Stück als eine zu lösende Gleichung auffassen, zeigen das, eher unfreiwillig, wenn sie sich zwischen jeweils versuchter Auflösung und deren jedenfalls teilweiser Zurücknahme bewegen. Kennzeichnend der Versuch, anzugeben, was die Personen des Dramas, sei es symbolisch, sei es allegorisch, bedeuten, und dennoch das symbolisch-allegorisch Bestimmte nicht allzu bestimmt zu machen: die Auflösung besteht in der Angabe höchst verschiedener Werte für eine oder mehrere Unbekannte.[1] Genügt das einerseits der Forderung nach einer Lösung, so erscheint andererseits die Lösung so unbestimmt, daß die Gleichung selbst fragwürdig wird. Liest man die Reihe der in diesem Band versammelten Interpretationen, so zeigt sich, daß sich die

Vagheit der Antworten, bleibt man innerhalb des Deutungsmusters, nur um den Preis offenkundiger Willkür vermeiden läßt. Der Beitrag von Dukore[2] ist vielleicht das nachdrücklichste Beispiel des Versuchs, die Gleichung, die das Stück für ihn ist, zu lösen. Gerade seine Interpretation zeigt aber vor allem, wie widerstandslos sich eine Theorie – hier die psychoanalytische – auf das Stück projizieren läßt, wenn die entscheidenden Gleichsetzungen Didi = Id-Id, Gogo = Ego-Ego vollzogen sind. Daß man *Warten auf Godot* in dieser Weise mit Hilfe der psychoanalytischen Theorie darstellen kann, war jedoch nie zweifelhaft; fraglich ist, ob man berechtigt ist, das zu tun.

Bei den Interpretationen, die diese Frage nicht überspringen wollen und das Drama als Drama, nicht als dramatische Verhüllung des eigentlich Gemeinten interpretieren, stellt sich jedoch auf neuer Stufe die Vagheit wieder her. Diese Sammlung zeigt in der Abfolge der Beiträge, wie die Selbstsicherheit der Interpretation in dem Maß schwindet, in dem sie sich auf den Spielcharakter des Dramas einzustellen sucht. Die Darstellung als Spiel scheint das Stück jedoch erst recht zu entleeren. Demonstriert es im einen Fall, wie äußerlich ihm die Interpretation bleibt, wie sehr sie dem eigenen Muster, nicht dem Stück folgt, so im anderen, wie wenig sich die Interpretation, trotz aller Versicherungen, nur das zu tun, auf eine Beschreibung des Spiels beschränken kann. Gerade weil das Stück mögliche Interpretationen schon vorführt, als Parodie beispielsweise den Trick, wie man aus Pozzo die ganze Menschheit macht[3], entzieht es sich. Können seine eigenen Deutungsvorschläge im Prinzip schon einer zutreffenden Interpretation widersprechen, so findet die Bedeutungssuche erst recht keinen Halt, wenn es die Möglichkeit, alles sei bloß eine Theaterkonvention, hervorkehrt. Die Interpretation, die dieser Verwandlung von allem in Theaterkonventionen konsequent folgen würde, müßte auf die Frage: Was bedeutet *Warten auf Godot?* antworten: Warten auf Godot.

Daß das Stück die jeweilige Leere der Interpretation provoziert, die sie nur um den Preis der Selbstaufgabe erreichen könnte, ist für es charakteristisch. Indem es der Frage nach seiner Bedeutung seinen Spielcharakter entgegenhält, macht es bewußt, wie wenig man weiß, welche Fragen man an ein *Stück* stellen kann; ›kann‹ logisch gebraucht. Versuchte die

Interpretation, von einem Spiel angestoßen, das seine Regeln zu zeigen sucht, die ihren sich klarzumachen, wäre es durchaus möglich, daß genau die Fragen, auf die die Interpreten, wie sie meinen, vom Stück besonders ermutigt, eine Antwort suchen, nämlich z. B. Was bedeuten die Figuren?, Was bedeutet Godot? nicht zu stellende Fragen wären. Damit wäre aber der Rahmen dieser Sammlung gesprengt.

Auswahlbibliographie

(Die Bibliographie knüpft zeitlich an die der Materialien zu Becketts *Warten auf Godot,* hrsg. von Ursula Dreysse, Frankfurt 1973, an.)

1972

Ahrens, R., »Kompositionsprinzipien in Samuel Becketts *Waiting for Godot* und *Endgame*«, In: Archiv für das Studium der neueren Sprachen, 209, 1972, S. 363-368.

Borie, Monique, »Structures du temps théatral chez Beckett«, In: Revue des sciences humaines 147, 1972, S. 415-426.

Busi, Frederick A., »The Transfigurations of Godot«, In: Research Studies 40, 1972, S. 290-296.

Cohn, Ruby, »Beckett and Shakespeare«, In: Modern Drama 15, 1972, S. 223-230.

Essen, Martina von, »Samuel Beckett, traducteur de lui-même«, In: Neuphilologische Mitteilungen 73, 1972, S. 866-892.

Fletcher, John, und John Spurling, Beckett. A Study of his Plays, London 1972.

Garzilli, E., »The Other and Identity«, In: Garzilli, Circles without Center. Paths to the Discovery and Creation of Self, Cambridge, Mass. 1972, S. 28-38.

Gibbs, A., Play in the Plays of Beckett, Diss. University of Birmingham 1971/72.

Haefner, Gerhard, »Zur Frage eines ›christlichen‹ Verständnisses der Stücke Samuel Becketts«, In: Der evangelische Erzieher 24, 1972, S. 28-30.

Halloran, Stephen Michael, The Anti-aesthetics of *Waiting for Godot,* In: Centennial Review 16, 1972, S. 69-81.

Lavielle, Emile, *En attendant Godot,* de Beckett, Paris 1972.

Mayoux, J. J., »Samuel Beckett: Le créateur et les exegètes«, In: Etudes anglaises 25, 1972, S. 412-421.

Webb, Eugene, The Plays of Beckett, London 1972.

1973

Admusson, Richard L., »The Manuscripts of Beckett's Play«, In: Modern Drama 16, 1973, S. 23-28.

Brater, Enoch, »The Empty Can. Beckett and Andy Warhol«, In: Journal of Modern Literature 3, 1973/74, S. 1225-1246.

Cochran, Robert Brady, Unmakable Love. A Study of the Plays of Beckett. Diss. University of Toronto 1973.

Ehrig, Heinz, Das Form-Problem des Absurden bei Beckett, In: Ehrig, Paradox und absurde Dichtung, München 1973, S. 351-388.

Geiser, Judith Keller, The Quest for Personal Identity. A Study of Themes in the Theatre of Beckett, Diss. University of Wisconsin 1973.

Halloran, Stephen Michael, A Rhetoric of the Absurd. The Use of Language in the Plays of Beckett. Diss. Rensselaer Polytechnic Institute 1973.

Kenner, Hugh, A Reader's Guide to Samuel Beckett, London 1973.

Keywan, Zonia O., Beckett, Pinter, Ionesco. A Theatre of the Revolt. Diss. University of Alberty 1973.

Prince, Gerald, »Didi, Gogo et le Vaucluse, In: Romance Notes 15, 1973/74, S. 407-409.

Reid, Alex, »Beckett and the failed Form. An Introduction to *Waiting for Godot*, In: Forum 11, 1973/74, S. 54-58.

Smith, Stephen Pofahl, »Between Pozzo and Godot. Existence as Dilemma«, In: The French Review 47, 1973/74, S. 889-903.

Ventimiglia, Dario, Il teatro di Beckett, Padova 1973.

1974

Brater, Enoch, »Beckett, Ionesco, and the Tradition of Tragicomedy«, In: College Literature 1, 1974, S. 113-127.

Busi, Frederick, »*Waiting for Godot*. A modern ›Don Qixote‹?« In: Hispania 57, 1974, S. 876-885.

Busi, Frederick, »Creative Self-Deception in the Drama of Beckett«, In: Research Studies 42, 1974, S. 153-160.

Clurman, Harold, Beckett. *[En attendant Godot]*, In: Clurman, The Divine Pastime. Theatre Essays, New York 1974, S. 63-65.

Ebert, Harald, Becketts Dramaturgie der Ungewißheit, Wien, Stuttgart 1974.

Johnson, James Lowell, Beckett. A Rhetorical Analysis of the Absurd Drama. Diss. Univ. of Kansas 1974.

Jones, Conisa, »Narrative Salvation in *Waiting for Godot*«, In: Modern Drama 17, 1974, S. 179-188.

Manzano Garcia, Isabel, »*En attendant Godot:* Communication ou incommunication? Une étude du langage de Beckett«, In: Estudios escénicos 20, 1974, S. 23-37.

Onimus, Jean, »Les Formes de L'Insolite dans le Théâtre de Beckett«, In: L'Onirisme et l'Insolite dans le Théâtre Francais Contemporain. Actes de Colloque organisé par le Centre de Philologie et de Littératures Romanes de Strasbourg et la Société d'Etudes du 20e siecle (Avril 1972). Textes rec. et prés. par Paul Vernois. Paris 1974, S. 119-128.

Parkin, Andrew, »Monologue and Monodrama. Aspects of Beckett's Plays«, In: Eire 9, 1974, S. 32-41.

1975

Alter, Jean, »Vers le mathématexte au théâtre, en codant *Godot*«, In:

Sémiologie de la Représentation. Théatre, Télevision, bande dessinée. Publ. par A. Helbo, Bruxelles 1975, S. 42-60.

Asmus, Walter D., »Im Theater-Alltag tut man sich schwerer / Beckett inszeniert ›Warten auf Godot‹ / Aus dem Probentagebuch des Regieassistenten Walter D. Asmus«, In: Theater heute, 16. Jg., 1975, S. 20 ff.

Avigal, Shoshana, »Beckett's Play: The Circular Line of Existence«, In: Modern Drama 18, 1975, S. 251-258.

Boyle, Kay, »All mankind is us«, In: Cohn, Ruby, ed., Beckett. A Collection of Criticism, New York 1975, S. 15-19.

Brater, Enoch, »The ›absurd‹ Actor in the Theatre of Beckett«, In: Educational Theatre Journal 27, 1975, S. 197-207.

Brater, Enoch, »Brechts Alienated Actor in Beckett's Theatre«, In: Comparative Drama 9, 1975, S. 195-205.

Busi, Frederick, »Joycean Echos in *Waiting for Godot,* In: Research Studies 43, 1975, S. 71-87.

Cockerham, Harry, »Bilingual Playwright«, In: Worth, Catharine, ed., Beckett the Shapechanger. A Symposium, London 1975, S. 139-159.

Cohn, Ruby, ed., Beckett. A Collection of Criticism, New York 1975.

Eliopulos, James, Beckett's Dramatic Language, The Hague 1975.

Fuegi, John, »Brecht und Beckett«, In: Mayer, Hans, und Uwe Johnson, Hrsg., Das Werk von Samuel Beckett, Berliner Colloquium, Frankfurt 1975, S. 185-205.

Hayward, Susan, »The Use of Refrain in Beckett's Plays«, In: Language and Style 8, 1975, S. 284-292.

Hensel, Georg, »Noch warten auf Godot? Becketts sanfter Umgang mit Beckett«, In: FAZ 58, 10. März 1975, S. 17.

Kellman, Steven G., »Beckett's fatal dual«, In: Romance Notes 16, 1975, S. 268-273.

Kennedy, Andrew K., »Beckett«, In: Kennedy, Six Dramatists in Search of a Language, London 1975, S. 130-164.

Klein, Kathleen Gregory, Humanity Denied. Beckett's Dramatic Techniques. Diss. Purdue University 1975.

Knauth, K. Alfons, »Luckys und Bonaventuras unglückliche Weltansichten. Ein Vergleich von Beckett's *En attendant Godot* mit den ›Nachtwachen von Bonaventura‹«, In: Romanistisches Jahrbuch 26, 1975, S. 147-169.

Michaelis, Rolf, »Gewartet wird immer. Beckett's *Warten auf Godot* vom Autor in Berlin inszeniert«, In: Theater heute 16, 18. April 1975, S. 16-18.

Parkin, Ernest, und Gerhard Wilke, »Schluß mit warten!« In: Mayer, Hans, und Uwe Johnson, Hrsg., Das Werk von Samuel Beckett, Berliner Colloquium, Frankfurt 1975, S. 87-134.

Reid, Alec, »From Beginning to Date. Some Thoughts on the Plays of Beckett«, In: Cohn, Ruby, ed., Beckett, A Collection of Criticism, New York 1975, S. 63-72.

Restivo, Giuseppina, »Pozzo! Does that name mean anything for you?«, In: Paragone XXIV, August 1975, S. 62-65.

Strongin, Caro Diane, The Anguished Laughter of Shakespeare, Chekhov, and Beckett. An Exploration of their Tragicomic Drama, Diss. Brown University 1975.

Takahashi, Yasunari, »Fool's Progress«, In: Cohn, Ruby, ed., Beckett. A Collection of Criticism, New York 1975, S. 33-40.

Wingkens, Meinhard, Das Zeitproblem in Becketts Dramen, Bern, Frankfurt 1975.

Zeifman, Hersh, »Religious Imagery in the Plays of Beckett«, In: Cohn, Ruby, ed., Beckett. A Collection of Criticism, New York 1975, S. 85-94.

1976

Breuer, Rolf, The Solution as Problem. Beckett's *Waiting for Godot*, In: Modern Drama 19, 1976, S. 225-236.

Cormier, Ramona, and Janis L. Pallister, Waiting for Death. The Philosophical Significance of Beckett's *En attendant Godot*, University of Alabama Press 1976.

Hayman, Ronald, »Beckett's *Godot*. Beckett's Recent German Language Production of *Waiting for Godot*«, In: The New Review III, 26, 1976, S. 66-67.

Kroll, Jeri L., »Beckett and Grock, Kings of Clowns«, In: Notes on Contemporary Literature VI, 1976, S. 7-14.

Lindblad, Ishrat, »*Waiting for Godot*. Translation or Revision?« In: Studia Neophilologica 48, 1976, S. 269-281.

McCrary, Judith D., and Ronald G., »Why wait for Godot?« In: Southern Quarterly 14, 1976, S. 109-115.

Morot-Sir, Edouard, u. a., ed., Beckett. The Art of Rhetoric, Chapel Hill 1976.

Nelson, Robert J., »Three orders in *En attendant Godot* and *Fin de partie*. A Pascalian Interpretation of Beckett«, In: French Forum I, 1, 1976, S. 79-85.

Pruitt, Ellanor Hanson, The Figure of the Fool in Contemporary Theatre [En attendant Godot], Diss. Emory University 1976.

Rojtman, Betty, Forme et Signification dans le Théâtre de Beckett, Nizet 1976.

Stempel, Daniel, »History electrified into Agnoy. A Reading of *Waiting for Godot*«, In: Contemporary Literature 17, 1976, S. 263-278.

Webb, Eugene, »Pozzo in Bloomsbury. A Possible Allusion in Beckett's *Waiting for Godot*«, In: Journal of Modern Literature 5, 1976, S. 326-331.

Wilcher, Robert, »»What's it meant to mean?« An Approach to Beckett's Theatre.« In: Critical Quarterly 18, 2, 1976, S. 9-37.

1977
Mercier, Vivien, Beckett/Beckett, New York 1977.

1978
Laass, Henner, Samuel Beckett. Dramatische Form als Medium der Reflexion, Bonn 1978.

Personalbibliographien
Federman, Raymond und John Fletcher, Samuel Beckett, his works and his critics, Berkeley, Calif. 1970.
David, R. M., M. J. Friedman und Jackson R. Bryer, Samuel Beckett, Calepin de bibliographie des œuvres de Samuel Beckett et et critiques franco-anglaises et autres langues, Paris 1974.

Nachweise

Jerome Ashmore: Philosophical Aspects of ›Godot‹. In: Symposium 16, 1962, S. 296-304. Übersetzt von Dieter Mettler.

Robert Champigny: Interpretation de *En attendant Godot*. In: Publications of the Modern Language Association LXXV, 1960, S. 329 bis 331. Übersetzt von Dieter Mettler.

Lawrence E. Harvey: Art and the Existential in *En attendant Godot*. In: Publications of the Modern Language Association LXXV, 1960, S. 137-46. Übersetzt von Dieter Mettler.

David H. Hesla: Time, Ground, and the End: The Drama. In: David H. Hesla: The Shape of Chaos. An Interpretation of the Art of Samuel Beckett, Minneapolis 1971, S. 129-145. Übersetzt von Dieter Mettler.

Edith Kern: Drama Stripped for Inaction: Beckett's *Godot*. In: Yale French Studies 14, 1954/55, S. 41-47. Übersetzt von Dieter Mettler.

Vivian Mercier: A Pyrrhonian Eclogue. In: Hudson Review VII, 1955, S. 620-624. Übersetzt von Dieter Mettler.

C. Chadwick: *Waiting for Godot:* A Logical Approach. In: Symposium 14, 1960, S. 252-257. Übersetzt von Dieter Mettler.

Bernard F. Dukore: Gogo, Didi and the absent Godot. In: Drama Survey 1, 1962, S. 301-307. Übersetzt von Dieter Mettler.

Kenneth Tynan: Waiting for Godot, by Samuel Beckett, at the Arts. In: Kenneth Tynan, Curtains, London 1961, S. 101-103. Übersetzt von Dieter Mettler.

Gabor Mihályi: Beckett's *Godot* and the Myth of Alienation. In: Modern Drama 9, 1966, S. 277-282. Übersetzt von Dieter Mettler.

Darko Suvin: Beckett's Purgatory of the Individual or the 3 Laws of Thermodynamics. In: Tulane Drama Review 11, 1967, S. 23-36. Übersetzt von Dieter Mettler.

Rosette Lamont: Beckett's Metaphysics of Choiceless Awareness. In: Samuel Beckett Now. Ed. and with an Introduction by Melvin J. Friedman, Chicago and London 1970, S. 199-217. Übersetzt von Dieter Mettler.

John Fletcher: Bailing out the Silence. Waiting for Godot (1948-49). In: John Fletcher, John Spurling: Beckett. A Study of his Plays, London 1972, S. 55-68. Übersetzt von Dieter Mettler.

Ludovic Janvier: En attendant Godot. In: Ludovic Janvier, Pour Samuel Beckett, Paris 1966, S. 23-28. Übersetzt von Dieter Mettler.

John R. Brown: Mr. Beckett's Shakespeare. In: Critical Quarterly V, 1963, S. 310-326. Übersetzt von Dieter Mettler.

Colin Duckworth: Symbolism and Characterisation. GODOT: Constant or Variable? In: Colin Duckworth; Samuel Beckett. *En attendant*

Godot. Ed. by Colin Duckworth, London 1966, S. XCVI-CXXIV. Übersetzt von Dieter Mettler.

Ramona Cormier, Janis L. Pallister: *En attendant Godot:* Tragedy or Comedy? In: Esprit Créateur 11, 1971, S. 44-54. Übersetzt von Dieter Mettler.

Bernard Dort: *En attendant Godot.* Pièce de Samuel Beckett. In: Temps Modernes VIII, 1953, S. 1842-45. Übersetzt von Dieter Mettler.

Marion Trousdale: Dramatic Form: The Example of *Godot.* In: Modern Drama 11, 1968, S. 1-9. Übersetzt von Dieter Mettler.

Dieter Mettler: Formkategorien des klassischen Dramas und *Warten auf Godot.* Originalbeitrag.

Michael Robinson: The Theatre. In: Michael Robinson: The Long Sonata of the Dead. A Study of Samuel Beckett, London 1969, S. 229-245. Übersetzt von Dieter Mettler.

Walter D. Asmus: Im Theater-Alltag tut man sich schwerer / Beckett inszeniert *Warten auf Godot* / Aus dem Probentagebuch des Regieassistenten Walter D. Asmus. In: Theater heute, 16. Jg., 1975, S. 20 ff.

Hugh Kenner: *Waiting for Godot.* In: Hugh Kenner: A Reader's Guide to Samuel Beckett, London 1973, S. 23-38. Übersetzt von Dieter Mettler.

Denis Johnston: Waiting with Beckett. In: Irish Writing 34, 1956, S. 23-28. Übersetzt von Dieter Mettler.

Hartmut Engelhardt: Leute ohne Bedeutung. Notizen zu *Warten auf Godot.* Originalbeitrag.

Melvin J. Friedman: Crritic! In: Modern Drama IX, 1966, S. 300-308. Übersetzt von Dieter Mettler.

Anmerkungen

Jerome Ashmore, Philosophische Aspekte in *Godot*

1 Obwohl die Figuren Namen haben, sind sie im wesentlichen austauschbar.
Von den beiden Hauptfiguren könnte man die eine mehr als Intellektuellen
und die andere mehr als prosaisch gewöhnlichen Menschen sehen. Aber sie
werden nicht deutlich unterschieden. A und B würden als Bezeichnungen für
sie ebenso gut sein wie ihre wirklichen Namen, Wladimir und Estragon.
Diese Namen werden im Verlauf des Stücks nie ausgesprochen. Die beiden
Männer nennen sich Didi und Gogo (Simpel).

2 »Words words. *Pause.* Speak«, sagt Wladimir, wobei die Pause das Versagen
von Worten anzeigt (WaG, S. 130). Deutsch: »Das sagt man so. *Pause.* Na
ja, weiter.« WaG, S. 131; Werke I, 1, S. 56.

3 WaG, S. 210; Werke I, 1, S. 90.

4 »WLADIMIR   Sie sprechen alle durcheinander.
ESTRAGON   Jede für sich.« WaG, S. 157; Werke I, 1, S. 65.

5 »ESTRAGON   Einstweilen wollen wir uns ganz ruhig unterhalten, da wir doch
nicht schweigen können. (. . .) Um nicht denken zu müssen.« WaG, S. 155;
Werke I, 1, S. 65.

6 WaG, S. 155; Werke I, 1, S. 65.

7 »ESTRAGON   Das ist es, wir wollen einander widersprechen.« WaG, S. 159;
Werke I, 1, S. 67.

8 WaG, S. 165; Werke I, 1, S. 69.

9 WaG, S. 170. Im deutschen Text heißt die Stelle: »Aber wir sollten uns nicht
von unserem Entschluß abbringen lassen.« (S. 171); Werke I, 1, S. 72.

10 WaG, S. 167; Werke I, 1, S. 70.

11 WaG, S. 223; Werke I, 1, S. 95.

12 WaG, S. 49; Werke I, 1, S. 19.

13 WaG, S. 181; Werke I, 1, S. 76.

14 WaG, S. 177; Werke I, 1, S. 75.

15 WaG, S. 197; Werke I, 1, S. 83.

16 WaG, S. 183; Werke I, 1, S. 77.

17 »WLADIMIR   Oh, Verzeihung!
ESTRAGON   Sprich nur!
WLADIMIR   Aber nein!
ESTRAGON   Aber ja!
WLADIMIR   Ich bin dir ins Wort gefallen.
ESTRAGON   Im Gegenteil.
(. . .)
WLADIMIR   Bitte, keine Förmlichkeiten.
ESTRAGON   Sei doch nicht so stur.« WaG, S. 185 f.; Werke I, 1, S. 78 f.

18 In Zeilen, die enden: »Wir warten darauf, daß Godot kommt«, sagt Wladimir: ». . . in dieser Gegend, und in diesem Augenblick sind wir die Menschheit, ob es uns paßt oder nicht.« (WaG, S. 197; Werke I, 1, S. 83.)

19 Edith Kern ist einer von vielen Kommentatoren, die Godot als Gott inter-

pretieren:.»Für einen Französisch schreibenden Iren kann die erste Silbe des Namens nur die Gottheit bezeichnen, hinter die das Suffix das Fragezeichen des Unglaubens setzt, die durch die besondere Qualität des französischen Suffixes ›-ot‹ komisch wird.« In diesem Band, S. 80.

20 Beckett hat eine Neigung, kryptische Namen zu konstruieren. In *Molloy* sagt Molloy, von seiner Mutter sprechend: »Ich wiederum nannte sie Mag, wenn ich ihr einen Namen zu geben hatte. Und wenn ich sie Mag nannte, so schwebte mir dabei vor, ich hätte nicht sagen können warum, daß der Buchstabe G die Silbe MA wieder aufhob und sozusagen darauf spuckte, kräftiger als irgendein anderer Buchstabe es getan haben würde.« (Samuel Beckett, Werke III, 1. Romane. Molloy, Frankfurt 1976, S. 21.) In *Endspiel* ahmen die Figuren die Beziehungen von Hammer und Nägeln nach und werden entsprechend benannt: Hamm (Hammer), Nagg (Nagel), Nell (nail), Clov (clou).

Es ist vielleicht Zufall, daß es in Balzacs Drama *Mercadet* eine abwesende Figur gibt, Godeau, deren Anwesenheit die Ruin der Hauptfigur, Mercadets, eines von Gläubigern belagerten schlauen Spekulanten, vielleicht verhindern könnte. Godeau wird als früherer Partner beschrieben, der mit Mercadets Kasse verschwunden ist, aber auch als jemand, dessen Rückkehr alle Schwierigkeiten Mercadets lösen wird. Gegen Ende des letzten Aktes gibt es einen Bericht, daß Godeau angekommen ist, und er wird als *deus ex machina* eingesetzt, obwohl er nie auf der Bühne erscheint. WaG, S. 229; Werke I, 1, S. 98.

21 Anscheinend gibt es keine Möglichkeit, sicher zu sein, ob der Junge, der im zweiten Akt erscheint, derselbe ist, der im ersten erscheint, oder sein Bruder. Es wird festgelegt, daß der Junge einen Bruder hat; aber es wird nicht festgelegt, daß der Bruder im zweiten Akt erscheint. Der Junge des zweiten Akts leugnet, daß er Wladimir schon vorher gesehen habe; aber das Stück ist voll von perversen Aussagen, und diese Verneinung mag als eine solche bestimmt werden. In der vorliegenden Interpretation werden der Junge des ersten Akts und der Junge des zweiten Akts als ein und derselbe gesehen. Die Besetzung schließt »einen Jungen« ein, aber nicht einen Jungen und seinen Bruder.

22 WaG, S. 221; Werke I, 1, S. 94.
23 WaG, S. 139; Werke I, 1, S. 59.
24 WaG, S. 229; Werke I, 1, S. 98.
25 WaG, S. 161; Werke I, 1, S. 67.
26 WaG, S. 153; Werke I, 1, S. 64.
27 WaG, S. 155; Werke I, 1, S. 65.

Robert Champigny, Interpretation von *En attendant Godot*

1 WaG, S. 207; Werke I, 1, S. 88.
2 WaG, S. 89/91; Werke I, 1, S. 30/37.
3 WaG, S. 81; Werke I, 1, S. 33.

4 WaG, S. 87; Werke I, 1, S. 36.
5 WaG, S. 105; Werke I, 1, S. 44.
6 WaG, S. 219; Werke I, 1, S. 93.
7 WaG, S. 221; Werke I, 1, S. 94.
8 WaG, S. 29; Werke I, 1, S. 9 f.
9 WaG, S. 197; Werke I, 1, S. 83.
10 a. a. O.; Werke I, 1, S. 84.
11 WaG, S. 37; Werke I, 1, S. 13.
12 WaG, S. 171; Werke I, 1, S. 72.
13 WaG, S. 53; Werke I, 1, S. 20.
14 WaG, S. 53; Werke I, 1, S. 20.
15 WaG, S. 161; Werke I, 1, S. 67.
16 WaG, S. 157; Werke I, 1, S. 66.
17 WaG, S. 179; Werke I, 1, S. 76.
18 WaG, S. 151; Werke I, 1, S. 63.
19 WaG, S. 165; Werke I, 1, S. 69.
20 WaG, S. 169; Werke I, 1, S. 71.
21 WaG, S. 231/33; Werke I, 1, S. 99.
22 WaG, S. 197; Werke I, 1, S. 84.
23 WaG, S. 171; Werke I, 1, S. 71.
24 WaG, S. 229; Werke I, 1, S. 98.
25 WaG, S. 191; Werke I, 1, S. 81.

Lawrence E. Harvey, »Kunst und das Existentielle in *En attendant Godot*«

1 Claude Mauriac, »Samuel Beckett«, in: *Preuves*, No. 61, März 1956, S. 71 ff.
2 *The Times Literary Supplement*, 10. Feb. 1956.
3 A. a. O., 3. April 1956. In einer eindringlichen Studie mit dem Titel »Drama Stripped for Inaction: Beckett's *Godot*«, in: *YFS*, No. 14, Winter 1954/55 (in diesem Band S. 73) nimmt Edith Kern eine ähnliche Position ein, wenn sie hinweist auf »die deutliche Vorstellung von der Nichtexistenz eines persönlichen Himmlischen Vaters« und schreibt: »Becketts Figuren verherrlichen in diesem Stück eher die alles überschreitende Macht der menschlichen Zärtlichkeit, die allein das lange und letztlich vergebliche Warten des Menschen auf einen Erlöser erträglich macht und sich in Wahrheit als der Erlöser des Menschen in seiner Verlorenheit erweist.«
4 10. Febr. 1956.
5 WaG, S. 57. Der letzte Satz lautet im französischen Text: »Pas encore. *Il ne fait pas la liaison.*« (WaG, S. 56); Werke I, 1, S. 22/23.
6 In der englischen Fassung »Macon country«, in der deutschen »Breisgau« (S. 154/55); Werke I, 1, S. 64.
7 WaG, S. 43; Werke I, 1, S. 16.

 8 WaG, S. 97; Werke I, 1, S. 40.

 9 WaG, S. 111; Werke I, 1, S. 46.

10 WaG, S. 221; Werke I, 1, S. 94.

11 WaG, S. 153; Werke I, 1, S. 64.

12 WaG, S. 113; Werke I, 1, S. 47.

13 A. a. O.

14 WaG, S. 143/45, Werke I, 1, S. 60.

15 WaG, S. 153; Werke I, 1, S. 64.

16 In der deutschen Fassung »Breisgau« in »Scheißgau« (S. 154/55); Werke I, 1, S. 64.

17 Im Deutschen »Schwimmen Reiten Fliegen« (S. 112/13); Werke I, 1, S. 48.

18 Im Deutschen »Siegen«, S. 112/13; Werke I, 1, S. 48.

19 Im Deutschen »Kegeln«, S. 112/13; Werke I, 1, S. 48.

20 Kenneth Douglas war so freundlich, darauf hinzuweisen, daß *Camogie* auch eine Form des Hockeys ist: die weibliche Form des irischen »hurling«, eine Art von primitivem Feldhockey, das fast keine Regeln hat. Man sollte schließlich noch anmerken, daß zusätzlich zu den sexuellen Implikationen, die die beiden Präfixe für ein französisches Publikum haben, die allgemeine pejorative Bedeutung von *con* und seinen Zusammensetzungen wie *connerie* von dem irischen Präfix *cam* unterstützt wird, das Irrtum, Betrug, Perversität usw. bedeutet und z. B. zur Bildung des Wortes für Hure benutzt wird. Beide Ausdrücke spielen also eine doppelte Rolle in dem Angriff auf den Sport.

21 WaG, S. 113; Werke I, 1, S. 48.

22 WaG, S. 113; Werke I, 1, S. 48.

23 WaG, S. 37; Werke I, 1, S. 13.

24 Berichtet von Leo Spitzer in »Language and Poetry«, in: *Language: An Enquiry into its Meaning and Function*, New York 1957, S. 202.

25 WaG, S. 76, 94; im Deutschen: »Gono . . . Godot . . . Gobo«; Werke I, 1, S. 32, 39.

26 WaG, S. 93; Werke I, 1, S. 38.

27 WaG, S. 80, 106. Deutsch beide Male »Zerstäuber«; Werke I, 1, S. 33, 44.

28 WaG, S. 97; Werke I, 1, S. 41.

29 WaG, S. 40. Im Deutschen »Bäumchen«, »Strauch« (S. 41); Werke I, 1, S. 15.

30 WaG, S. 111; Werke I, 1, S. 46.

31 WaG, S. 37 ff.; Werke I, 1, S. 13 ff.

32 WaG, S. 225; Werke I, 1, S. 96.

33 WaG, S. 121; Werke I, 1, S. 51.

34 Um jedes mögliche Mißverständnis zu vermeiden, möchte ich hier eine treffende Unterscheidung wiederholen, die Robert Champigny in »Existentialism and the Modern French Novel« (*Thought* XXXI, Herbst 1956) zwischen existentialistischer Literatur, in der »grundsätzliche Themen absichtlich mit einer existentiellen Philosophie verbunden werden« (S. 367) und einer existentiellen Literatur, die mit der Lage und dem Schicksal des Menschen zu tun hat, der aber eine solche direkte Verbindung fehlt, getroffen hat. Diese Studie beschäftigt sich nur mit dem existentiellen Wesen von Becketts Stück.

35 WaG, S. 153; Werke I, 1, S. 64.

36 WaG, S. 99; Werke I, 1, S. 41.

37 WaG, S. 97; Werke I, 1, S. 40.

38 A. a. O.

39 WaG, S. 145; Werke I, 1, S. 60.
40 A. a. O.
41 WaG, S. 101; Werke I, 1, S. 42.
42 WaG, S. 149; Werke I, 1, S. 62.
43 WaG, S. 225; Werke I, 1, S. 96.
44 WaG, S. 115; Werke I, 1, S. 49.
45 WaG, S. 161; Werke I, 1, S. 67.
46 A. a. O.
47 WaG, S. 37; Werke I, 1, S. 13/14.
48 WaG, S. 39; Werke I, 1, S. 14.
49 WaG, S. 111; Werke I, 1, S. 46.
50 WaG, S. 189. Werke I, 1, S. 80. Man wird an die mittelalterliche Legende erinnert, die erzählt, wie ein Zweig vom Baum der Erkenntnis von Gut und Böse, der nach dessen Tode Adam in den Mund gepflanzt worden war, zu dem Baum wurde, der schließlich das Holz für das Kreuz lieferte.
51 WaG, S. 191; Werke I, 1, S. 80.
52 Der Kritiker der *Times* führt diese Ansicht so aus: »Von einem christlichen Standpunkt aus ist die Orthodoxie dieses Symbolismus unübersehbar. Mit ihren Lumpen und ihrem Elend repräsentieren die Landstreicher den Stand des Menschen nach dem Fall. Der Schmutz ihrer Umgebung, ihr Mangel an Interesse an der Welt repräsentiert die Idee, daß wir hier in dieser Welt keine bleibende Stadt bauen können. Die Doppeldeutigkeit ihrer Haltung gegenüber Godot, die Mischung aus Hoffnung und Angst, der zweifelnde Ton der Botschaften des Jungen repräsentiert den Zustand der Spannung und Ungewißheit, in dem in dieser Welt der durchschnittliche Christ, Anmaßung und Verzweiflung gleichermaßen zu vermeiden suchend, leben muß . . . Didi und Gogo stehen für das kontemplative Leben. Pozzo und Lucky stehen für das Leben des praktischen Handelns als – ein Mißverständnis – Zweck in sich selbst . . . Didi und Gogo sind durch etwas aneinander gebunden, das man, ohne absurd zu reden, Barmherzigkeit nennen kann . . . ihre eigenartige Beziehung, in der sie sich immer voneinander entfernen, aber immer zueinander gezogen werden, ist unter anderem ein Emblem der Ehe.« (10. Febr. 1956)
53 So schreibt der Kritiker der *Times*: »Was in Luckys Rede verworfen wird, ist vielleicht der Liberalismus, der Fortschritt, die öffentliche Bildung . . . Nachdem die Nietzscheanische und die liberalistische Hypothese ausgeschieden sind, beherrscht die christliche Hypothese allein noch die Szene.« (10. Febr. 1977)
54 10. Febr. 1956.
55 Wenn man christliche Symbole herausfinden möchte – und in diesem Stück zählt jedes Wort –, wäre es nicht schwer, in diesem Drei-in-einem-Muster eine sprachliche Darstellung der Dreieinigkeit zu sehen.
56 »Samuel Beckett«, in: *Preuves*, No. 61, S. 72.
57 Zwei Beispiele für diese Entsprechung der Figuren: In der Szene, wo die Hüte ausgetauscht werden, hört Wladimir mit dem Hut Luckys, des ehemaligen Denkers, auf; später spielen Wladimir und Estragon Lucky und Pozzo, und die »Besetzung« paßt zu dem Schema der Analogien (S. 179/161). Pozzo und Lucky sind etwas älter als Wladimir und Estragon, die deshalb zu Zuschauern ihres eigenen zukünftigen Schicksals werden. Der Tod macht natürlich alle gleich, und im zweiten Akt hat das extreme Alter schon viele

Unterschiede zwischen Pozzo und Lucky ausgelöscht. Eine Bemerkung noch zu diesem Thema: Im Chinesischen bedeuten Gogo und Didi, wie mir Professor David Roberts – ein in China aufgewachsener Kollege, der selber den Spitznamen Gogo hat – mitteilte, »älterer Bruder« und »jüngerer Bruder«. Es mag darum eigenartig erscheinen, Estragon in der überlegenen Position der Hierarchie zu finden, da er offensichtlich der Abhängigere der beiden ist. Aber Pozzo wird von seinem Sklaven, Lucky, auch abhängig. Hier kehrt die Ironie die gesellschaftlichen Kategorien um. Das oberflächliche Urteil der Gesellschaft wird umgedreht, und der Intellektuelle führt den Materialisten. (Das heißt nicht, daß der Intellektuelle selbst in irgendeiner Weise vor der Satire sicher wäre.)

58 In *Language*, S. 205.
59 Robert Poulet schreibt in *La Lanterne Magique*, Paris 1958: »Es ist schwierig zu erklären, warum die Komödie zwei Akte enthält statt einem einzigen oder zehn völlig ähnlichen« (S. 241). In einer ähnlichen Richtung scheint Thomas Barbour in »Beckett and Ionesco« (in: *The Hudson Review*, Sommer 1958) zu meinen, daß der zweite Akt, der im wesentlichen eine Wiederholung des ersten ist, deshalb weniger gelungen sei. Im Gegensatz dazu würde Spitzers Einsicht, angewandt auf *Godot*, nahelegen, daß der zweite Akt nicht ein willkürlicher Anhang ist, sondern eine Struktur vollendet, die mit der wesentlichen Bedeutung des Stücks harmoniert und sie auszudrücken hilft.
60 WaG, S. 207; Werke I, 1, S. 88.
61 WaG, S. 105; Werke I, 1, S. 44.
62 WaG, S. 167/69; Werke I, 1, S. 70.
63 WaG, S. 129; Werke I, 1, S. 55.
64 WaG, S. 57; Werke I, 1, S. 23.
65 WaG, S. 57/59; Werke I, 1, S. 23.
66 A. a. O.; Werke I, 1, S. 23.
67 WaG, S. 69, 79, 81, 107; Werke I, 1, S. 32 ff.
68 WaG, S. 83 ff.; Werke I, 1, S. 34 ff.
69 WaG, S. 39/41; Werke I, 1, S. 15.
70 WaG, S. 75; Werke I, 1, S. 31.
71 WaG, S. 109; Werke I, 1, S. 45.
72 WaG, S. 171; Werke I, 1, S. 72.
73 WaG, S. 199; Werke I, 1, S. 84.
74 WaG, S. 101; Werke I, 1, S. 42.
75 WaG, S. 107; Werke I, 1, S. 44/45.
76 Siehe Edith Kern, in diesem Band S. 79; David Grossvogel, The Self-Conscious Stage in Modern French Drama, New York 1958, S. 324, und Robert Poulet, S. 240/241.
77 WaG, S. 189; Werke I, 1, S. 80.
78 WaG, S. 161; Werke I, 1, S. 86.
79 WaG, S. 213; Werke I, 1, S. 90.
80 WaG, S. 157; Werke I, 1, S. 65.
81 WaG, S. 93; Werke I, 1, S. 38.
82 WaG, S. 91/93; Werke I, 1, S. 38.
83 WaG, S. 171; Werke I, 1, S. 72.
84 Claude Mauriac, a. a. O., S. 74.

David H. Hesla, Zeit, Grund und das Ende: das Drama

1 Shakespeares Werke, hrsg. v. L. L. Schücking, Berlin und Darmstadt (Tempel) 1955, Bd. 4, S. 464.
2 WaG, S. 221; Werke I, 1, S. 94.
3 WaG, S. 125; Werke I, 1, S. 53.
4 A. a. O.
5 A. a. O.
6 WaG, S. 158: »That much less misery.« Im Französischen: »C'est déjà ça en moins« (S. 160); in der deutschen Fassung: »Das ist doch schon etwas weniger« (S. 161; Werke I, 1, S. 67).
7 WaG, S. 161; Werke I, 1, S. 67.
8 A. a. O.
9 A. a. O.
10 WaG, S. 189; Werke I, 1, S. 80.
11 A. a. O.
12 A. a. O.
13 WaG, S. 163; Werke I, 1, S. 69.
14 WaG, S. 161; Werke I, 1, S. 68.
15 WaG, S. 171; Werke I, 1, S. 72.
16 WaG, S. 191; Werke I, 1, S. 80.
17 WaG, S. 97; Werke I, 1, S. 40.
18 WaG, S. 153; Werke I, 1, S. 64.
19 WaG, S. 51; Werke I, 1, S. 19.
20 WaG, S. 131; Werke I, 1, S. 56.
21 WaG, S. 111; Werke I, 1, S. 46.
22 WaG, S. 33; Werke I, 1, S. 12.
23 WaG, S. 49; Werke I, 1, S. 19.
24 A. a. O.
25 Samuel Beckett, Werke II, 1. Romane. Murphy, Frankfurt 1976, S. 84.
26 WaG, S. 57; Werke I, 1, S. 22. Im englischen Text: »I'll never forget this carrot.« (WaG, S. 56.)
27 WaG, S. 27; Werke I, 1, S. 9.
28 WaG, S. 59; Werke I, 1, S. 23.
29 G. F. W. Hegel, Die Vernunft in der Geschichte, hrsg. von J. Hoffmeister, Hamburg 1955, S. 51.
30 WaG, S. 63; Werke I, 1, S. 25.
31 WaG, S. 31; Werke I, 1, S. 11.
32 WaG, S. 33; Werke I, 1, S. 11.
33 WaG, S. 33; Werke I, 1, S. 11.
34 WaG, S. 37; Werke I, 1, S. 13.
35 WaG, S. 39. Im englischen Text: »People are bloody ignorant apes« (S. 38); Werke I, 1, S. 14.
36 WaG, S. 53; Werke I, 1, S. 20.
37 WaG, S. 37; Werke I, 1, S. 14.
38 WaG, S. 57; Werke I, 1, S. 22.
39 WaG, S. 59; Werke I, 1, S. 23.
40 WaG, S. 65; Werke I, 1, S. 27.

41 WaG, S. 111; Werke I, 1, S. 46.
42 WaG, S. 31; Werke I, 1, S. 10.
43 WaG, S. 197; Werke I, 1, S. 83.
44 A. a. O.
45 WaG, S. 197; Werke I, 1, S. 84.
46 Martin Heidegger, *Sein und Zeit*, Tübingen 1963, S. 129.
47 Heidegger, a. a. O., S. 271.
48 A. a. O., S. 269.
49 A. a. O., S. 275 f.
50 A. a. O., S. 273.
51 WaG, S. 205/207; Werke I, 1, S. 87.
52 A. a. O.
53 Heidegger, a. a. O., S. 274 ff.
54 WaG, S. 207; Werke I, 1, S. 88.
55 WaG, S. 209; Werke I, 1, S. 89.
56 WaG, S. 75; Werke I, 1, S. 30.
57 WaG, S. 91; Werke I, 1, S. 37.
58 WaG, S. 209; Werke I, 1, S. 89.
59 WaG, S. 207; Werke I, 1, S. 88.
60 WaG, S. 215; Werke I, 1, S. 92.
61 WaG, S. 59; Werke I, 1, S. 23.
62 WaG, S. 41; Werke I, 1, S. 16.
63 WaG, S. 209; Werke I, 1, S. 89.
64 Samuel Beckett, Werke I, 1. Dramatische Werke. Theaterstücke, Frankfurt 1976, S. 142.
65 Beckett, Murphy, a. a. O., S. 47.
66 WaG, S. 87; Werke I, 1, S. 36.
67 der englischen Fassung.
68 WaG, S. 139, 233; Werke I, 1, S. 56, 99.

Edith Kern, Drama ohne Handlung: Becketts *Godot*

1 Beckett wurde 1906 in Irland geboren. Seine frühesten Werke sind in Englisch geschrieben, aber er lebt seit 1938 in Frankreich, und alle seine späteren Romane wurden französisch veröffentlicht (und von ihm französisch geschrieben).
2 WaG, S. 109; Werke I, 1, S. 45.
3 WaG, S. 59; Werke I, 1, S. 23.
4 WaG, S. 183; Werke I, 1, S. 77.
5 WaG, S. 155/157; Werke I, 1, S. 65.
6 WaG, S. 51; Werke I, 1, S. 19.
7 WaG, S. 51; Werke I, 1, S. 19.
8 Samuel Beckett, Werke III, 1. Romane. Molloy, Frankfurt 1976, S. 9 f.
9 WaG, S. 225; Werke I, 1, S. 96.

10 WaG, S. 139, 233; Werke I, 1, S. 59, 99.
11 A. a. O.
12 WaG, S. 221; Werke I, 1, S. 94.
13 WaG, S. 203; Werke I, 1, S. 86.
14 WaG, S. 63; Werke I, 1, S. 25.
15 Beckett, Molloy, a. a. O., S. 22.

Vivian Mercier, Eine pyrrhonische Ekloge. *Waiting for Godot,* von Samuel Beckett

1 Frank O'Connor, The Fountain of Magic, London 1939, S. 3. Zu *The Midnight Court* von Brian Merriman siehe Arland Usshers Übersetzung in The Midnight Court, London und Dublin 1945. Zu einer Übersetzung von *The Vision of Mac Conglinne* siehe Kuno Meyer, Aislinge Meic Conglinne, London 1892.
2 WaG, S. 135; Werke I, 1, S. 57.
3 WaG, S. 139, S. 233; Werke I, 1, S. 56, 99.
4 Der folgende alte irische Witz hat etwas von dem Beckett-Aroma an sich: »Drei reuige Sünder beschlossen, die Welt sein zu lassen, um ein asketisches Leben zu führen, und suchten so die Wildnis auf. Nachdem sie genau ein Jahr geschwiegen hatten, sagte der erste: ›Wir führen ein gutes Leben.‹ Am Ende des nächsten Jahres antwortete der zweite: ›So ist es.‹ Nachdem noch ein Jahr vergangen war, rief der dritte aus: ›Wenn ich hier nicht Ruhe und Frieden haben kann, kehre ich in die Welt zurück.‹« (Standish H. O'Grady, *Silvia Gadelica*, London 1972, II, 8 f.) O'Grady – nicht Yeats' Mentor Standish J., sondern ein Verwandter – hatte seine Idiosynkrasien gegenüber der Gelehrsamkeit so gut wie der Kapitalisierung. Er versichert uns: »Das originale Irisch steht in einem Papiermanuskript im Britischen Museum, aber im Augenblick habe ich den Nachweis verlegt.«
5 WaG, S. 183; Werke I, 1, S. 77.
6 WaG, S. 43; Werke I, 1, S. 16.
7 WaG, S. 131; Werke I, 1, S. 56.
8 WaG, S. 223; Werke I, 1, S. 95.
9 Erich Heller, Enterbter Geist, Frankfurt 1954, S. 327 f.
10 Ich habe noch eine andere Interpretation von Pozzo, die, glaube ich, viel zu einfach ist: Wenn man von der italienischen Aussprache ausgeht, legt sein Name pots o'money nahe; er würde dann das Kapital repräsentieren und Lucky die Arbeit. Im Kreislauf der Geschichte kehrt eine Geldwirtschaft immer wieder; jedes Mal besteht die Gefahr, daß manche Leute das Kapital mit Gott verwechseln; tatsächlich erinnert mich Pozzos Blindheit daran, daß Plutus, der griechische Gott des Reichtums, immer blind dargestellt wurde.
11 Im Hinblick auf die Schwierigkeit, authentische biographische Information über lebende Autoren zu erhalten, sollte man vielleicht anmerken, daß die kurze Biographie Becketts, die der Grove Press-Ausgabe beigegeben ist, in jedem Detail stimmt, in dem ich sie überprüfen konnte – etwas, das sich von

dem entsprechenden Material auf dem Umschlag nicht sagen läßt. Ich könnte hinzufügen, daß die amerikanische Ausgabe mit vier Photographien der Pariser Inszenierung illustriert ist; drei davon stehen im Text, eine auf dem Umschlag, außer einem Portrait von Beckett.

C. Chadwick, *Warten auf Godot:* eine logische Auffassung

1 WaG, S. 55; Werke I, 1, S. 21.
2 WaG, S. 183; Werke I, 1, S. 77.
3 WaG, S. 53; Werke I, 1, S. 20.
4 WaG, S. 50/51; Werke I, 1, S. 20.
5 WaG, S. 50/52; dt.: »Was ist unsere Rolle dabei? (. . .) Bittsteller!« (Werke I, 1, S. 20)
6 WaG, S. 49; Werke I, 1, S. 19.
7 WaG, S. 57; Werke I, 1, S. 23.
8 WaG, S. 125; Werke I, 1, S. 53.
9 A. a. O.
10 WaG, S. 191; Werke I, 1, S. 80.
11 WaG, S. 63; Werke I, 1, S. 25.
12 WaG, S. 62.
13 WaG, S. 77; Werke I, 1, S. 32.
14 A. a. O.
15 WaG, S. 223; Werke I, 1, S. 15.
16 WaG, S. 227; Werke I, 1, S. 97.
17 WaG, S. 135; Werke I, 1, S. 58.
18 WaG, S. 226/227; Werke I, 1, S. 97.
19 WaG, S. 229; Werke I, 1, S. 98.
20 WaG, S. 137; Werke I, 1, S. 58.
21 WaG, S. 231; Werke I, 1, S. 99.
22 A. a. O.
23 A. a. O.
24 WaG, S. 67; Werke I, 1, S. 27.
25 Shakespears Werke, hrsg. v. L. L. Schücking, Berlin und Darmstadt 1955, Bd. 4, S. 506.
26 WaG, S. 225; Werke I, 1, S. 96.
27 WaG, S. 191; Werke I, 1, S. 80.
28 WaG, S. 211; Werke I, 1, S. 89.
29 A. a. O.
30 WaG, S. 221; Werke I, 1, S. 95.
31 WaG, S. 223; Werke I, 1, S. 95.
32 WaG, S. 111; Werke I, 1, S. 47.

Bernard F. Dukore, Gogo, Didi und der abwesende Godot

1 Eric Bentley, What Is Theatre? Boston 1956, S. 153.
2 Charles S. McCoy, »*Waiting for Godot:* A Biblical Appraisal«, in: *Religion in Life* XXVIII (1959), S. 595-603.
3 WaG, S. 51; Werke I, 1, S. 19.
4 Als Estragon sich beklagt, daß seine Füße weh tun, ruft Wladimir »*aufbrau-send:* Nur du leidest, nur du! Ich zähle nicht. Ich möchte dich mal an meiner Stelle sehen. Du würdest mir was erzählen« (S. 29/30). Darauf fordert Estragon ihn auf, seine Hose zuzumachen. Als Wladimir lacht, tut seine Leistengegend weh. Zweimal geht er von der Bühne, um sich zu erleichtern, wobei er jedesmal zurückkommt, als wäre das Erlebnis sehr schmerzhaft gewesen. Und Estragon ruft ihn: »Gonococcus! Spirochete!« (S. 180, dt.: »Du Scheißkerl! Du Lump!« [S. 181])
5 WaG, S. 113; Werke I, 1, S. 48.
6 WaG, S. 59; Werke I, 1, S. 23.
7 Hier gibt es eine Ähnlichkeit zwischen den Leuten, die auf Becketts Godot warten, und denen, die auf Balzacs Godeau warten. Die Ankunft Godots wird – Wladimir zufolge jedenfalls – ihm und Estragon eine Art Erlösung bringen; und die Ankunft Godeaus bringt für Mercadet und seine Familie die finanzielle Rettung. Godeau kommt am Ende; Godot nicht. Während Mercadet und seine Familie gerettet werden, werden Wladimir und Estragon nicht gerettet.
8 WaG, S. 110. In der deutschen Fassung heißt es: »Aufgrund der sich aus den letzten unveröffentlichten Arbeiten (. . .) ergebenden Existenz eines persönlichen Gottes (. . .)« (S. 111).
9 WaG, S. 111; Werke I, 1, S. 48.
10 A. a. O.
11 WaG, S. 197; Werke I, 1, S. 83.
12 WaG, S. 115/117; Werke I, 1, S. 49.
13 WaG, S. 227; Werke I, 1, S. 97.

Kenneth Tynan, *Waiting for Godot,* von Samuel Beckett

1 WaG, S. 171; Werke I, 1, S. 72.

Darko Suvin, Becketts Purgatorium des Individuums oder die drei Gesetze der Thermodynamik

1 Werner Hecht, »Brecht ›und‹ Beckett«, in: *Theater der Zeit* 14 (1966), S. 30. Siehe auch die ähnliche, wenn auch höflichere Ansicht von Sukov in Mélèse, *Samuel Beckett*, Paris 1966, S. 159. Selbst Lukács hat zeitweilig ähnliche vereinfachte Positionen vertreten.

2 Diese erste Aufgabe, Becketts *Weltanschauung* zu bestimmen, scheinen amerikanische, französische und einige andere westeuropäische Exegeten gut erfüllt zu haben. Ich kann mich hier nur auf Kritiker wie Anders, Cohn, Kenner, Mueller und Jacobsen beziehen, denen mein Essay viel verdankt, wenn ich auch viele ihrer Voraussetzungen und Ergebnisse nicht teile. Ich hoffe, einen gewissen *consensus doctorum* nicht falsch wiederzugeben, wenn ich jene Analysen von meinem eigenen Blickpunkt aus zusammenziehe.

3 Shakespeares Werke, hrsg. v. L. L. Schücking, Berlin und Darmstadt (Tempel) 1955, Bd. IV, S. 111.

4 Josephine Jacobsen und William R. Mueller, *The Testament of Samuel Beckett*, New York 1964, S. 161.

5 Aus einer Unmenge von Beispielen siehe Camille Flammarions Roman *La Fin du Monde* oder H. G. Wells' *The Time Machine*.

6 WaG, S. 59; Werke I, 1, S. 23.

7 Samuel Beckett, Werke III, 1. Romane. Molloy, Frankfurt 1976, S. 49. Dazu Günther Anders, »Sein ohne Zeit«, in: Materialien zu Samuel Becketts ›Warten auf Godot‹, 1. Band, zus.gest. und übers. von Ursula Dreysse, Frankfurt 1973, S. 31 ff.

8 Das ist auch von Becketts Regisseur Roger Blin bemerkt worden, zitiert in Mélèse, a. a. O., S. 149; man könnte es auch psychotisch nennen: siehe Jacobsen-Mueller, a. a. O., S. 70-71.

9 Samuel Beckett, Werke II, 2. Romane. Watt, Frankfurt 1976, S. 252.

10 Samuel Beckett und Georges Duthuit, »Drei Dialoge«, in: Materialien zu Samuel Becketts Romanen ›Molloy‹, ›Malone stirbt‹, ›Der Namenlose‹, hrsg. von H. Engelhardt und D. Mettler, Frankfurt 1976, S. 11.

11 Madeleine Chapsal, in: *L'Express*, 8. Febr. 1957; zitiert in Mélèse, a. a. O., S. 163.

12 Ruby Cohn, »Philosophical Fragments in the Works of Samuel Beckett«, in: Samuel Beckett. A Collection of Critical Essays, ed. by M. Esslin, Englewood Cliffs, N. J., 1965, S. 170.

13 G. Sandier, zitiert in Mélèse, a. a. O., S. 169.

14 Hugh Kenner, Samuel Beckett. Eine kritische Studie, übers. v. Urs Jenny, München 1965, S. 60.

15 A. a. O.

16 Ich habe dem Wesen, den Ursprüngen und der Verwandtschaft des Individualismus mit den Perioden der Gotik und der Renaissance spezielle Studien gewidmet in dem Buch *Dva vida dramaturgije* oder *Two Aspects of Dramaturgy*, Zagreb 1964, und in dem Essay »On the Individualist World View in Drama«, in: *Les Problèmes des Genres Littéraires* No. 16 (1966).

17 Vgl. Kenner; auch Anders, a. a. O.

18 Vgl. Oswald Spengler, Der Untergang des Abendlandes I, München 1920;

Werner Sombart, Der moderne Kapitalismus I, München und Leipzig 1916, und Georg Simmel, Philosophie des Geldes, München und Leipzig 1930.

19 WaG, S. 51; Werke I, 1, S. 20.
20 Vgl. Max Weber, Die protestantische Ethik und der Geist des Kapitalismus, London 1958; Richard Henry Tawney, Religion and the Rise of Capitalism, London 1938, und Lionel Charles Knights, Drama and Society in the Age of Johnson, London 1962.
21 T. S. Eliot, »The Metaphysical Poets«, in: Selected Essays, London 1961.
22 Alfred von Martin, Soziologie der Renaissance, Stuttgart 1932.
23 Heinrich Wölfflin, Kunstgeschichtliche Grundbegriffe, 1927, S. 169.
24 Karl Marx und Friedrich Engels, Das Kommunistische Manifest, Kap. II.
25 WaG, S. 105; Werke I, 1, S. 44.
26 P. Macabru, zitiert in Mélèse, a. a. O., S. 165.
27 Beckett, Drei Dialoge, a. a. O., S. 13.
28 A. a. O.
29 G. Anders, a. a. O. Das hier zusammengefaßte Argument zieht sich durch seinen gesamten Essay.
30 Berichtet von I. Shenker in der New York Times und Tom Driver in Columbia University Forum, zitiert in Mélèse, S. 137-140.
31 WaG, S. 149; Werke I, 1, S. 62.
32 Vgl. Martin Esslins »Einleitung« in: Samuel Beckett: A Collection of Critical Essays, a. a. O., S. 14.
33 Die Millionen Zuschauer von Waiting for Godot in seinen ersten fünf Jahren können nicht einfach beiseite geschoben werden; auch nicht die Tatsache, daß die Belgrader Atelja 212 diese Position nun schon seit zehn Jahren darstellt.
34 Jacobsen und Mueller, a. a. O. S. 163.
35 Hauptfragmente dieser Bearbeitung sind bei Hecht zitiert; siehe aber auch den Bericht über einen späteren und anderen Plan einer Bearbeitung bei K. Rulicke-Weiler, Die Dramaturgie Brechts, Berlin 1966, S. 154-56.
36 Samuel Beckett, Werke I, 1. Dramatische Werke. Theaterstücke, Frankfurt 1976, S. 108. Der französische Text ist viel expliziter. Vgl. z. B.: »CLOV ... Quelqu'un! HAMM Eh bien, va l'exterminer ... Vibrant Fais ton devoir!
37 Vgl. die Interviews mit Shenker und Driver.

Rosette Lamont, Becketts Metaphysik der Bewußtheit ohne Wahl

1 Samuel Beckett, Werke IV. Erzählungen, Frankfurt 1976, S. 203.
2 A. a. O.
3 Samuel Beckett und Georges Duthuit, »Drei Dialoge«, in: Materialien zu Samuel Becketts Romanen ›Molloy‹, ›Malone stirbt‹, ›Der Namenlose‹, hrsg. v. H. Engelhardt und D. Mettler, Frankfurt 1976, S. 21.

4 Zitiert von Eva Metman, »Reflections on Samuel Becketts Plays«, in: Samuel Beckett: A Collection of Critical Essays, ed. M. Esslin, Englewood Cliffs, N. J., 1965, S. 20.

5 Günther Anders, »Sein ohne Zeit. Zu Becketts Stück *En attendant Godot*«, in: Materialien zu Samuel Becketts ›Warten auf Godot‹, 1. Band, hrsg. v. U. Dreysse, Frankfurt 1973, S. 33.

6 Beckett, Erzählungen, a. a. O., S. 204.

7 Beckett und Duthuit, Drei Dialoge, a. a. O., S. 17.

8 WaG, S. 197.

9 Beckett und Duthuit, Drei Dialoge, a. a. O., S. 25.

10 A. a. O.

11 Frederick J. Hoffman, Samuel Beckett: The Language of Self, New York 1964, S. 15.

12 Ivan Gontscharow, Oblomov, übers. v. D. Magarshack, Harmondsworth 1954, S. 100.

13 Der Gedanke der heiligenähnlichen Züge des Charakters von Oblomov wurde zum ersten Mal von Yvette Louria formuliert, die beim Jahreskongreß der MLA in New York City im Dezember 1964 einen von ihr und Dr. Morton Seiden verfaßten Vortrag »Oblomov and the Christian Vision« hielt.

14 Ruby Cohn, Samuel Beckett: The Comic Gamut, New Brunswick 1962, S. 18.

15 T. S. Eliot, The Hollow Men, Collected Poems 1909-1962, London 1963, S. 87 ff.

16 T. S. Eliot, The Love Song of J. Alfred Prufrock, Selected Poems, London 1954, S. 11.

17 Ruby Cohn, a. a. O., S. 28.

18 Raymond Federman, Journey to Chaos: Samuel Beckett's Early Fiction, Berkeley and Los Angeles 1965, S. 6.

19 WaG, S. 39; Werke I, 1, S. 15.

20 WaG, S. 31. Im englischen Text: »Hope deferred maketh the something sick . . .« (S. 30); Werke I, 1, S. 11.

21 Sprüche 13, 12.

22 Der Prediger Salomon 4, 9-11.

23 WaG, S. 87; Werke I, 1, S. 36.

24 WaG, S. 105; Werke I, 1, S. 44.

25 A. a. O.

26 A. a. O.

27 A. a. O.

28 WaG, S. 111; Werke I, 1, S. 46.

29 WaG, S. 113. Im englischen Text: »dying . . . flying . . . penicilline« (S. 112); Werke I, 1, S. 48.

30 WaG, S. 117; Werke I, 1, S. 49.

31 WaG, S. 207; Werke I, 1, S. 88.

32 WaG, S. 213. Im englischen Text: »How much longer must we cart him around?« (S. 212); Werke I, 1, S. 90.

33 A. a. O.

34 WaG, S. 207; Werke I, 1, S. 88.

35 WaG, S. 139; Werke I, 1, S. 59.

36 A. a. O.

37 WaG, S. 147; Werke I, 1, S. 61.
38 A. a. O.
39 WaG, S. 225; Werke I, 1, S. 96.
40 Samuel Beckett, Marcel Proust, übertr. v. M. u. P. Pörtner, Zürich 1960, S. 21.
41 WaG, S. 213; Werke I, 1, S. 91.
42 WaG, S. 219; Werke I, 1, S. 94.
43 A. a. O.
44 WaG, S. 221; Werke I, 1, S. 94.
45 WaG, S. 79; Werke I, 1, S. 32.
46 A. a. O.
47 WaG, S. 85; Werke I, 1, S. 35.
48 WaG, S. 83; Werke I, 1, S. 34 (hier geändert in: »Japetos Sohn«).
49 WaG, S. 215; Werke I, 1, S. 92.
50 WaG, S. 221; Werke I, 1, S. 94.
51 WaG, S. 225; Werke I, 1, S. 96.
52 WaG, S. 157; Werke I, 1, S. 83.
53 Beckett, Proust, a. a. O., S. 44.
54 WaG, S. 49; Werke I, 1, S. 19 (hier geändert in: »Das ist gescheiter«).

John Fletcher, Das Schweigen ausschöpfen. *Waiting for Godot* (1948-1949)

1 WaG, S. 131; Werke I, 1, S. 56.
2 In einem früheren Kapitel des Buches von Fletcher und Spurling.
3 Samuel Beckett, Werke I. Dramatische Werke 1. Theaterstücke, Frankfurt 1976, S. 113 (werkausgabe edition suhrkamp)
4 WaG, S. 27; Werke I, 1, S. 9.
5 WaG, S. 177; Werke I, 1, S. 75.
6 WaG, S. 39; Werke I, 1, S. 14.
7 A. a. O.
8 WaG, S. 183; Werke I, 1, S. 8.
9 WaG, S. 213; Werke I, 1, S. 91.
10 WaG, S. 41; Werke I, 1, S. 15.
11 WaG, S. 43; Werke I, 1, S. 16.
12 WaG, S. 49; Werke I, 1, S. 19.
13 WaG, S. 26. Deutsch: »Steh auf, laß dich umarmen!« (S. 27).
14 Samuel Beckett, Werke III. Romane 1. Molloy, Frankfurt 1976, S. 13.
15 WaG, S. 39; Werke I, 1, S. 15.
16 WaG, S. 53; Werke I, 1, S. 16.
17 WaG, S. 59; Werke I, 1, S. 23.
18 WaG, S. 104. In der deutschen Fassung heißt es: »Das sage ich Ihnen nachher.« S. 105; Werke I, 1, S. 44.

19 WaG, S. 101/103; Werke I, 1, S. 42 f.
20 WaG, S. 166; Werke I, 1, S. 70. Deutsch: »ESTRAGON Ich hab sie sicher
    weggeworfen. – WLADIMIR Wann? – ESTRAGON Ich weiß nicht. –
    WLADIMIR Warum? – ESTRAGON Es fällt mir nicht mehr ein.«
21 WaG, S. 209; Werke I, 1, S. 89.
22 A. a. O.
23 WaG, S. 49; Werke I, 1, S. 19.
24 A. a. O.
25 WaG, S. 31; Werke I, 1, S. 10.
26 WaG, S. 51; Werke I, 1, S. 20.
27 WaG, S. 99; Werke I, 1, S. 41.
28 WaG, S. 221; Werke I, 1, S. 94.
29 WaG, S. 197; Werke I, 1, S. 83.
30 WaG, S. 71; Werke I, 1, S. 29.
31 Mitgeteilt von Harold Hobson, »Samuel Beckett – dramatist of the year«, in:
    International Theatre Annual Nr. 1 (1956), S. 153.
32 A. a. O.
33 WaG, S. 233; Werke I, 1, S. 99.
34 WaG, S. 99; Werke I, 1, S. 41 f.
35 WaG, S. 227; Werke I, 1, S. 97.
36 WaG, S. 131; Werke I, 1, S. 56.
37 Samuel Beckett, Werke III, 2. Romane. Malone stirbt, Frankfurt 1976, S.
    330.

Ludovic Janvier, Warten auf Godot

 1 WaG, S. 171; Werke I, 1, S. 72.
 2 WaG, S. 39 und öfter; Werke I, 1, S. 14 ff.
 3 WaG, S. 41; Werke I, 1, S. 15.
 4 WaG, S. 225; Werke I, 1, S. 96 (geändert in: »Du bist gestern nicht gekom-
    men?«). Erschreckt von dieser Wiederholung, die er verneint und die er doch
    erfahren hat, fragt Wladimir pathetisch den Jungen: »Sag mal, du bist doch
    sicher, mich gesehen zu haben, du wirst mir morgen nicht sagen, daß du mich
    nie gesehen hast?« (S. 227). Im Innern der Tage selber liegt im übrigen
    dasselbe im voraus fixierte Ritual: und der Tag läuft ab in der Wiederholung,
    an die wir, Wladimirs Worten entsprechend, gern die Ausdrücke Zeichen,
    Repertoire anhängen möchten: »Aber ich habe nicht umsonst diesen langen
    Tag herumgebracht, und ich kann Ihnen versichern, daß sein Repertoire
    bald erschöpft ist.« (S. 211; Werke I, 1, S. 90).
 5 WaG, S. 213; Werke I, 1, S. 91.
 6 A. a. O.
 7 WaG, S. 219; Werke I, 1, S. 93.
 8 WaG, S. 221; Werke I, 1, S. 94. Hervorhebung von Janvier.
 9 WaG, S. 27; Werke I, 1, S. 9.
10 WaG, S. 179; Werke I, 1, S. 76.

11 WaG, S. 197; Werke I, 1, S. 83 f. (Geändert in: »Was machen wir hier«).
12 WaG, S. 155; Werke I, 1, S. 65.
13 WaG, S. 139; Werke I, 1, S. 59.
14 WaG, S. 233; Werke I, 1, S. 99.
15 WaG, S. 155/157; Werke I, 1, S. 65 f.
16 WaG, S. 153; Werke I, 1, S. 64.
17 A. a. O.
18 Nachdem Wladimir uns anvertraut hat: »Aber in dieser Gegend und in diesem Augenblick sind wir die Menschheit, ob es uns paßt oder nicht« (S. 197), fügt er, während Pozzo um Hilfe schreit, was seine philosophische Stimmung ihn zu hören hindert, hinzu: »Sicher ist, daß die Zeit unter solchen Umständen lange dauert und uns dazu treibt, sie mit Tätigkeiten auszufüllen, die – wie soll man sagen – auf den ersten Blick vernünftig erscheinen können, an die wir uns aber gewöhnt haben. Du wirst mir sagen, daß es geschieht, um unseren Verstand vor dem Untergang zu bewahren. Klar. Aber irrt er nicht schon in der ewigen Nacht unergründlicher Tiefen? Das frage ich mich manchmal.« (S. 109; Werke I, 1, S. 84).

John Russel Brown, Becketts Shakespeare

1 Wilson Knight, The Shakespearian Tempest, London 1953, S. 3 f.
2 A. a. O., S. 100 ff.
3 E. M. W. Tillyard, Shakespeare's History Plays, London 1944, S. 320 f.
4 Irving Ribner, Patterns in Shakespearian Tragedy, London 1960.
5 A. a. O., S. 135.
6 C. L. Barber, Shakespeare's Festive Comedy, Princeton 1956, S. 6.
7 E. Ionesco, »Discovering the Theatre«, transl. L. C. Pronko, in: *Tulane Drama Review* 4 (1959), S. 16.
8 E. Ionesco, »Reality in Depth«, in: *Encore* 5 (1958), S. 10.
9 Ann Jellicoe, »Something of Sport«, in: *Encore* 5 (1958), S. 26.
10 J. Pollock, »My Painting«, in: *Possibilities* 1 (1947), S. 79.
11 H. Pinter, »Writing for Myself [an interview]«, in: *Twentieth Century* (1961), S. 174.
12 C. Leach, *Stratford-on-Avon-Studies* 4 (1962).
13 B. Dukore, *Tulane Drama Review* (1962).
14 WaG, S. 207; Werke I, 1, S. 88.
15 WaG, S. 135; Werke I, 1, S. 57.
16 WaG, S. 189; Werke I, 1, S. 80.
17 A. a. O.
18 WaG, S. 191; Werke I, 1, S. 80.
19 WaG, S. 85; Werke I, 1, S. 35.
20 WaG, S. 84.
21 WaG, S. 214.
22 WaG, S. 197; Werke I, 1, S. 83.
23 WaG, S. 35; Werke I, 1, S. 12.

24 WaG, S. 87; Werke I, 1, S. 36.
25 WaG, S. 55; Werke I, 1, S. 21. Frz. »Il fait encore jour« (WaG, S. 54).
26 WaG, S. 227. In der franz. Fassung heißt es: »Miséricorde«, in der englischen: »Christ have mercy on us.« (S. 226); Werke I, 1, S. 97.
27 WaG, S. 111; Werke I, 1, S. 47 (hier geändert in: »uns lieb hat«).
28 WaG, S. 225; Werke I, 1, S. 96.
29 WaG, S. 31; Werke I, 1, S. 10.
30 A. a. O.; Werke I, 1, S. 11.
31 A. a. O.; Werke I, 1, S. 11.
32 WaG, S. 27; Werke I, 1, S. 9.
33 WaG, S. 111; Werke I, 1, S. 46.
34 WaG, S. 113; Werke I, 1, S. 47.
35 WaG, S. 115; Werke I, 1, S. 48.
36 M. Bradbrook, Shakespeare and Elizabethan Poetry, London 1951, S. 162.
37 W. Knight, The Crown of Life, London 1947.
38 A. a. O., S. 164.
39 E. M. W. Tillyard, Shakespeare's History Plays, a. a. O., S. 211.
40 Shakespeares Werke. Engl. und deutsch. Hrsg. v. L. L. Schücking. Bd. 2, Berlin und Darmstadt (Tempel) 1955, S. 97.
41 A. a. O., S. 96.
42 A. a. O., S. 103.
43 A. a. O., S. 104.
44 A. a. O.
45 A. a. O., S. 7.
46 A. a. O., S. 18.
47 A. a. O., S. 58.
48 A. a. O., S. 67.
49 A. a. O., S. 56.
50 A. a. O., S. 71.
51 A. a. O.
52 A. a. O., S. 98.
53 A. a. O., S. 94.
54 A. a. O., S. 92.
55 A. a. O., S. 94.
56 A. a. O., S. 100.
57 A. a. O., S. 66.
58 A. a. O., S. 98.
59 A. a. O., S. 98.
60 A. a. O.
61 A. a. O., S. 99.
62 A. a. O.
63 A. a. O., S. 102.
64 A. a. O., S. 103.
65 A. a. O.
66 A. a. O., S. 103.
67 Shakespeares Werke, a. a. O., Bd. 1, S. 399.
68 A. a. O.
69 A. a. O.
70 A. a. O.
71 A. a. O.

72 Shakespeares Werke, a. a. O., Bd. 2, S. 103.
73 Vgl. R. W. Battenhouse, »Measure for Measure and the Christian Doctrine of Atonement«, in: *PLMA* LXI (1946) und Elizabeth M. Pope, »The Renaissance Background of *Measure for Measure*«, in: *Shakespeare Survey* II (1949).
74 Shakespeares Werke, a. a. O., Bd. 4, S. 354.
75 A. a. O., S. 327.
76 A. a. O., S. 313.
77 A. a. O., S. 341.
78 Nevill Coghill, »Comic Form in *Measure for Measure*«, in: *Shakespeare Survey* VIII (1955).
79 Shakespeares Werke, a. a. O., Bd. 4, S. 290.
80 A. a. O., S. 314.
81 A. a. O., S. 341.
82 A. a. O., S. 537.
83 A. a. O., S. 538.
84 A. a. O., S. 537.
85 Shakespeares Werke, a. a. O., Bd. 6, S. 155.

Colin Duckworth, Symbolismus und Charakterisierung

1 C. G. Jung, The Archetypes and the Collective Unconsciousness, New York 1959, Part 1, S. 6.
2 J. Guicharnaud, Modern French Theatre, New Haven 1961, S. 193.
3 J. Ashmore, »Philosophical Aspects of ›Godot‹«, in: *Symposium* 16, 1962, S. 296-304. In diesem Band S. 9.
4 Die wörtliche Übersetzung des Satzes »No symbols where none intended« aus *Watt*, von E. Tophoven »Weh dem, der Symbole sieht« übertragen.
5 Jean Vannier, *Théâtre populaire*, Juli 1957, Nr. 25, S. 69-72.
6 *Drama Survey*, Herbst 1962.
7 Samuel Beckett, Werke I, 1. Dramatische Werke. Theaterstücke, Frankfurt 1976, S. 193.
8 Bernard Dukore, »Gogo, Didi, and the absent Godot«, in: *Drama Survey* 1962. In diesem Band S. 102.
9 Rechstein.
10 F. J. Hoffman, Samuel Beckett: The Language of Self, Carbondale 1962.
11 L. C. Pronko, »Samuel Beckett«, in: Pronko, Avantgarde: The Experimental Theatre in France, Berkeley 1962, S. 22-58.
12 C. Chadwick, »›Waiting for Godot‹: A Logical Approach«, in: *Symposium* 14, 1960. In diesem Band S. 96.
13 Ronald Gray, C. McCoy, Pronko.
14 L. J. Marinello, *Drama Critique*, Frühjahr 1963.
15 G. E. Wellwarth, *Kansas City Review* XXVIII (1961).
16 G. S. Fraser, *The Times Literary Supplement*, 10. Febr. 1956.
17 *The Times Literary Supplement*, 13. April 1956.
18 Lionel Abel, *Metatheatre: A New View of Dramatic Form*, New York 1963.
19 B. F. Dukore, a. a. O. In diesem Band S. 97.

20 Zur Möglichkeit, daß in gewisser Hinsicht Didi und Pozzo Doppelgänger sind, siehe Kap. 3 [des Buches von Duckworth].

21 E. Metman, »Reflections on Samuel Becketts Plays«, in: Samuel Beckett: A Collection of Critical Essays, ed. M. Esslin, Englewood Cliffs 1965, S. 44.

22 J. Guicharnaud, a. a. O., S. 197.

23 In diesem Band S. 76.

24 Samuel Beckett, Marcel Proust, Zürich 1960, S. 44.

25 WaG, S. 171; Werke I, 1, S. 77.

26 J. R. Moore, »Some Night Thoughts on Beckett«, in: *Massachusetts Review* 8 (1967), S. 529-39.

27 WaG, S. 57; Werke I, 1, S. 22.

28 WaG, S. 189; Werke I, 1, S. 80.

29 Chadwick, a. a. O. In diesem Band S. 95.

30 A. a. O.

31 Samuel Beckett, Werke II, 2. Romane. Watt, Frankfurt 1976, S. 470.

32 J. S. Carroll, Exiles of Eternity: An Exposition of Dante's Inferno, London 1903, S. 212.

33 Samuel Beckett, Werke III, 3. Romane. Der Namenlose, Frankfurt 1976, S. 407.

34 In Franz Kafka, Tagebücher, hrsg. von Max Brod, New York 1948, nicht nachzuweisen.

35 Wenn er Estragon tritt, scheint seine Undankbarkeit dem zu widersprechen, aber man könnte vielleicht der Ansicht L. Harveys zustimmen, daß er »Schmerz verursacht, denn er ist ein Lehrer, der die harten Tatsachen der Lage des Menschen enthüllt«. (Harvey, »Art and the Existential in *En attendant Godot*«, in: PMLA LXXV, 1960, S. 146.)

36 Matthäus XI, 28, 29.

37 Matthäus XX, 25-27.

38 Chadwick, a. a. O. In diesem Band S. 96.

39 Engl. Puncher, frz. Poinçon, WaG, S. 111; Werke I, 1, S. 47.

40 A. a. O.

41 A. a. O.

42 A. a. O.

43 A. a. O.

44 WaG, S. 113; Werke I, 1, S. 48.

45 WaG, S. 115; Werke I, 1, S. 48. Franz. »Voltaire«, engl. »Samuel Johnson«, amer. »Bishop Berkeley«. Die Bedeutung der Wahl von Bishop Berkeley wird auf Seite CXVI [des Buches von Duckworth] diskutiert.

46 A. a. O.

47 A. a. O.

48 A. a. O. Engl.: »in the year of their Lord« (S. 114) – nicht unbedingt *unseres* Herrn.

49 WaG, S. 117; Werke I, 1, S. 49.

50 WaG, S. 111; Werke I, 1, S. 47.

51 Dukore, a. a. O. In diesem Band S. 100.

52 Guicharnaud, a. a. O., S. 209.

53 L. Abel, *Metatheatre*, a. a. O., S. 135.

54 M. Esslin, *The Theatre of the Absurd*, New York 1961, S. 32.

55 Chadwick, a. a. O. In diesem Band S. 92.

Colin Duckworth, Godot: Konstante oder Variable?

1 Samuel Beckett, Werke I, 1. Dramatische Werke. Theaterstücke, Frankfurt 1976, S. 134.
2 Chadwick, »»Waiting for Godot«: A Logical Approach«, in: *Symposium* 14, 1960, S. 252-257. In diesem Band S. 93.
3 WaG, S. 63; Werke I, 1, S. 25.
4 Eric Bentley, *What is Theatre*, Boston 1956, S. 158.
5 Hugh Kenner, Samuel Beckett. Eine kritische Studie, übers. von Urs Jenny, München 1965, S. 115 f.
6 Samuel Beckett, Werke III, 1. Romane. Molloy, Frankfurt 1976, S. 21/22.
7 A. a. O.
8 WaG, S. 189; Werke I, 1, S. 80.
9 WaG, S. 225; Werke I, 1, S. 96.
10 J. Ashmore, »Philosophical Aspects of ›Godot‹«, in: *Symposium* 16, 1962. In diesem Band S. 13 f.
11 John Fletcher, The Novels of Samuel Beckett, London 1964, S. 144.
12 Samuel Beckett, Werke II, 2. Romane. Watt, Frankfurt 1976, S. 359.
13 A. a. O., S. 380. Im Text rückwärts zu lesen.
14 A. a. O.
15 A. a. O.
16 WaG, S. 225; Werke I, 1, S. 96.
17 Watt, a. a. O., S. 380.
18 WaG, S. 11; Werke I, 1, S. 46.
19 Beckett, Watt, a. a. O., S. 380.
20 WaG, S. 109; Werke I, 1, S. 45.
21 E. Metman, a. a. O.
22 Samuel Beckett, Werke II, 3. Romane. Der Namenlose, Frankfurt 1976, S. 489.
23 N. A. Scott, Samuel Beckett, New York 1965, S. 77.
24 WaG, S. 221; Werke I, 1, S. 94.
25 WaG, S. 97; Werke I, 1, S. 40.
26 A. a. O.
27 A. a. O.
28 Beckett, Der Namenlose, a. a. O., S. 420.
29 Beckett, Endspiel, a. a. O., S. 128.
30 Inzwischen veröffentlicht.
31 Samuel Beckett, Werke II, 3. Romane. Mercier und Camier, Frankfurt 1976, S. 558 f.
32 R. Coe, Samuel Beckett, Edinburgh 1964. Vgl. Kap. IV, wo eine klare Darstellung der Zeitelemente in Becketts Werk gegeben wird.
33 Beckett, Endspiel, a. a. O., S. 143.
34 Samuel Beckett, Werke III, 2. Romane. Malone stirbt, Frankfurt 1976, S. 330.
35 A. a. O.
36 WaG, S. 163; Werke I, 1, S. 69.
37 Der fragende Leser wird auf die ausgezeichnete Studie von S. Shoemaker, *Self-Knowledge and Self-Identity*, Cornell University Press 1963, verwiesen. Das ganze Buch ist für Becketts Thema von der Suche nach dem Selbst (oder

dem substantivischen Ego) wichtig. Zum Beispiel: ». . . ein Philosoph kann seine Augen schließen, seine Brauen runzeln und so genau wie immer auf die Inhalte seines Geistes ›achten‹, aber man kann nicht von ihm sagen, er suche nach dem ›Ich‹ (dem Subjekt seiner Erfahrung), es sei denn, er wüßte, was es hieße, es zu finden – das heißt, könnte ein Subjekt als solches identifizieren, wenn er eins fände« (S. 8). Alle solipsistischen Figuren Becketts oder »Stellvertrerer« sind mit dieser epistemologischen Suche beschäftigt, die zum Scheitern verurteilt zu sein scheint. Ähnlich können die Landstreicher mit ihrem Wunsch, Godot zu treffen, keinen Erfolg haben, denn sie werden ihn nicht kennen, selbst wenn er kommt. Ebenfalls von großer Wichtigkeit für die Szene, in der die Landstreicher den Baum sehen, ist Shoemakers Analyse der Frage: »Woher weiß ich, daß ich einen Baum sehe?« (S. 83-85)

Ramona Cormier und Janus L. Pallister, *En attendant Godot:* Tragödie oder Komödie?

1 In seiner Substanz soll dieser Artikel als Kapitel eines Buches über Beckett mit dem Titel *Waiting for Death* erscheinen, das 1972 von der University of Alabama Press veröffentlicht werden soll. [Angekündigt für 1977 in *Books in Print*.] Wir haben in diesem Artikel die Grove Press-Ausgabe, New York 1963, benutzt.

2 William Thompson, »Freedom and Comedy«, in: *Tulane Drama Review* IX (1965), S. 230.

3 Ruby Cohn, »The Absurdly Absurd: Avatars of ›Godot‹«, in: *Comparative Literature Studies* 21 (1965), S. 240.

4 So würden wir – wenigstens zum Teil – Raymont Williams These in *Modern Tragedy*, Stanford 1966, zustimmen, daß wir es hier zu tun haben mit einem Beispiel der Tragödie der Lage des Menschen (S. 153) und mit einem tragischen Rhythmus in der Untrennbarkeit oder den miteinander zusammenhängenden Illusionen Estragons und Wladimirs, die trotz der Langeweile, in der sie leben, zusammenbleiben (S. 155).

5 Zu einer Diskussion im Zusammenhang mit der Farce, der Komödie und dem absurden Drama siehe Thompson, S. 230.

6 WaG, S. 87; Werke I, 1, S. 36.

7 WaG, S. 211; Werke I, 1, S. 90.

8 A. a. O.

9 WaG, S. 131; Werke I, 1, S. 55.

10 WaG, S. 175; Werke I, 1, S. 74.

11 WaG, S. 227; Werke I, 1, S. 97. Das mag bloß ein welt-müder Seufzer sein, der keine religiöse Grundlage hat, wie es Geoffrey Brereton in seinen *Principles of Tragedy* (Coral Gables 1968, S. 250) behauptet.

12 Beckett in einem Interview mit Tom F. Driver, »Beckett by the Madeleine«, in: *Columbia University Forum*, Sommer 1961, S. 23.

13 Samuel Beckett, Marcel Proust, übers. v. P. Pörtner, Zürich 1960, S. 31.

14 A. a. O.

15 So scheint Janviers Argument, es sei eine optimistische Tragödie, womit er sich auf die Ruhe oder den Mut der Charaktere ihrer Situation gegenüber stützt, ihre fundamentale Oberflächlichkeit, das heißt, ihre willentliche Blindheit für den wirklichen Ursprung ihrer Leiden zu übersehen. Ludovic Janvier, Pour Samuel Beckett, Paris 1966, S. 103-104. In diesem Band S. 177.

16 Samuel Beckett, Werke II, 2. Romane. Watt, Frankfurt 1976, S. 252 f.

17 Beckett, Proust, a. a. O., S. 44.

18 João Mendes, »Vida Literária«, in: Brotéria 69 (1959), S. 61.

19 Siehe Lawrence E. Harvey, in: Configuration critique de Samuel Beckett, ed. M. J. Friedman, Paris 1964, S. 166.

20 In diesem Band S. 10.

21 Beckett, Proust, a. a. O., S. 21.

22 A. a. O.

23 Siehe Driver, a. a. O., wo Beckett über unsere Chance einer Erneuerung spricht.

24 Man sollte daraus nicht konstruieren, daß sich der ich-zentrierte Estragon, wenn er das sagt, auf etwas anderes als seine eigene Verpflichtung beziehe. Es geht ihm nicht um das »Chaos«, von dem Beckett spricht und das in seinem Ausmaß universal ist. Auch die einzelnen Zuschauer sind in ihre eigenen ich-orientierten Probleme verwickelt und so unfähig, das größere und tiefere (weil universale) Elend des Menschen überhaupt zu sehen.

Bernard Dort, *En attendant Godot,* Stück von Samuel Beckett

1 WaG, S. 27; Werke I, 1, S. 9.

2 WaG, S. 135/137; Werke I, 1, S. 56.

3 WaG, S. 135; Werke I, 1, S. 56.

Marion Trousdale, Dramatische Form: das Beispiel *Godot*

1 Robert Nelson, Play within a Play, New Haven 1958.

2 Francis Fergusson, The Idea of a Theatre, Princeton 1949.

3 Georges Poulet, La distance intérieur, Paris 1952.

4 Etienne Gilson, Painting and Reality, New York 1957, S. 148.

5 Kenneth Rexroth, Bird in the Bush, New York 1959, S. 82.

6 In diesem Band S. 105.

7 J. Guicharnaud, Modern French Theatre, New Haven 1961, S. 215.

8 WaG, S. 74. Nur in der englischen Fassung. Werke I, 1, S. 30.

9 WaG, S. 93; Werke I, 1, S. 38.

10 WaG, S. 53; Werke I, 1, S. 20 (zuerst: »Bettler«).
11 WaG, S. 35; Werke I, 1, S. 13.
12 WaG, S. 35; Werke I, 1, S. 13.
13 WaG, S. 37; Werke I, 1, S. 13.
14 WaG, S. 187; Werke I, 1, S. 79.
15 WaG, S. 171; Werke I, 1, S. 72.
16 WaG, S. 47; Werke I, 1, S. 18.
17 WaG, S. 155/157; Werke I, 1, S. 65.
18 WaG, S. 45; Werke I, 1, S. 17.
19 Es ist interessant, daß Sartre in *Das Sein und das Nichts* (London 1957, S. 580) bemerkt: »Sobald ein Mensch sich als frei auffaßt und seine Freiheit zu gebrauchen wünscht, eine Freiheit, nebenbei, die genausogut seine Angst sein könnte, ist seine Tätigkeit Spiel.«
20 London 1957.
21 Rosette Lamont, The Metaphysical Farce: Beckett and Ionesco, in: *FR* XXXII, S. 319-328.
22 In diesem Band S. 107.
23 Shakespeares Werke, hrsg. v. L. L. Schücking, Berlin und Darmstadt (Tempel) 1955, Bd. IV, S. 85.
24 WaG, S. 27; Werke I, 1, S. 9.
25 WaG, S. 153; Werke I, 1, S. 64.
26 Martin Esslin, The Theatre of the Absurd, London 1961, S. 300 ff.
27 WaG, S. 203; Werke I, 1, S. 86.
28 WaG, S. 211; Werke I, 1, S. 90.
29 WaG, S. 41; Werke I, 1, S. 15.
30 A. a. O.
31 WaG, S. 97; Werke I, 1, S. 40.
32 G. S. Fraser, »Waiting for Godot«, in: English Critical Essays: Twentieth Century, ed. by Derek Hudson, Oxford 1958.
33 Jean Bazin, Notes sur la peinture d'aujourdhui, Paris 1953; zitiert nach Gilson, a. a. O., S. 259.

Dieter Mettler, Formkategorien des klassischen Dramas und *Warten auf Godot*

1 Aristoteles, Poetik. Übersetzung, Einleitung und Anmerkungen von Olof Gigon, Stuttgart 1961 (reclam 2337).
2 G. E. Lessing, Werke in drei Bänden, ausgew. und mit einem Nachwort von W. Stammler, Bd. 1, München o.J., S. 235.
3 Max Kommerell, Lessing und Aristoteles, Frankfurt 1970, S. 26 ff.
4 WaG, S. 27; Werke I, 1, S. 9.
5 WaG, S. 39; Werke I, 1, S. 14.
6 WaG, S. 197; Werke I, 1, S. 83 f.
7 WaG, S. 51; Werke I, 1, S. 19 f.
8 WaG, S. 61; Werke I, 1, S. 24.
9 WaG, S. 97; Werke I, 1, S. 40.
10 WaG, S. 89; Werke I, 1, S. 37.

11 B. Brecht, Schriften zum Theater, Frankfurt 1957, S. 153.
12 a.a.O., S. 63 f.
13 WaG, S. 95; Werke I, 1, S. 39.
14 WaG, S. 209; Werke I, 1, S. 89.
15 WaG, S. 209; Werke I, 1, S. 89.
16 WaG, S. 213; Werke I, 1, S. 90.
17 Samuel Beckett, Glückliche Tage. Probenprotokoll der Inszenierung von Samuel Beckett in der ›Werkstatt‹ des Berliner Schiller-Theaters. Aufgez. v. A. Hübner, Frankfurt 1976, S. 31.
18 G. E. Lessing, Hamburgische Dramaturgie. Kritisch durchges. Gesamtausgabe mit Einl. und Komm. v. Otto Mann, Stuttgart 1963, 59. Stück, S. 235.
19 a.a.O., 55. Stück, S. 219.
20 WaG, S. 197; Werke I, 1, S. 83.
21 WaG, S. 199; Werke I, 1, S. 84 f.
22 WaG, S. 37; Werke I, 1, S. 14.
23 Brecht, Schriften zum Theater, a.a.O., S. 123.
24 a.a.O., S. 120.
25 Samuel Beckett: an exhibition, held at Reading University Library, May to July 1971. Catalogue by James Knowlson, foreword by A. J. Leventhal, London 1971, S. 15.
26 WaG, S. 27; Werke I, 1, S. 9.
27 WaG, S. 147; Werke I, 1, S. 61.
28 WaG, S. 31; Werke I, 1, S. 10.
29 WaG, S. 33; Werke I, 1, S. 11.
30 Alain Robbe-Grillet, Samuel Beckett oder das Da-Sein auf der Bühne, in: Materialien zu Samuel Becketts ›Warten auf Godot‹, 1. Band, hrsg. v. U. Dreysse, Frankfurt 1973, S. 71.
31 WaG, S. 29/31; Werke I, 1, S. 10.
32 WaG, S. 45; Werke I, 1, S. 17.
33 WaG, S. 201; Werke I, 1, S. 85.
34 WaG, S. 207; Werke I, 1, S. 88.
35 WaG, S. 147; Werke I, 1, S. 61.
36 WaG, S. 187; Werke I, 1, S. 79.
37 WaG, S. 151; Werke I, 1, S. 63.
38 WaG, S. 127; Werke I, 1, S. 53.
39 WaG, S. 135; Werke I, 1, S. 57.
40 Th. W. Adorno, Ästhetische Theorie, Frankfurt 1970, S. 327.

Michael Robinson, Das Theater

1 Samuel Beckett zu Gessner, zitiert in: *Die Unzulänglichkeit der Sprache*, Zürich 1957, S. 32.
2 WaG, S. 139; Werke I, 1, S. 59.
3 Übersetzt nach dem Text bei Robinson. In *Der Namenlose* nicht nachzuweisen.
4 Samuel Beckett, Werke I, 1. Dramatische Werke, Theaterstücke, Frankfurt 1976, S. 182.

5 Samuel Beckett, Werke I, 2. Dramatische Werke. Hörspiele/Pantomime/
  Film/Fernsehspiel, Frankfurt 1976, S. 277.
6 WaG, S. 67; Werke I, 1, S. 26 f.
7 *Beckett's letters on ›Endgame‹*, in: *The Village Voice*, New York, 19. 3. 1958,
  S. 8 u. 15.
8 Des Buches von Robinson.
9 WaG, S. 39; Werke I, 1, S. 14.
10 A. a. O.
11 WaG, S. 41; Werke I, 1, S. 15.
12 A. a. O.
13 WaG, S. 61; Werke I, 1, S. 24.
14 WaG, S. 99; Werke I, 1, S. 41.
15 WaG, S. 101; Werke I, 1, S. 42.
16 A. a. O.
17 Beckett, Werke I, 1, a. a. O., S. 147.
18 A. a. O., S. 132.
19 A. a. O., S. 133.
20 A. a. O., S. 120.
21 WaG, S. 91/93; Werke I, 1, S. 38.
22 Alain Robbe-Grillet, »Samuel Beckett oder Das Da-Sein auf der Bühne«, in:
   Materialien zu Samuel Becketts ›Warten auf Godot‹, 1. Band, hrsg. v. U.
   Dreysse, Frankfurt 1973, S. 63 f.
23 A. a. O., S. 63.
24 WaG, S. 135; Werke I, 1, S. 57.
25 WaG, S. 99; Werke I, 1, S. 41.
26 WaG, S. 47; Werke I, 1, S. 18.
27 WaG, S. 63; Werke I, 1, S. 25.
28 WaG, S. 203; Werke I, 1, S. 86.
29 Shakespeares Werke, hrsg. v. L. L. Schücking, Berlin und Darmstadt (Tempel) 1954, Bd. 4, S. 518.
30 Günther Anders, »Sein ohne Zeit«, in: Materialien zu Samuel Becketts
   ›Warten auf Godot‹, 1. Band, hrsg. v. U. Dreysse, Frankfurt 1973, S. 48.
31 Alfonso Sastre, zitiert in Pronko, The Avant-Garde Theatre in France,
   University of California 1962, S. 31.
32 Shakespeares Werke Bd. 4, a. a. O., S. 494.
33 WaG, S. 215; Werke I, 1, S. 91.
34 Shakespeares Werke, Bd. 4, a. a. O., S. 460.
35 A. a. O.
36 Around Theatres, London 1953, S. 350.
37 Shakespeares Werke, Bd. 4, a. a. O., S. 518.
38 Prefaces to Shakespeare.
39 Nietzsche, Die Geburt der Tragödie, zitiert nach Esslin, The Theatre of the
   Absurd, London 1966, S. 235.
40 WaG, S. 155; Werke I, 1, S. 65.
41 WaG, S. 47; Werke I, 1, S. 18.
42 Shakespeares Werke, Bd. 4, a. a. O., S. 518.
43 WaG, S. 229/231/233; Werke I, 1, S. 98 f.
44 J.-J. Mayoux, Über Brecht. Mit einer Bibliographie von J. Fletcher, Frankfurt 1966, S. 72.
45 Siehe J. Guicharnaud, Modern French Theatre, Yale University Press, 1961,

S. 195.
46 Beckett, Werke I, 1, a. a. O., S. 108.
47 A. a. O., S. 109.
48 A. a. O.

Hugh Kenner, Warten auf Godot

 1 WaG, S. 234; Werke I, 1, S. 99.
 2 WaG, S. 27; Werke, I, 1, S. 9.
 3 WaG, S. 29; Werke I, 1, S. 10.
 4 WaG, S. 31; Werke I, 1, S. 11.
 5 Samuel Beckett, Werke I, 1. Dramatische Werke. Theaterstücke, Frankfurt 1976, S. 136.
 6 WaG, S. 29; Werke I, 1, S. 20.
 7 WaG, S. 37; Werke I, 1, S. 13.
 8 WaG, S. 39; Werke I, 1, S. 14.
 9 WaG, S. 41; Werke I, 1, S. 15.
10 WaG, S. 49; Werke I, 1, S. 19.
11 WaG, S. 63; Werke I, 1, S. 25.
12 A. a. O.
13 A. a. O.
14 A. a. O.
15 WaG, S. 155 f.; Werke I, 1, S. 65 f.
16 WaG, S. 131; Werke I, 1, S. 56.
17 WaG, S. 189; Werke I, 1, S. 80.
18 WaG, S. 188. Deutsch: »Wie die Zeit vergeht, wenn man sich amüsiert« (S. 189; Werke I, 1, S. 79).
19 WaG, S. 151; Werke I, 1, S. 63.
20 WaG, S. 221; Werke I, 1, S. 94
21 A. a. O.
22 WaG, S. 223 f.; Werke I, 1, S. 95 f.

Denis Johnston, Warten mit Beckett

 1 WaG, S. 139, S. 233; Werke I, 1, S. 56, 99.
 2 WaG, S. 164. Im deutschen Text: »gequatscht« (S. 165); Werke I, 1, S. 69.
 3 WaG, S. 56. Deutsch: »deinen guten Mann« (S. 57); Werke I, 1, S. 22.
 4 WaG, S. 194.
 5 WaG, S. 116. Deutsch: »Oldenburg« (S. 117); Werke I, 1, S. 49.

6 WaG, S. 114. Deutsch: »Gottsched« (S. 115); Werke I, 1, S. 48.
7 WaG, S. 197; Werke I, 1, S. 83 f.
8 WaG, S. 29; Werke I, 1, S. 10.
9 WaG, S. 197; Werke I, 1, S. 83.
10 WaG, S. 223/225; Werke I, 1, S. 95.

Hartmut Engelhardt, Leute ohne Bedeutung. Notizen zu *Warten auf Godot*

1 Vgl. in diesem Band S. 325 f.
2 Werke II, 3, S. 480 f.
3 WaG, S. 91 f.; Werke I, 1, S. 38.
4 WaG, S. 187; Werke I, 1, S. 79.
5 WaG, S. 85; Werke I, 1, S. 35.
6 WaG, S. 220.
7 Man könnte an Becketts Darstellung beispielsweise ablesen: daß Herren, wenn sie ihre Macht entgleiten fühlen, sie wiedergewinnen können, indem sie an das Mitleid der von ihnen Beherrschten appellieren, sich selber als Beherrschte darstellen. Oder daß sie die Kultur, die sie ihren Knechten verdanken, dazu benutzen, ihnen im passenden Moment vorzuwerfen, sie hätten das dieser Kultur entsprechende Ehrgefühl nicht, das zu haben jene von ihnen gerade gehindert werden, usw.
8 WaG, S. 27; Werke I, 1, S. 9.
9 C. D.: Is a Christian interpretation of the play justified? S. B.: Yes, Christianity is a mythology with which I am perfectly familiar. So naturally I use ist.« Colin Duckworth, *Angels of Darkness*, London 1972, S. 16.
10 Vgl. in diesem Band S. 331.
11 WaG, S. 170; Werke I, 1, S. 71.

Melvin J. Friedman, Krritik(er)!

1 W. Empson, *Seven Types of Ambuguity*, London 1947.
2 Samuel Beckett, Werke III, 1. Romane. *Molloy*, Frankfurt 1976, S. 40.
3 In diesem Band S. 97 ff.
4 *The Times Literary Supplement*, Febr. 1963.
5 A. a. O., Sommer 1960.
6 A. a. O., Herbst 1960.
7 E. Metman, »Reflections on Samuel Beckett's Plays«, in: *Journal of Analytical Psychology*, Januar 1960; wiederabgedruckt in: Martin Esslin, ed., *Samuel Beckett: A Collection of Critical Essays*, Englewood Cliffs, N. J., 1965.

8 27. Januar 1953.
9 In: *Configuration critique de Samuel Beckett*, hrsg. v. Melvin J. Friedman, Paris 1964.
10 A. Robbe-Grillet, »Samuel Beckett oder Das Da-Sein auf der Bühne«, in: *Materialien zu Samuel Becketts ›Warten auf Godot‹*, 1. Band, hrsg. v. Ursula Dreysse, Frankfurt 1973.
11 *The Nation*, 10. November 1956.
12 Colin Wilson, *The Strength to Dream: Literature and the Imagination*, Boston 1962.
13 Claude Mauriac, *The New Literature*, New York 1959.
14 In diesem Band S. 107.
15 Charles McCoy, »Waiting for Godot: A Biblical Appraisal«, in: *Florida Review*, 1958.
16 Einleitung zu: *Samuel Beckett: A Collection of Critical Essays*, a. a. O.
17 »Godot and his Children: The Theatre of Samuel Beckett and Harold Pinter«, in: *Experimental Drama*, hrsg. v. W. Armstrong, London 1963.
18 J. Guicharnaud, *Modern French Theatre*, New Haven 1961.
19 Fr. Hoffman, *Samuel Beckett: The Language of Self*, Carbondale 1964.
20 Edith Kern, »Drama Stripped for Inaction: Beckett's *Godot*«, in: Yale French Studies 14, 1954/55, S. 41-47. In diesem Band S. 80 f.
21 In: *Man in the Modern Theatre*, ed. Nathan Scott, Richmond 1965.
22 »The Absurdly Absurd: Avatars of Godot«, in: *Comparative Literature Studies*, 1965.
23 Siehe die »Profile« des *New Yorker* vom 13., 20. und 27. November 1965.
24 Erschienen 1963.
25 »The Empty Cradle«, in: *Theology today*, Januar 1957.
26 Ruby Cohn, *Samuel Beckett: The Comic Gamut*, New Brunswick, N. J., 1962.
27 G. E. Wellwarth, »Life in the Void: Samuel Beckett«, in: *The University of Kansas City Review*, Oktober 1961.
28 R. Gray, »Waiting for Godot: A Christian Interpretation«, in: *The Listener*, 4. Januar 1957.
29 H. Politzer, »The Egghead waits for Godot«, in: *The Christian Scholar*, März 1959.
30 In seinem Artikel in der Sammlung von Armstrong, a. a. O.
31 J. Jacobsen und W. R. Mueller, *The Testament of Samuel Beckett*, New York 1964.
32 R. Coe, *Samuel Beckett*, Edinburgh 1964.
33 In: *Drama Survey*, Oktober 1962.
34 *Chelsea Review*, Herbst 1958.
35 In: *Materialien*, hrsg. v. U. Dreysse, a. a. O., S. 66.
36 J.-J. Mayoux, »Le Théâtre de Samuel Beckett«, in: *Etudes Anglaises*, Oktober-Dezember 1957.
37 *Samuel Beckett*, New York 1961.
38 Hugh Kenner, *Samuel Beckett. Eine kritische Studie*, übers. v. Urs Jenny, München 1965, S. 213.
39 In diesem Band S. 80.
40 N. Scott, *Samuel Beckett*, New York 1965.
41 In: *New Republic*, 14. Mai 1956.
42 In: *Romance Notes*, Frühling 1962.

43 In: *French Review*, Januar 1963.
44 In: *Modern Drama*, Februar 1964.
45 Charles McCoy, a. a. O.
46 So, wartend, gewann ich mir von dir das End,
   Gottes Gegenwart in jedem Element.
47 In diesem Band S. 105.
48 *Atheneum* 1965.
49 R. Cohn, »Waiting is All«, in: *Modern Drama*, September 1960.
50 W. Fowlie, *Dionysos in Paris*, New York 1960.
51 A. Lewis, *Contemporary Theatre*, New York 1962.
52 In diesem Band S. 247.
53 K. Gutke, *Modern Tragicomedy*, New York 1966.
54 »Samuel Beckett's Long Saturday«, a. a. O.
55 D. Grossvogel, *Four Playwrights and a Postscript*, Ithaca, N. Y., 1962.
56 In: *Samuel Beckett: The Comic Gamut*, a. a. O.
57 R. Walker, »Love, Chess and Death«, in: *Twentieth Century*, Dezember
   1958.
58 Colin Wilson, Vivian Mercier, J.-J. Mayoux, Gabriel Vahanian.
59 Wolcott Gibbs.
60 L. Abel, *Metatheatre*, New York 1963.
61 In diesem Band S. 86.
62 In diesem Band S. 93.
63 W. Sypher, *The Loss of Self in Modern Literature and Art*, New York 1962.
64 W. Strauss, »Dante's Belacqua and Beckett's Tramps«, in: *Comparative
   Literature*, Sommer 1959.
65 *Materialien*, hrsg. v. U. Dreysse, a. a. O., S. 66.
66 Norman Mailer, *Advertisement for Myself*, New York 1960.
67 In diesem Band S. 22 ff.
68 Wiederabgedruckt in Martin Esslins Sammlung, a. a. O.

Zu dieser Sammlung

1 In dieser Hinsicht entsprechen die Antworten der Interpreten durchaus denen
  eines Theaterpublikums, das Colin Duckworth gefragt hatte, für was Godot
  stünde: »alles was man sucht«; »etwas nicht Definiertes, auf das man hofft«;
  »Gott und Nichts, Gott ist nichts, wir hoffen auf nichts«; »das Unendliche«;
  »eine Projektion des Aspekts der eigenen Persönlichkeit, auf den man das
  schiebt, woran man sich schuldig fühlt«; »Gott – aber ich bezweifle, daß man
  das endgültig interpretieren kann. Das soll offen bleiben«; usw. Vgl. Colin
  Duckworth, Angels of Darkness, London 1972, S. 130.
2 Vgl. in diesem Band S. 97 ff.
3 Vgl. WaG, S. 207, Werke I, 1, S. 88.

Zeittafel
Samuel Beckett

1906	am 13. April in Foxrock, einem Vorort von Dublin, geboren.
1928-1930	Englisch-Lektor an der École Normale Supérieure in Paris
1929	*Assumption.* Erzählung
	Dante . . . Bruno. Vico . . . Joyce. Essay
	Che sciagura. Dialog
1930	*Whoroscope, For future reference, From the only poet to a shinning whore – For Henry Crowder to sing.* Gedichte
1931	*The possessed.* Dialog
	Proust. Essay
	Return to the vestry, Hell crane to starling, Casket of pralinen for a daughter of a dissipated mandarin, Text, Yoke of liberty.
	Alba. Gedichte
1932	*Sedendo et quiescendo.* Erzählung
	Text. Prosafragment
	Home Olga. Akrostikon
	Dante and the lobster. Erzählung
1934	*More pricks than kicks.* Erzählungen
	Gnome. Gedicht
	A case in a thousand. Erzählung
1935	*Echo's bones and other precipitates.* Gedichte
1936	*Cascando I, II, III.* Gedichte
1937	Beckett läßt sich in Paris nieder.
1938	*Ooftish.* Gedicht
	Murphy. Roman
1940-1942	Résistance
1942	Flucht in das unbesetzte Gebiet von Südfrankreich.
1946	*Saint-Lô.* Gedicht
	Poèmes 38-39
	Suite. L'expulsé. Erzählungen
1948	*Trois Poèmes*
1951	*Molloy, Malone meurt.* Romane
1952	*En attendant Godot.* Stück in zwei Akten
1953	*L'Innommable, Watt.* Romane
1955	*Nouvelles et Textes pour rien.* Erzählungen
1956	*From an abandoned work.* Prosafragment
1957	*All that fall.* Hörspiel

	Fin de partie suivi de Acte sans paroles. I. Stück und Pantomime
1958	*Krapp's last tape*. Stück in einem Akt
1959	*Embers*. Hörspiel
	Act without words. 2. Pantomime
1961	Internationaler Verlegerpreis
	Comment c'est. Roman
	Happy days. Stück in zwei Akten
1962	*Words and music*. Hörspiel
1963	*Play*. Stück in einem Akt
	Cascando. Hörspiel
1963-1964	*Dramatische Dichtungen in drei Sprachen*. 2 Bände
1965	*Imagination morte imaginez*. Prosa
	Film
	Faux départs. Kurzprosa
1966	*Assez, Bing*. Prosa
	Come and go. Kurzes Spiel
	Eh, Joe. Fernsehspiel
1969	Nobelpreis für Literatur
	Breath. Theaterszene
1970	*Premier amour, Mercier et Camier*. Romane
	Sans, Le dépeupleur. Prosa
1972	*Not I*
1976	Samuel Beckett, *Werke in vier Bänden*
	werkausgabe edition suhrkamp. In zehn Bänden
	That Time
	Footfalls erscheint
	Ghost trio
	Pour finir encore et autres foirades erscheint

Von Samuel Beckett erschienen im Suhrkamp Verlag
in der Übersetzung von
Erika und Elmar Tophoven

Samuel Beckett. Werke
Herausgegeben von Elmar Tophoven und
Klaus Birkenhauer.
Übertragungen von Elmar Tophoven, Erika Tophoven
und Erich Franzen. Mit Anmerkungen von Klaus Birken-
hauer

In zwei textidentischen Ausgaben:
Werke in vier Bänden
Band I: Dramatische Dichtungen
Band II und III: Romane. Erzählungen
ca. 2600 Seiten. Dünndruck

werkausgabe edition suhrkamp
In zehn Bänden

Dramatische Dichtung in drei Sprachen. *2 Bände*
Stücke. Kleine Prosa. Auswahl in einem Band
Drei Romane. Molloy. Malone stirbt. Der Namenlose
Endspiel. Alle, die da fallen
Malone stirbt. *Roman*
Der Namenlose. *Roman*
Wie es ist. Comment c'est. *Roman.* Zweisprachig
Film. He, Joe. *In drei Sprachen*
Fin de partie. Endspiel. *Zweisprachig*
Watt. *Roman*
Molloy. *Roman.* Deutsch von Erich Franzen
Samuel Beckett inszeniert das »Endspiel«.
Fotografiert von Rosemarie Clausen. Mit dem Text des
Stückes und einem Bericht von Michael Haerdter über die
Proben für die Berliner Aufführung 1967

Bibliothek Suhrkamp
Erzählungen und Texte um Nichts
Glückliche Tage und andere Stücke

Wie es ist. *Roman*
Residua. Neue Prosadichtung *in drei Sprachen*
Premier amour/Erste Liebe. *Zweisprachig*
Le dépeupleur/Der Verwaiser. *Zweisprachig*
Mercier und Camier
That Time/Damals. *Zweisprachig*
Um abermals zu enden und anderes Durchgefallenes.
Prosadichtungen in drei Sprachen

edition suhrkamp
Warten auf Godot. *Schauspiel*
Aus einem aufgegebenen Werk und kurze Spiele
Fin de partie/Endspiel. *Zweisprachig*
Materialien zu Becketts »Endspiel«
Das letzte Band. Regiebuch der Berliner Inszenierung
Glückliche Tage. Probenprotokoll der Inszenierung von Sa-
muel Beckett in der ›Werkstatt‹ des Berliner Schiller-Theaters

suhrkamp taschenbücher
Warten auf Godot. *Dreisprachig*. Vorwort von Joachim Kai-
ser
Watt. *Roman*
Endspiel. *Dreisprachig*
Das letzte Band. *Dreisprachig*
Molloy. *Roman*.
Glückliche Tage. *Dreisprachig*
Malone stirbt. *Roman*.
Materialien zu Samuel Beckett ›Warten auf Godot‹. Zusam-
mengestellt und übersetzt von Ursula Dreysse
Das Werk von Samuel Beckett. Berliner Colloquium. Heraus-
gegeben von Hans Mayer und Uwe Johnson
Materialien zu Samuel Becketts Romanen ›Molloy‹, ›Malone
stirbt‹, ›Der Namenlose‹. Herausgegeben von Hartmut Engel-
hardt und Dieter Mettler

st 430 Grenzerfahrung Tod
Herausgegeben von Ansgar Paus
348 Seiten
Inhalt: Der Tod als Geheimnis des Lebens. Der Tod in
der Vorstellungswelt der Zeiten und Kulturkreise. Der
Tod in theologischer Sicht. Das Leben mit dem Tode in
der Antike. Der Tod in der Dichtung des zwanzigsten
Jahrhunderts. Todesfurcht und Todessehnsucht. Suicid und
Euthanasie. Menschlich sterben. Der Tod im Lichte des
Marxismus, u. a.

st 431 Paul Nizon, Im Hause enden die Geschichten
Untertauchen. Protokoll einer Reise
188 Seiten
»Den Grabstein für ein Bürgerhaus setzend, nimmt Nizon
Abschied von einer politischen und literarischen Epoche.«
Rolf Michaelis über »Im Hause enden die Geschichten«
»Das Problem der Selbstfindung ist seit Jahrzehnten eines
der Generalthemen unserer Literatur. Nizon hat eine neue
Variante geliefert, eine glänzende, die ungeteilten Bei-
fall verdient.« *Hans Dieter Schmidt* über »Untertauchen«

st 432 Günther Anders
Kosmologische Humoreske und andere Erzählungen
336 Seiten
»Die Übertreibung ist Anders' Methode; er weiß dies
auch, er muß sie anwenden, um in einer Zeit zunehmender Gleichgültigkeit noch verstanden zu werden, um an-
zugehen gegen fortschreitende Unempfindlichkeit und sich
verstärkende Bewußtlosigkeit.« *Ralph-Rainer Wuthenow*

st 433 Heinz Politzer
Franz Kafka. Der Künstler
584 Seiten

Das Eingangskapitel diskutiert anhand der Deutung eines kurzen Textes die Methodik der Arbeit; der Schluß des Buches stellt dem »metaphysischen Anarchisten« Kafka den »Menschen im Aufstand« Albert Camus' gegenüber. Dazwischen der Dreischritt von Kafkas Leben im Werk: der Junggeselle als Grundfigur; die Schriften der mittleren Zeit nach dem Durchbruch von 1912 vom *Urteil* bis zum *Schloß*; und schließlich das prekäre Gleichgewicht der letzten Erzählungen, das Kafka dem Wissen von seinem nahen Tod abgewann.

st 434 Arkadi und Boris Strugatzki
Die Schnecke am Hang
Aus dem Russischen von H. Földeak
Mit einem Nachwort von Darko Suvin
Phantastische Bibliothek Band 13
278 Seiten
In bildhaft dichter, phantastisch verschlüsselter Sprache erörtern die Autoren Probleme wie den Konflikt zwischen der Erhaltung menschlicher Werte und rein technologisch verstandenem Fortschritt und plädieren für einen Sozialismus des Herzens, nicht nur des Kopfes.
»Die Strugatzkis . . . bieten dem Leser ein brillantes Wortkunstwerk.«   *Darko Suvin*

st 435 Stanisław Lem
Die Untersuchung
Kriminalroman
Aus dem Polnischen von Jens Reuter und
Hans Juergen Mayer
Phantastische Bibliothek Band 14
242 Seiten
»Die von Lem ersonnene Welt, Zukunftsbild und Symbol einer allgewaltigen, zum Selbstzweck gewordenen, den Menschen verschlingenden Organisation ist . . . weniger weit von den Grenzen des Möglichen entfernt, als man wahrhaben möchte. Ein Zukunftsalptraum.«
Der Bund, Bern

st 436 Hermann Lenz, Verlassene Zimmer
Roman
224 Seiten

Verlassene Zimmer ist ein Roman von – in der deutschen Gegenwartsliteratur – beispielhafter Anschaulichkeit und Bildkräftigkeit der Schilderung. Die Lenzsche Technik der innerhalb der Sätze mehrfach wechselnden Erzählperspektiven ist hier von inhaltlich und formal absoluter Konsequenz. *Verlassene Zimmer* ist das Beispiel eines deutschen »Magischen Realismus«.

st 437 Tankred Dorst, Stücke 1
Herausgegeben und mit einem Nachwort von Gerhard Mensching
410 Seiten
Inhalt: Der Kater oder Wie man das Spiel spielt; Gesellschaft im Herbst; Die Kurve; Große Schmährede an der Stadtmauer; Rameaus Neffe; Die Mohrin; Der Richter von London.
Der Autor über seine Arbeit: »Ich versuche, das zu schreiben – in Szenen zu schreiben –, was mich selbst beunruhigt, und ich hoffe, da ich ja ein Teil unserer Gesellschaft bin und in der gleichen Zeit wie andere lebe, daß das, was mich beunruhigt, verstört, fasziniert, auch andere beunruhigt oder wenigstens neugierig macht.«

st 438 Tankred Dorst, Stücke 2
Herausgegeben von Gerhard Mensching
Mit einem Nachwort von Günther Rühle
424 Seiten
Inhalt: Toller; Sand; Kleiner Mann, was nun?; Eiszeit; Goncourt oder Die Abschaffung des Todes.
Horst Laube über Tankred Dorst: »Er hat ein höchst respektvolles Verhältnis zu den Gegenständen. Und manchmal erscheint es so, als wolle dieser Autor, indem er möglichst wenig von sich her macht, die Gegenstände um so klarer und kräftiger herstellen.«

st 439 Gustav Regler
Das große Beispiel
Roman aus dem Spanischen Bürgerkrieg
Mit einem Vorwort von Ernest Hemingway
400 Seiten
Im Nachlaß Gustav Reglers, der als einer der vielen internationalen Freiwilligen im Spanischen Bürgerkrieg kämpfte, um den Faschismus zu verhindern, fand sich

das Originalmanuskript dieses Buches. »Es gibt Ereignisse«, schreibt Hemingway in seinem Vorwort, »die so groß sind, daß ein Schriftsteller, der sie miterlebt hat, moralisch verpflichtet ist, sie so wahrheitsgetreu wie möglich zu berichten, ohne sich anzumaßen, sie durch Erfindung zu verändern. Ereignisse von dieser Bedeutung haben Reglers Buch hervorgebracht.«

st 440 Philip K. Dick, UBIK
Science-Fiction-Roman
Aus dem Amerikanischen von Renate Laux
Mit einem Nachwort von Stanisław Lem
Phantastische Bibliothek Band 15
222 Seiten
Das Schlüsselwort, das Joe Chip und seine Kollegen vor einer abscheulichen Verschwörung bewahren kann, heißt UBIK. Joe hat nie zuvor davon gehört. Er weiß aber, daß er dem geheimnisvollen UBIK auf die Spur kommen muß, wenn er seine surreale Existenz ändern will.
»Dick übertrifft in den Inventionen bei weitem seine Kollegen; seine sich verzweigende, ungeheure und ominös purzelbaum-schießende Welt ist voller Einfälle – manchmal mit satirischem Unterton.«

st 441 Stanisław Lem, Die Astronauten
Aus dem Polnischen von Rudolf Pabel
Phantastische Bibliothek Band 16
286 Seiten
»Die Story, 1950 geschrieben, ist in ihrer spannenden Konzeption und mit ihrer nicht sehr leicht durchschaubaren Mischung von Wirklichkeit und dichterischer Phantasie ein richtungweisendes Werk für die Science-fiction geblieben.«   *Der Landbote, Winterthur*

st 442 Hans Magnus Enzensberger, Politik und Verbrechen. Neun Beiträge
402 Seiten
»Enzensberger präsentiert seine eigenen Versuche, die Auffassungen von Recht und Rechtsverletzung, von Staat, Herrschaft, Gehorsam und Verrat zu revidieren. Es sind ... materialreiche und klug kommentierende Berichte von grellen Kriminalaffären, historischen Begeben-

heiten, politischen Verbrechen und großräumigen Gangstereien. Ein gemeinsames Interesse verbindet sie und macht sie zu Lehrstücken von literarischem Gewicht: das Interesse an der Symmetrie legaler und illegaler Handlungen.«   *Jürgen Habermas*

st 443 Phaïcon 3. Almanach der phantastischen Literatur
Herausgegeben von Rein A. Zondergeld
Phantastische Bibliothek Band 17
248 Seiten
Im Gegensatz zu den beiden bisher erschienenen *Phaïcon*-Bänden *(insel taschenbücher* 69 und 154) beschränkt sich der dritte Almanach auf ein bestimmtes Thema: die phantastische Literatur in deutscher Sprache. Insbesondere die Romantik und die deutschen Phantasten aus dem ersten Viertel dieses Jahrhunderts werden dabei berücksichtigt.

st 444 Adolf Portmann, Das Tier als soziales Wesen
384 Seiten
In Einzeldarstellungen zeigt das Buch, in »wie hohem Maße alles Tierleben sozial ist«. Persönliches Erleben und Neigung des Verfassers bestimmen die Auslese, die von der Welt der Libellen zur Sozialwelt der Vögel und ihrer Sing- und Tanzrituale, zu den Fischströmen, Hirschrudeln und Wolfstrupps, zu den Pinguin-Kolonien und dem Sozialleben der australischen Vogelgattung Menura führt. Immer wieder ergeben sich von selbst auch Gesichtspunkte für das Beurteilen des menschlichen Gesellschaftslebens.

st 445 Hermann Broch, Politische Schriften
Kommentierte Werkausgabe Band 11
Herausgegeben von Paul Michael Lützeler
528 Seiten
Die Aufsätze des ersten Teils reichen von Brochs 1919 geschriebener Studie über ein demokratisches Rätesystem bis zu futurologischen Analysen über die Möglichkeiten der Demokratie in der Ära nach dem Zweiten Weltkrieg von 1949. Im zweiten Kapitel geht es um Brochs Friedensvorschläge, wie sie sich darstellen in der »Völkerbund-Resolution« von 1937 und den Konzepten für eine

»International Bill of Rights« aus der Nachkriegszeit für die UNO. Brochs scharfsinnige Plädoyers für die unabhängige Kritikerposition des Intellektuellen sind im dritten Abschnitt des Bandes vereinigt.

st 446 Fünf Minuten pro Patient
Eine Studie über die Interaktionen in der ärztlichen Allgemeinpraxis
Herausgegeben von Enid Balint und J. S. Norell
Aus dem Englischen von Käthe Hügel
256 Seiten
»Das Buch ... hat etwas von der Inspiration und von der selbstkritischen Skepsis, der Offenheit für menschliche Probleme wie auch der Einsicht in die Begrenztheit eigener Möglichkeiten, die den guten Arzt heute wie eh und je auszeichnen.«   *Walter Bräutigam, FAZ*

st 448 Gert Ueding (Hrsg.), Materialien zu Hans Mayer, »Außenseiter«
218 Seiten
Der Band versucht, der inneren Struktur des Buches »Außenseiter« von Hans Mayer gerecht zu werden. Er versammelt Texte und Gespräche Hans Mayers, die in Rede und Gegenrede das Problem der Außenseiter auch theoretisch erneut zur Diskussion stellen. Selbst die meisten Rezensionen, von denen die wichtigsten hier dokumentiert werden, können als Bestandteil des Gesprächs verstanden werden, das Mayers großer Essay über die Außenseiter eröffnet hat.

st 449 Herbert Achternbusch, Die Stunde des Todes
Roman
100 Seiten
»Wie dieser Autor aus Querulantentum und Phantasie, eine bayrisch-bäuerische Kindheit im Rücken, Poetisches erschafft, das kann man sich mit seinem Roman unter die Haut lesen.«   *Frankfurter Rundschau*

st 450 Literatur aus der Schweiz. Texte und Materialien
Herausgegeben von Egon Ammann und Eugen Faes
540 Seiten
Zur Förderung eines literarischen Klimas in und über die Grenzen der Schweiz hinaus soll dieser Band, als Spiel-

feld heutiger Tendenzen, bekannten und unbekannten Autoren Raum bieten. Dieses Buch versteht sich nicht als Anthologie in bekannter Manier; es will als *Almanach*, der nach Fortsetzung verlangt, Lese-, Arbeits- wie Kursbuch sein und versammelt neuere Arbeiten aus allen Bereichen schriftstellerischen Schaffens.

st 451 Ernst Bloch, Spuren
232 Seiten
»Unter Blochs Büchern ist dies, das den Titel »Spuren« trägt, wohl unstreitig sein schönstes. So gesammelt, so absichtslos und unangestrengt hat er vorher und hinterher kaum je wieder geschrieben. Erzählung und Philosophie sind hier eine fast bruchlose Verbindung eingegangen, die Reflexion begnügt sich, die erzählte Anekdote transparent zu machen.«
Jürgen von Kempski, Hessischer Rundfunk

st 452 Peter Handke, Die Stunde der wahren Empfindung
176 Seiten
»Das Glück dieses Buches, das artistische Gelingen kommt aus der Leidenschaft, mit der es die Verschlingungen und Lösungen eines Bewußtseinsprozesses erzählend miterlebt, vom tödlichen Ekel vor der Penetranz der Dinge bis zum überraschenden Jubel über ihr bloßes Vorhandensein.« *Süddeutsche Zeitung*

st 453 Martin Kessel, Herrn Brechers Fiasko
Roman
Mit einem Nachwort des Autors
516 Seiten
Martin Kessel erzählt davon, wie eine Gruppe von Angestellten im hektischen Berlin der 20er Jahre, den Büroalltag, die Normalität der Arbeitswelt und auch ihre Unterdrückungsvorgänge erlebt. »Wie diese Leute, sich vertragen, was sie sich gegenseitig antun, mit welchen Illusionen und Utopien sie abgespeist werden, wie sie inmitten der Funktionalität ihr privates Reservat verfechten und wie schließlich das größere Gemeinwesen einer Stadt, hier ist es Berlin, über sie hinweggeht«, das sind, mit Martin Kessels Worten, aktuell gebliebene Erfahrungen.

st 455 Reinhold Schneider, Der Balkon
Aufzeichnungen eines Müßiggängers in Baden-Baden
Mit einem Nachwort von Pirmin A. Meier
186 Seiten
»Der Müßiggänger ist so einfühlend und empfindungs-
reich, daß zwischen den Schattenmassen der Historie,
den mächtigen Umrissen der Großen, den Höhlungen
der Mühe, Kümmernisse und der Armut, den vielen Grä-
bern, den überstandenen partiellen Weltuntergängen die
Landschaft von weitem aufspringt, ein silberner Trost,
ein befreiender Atemzug.«
Benno Reifenberg, Die Gegenwart

st 456 Erich Köhler, Hinter den Bergen
Roman
368 Seiten
Das war vor mehr als dreißig Jahren, der Krieg war
eben zu Ende gegangen. Hinter den Bergen liegt ein
Dorf, das in seiner Weltabgeschiedenheit nach einer
eigenen Ordnung im Chaos sucht. Der Wettlauf zwischen
Utopie und Wirklichkeit, das ist das Motiv dieses Romans. Ein Erzählwerk voller Weisheit und Humor, aus
einer sinnlichen Sprache gemacht und kraftvoll gestaltet.

st 457 Basis. Jahrbuch für deutsche Gegenwartsliteratur
Band 8
Herausgegeben von Reinhold Grimm und Jost Hermand
264 Seiten
Mit Beiträgen von Helmut Kreuzer, Jost Hermand, Peter
Uwe Hohendahl, Wolfgang Emmerich, Christine Cosen-
tino u. a.
Ohne methodisch festgelegt zu sein, sucht *Basis* eine
Literaturbetrachtung zu fördern, die an der materialisti-
schen Grundlage orientiert ist.

st 458 Lese-Erlebnisse 2
Herausgegeben von Heinrich Pleticha
202 Seiten
Für viele ist irgendwann einmal in der Kindheit die Lektüre eines Buches zum Erlebnis geworden. Aus mehr als
fünfhundert Autobiographien, Briefsammlungen, Tage-

büchern u. ä. hat der Herausgeber Textstellen zusammengetragen, in denen Männer und Frauen verschiedenster sozialer Herkunft über ihre Kinder- und Jugendlektüre, ihre Leseeindrücke und die Nachwirkungen solcher Lektüre berichten. – Der Band *Erste Lese-Erlebnisse* erschien, von Siegfried Unseld herausgegeben, 1975 als *suhrkamp taschenbuch* Band 250.

st 459 Stanisław Lem, Sterntagebücher
Mit Zeichnungen des Autors
Aus dem Polnischen von Caesar Rymarowicz
Phantastische Bibliothek Band 20
496 Seiten
Mit dem Erzählungs-Zyklus über die Erlebnisse des Weltraumfahrers Ijon Tichy, eines kosmischen Münchhausens der künftigen Jahrhunderte, ist Lem ein literarisch großer Wurf gelungen. Paradox, einfallsreich, sprühend vor Ideen, hat Lem konventionelle Methoden von Satire und Allegorie übernommen und sie parodistisch gegen die Science-fiction gekehrt. Ins Spiel der freien Phantasie mischen sich jedoch ernste philosophische Spekulation und politische Anspielung.

st 460 Franz Rottensteiner (Hrsg.), Polaris 4
Ein Science-fiction-Almanach
Phantastische Bibliothek Band 21
192 Seiten
Polaris 4 sucht dem Mangel an Information über die Science-fiction des Nachbarn Frankreich abzuhelfen. Die französische SF ist in der Regel mehr abenteuerlich als rational kalkulierend, mit einem Zug zur Mystik und einem vage sentimental gefärbten Lyrizismus. Der Almanach enthält u. a. Texte von J. H. Rosny aîne, Maurice Renard, Ion Hobana, Jean-Pierre Vernier, Gérald Klein, J. P. Andrevon, Pierre Boulle.

st 461 Hermann Lenz, Andere Tage
Roman
260 Seiten
Über diesen zweiten Band der Autobiographie von Hermann Lenz, dem Träger des Büchner-Preises 1978, nach

Verlassene Zimmer (st 436) schreibt Karl Schwedhelm: ». . . aus der Summe des vordergründig Beiläufigen ergibt sich das tief Bedrohliche eines langsamen Zerstörungsprozesses. Diese unmerkliche Progression des Schreckens hinter banalen Einzelvorgängen hat Hermann Lenz mit sensibler Sprachkunst gegenwärtig gemacht. Aus der lärmenden Zeit wurde ein stilles Buch. Doch seine Stille ist unheimlich.« Der dritte Band der Autobiographie, *Neue Zeit*, erscheint Anfang 1979 als st 505.

st 462 Ernst Penzoldt, Der arme Chatterton.
Geschichte eines Wunderkindes
168 Seiten
Der arme Chatterton ist Penzoldts frühester Roman, der 1928 erstmals im Insel Verlag erschienen ist. Er erzählt die Geschichte des 18jährig gestorbenen englischen Dichters Thomas Chatterton (1752–1770), der am Unverständnis seiner Umwelt zerbricht. »Ein Prachtstück, ein überaus liebenswertes Buch. Ein Buch für Zigeuner und Zaungäste des Lebens.«   *Hermann Hesse*

st 463 Franz Fühmann, 22 Tage oder Die Hälfte des Lebens
240 Seiten
»Fühmanns die Hälfte des Lebens bilanzierendes Tagebuch, in dem er uns als ein mit der ganzen Person für seine Erfahrungen, für seine Irrtümer und seine spät errungenen Einsichten einstehender Autor gegenübertritt, ist das bewegende, ja oft überwältigende Zeugnis einer Befreiung zu sich selbst, dessen beispielsetzende Bedeutung noch kaum abzuschätzen ist.«
                    Wolfgang Werth, Deutschlandfunk

st 464 Marcel Proust, Briefe zum Leben
Ausgewählt und aus dem Französischen übersetzt von Uwe Daube
2 Bände zus. 742 Seiten
In dieser Briefauswahl läßt sich fast Woche für Woche, die *vie intime* Prousts verfolgen, seine Auseinandersetzungen mit der geliebten Mutter, seine Jugendfreundschaften, seine Jugendlieben, seine Anschmiegsamkeit wie

seine Tyrannei, seine unendlich beharrlichen und raffinierten Versuche, Eingang in die »Gesellschaft« von Paris zu finden, seine eingebildeten und seine echten Geldnöte, seine Reisen und Krankheiten und schließlich sein langwährendes Hinsterben. – Marcel Proust, *Briefe zum Werk,* erschien als st 404.

st 465 Franz H. Mautner, Nestroy
Mit Abbildungen
480 Seiten
Dieses Buch ist ein »Versuch, den ganzen Nestroy darzustellen«. Der erste Teil beschreibt die Voraussetzungen Nestroys, der zweite bringt eine detaillierte Analyse der einzelnen Stücke, und unter dem Titel »Die Wirkung« verfolgt Mautner nicht nur den Weg des Nestroyschen Werkes bis in unsere Zeit, er zeigt auch auf, wer und in welcher Weise die Tradition und Methode Nestroys heute weiterführt und anwendet.

st 466 Ror Wolf, Pilzer und Pelzer
Eine Abenteuerserie
206 Seiten
Für die Neuausgabe von *Pilzer und Pelzer* hat Ror Wolf unter dem Titel *Rückkehr und endgültiges Verschwinden von Pilzer und Pelzer* drei Prosastücke zusammengefaßt, in denen das Abenteuerleben der beiden Titelfiguren seinen Abschluß findet.
»*Pilzer und Pelzer,* diese sprachliche Chaplinade voller spaßhafter Effekte und voller hintersinniger Komik, darf den hierzulande sehr raren Kabinettstücken des literarischen Witzes zugezählt werden.«
Wolfgang Werth, Der Monat

st 468 Alter als Stigma oder Wie man alt gemacht wird
Herausgegeben von Jürgen Hohmeier und Hans-Joachim Pohl
192 Seiten
Die einzelnen Beiträge gehen von der These aus, daß die für unsere Gesellschaft charakteristische Ausgliederung älterer Menschen nicht auf biologischen oder psychologischen Altersprozessen und auch nur mittelbar auf dem sozialen Funktionsverlust beruhen: das Stigma »Alter« ist in den Einstellungen zu alten Menschen, in den Er-

wartungen, die in alltäglichen Kontakten an ältere Menschen gestellt werden, in der Ausgrenzung aus gesellschaftlichen Lebensbereichen wie Arbeit und Freizeit und im Umgang der Institutionen mit den Alten ebenso nachzuweisen wie in dem Bild, das alte Menschen von sich selbst haben.

st 469 Adolfo Bioy Casares, Tagebuch des Schweinekriegs
Roman
Aus dem Spanischen von Karl August Horst
224 Seiten
Der Krieg der Jungen gegen die Alten ist nicht so sehr Absage der Jugend an die Vergangenheit wie Aufruhr gegen die Bilder ihrer eigenen Zukunft. Während der Schreckensereignisse verhalten sich die Alten verschieden: geil, geldgierig, würdelos, angstvoll versagend. Vidal, der Protagonist der Jungen, besteht den Krieg in ähnlicher Weise wie sein bisheriges Leben. Er ist, ohne es im geringsten zu wissen, ein Held.

st 471 Jörg Steiner, Strafarbeit
Roman
168 Seiten
Der 1962 entstandene Roman *Strafarbeit* ist der Bericht eines Gefangenen, der sich seine Flucht erträumt, der widerspenstig und sehnsüchtig die Träume durchexerziert, unerbittlich seine Unfreiheit kontert.
»Steiner baut seinen Roman modern, aber ohne modische Allüre. ... Das formale Experiment ist Folge und Notwendigkeit, nicht Anlaß, es ist nicht zuletzt Methode, Glaubwürdigkeit gelingen zu lassen. In ihrem Dienst steht auch die Sprache, eine stille, zurückgenommene Sprache.« *Heinz S. Schafroth*

st 472 Hermann Broch, Die Schlafwandler
Eine Romantrilogie
Kommentierte Werkausgabe Band 1
Herausgegeben von Paul Michael Lützeler
ca. 760 Seiten
Broch schrieb sein Erstlingswerk *Die Schlafwandler* in den Jahren zwischen 1928 und 1932. In dieser Trilogie

wird die Epoche Wilhelms II. zwischen 1888 und 1918 querschnitthaft geschildert und analysiert, wobei nicht nur die Realistik der Darstellung, sondern auch die subtile psychologische Schilderung besticht.

st 473 Richard Ellmann, James Joyce
Herausgegeben von Fritz Senn. Übersetzt von Albert W. Hess, Klaus und Karl H. Reichert
Mit Abbildungen
2 Bände zus. ca. 1216 Seiten
Wie ein literarischer Detektiv ist Ellmann den Lebensumständen und -beziehungen des Dichters nachgegangen. Er entdeckt z. B. die Frau, die Joyce zur Gestalt der Molly Bloom inspirierte, und legt so das Gerüst bloß, auf dem die Werke von Joyce aufgebaut sind. Shaw, Yeats, Proust, Hemingway, Italo Svevo sind nur einige der vielen literarischen Persönlichkeiten, deren Beziehungen zu Joyce in diesem Buch geschildert werden.

st 474 Manuel Puig, Der schönste Tango der Welt
Ein Fortsetzungsroman
Deutsch von Adelheid Hanke-Schaefer
240 Seiten
Puig hat mit diesem Roman ein Musterbeispiel und die Parodie des in Argentinien beliebten Radio-Fortsetzungsromans geschrieben. Die Handlung ist eine in die dreißiger Jahre versetzte argentinische Variante des *Schnitzlerschen* Reigens.
»Puig ist ein gegen jede traditionelle Form rebellierender Erzähler, ein Zerstörer, aber zugleich auch ein Neuerer, der durch seine rigorose Schreibweise den lateinamerikanischen Roman revolutioniert.«   *Peter Jokostra*

st 479 Es gab keinen besseren Bruder
Novelle von Maksud Ibragimbekow
Aus dem Russischen von Charlotte Kossuth
112 Seiten
Die Erzählung des aserbeidschanischen Schriftstellers Ibragimbekow ist mit allen Feinheiten, mit Verständnis und ironischer Distanz ausgezeichnet, wenn er das psychologische Porträt eines Bürgers zeichnet, dessen Leben in Enge erstarrt und der nur in seinen erotischen Träumen

die Sehnsucht nach Ausbruch und Erfüllung verrät. Es ist ein Buch unserer Zeit.

st 481 Walter Hinck, Von Heine zu Brecht
Lyrik im Geschichtsprozeß
156 Seiten
Inhalt: Ironie im Zeitgedicht Heines. Exil als Zuflucht der Resignation. Epigonendichtung und Nationalidee. Metamorphosen eines Volkslieds. Alle Macht den Lesern, Zur Lyrik Brechts. Das lyrische Subjekt im geschichtlichen Prozeß oder Der umgewendete Hegel.

st 483 Über Robert Walser, Band 1
st 484 Über Robert Walser, Band 2
Herausgegeben von Katharina Kerr
Band 1: 218 Seiten
Band 2: 488 Seiten
Mit dem Erscheinen der Werkausgabe Robert Walsers und seiner Briefe ist, verbunden mit einem allgemeinen neuen Interesse an der Literatur des ersten Jahrhundertdrittels, das Interesse am Werk Robert Walsers gestiegen. Von ihm gehen heute Anregungen auf ein breiteres Publikum aus. *Über Robert Walser 1* bringt wichtige Arbeiten der frühen kritischen Walser-Rezeption, *Über Robert Walser 2* neuere, z. T. noch unveröffentlichte Arbeiten aus jüngerer Zeit.

st 485 Hansgerd Schulte (Hrsg.), Spiele und Vorspiele
Spielelemente in Literatur, Wissenschaft und Philosophie
138 Seiten
Pierre Bertaux, der französische Germanist und Hölderlin-Forscher, hat sich während seines vielgestaltigen Lebens auch mit der Funktion des Spieles in Literatur, Wissenschaft und Philosophie befaßt. Er mißt dem Spieltrieb eine ebenso zentrale Funktion für den Menschen und sein Verhalten bei wie etwa Freud dem Sexualtrieb. Bertaux' 70. Geburtstag schien ein reizvoller Anlaß, einige seiner Freunde und namhafte Wissenschaftler um einen Beitrag zu dem Spielthema zu bitten – jeweils aus ihrer Sicht und im Zusammenhang mit den eigenen Forschungsinteressen. Mit Aufsätzen von Hellmut Becker, Walter Höllerer, Robert Jungk, Golo Mann, Hans Mayer, Georg Picht, Peter Wapnewski.

st 487 Christiane Rochefort, Kinder unserer Zeit
Roman
164 Seiten
Ein kleines Mädchen erzählt seine Geschichte. Es wächst
auf in einer Kinderreichen-Siedlung am Stadtrand von
Paris, in einer uniformen, kleinbürgerlich geregelten,
staatlich subventionierten Welt. Es empört sich gegen
den dumpfen Schematismus einer Lebensplanung, die
nichts anderes kennt als das Denken an einen Standard
der Eisschränke und Fernsehapparate in der Atmosphäre
des Sozialen Wohnungsbaus, in der Kinder dazu dienen,
die Teilhabe am Komfort der Neuzeit zu finanzieren.
»Ein knapp erzähltes Buch, bitter in seiner Anschaulichkeit und Illusionslosigkeit, eine einzige unsentimentale,
satirisch gefärbte Anklage – ein Zeichen der Zeit.«
Neue Zürcher Zeitung

st 522 Walter Scheel/Hans Apel
Die Bundeswehr und wir
Zwei Reden
74 Seiten
Zur Diskussion gestellt werden in diesem Band zwei
Reden, die Walter Scheel und Hans Apel vor den Kom-
mandeuren der Bundeswehr gehalten haben: *Über die
sittlichen Grundlagen von Verteidigungsbereitschaft und
demokratischem Bewußtsein* und *Kontinuität in der Si-
cherheits- und Verteidigungspolitik der Bundesrepublik
Deutschland.*

st 523 Christiane Rochefort
Zum Glück gehts dem Sommer entgegen
Roman
Aus dem Französischen von Eugen Helmlé
222 Seiten
»*Zum Glück gehts dem Sommer entgegen* ist eine War-
nung an die Erwachsenen, an Eltern, Lehrer und Er-
zieher, ihre Kinder ernst zu nehmen und es niemals bei
erzieherischer Routine bewenden zu lassen.«
Franz Rappmannsberger